AF566604

Geest-Verlag
Verlag für engagierte Literatur

Zugeeignet

Elisabeth Bacia, Berlin und Wuppertal,
Hannelore Damm, Duisburg,
Gerhard Poech, Berlin,
Barbara Rodies, Berlin,
Ute Schiffbauer, Berlin und Rösrath
und vielen anderen,
die mit mir unterwegs waren,
und auch Annette Ahme,
Historisches Berlin,
sei bedacht,
der ich viele Informationen
und Anregungen verdanke.

Jenny Schon

Die Spaziergängerin von Berlin

25 Jahre Gehkunst

Auf den Spuren vergessener Frauen und Männer

Jenny Schon
Die Spaziergängerin von Berlin
25 Jahre Gehkunst
Auf den Spuren vergessener
Frauen und Männer

Geest-Verlag, Visbek 2023
3. erweiterte Auflage, Mai 2025
ISBN 978-3-86685-953-1

Fotos, soweit nichts anderes
angegeben, Archiv J. Schon

Verlag: Geest-Verlag
Marienburger Straße 10
49429 Visbek
Tel. 04445 3895913
www.geest-verlag.de
info@geest-verlag.de

Druck: Geest-Verlag

Printed in Germany

Inhaltsverzeichnis

2. Teil
Charlottenburg, Kudamm, Berlin-Mitte und der Norden

Darum läuft der Verstand dem Wissen hinterher

Für Jenny Schon

Wenn hier Geglaubtes
nicht mehr zu überprüfe… …
offen der Weg
für Manipulation.

So werden wir verbildet,
eine jetzt,
basierend darauf auch morgen
die nächste Generation.

Darum die Empfehlung,
NEUES vorerst nur zu sammeln,
es ruhig in sich aufzunehmen,
ohne es auf Nutzen gleich zu prüfen.

Ein „Neu-Begriff" sofort unmöglich,
wird überdacht,
gemischt,
mit normiertem Denk-Bestand aus Antrainiertem.

Die Köpfe sind zu vollgepfropft,
ungewohnt wie Neues ist zu sammeln,
vorerst,
ohne Prüfung einzulassen.

Hingegen dann,
irgendwann erst weiterzudenken,
um es selbst zu begreifen,
erscheint unendlich schwer.

So ist es immer.
Ewig so gewesen.
Drum läuft der Verstand
dem Wissen hinterher.

Nicht neu wird im Jetzt für Zukunft gegründet,
immer weiter wird nur aufgebaut,
auf Runen und Buchen,
ewig verharrt so im Gestern unser Morgen.

Das teure Gut,
das ward gebracht,
führt uns so nicht zu neuem Wissen,
wie vonnöten es wäre.

Oft verpufft dies im Stau gedankenlosen Denkens,
althergebrachten Meinens,
wir können es nicht wissen,
genau wie unsere Ahnen.

Zukunft kann deshalb hier nicht anders werden,
als Vergangenheit bereits gewesen.
Also ist jetzt entschieden,
nicht weiter nur zu sagen.

Besser,
gleichwohl aufzuzeigen.
Wahrlich Taten mitzuerleben.
Wie es mit dem Gesagten tatsächlich im Hier und Jetzt gemeint.

Notwendige Überprüfung,
denn Fehler nehmen sonst Platz,
wenn Hörende nur glauben,

weil Verstand ihnen anders wird nicht ermöglicht.
Hören, Sagen,
ohne Verständnis für Neues,
führt uns nicht ins Wissen.
Das ist wahrlich auszuschließen.

Es besteht die Gefahr,
dass wir mit verfälschter
oder missverstandener Information
lediglich in die Irre geleitet werden.

Erleben und hören, dann erst denken,
bildet Menschen jetzt,
zukunftsfähig,
richtig aus.

So kann,
wer das auch will,
neu so verstehen,
die Zukunft in der Gegenwart zu gründen.

Gewidmet Jenny Schon –
die lief und lief durch unsere Stadt Berlin,
von einem Eck zum anderen hin.

Ihnen all das zu zeigen und zu sagen, was Mensch,
Haus und Garten hier an alten und neuen
Informationen tragen.
Jeder hört ihr gerne zu auf ihren Wegen,
ihr, der Erfahrenen, der Reichen an Jahren.
Unserer „Stadtwanderin" Jenny,
einer geistreichen emphatischen Mitstreiterin,
Freundin, deren Lebensweg ich ein kleines Stück
begleiten durfte

auf einem Stück ihres Lebens und durch unsere Stadt.
Mit Dank und Freude sind meine Gedanken an Dich gefüllt.
Du hast mich sehr bereichert.

Am 06.06.2023 schrieb ich Dir das als Freundin
in Berlin am Roseneck

Beate Haase

Statt eines Vorworts – Zu Helen Keller

Über das Bewusstsein von der Welt

Ich entsinne mich vieler Ereignisse des Sommers 1887, der auf das Erwachen meiner Seele folgte. Fortwährend tastete ich mich mit meinen Händen umher und lernte Beziehungen für jeden Gegenstand, den ich berührte, kennen, und je mehr ich mit den Dingen bekannt wurde und ihre Namen und Zwecke kennen lernte, desto freudiger und stärker wurde das Bewusstsein der Verwandtschaft mit der übrigen Welt.
Helen Keller, taubblinde Schriftstellerin, USA

Obwohl ich sehend bin, habe ich sofort verstanden, was Helen Keller damit meint, es ging mir nämlich ähnlich:
Vor 30 Jahren kannte ich nur einen Bruchteil dieser Fakten und Orte und Menschen, die ich in diesem Buch vorstelle. Als Endvierzigerin begann ich zu malen und ein vollkommen neues Studium: Kunst-, Architektur- und Stadtgeschichte Berlins incl. Preußens. Durch die Maueröffnung war es möglich geworden, Berlin und seine Umgebung als ein Ganzes zu sehen. Ich lernte in der Kunstgeschichte völlig neue Begriffe, obwohl ich schon in den Sechzigerjahren in einer Galerie für Expressionismus gearbeitet hatte, aber das war was völlig anderes. Ich konnte jetzt jedes Ding, das ich sah, z. B. an den gotischen Kirchen, benennen, ich konnte die noch vorhandenen barocken Gebäude in Worte zerlegen und sie wieder zusammenfügen, sodass sie wie in Trickfilmen auferstanden.

Auch mein *Bewusstsein der Verwandtschaft mit der übrigen Welt* wurde neu geboren und machte fast einen anderen Menschen aus mir, weil auch das „Achtundsechziger-Sein“[1] mir vieles verboten hatte, ich mir selbst verbat, die Schere im Kopf ausgeschnitten hatte.
Ich konnte endlich Kleist öffentlich lieben, Führungen zu ihm machen, den manche fälschlicherweise Romantiker nannten, was damals eine Deklassierung war, er war aber auch kein Klassiker, obwohl beide Elemente bei ihm zu finden sind, ich konnte meine spirituelle Seele offenbaren, die Schönheit preisen, Gedichte nicht nur schreiben (was ich schon seit meiner Jugend tat), sondern auch veröffentlichen.

Berlin, im Herbst 2023
Jenny Schon – Gehkünstlerin

In Berlin und um Berlin herum
Gehkunst im Öffentlichen ...

Nach der Wende konnte man endlich als Westberliner/in auch aufs Land, in das wunderschöne märkische. Auch wenn ich schon vorher dort war – eingeladen von einem chinesischen Kollegen, der in Ostberlin wohnte –, über viele Jahre meist samstags und sommers in die Märkische Schweiz fuhr, weil er dort mit seiner Frau eine Datsche hatte, beide waren im künstlerischen Bereich tätig und damit privilegiert.
Das umgetauschte Westgeld, zum Ende der DDR 25 Mark pro Person, konnte man draußen auf dem Land kaum ausgeben, also endete der Spaziergang durch die recht hügelige Landschaft in der Dorfkneipe, wo von den 50 Mark, die man zu zweit einführte, die halbe Kneipe satt werden konnte; das Essen kostete drei Mark, der Schnaps 30 Pfennig, das Bier 50 Pfennig. Einer aus der Truppe musste nüchtern bleiben, denn es galt null Promille in der DDR.
In den Sechzigerjahren war ich auch ab und zu im Theater, hab noch Helene Weigel als Mutter gesehen und die grandiose Aufführung „Der Drache" von Benno Besson, in der Eberhard Esche mit Cowboyhut aussah wie ein Westernheld, spielte aber in dieser Montur den Drachentöter Lanzelot, damals eine unglaubliche Sensation für ein DDR-Theater, es war mit 600 Aufführungen eins der erfolgreichsten Stücke überhaupt.
Und dann in den Siebzigerjahren die Sensation schlechthin, 1973 die Weltjugendfestspiele, ganz Ostberlin war außer sich im besten Sinne und die Grenzer auch, sie

ließen uns ohne Visum und Passierschein in ihr Reich, sogar meinen japanischen Besuch. Die größte Überraschung: Wir hatten den gleichen Musikgeschmack und die Band „Karat“ war einfach spitze, „Über sieben Brücken ...“ wurde ein Welthit. Aber dann fielen sie wieder zurück in ihren Starrsinn und bürgerten Wolf Biermann aus. Man widmete sich wieder dem Schweigen.
Heute kann man sich das nicht mehr vorstellen, da leben Millionen Menschen nebeneinander und wissen kaum etwas voneinander.
Und dann kam, was keiner für möglich gehalten hatte, man konnte auf einmal ohne Passierscheine, ohne Visum, einfach so in die DDR, die es nun nicht mehr gab. Ich fuhr an die Ostsee, in die Hansestädte, auf die Inseln, ich fuhr auf der Straße der Romanik, ich fuhr nach Leipzig, Dresden und ins Erzgebirge, alles ehemaliges Ostgebiet. Es war einfach ein Sog, nach 1990 durch ein Land zu reisen, das man vorher fast nur von der Autobahn, die man aber nicht verlassen durfte, her kannte.
Als Stadtmensch endlich raus aufs Land.
Dann änderte sich mein Leben durch Krankheit radikal, ich konnte nicht mehr zur Arbeit, konnte nicht mehr Auto fahren, nicht reisen. Ich musste mir mein Umfeld erst mal wieder zu Fuß erkämpfen, weil ich auch nicht Bahn fahren konnte incl. U-Bahn, also machte ich mich zu Fuß auf den Weg gen Osten, und es war wunderbar, weil man Kleinteiliges sah. Unter den Linden war die Buchhandlung vom Verein Historisches Berlin, dem ich beitrat und wo ich manches Kleinod fand und gute Gespräche führte.

Also durchs Brandenburger Tor, Unter den Linden, Museumsinsel und in den Wirrwarr der Straßen zwischen Spandauer Tor und Rosentaler Tor, alles Orte, die man vorher als Westberlinerin nicht kannte, wo noch viele Trümmergrundstücke waren und ich Blümchen pflückte und, war meine Freundin Elisabeth dabei, weil alles so urtümlich war mit altem bröckelndem Mauerwerk, jubelte sie *wie als Kind!*
Ein Lieblingsort wurde das Tacheles mit seinem kreativen Chaos, die Friedhöfe in der Chausseestraße, die Auguststraße, als noch die Galerien bodenständig waren, Hinterhöfe wie auf Zille-Gemälden. Das war das alte Berlin, das die DDR in der Sophienstraße in der Spandauer Vorstadt und um die Nikolaikirche in retro wieder auferstehen ließ zur 750-Jahrfeier 1987.
Ich bin jetzt nach vielen Jahren (davon drei Jahre Corona, wo ich wenig herumkam) mit der Tram M 10 vom Hauptbahnhof Richtung Friedrichshain gefahren, über die Bernauer Straße, also entlang ehemals der Mauer, Eberswalder, Greifswalder, Danziger Straße, dann über den Alexanderplatz zum Hackeschen Markt und zum Schiffbauer Damm, um in der „Ständigen Vertretung“ auf den Rheinterrassen, die aber an der Spree liegen, zu speisen, mittlerweile eine völlig neue Welt mit den vielen gesichtslosen Neubauten, zu Fuß würde ich mich verlaufen.
Im Grenzbereich zu Westberlin hatte die DDR vieles abreißen lassen, Wohnhäuser, aber auch Kirchen, die auch immer Mittelpunkt eines Kiezes waren, das galt es damals für mich zu erspüren mithilfe von alten Karten. Heute sieht es dort auch anders aus, die Kirchen wurden

nicht wieder aufgebaut, dafür Hochhäuser, Büros, Hotels, wenige Wohnungen in der Innenstadt, das ist zu beklagen, da war die DDR besser aufgestellt, sie baute Wohnungen an prominenter Stelle wie dem Alexanderplatz u. a.
In den Neunzigerjahren wurde die Diskussion heftig geführt, Schloss wieder aufbauen, ja oder nein. Noch stand der Palast der Republik, den die Ostdeutschen liebten. Die Museen wurden renoviert, dem Lustgarten drohte eine modernistische Radikalkur. Das DDR-Außenministerium wurde abgerissen, die Bauakademie evtl. wieder aufgebaut, der Gendarmenmarkt geschönt und dazwischen waren Geschichten aus den Jahrhunderten, die mich faszinierten.
Aber nicht nur die Stadtmitte, auch die Außenbezirke, auch die Dörfer, aus denen Berlin ja seit 1920 zusammengewürfelt wurde, hatten ihre ganz eigene (mittelalterliche) Geschichte, ich verbrachte Stunden um Stunden in den Archiven, und wenn ich was gefunden hatte, nahm ich Elisabeth mit, die sich auch begeistern ließ, und wir spazierten wortwörtlich über Stock und Stein, denn viele Objekte und Grundstücke waren noch in ihrem Nachkriegszustand, was sie immer wieder begeisterte: *Wie als Kind* (sie war im zerstörten Nachkriegs-Wuppertal groß geworden), wenn beim verrotteten Kaninchenstall im Hof eines verfallenen Kossätenhäuschens ein Hollerbusch blühte. Viele dieser alten Siedlungen wurden unter Denkmalschutz gestellt, zum Glück erkannte man ihren historischen Wert.

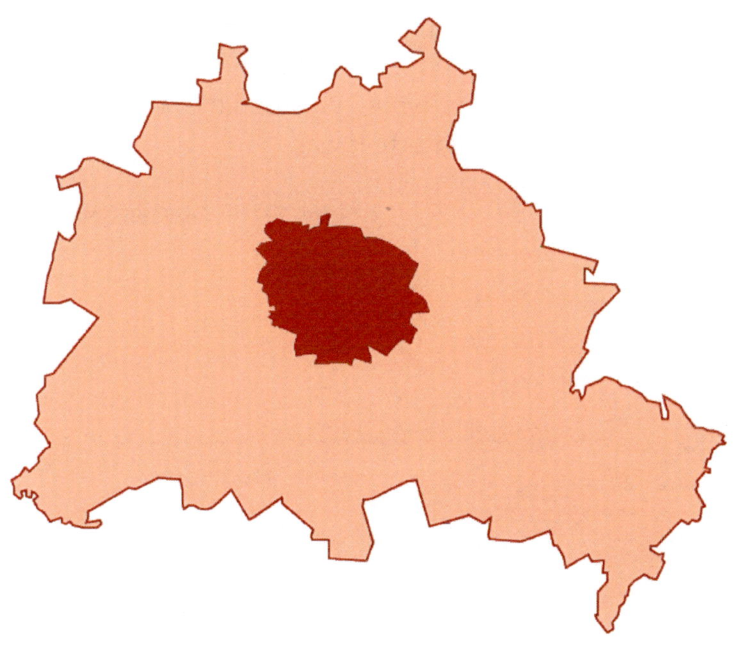

Großberlin seit 1920

Das rosa Gebiet ist dazugekommen, das rote Gebiet ist das alte Berlin. In dem roten Gebiet lebten 1,9 Millionen Menschen, mit dem rosa Gebiet kamen noch mal 1,9 Millionen dazu, davon allein 1,2 Millionen aus den eingemeindeten Städten: Spandau, Charlottenburg, Wilmersdorf, Schöneberg, Neukölln, Lichtenberg, Köpenick. Berlin selbst bestand seit dem Barock aus fünf Städten: Cölln, Berlin, Friedrichswerder, Dorotheenstadt und Friedrichstadt, zu denen sich dann im 19. Jh. die Vorstädte und Stadterweiterungen gesellten und bis 1920 ein Gebiet von 66 km² umfasste, das durch die Eingemeindung (rosa) auf 878 km² anwuchs. Berlin zählte damit nach New York und London zu der drittgrößten

Stadt der Welt und flächenmäßig nach Los Angeles zu der größten. Die Mauer (1961-1989) führte ungefähr durch die Mitte des Bildes, wobei Westberlin etwas größer und in drei Sektoren unterteilt war.

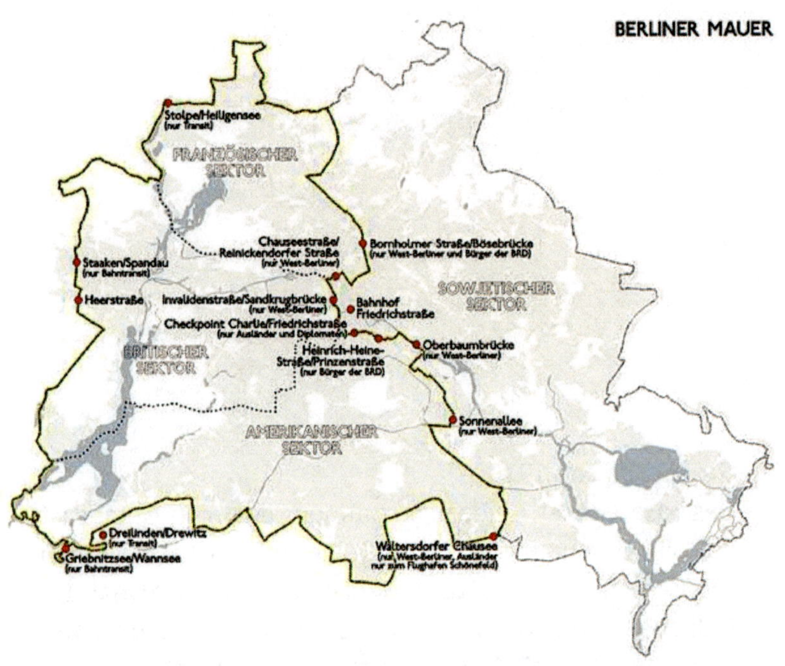

Lage und Verlauf der Berliner Mauer bis 1989. Quelle: Wikimedia / Sansculotte. 05/2004 A. Darmochwal – Benutzung im Rahmen der GNU FDL gestattet; CC BY-SA 3.0.

Charlottenburg als reichste Stadt Preußens und eine der größten war gegen die Eingemeindung wie auch die reichen Gemeinden auf dem Teltow wie etwa Zehlendorf, die sich vehement wehrten, aber unterlagen. Spandau kam als achter Bezirk nach Berlin, ist immer noch etwas Besonderes, nicht nur weil hier die Spree in die Havel fließt, die größten Flüsse der Region, Spandau ist auch älter als Berlin, hat das älteste Gebäude, den Juliusturm, und wollte weder 1920 noch danach eingemeindet werden. Ein Spandauer ist kein Berliner, bis heute nicht. Ich mache in Spandau keine Führungen (ich bin ja *Spaziergängerin von Berlin*), obwohl seine Altstadt wirklich echt alt ist und ich in der Nähe vom Amalienhof, der Grundbesitz kam 1823 an die Stadt Spandau, mal einen Maulbeerbaum entdeckte, aber leider keine Geschichte dazu. Aber Geschichten sind das Gewürz, das ich für meine Gehkunst benötige.

... das Geld liegt auf der Straße

Eines Tages sagte Elisabeth, ich habe das Gefühl, das Geld liege auf der Straße, wir müssten nur suchen. Wir hatten beide nicht viel. Ich hatte in den letzten Jahren Verluste hinnehmen müssen. Ein Auto hätte ich mir nun nicht mehr leisten können. Auch hatte ich meine Dreizimmer-Wohnung zugunsten einer kleinen, ähnlich wie in meinen Studentenjahren, aufgeben müssen. Ich studierte auch wieder, wie erwähnt Kunst- und vor allem preußische, Berliner Geschichte.
Es kristallisierten sich für mich die Themen heraus:
- Kunst und Literatur (ich bin gelernte Buch- und Kunsthändlerin),
- Sepulkralkunst (Friedhöfe waren für mich immer Orte der Inspiration, vor allem weil es dort leise ist und man

den Vögeln lauschen kann, Friedhöfe erzählen viel über die Menschen vor Ort),
- ganz vorrangig die Seidenproduktion in Preußen (ich bin magistrierte Sinologin)
- und böhmische Exulanten (ich bin in Böhmen als Evangelische geboren).
Alles Themen, die mit meinem Leben zu tun haben.
Eines meiner ersten Themen, die ich zu Papier brachte und veröffentlichte, das sich aus meinem Kunstgeschichtestudium ergab, waren Kriegerdenkmäler seit Napoleon. Dies entwickelte sich aus der Beschäftigung mit Franz Metzner, einem böhmischen Bildhauer, der in Zehlendorf wohnte (ich schreibe über ihn), der den Figurenschmuck am Völkerschlachtdenkmal in Leipzig geschaffen hatte, bei dem ein entfernter Onkel aus Böhmen, der auch Bildhauer war, arbeitete. Früher hätte ich es nie für möglich gehalten, dass das mal ein Thema für mich sein würde.
Ich hielt Vorträge. Man wollte die Spuren vor Ort sehen, die es ja noch überraschenderweise gab. Vor allem wollte man die alten Maulbeerbäume sehen, oft noch aus der Zeit des Alten Friedrich. Ich versprach, dazu Führungen anzubieten. Das war 1998.
Die Bonner machten sich auf den Weg, Berlin als Regierungssitz auszubauen. Das heißt, es würden viele Neuberliner kommen, die die Stadt nicht kannten. Viel würde ich nicht verdienen, das war klar, denn meine Themen waren Kleinode, ich nannte deshalb meine Führungen auch „Individuelle Stadtspaziergänge“. Wenn ich fünf Menschen begeistern konnte für eine Führung, war das viel, aber sie kamen wieder über die Jahre, in denen ich meine Schwerpunkte veränderte. Mit manchen mei-

ner Gäste bin ich gemeinsam älter geworden, mit manchen habe ich bis heute Kontakt, es haben sich Freundschaften entwickelt.

Die erste Führung machte ich nach Friedrichshagen auf den Spuren der böhmischen Exulanten unter Friedrich dem Großen und über die Seidenproduktion. Ich meldete uns auch an, das Arbeitszimmer des aus Tilsit stammenden Dichters Johannes Bobrowski zu besichtigen, der nach dem Krieg in Friedrichshagen eine neue Heimat gefunden hatte. Sein Sohn erzählte uns aus dem Leben seines Vaters und seiner Familie.
Als ich in Westberlin in den Sechzigerjahren am Kudamm Buchhändlerin war (ist die Abkürzung **Kudamm für Kulturdamm** und ich werde sie im Folgenden deshalb ohne Ku' benutzen!), hörte ich auch den Buchhändler-Tratsch, Berlin war ja eigentlich ein Dorf. So fuhren der Verleger und Kafka-Spezialist Klaus Wagenbach und die Kreuzberger Maler und Poeten Günter Bruno Fuchs und Robert Wolfgang Schnell, die dem Neuen Friedrichshagener Dichterkreis um Johannes Bobrowski und Manfred Bieler beigetreten waren, regelmäßig nach Friedrichshagen. Mit dem westdeutschen Pass kam man problemlos rüber.
Die Präambel des Dichterkreises lautete:
„Der Friedrichshagener Dichterkreis steht auf dem Boden Friedrichshagens und sieht seine Aufgaben in der Beförderung der schönen Literatur und des schönen Trinkens."
Das wurde wortwörtlich genommen. Man munkelte, in Friedrichshagen flösse mehr Wodka als Wasser in der Spree. Bei meinen Besuchen in der DDR floss auch ziemlich viel Alkohol.

Die Führungen in Friedrichshagen waren nicht nur meine ersten, sondern auch die östlichsten.

Johannes Bobrowskis Zimmer

**9. April 1917 Tilsit, †2. September 1965 Berlin*

Ich trete ein
Fußmatte im Windfang
Der Dichter
hat Staubspuren
hinterlassen
riecht aus der
alten Sofadecke
noch 40 Jahre
danach

In den Folianten
fliegen Gedanken auf
die Landkarten
zeichnen einen Lebensweg
die Ostsee liegt vor
der Haustür

Er hat seinem Schattenland
nachgespürt an den
Strömen klappern
die Mühlen raschelt
das Schilf auch am
Müggelsee lockt
ein Klavier

das er erst stimmen muss
Weggefährten erinnern
damals war's
In Friedrichshagen floss
mehr Wodka als Spreewasser
erzählten wir in Westberlin
Wer einen Westpass hatte
konnte rüber nach dem
Mauerbau – in Friedrichshagen
war die Luft duftig
von Linden und Maulbeerbäumen
in der Bölschestraße

Der Putz der Gründerzeit
bröckelt
und der Rost
hinterlässt
Filigranspuren im Regen
In der Ahornallee 26
hatte die Zeit innegehalten

Seit seinem Hundertsten allerdings
sind seine Bücher aushäusig
liegen die Manuskripte
geordnet im Archiv
die Folianten verschwenden
sich nicht mehr im Hochformat
und die vergilbten Landkarten
haben das Land Sarmatien
in die Fantasie entlassen

Da Elisabeth auch immer wieder in Wuppertal lebte, traf ich sie oft monatelang nicht. Ich hab tatsächlich Geld auf der Straße gefunden, sagte ich eines Tages.
So, und wo?
In der ganzen Stadt, ich mache Stadtspaziergänge.
Aber Berlin ist doch so groß wie der Ruhrpott, entgegnete sie mit fragendem Blick.
Nun ja, ich hab sicher noch ein viertel Jahrhundert Zeit, Berlin einzukreisen, antwortete ich.
Die fünfundzwanzig Jahre sind um, viele Tausend Kilometer in meinen Beinen. Einige Schuhe sind draufgegangen. Schuhe sind ein wichtiges Werkzeug für meinen Beruf, für die Gehkunst. Siehe das Titelbild. Dieses Foto verdanke ich einem Gast namens Günther bei der Führung im Böhmischen Viertel um den Prager Platz vor circa drei Jahren, das er auf meine Bitte, weil ich keine Kamera dabeihatte, aufnahm und mir schickte. ...[2]

1. Teil
Lauter Dörfer auf dem Teltower Hochplateau

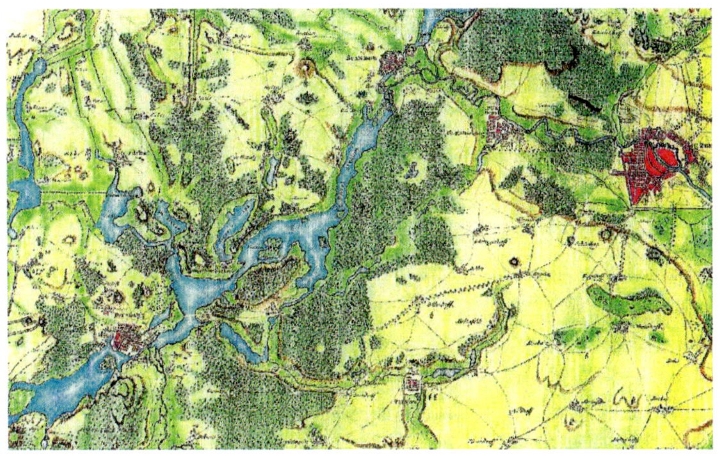

Teltow-Karte 1780
Bei allen meinen Führungen dabei.
Der rote Fleck mit Dreieck ist Berlin, fast alles andere wurde erst 1920 zu Großberlin eingemeindet.

Friedrichshagen und die Freiheitskämpferin

Ich fange mit Friedrichshagen an, auch wenn es nicht auf dem Teltower Plateau liegt, sondern zum Landkreis Niederbarnim gehörte, es war der erste Ort, wo ich führte, vor allem wegen der Böhmen, die Friedrich II. ab 1753 dort ansiedelte. Mit der S-Bahn Richtung Erkner, das schon außerhalb von Berlin liegt, erreichbar. Das Kolonistendorf wurde mitten in den Wald gelegt, sein südli-

cher Teil grenzt an den Müggelsee am Ausgang zur Spree, die über Köpenick, Berlin und Charlottenburg in Spandau in die Havel fließt. Sie entspringt in Sachsen an der Grenze zu Böhmen.
Bei Friedrichshagen kommt ein kleiner Nebenfluss der Spree an: die Erpe.
Das Erpetal zieht sich den Barnim hoch bis in die Gegend von Altlandsberg. All dies sind Spuren der Eiszeit und endlich wurden für mich auch die Schulbegriffe in Geografie wie Moränen, Eiszeitliche Rinne und Berlin-Warschauer Urstromtal lebendig.
Die Straße, die durch das Dorf Friedrichshagen geführt wurde, hieß Dorfstraße, dann Friedrichstraße nach seinem Gründer, und heute Bölschestraße nach dem Schriftsteller Wilhelm Bölsche, dem wichtigsten Vertreter des Friedrichshagener Dichterkreises, der sich um 1900 in dem zum Kurort geläuterten Kossätendorf mit der guten Luft etablierte, unter ihnen Bruno Wille, Gerhart Hauptmann, der in Erkner wohnte, und u. a.
Auch die beiden Dichterinnen Else Lasker-Schüler und Lou Andreas-Salome, die ich an anderer Stelle vorstellen werde, waren zeitweise dabei. Dieser Dichterkreis gehörte zu den Reformbewegungen, die sich um die Jahrhundertwende in vielen europäischen Gegenden gründeten, u. a. die Wandervögel in Steglitz, die Vegetarische Obstbaukolonie Eden in der Nähe von Oranienburg oder Monte Verità im Schweizer Kanton Tessin, wo Hermann Hesse und viele andere europäische Dichter und Intellektuelle, u. a. die Ausdruckstänzerin Mary Wigmann, über die ich auch schreiben werde, gelebt und gewirkt haben.

Die Bölschestraße, die beim S-Bahnhof beginnt, wo auch noch der Kurpark, leider etwas vernachlässigt, existiert, seit 1947 so genannt, war auch in der DDR etwas Besonderes (es gab z. B. eine Schokoladerie, wohin aus der ganzen Stadt Menschen strömten) und sie ist es heute noch, eine Meile für Flaneure, die bummeln, in kleinen hübschen Lädchen einkaufen, ins Café oder das historische Brauhaus einkehren, das sich am Ende der eintausenddreihundert Meter langen Straße befindet. Früher flankiert von Maulbeerbäumen, heute gibt es einige Nachpflanzungen, etwa in der Mitte der Straße die evangelische Kirche, deren Spitze beim Jahrhundertsturm am 13. November 1972 stark beschädigt worden war. In einer Seitenstraße gibt es auch noch eine kleine katholische Kirche, denn bei den böhmischen und schlesischen Einwanderern waren auch einige katholisch. Unter Friedrich II. war dieser Glaube in Preußen wieder erlaubt, in Berlin hatte er ihnen die Hedwigskathedrale bauen lassen.
Viele der noch existierenden Wohnhäuser, deren ursprünglicher Wohnungsgrundriss aus Stube, Kammer, Küche und Stall bestand, stehen unter Denkmalschutz. Leider nicht die dahinter liegenden Gärtchen, sodass dort Hammergrundstücke entstanden, in die hineingebaut wurde. Als ich mit den Recherchen begann, waren auch noch viele Wallnussbäume in den Gärtchen, denn die Wallnuss war früher im Winter ein willkommener Energielieferant, sie mussten nah am Haus stehen, denn sie sind frostempfindlich, wie die Maulbeerbäume auch.
Hat man die Bölschestraße passiert, kommt man entlang der ehemaligen BürgerBräu-Brauerei, in der sich heute

ein Brau-Museum befindet, endlich an den Müggelsee und kann, wer gut zu Fuß ist, durch den Fußgängertunnel unter der Spree, der in den Zwanzigerjahren gebaut wurde, um die Schlange der Erholungssuchenden an den Schiffen zu minimieren, bis zu dem Ausflugslokal „Rübezahl“ oder zum Müggelturm wandern.
Zurück zu den Gründerjahren von Friedrichshagen, da ist an Kunst und Literatur und Kurleben nicht zu denken. Wie überall ist der Anfang schwer. Die Böhmen und die Schlesier, die hier angesiedelt wurden, waren in der Mehrzahl häusliche Leineweber, deren Elend Gerhart Hauptmann in seinem Stück „Die Weber“ darstellt. Auch in Friedrichshagen ging es den Webern nicht besser, auch wenn sie die ersten Jahre durch Steuererleichterungen und Befreiung vom Militärdienst begünstigt waren. Ihnen wurden kleine Stücke Land zugewiesen und entlang der Dorfstraße für hundert Familien fünfzig Doppelhäuser gebaut, auf jeder Seite fünfundzwanzig, wovon heute noch viele existieren, Ensembleschutz erlangten und mittlerweile restauriert sind. Ende des 18. Jahrhunderts lebten hier 99 Haushalte, die in der Regel nur nach den männlichen Mitgliedern der Familie gezählt wurden.

Eine besondere Geschichte entdeckte ich, die auch mit Friedrichshagen zu tun hat: Der Familienvater Prochaska ist nicht in Friedrichshagen geblieben, er war Musiker und wollte zum preußischen Militär. Da musste er den weiten Weg über Berlin nach Potsdam antreten, denn Potsdam war Garnisonsstadt, in der es auch in Friedenszeiten für Militärmusiker viel zu tun gab.

Die Musikinstrumente, die beim Militär eingesetzt wurden, waren seit dem Ende des 18. Jahrhunderts Trompete, Querflöte und Trommel, die dazu dienten, den Gleichschritt der in Linienformation marschierenden Infanterie einzuhalten. Diese Instrumente konnte Prochaska spielen, er war auch der Lehrer seiner Tochter Eleonore Prochaska, die in Potsdam am 11. März 1785 auf die Welt kam und, da er im Militär diente und die Mutter krank und dann verstorben war, im Potsdamer Waisenhaus aufwuchs.

Sie war Freiheitskämpferin gegen Napoleon – als Mann verkleidet –, wurde in der Schlacht bei Göhrde verletzt und am 7. Oktober 1813 in Dannenberg beigesetzt. Am 18. Oktober 1813 wurde dann Napoleon in der Völkerschlacht bei Leipzig besiegt. Hundert Jahre später weihte man dort im Beisein von Kaiser Wilhlem II., der sich aber gegen diesen Kunststil sträubte, das Völkerschlachtdenkmal ein, dessen Skulpturenschmuck der böhmische Bildhauer Franz Metzner, der in Berlin und Zehlendorf lebte, geschaffen hat. Über ihn schreibe ich auch, er ist völlig vergessen in Berlin, wie so viel anderes von Bedeutung.

Eleonore Prochaska jedoch wird von den Potsdamern hoch verehrt und hat auf dem Friedhof in der Nähe des Hauptbahnhofs ein Ehrendenkmal.[3]

Die Seidenproduktion und Maulbeerbäume

In den beiden Orten Friedrichshagen und Nowawes sollte auch nach dem Zeitgeschmack des Rokoko, in dem sie

gegründet wurden, Seide hergestellt werden. In der Zeit des Rokoko begehrten sogar Männer Seide in Form von Seidenstrümpfen, Seidentüchern etc., ursprünglich in China nur dem Kaiser und im alten Rom den Damen vorbehalten, wurde jetzt Seide zum Allerweltsgut. Wände, Polster, eben auch Männerbeine schmückte nun das feine Gespinst. Goethes Buhle, wie es damals hieß, Christiane Vulpius, war Seidenblumenmacherin.
Überall pflanzte man Maulbeerbäume, nur deren junge Blätter werden von den kleinen Würmer gefressen, auf Friedhöfen, Schulhöfen, Alleen, die Adligen auf ihren Grundstücken, um die Fressgier der kurzlebigen Wesen zu befriedigen. Seide wurde so populär, dass es sogar Hobby wurde, sie zu züchten, wenn auch ein kostspieliges und arbeitsintensives.
Goethe schreibt dazu in seinen Memoiren „Dichtung und Wahrheit":

„Eine besondere Liebhaberei meines Vaters machte uns Kindern viel Unbequemlichkeit. Es war nämlich die Seidenzucht. Von deren Vorteil, wenn sie allgemeiner verbreitet würde, er einen großen Begriff hatte. Einige Bekanntschaften in Hanau, wo man die Zucht der Würmer sehr sorgfältig betrieb, gaben ihm die nächste Veranlassung. Von dorther wurden ihm zu rechter Zeit die Eier gesendet, und sobald die Maulbeerbäume genugsames Laub zeigten, ließ man sie ausschlüpfen, und wartete der kaum sichtbaren Geschöpfe mit großer Sorgfalt. In einem Mansardzimmer waren Tische und Gestelle mit Brettern aufgeschlagen, um ihnen mehr Raum und Unterhalt zu bereiten, denn sie wuchsen schnell, und waren nach der

letzten Häutung so heißhungrig, dass man kaum Blätter genug herbeischaffen konnte, sie zu nähren; ja sie mussten Tag und Nacht gefüttert werden, weil eben alles darauf ankommt, dass sie der Nahrung ja nicht zu einer Zeit ermangeln, wo die große und wundersame Veränderung in ihnen vorgehen soll. War die Witterung günstig, so konnte man freilich dieses Geschäft als eine lustige Unterhaltung ansehen; trat aber Kälte ein, dass die Maulbeerbäume litten, so machte es große Not. Noch unangenehmer aber war es, wenn in der letzten Epoche Regen einfiel; denn diese Geschöpfe können die Feuchtigkeit gar nicht vertragen; und so mussten die benetzten Blätter sorgfältig abgewischt und getrocknet werden, welches denn doch nicht immer so genau geschehen konnte, und aus dieser oder vielleicht auch einer anderen Ursache kamen mancherlei Krankheiten unter die Herde, wodurch die armen Kreaturen zu Tausenden hingerafft wurden. Die daraus entstehende Fäulnis erregte einen wirklich pestartigen Geruch; und da man die toten und kranken wegschaffen und von den gesunden absondern musste, um nur einige zu retten, so war es in der Tat ein äußerst beschwerliches und widerliches Geschäft, das uns Kindern manche böse Stunde verursachte."[4]

Während also für Goethes Vater die Seidenzucht ein Hobby war, mussten die Menschen in den hiesigen Dörfern von dieser Arbeit leben, was aber selten gelang, es war meist ein Nebenverdienst.
In vielen Orten sind heute noch Maulbeerbäume zu finden, die zur Seidenzucht unabkömmlich waren, einige sind in den letzten Jahren neu gepflanzt worden, denn

Maulbeerbäume werden nur circa zweihundert Jahre alt, viele sind vorher schon wegen Frost oder Umweltschäden eingegangen. Sie stammen aus China und sind empfindlich und mussten damals erst akklimatisiert werden. In Friedrichshagen haben die Bäume meist den Kindern zum Naschen gedient, denn die violettblauen Beeren schmecken roh und lassen sich zu Marmelade und für Kuchen verarbeiten. Das war im Sinne des Alten Fritzen ein Missbrauch, denn eins seiner vielen Edikte, das sich mit dem Seidenbau beschäftigt, galt auch dem Verbot, in die Bäume zu klettern und die kostbaren Bäume zu beschädigen.

Auf den Spuren der Hexen

In Nowawes war die Seidengarnproduktion erfolgreich. Überhaupt war Nowawes, das tschechische Wort für Neues Dorf, ein Erfolgsmodell. Es war neben dem mittelalterlichen Rundlingsdorf Neuendorf errichtet worden. Bis 1907 waren es selbstständige Dörfer, dann wurden sie zur neuen Gemeinde Nowawes zusammengefügt. Im Jahre 1924 erhielt Nowawes mit einer Einwohnerzahl von rund 27.000 das Stadtrecht. 1938 wurde diese Stadt mit Neubabelsberg, bestehend aus den Dörfern Klein-Glienicke und dem Villenvorort Babelsberg, eine bis dahin eigenständige Gemeinde in direkter Nachbarschaft, zusammengelegt. Diese neue Stadt trug den Namen Stadt Babelsberg.
Auch Babelsberg ist ein slawisches Wort, das Stammwort ist Babe, Großmutter, weise alte Frau, Hexe. Ähn-

lich wie bei den entsprechenden deutschen Namen vermengen sich hier das Gute: weise, alte Frau, Großmutter, und das Böse: Hexe. Man nimmt an, dass auf dem Babelsberg, nach dem die Stadt ihren Namen hat, ähnlich wie auf dem Brocken Walpurgisnacht gefeiert wurde, zumindest ist heutzutage in der Nacht vom 30. April zum 1. Mai dort einiges los ... die Hexen sind los.

Babelsberg ist natürlich auch durch die UFA-Film-Ateliers weltberühmt geworden. Zum 01.04.1939 war es dann mit der selbstständigen Stadt Babelsberg schon zu Ende, sie wurde nach Potsdam eingemeindet, Städte, die unterschiedlicheren Ursprungs nicht sein können.

Außer in Nowawes habe ich in Potsdam keine Führungen gemacht. Aber die vielen Filmschauspieler, die seit 1917 für die Ufa gearbeitet haben, begegnen uns bei meinen Führungen durch Dahlem und Grunewald, denn dort wohnten sie in ihren Villen.[5]

Hexen sind auch in unserer modernen Zeit faszinierend – besenreitende weibliche Wesen, die sich besonders in der Walpurgisnacht auf dem Brocken im Harz, aber auch anderswo auf Hügeln treffen. Dort sicherlich, um besser fliegen zu können, wie ja die neuzeitlichen Lufthüpfer auch von Erhöhungen aus in die Luft gehen.

Als ich in Wannsee wohnte, war Berlin noch von der Mauer und da draußen von der Staatsgrenze der DDR umgeben, das heißt konkret von Potsdam, und die DDR wollte ja mit Metaphysik nichts zu tun haben, dagegen wetterten schon seinerzeit Marx und Engels. Aber wie sich später – nach Maueröffnung – herausstellte, wurden in der DDR nicht nur Osterfeuer gezündet, sondern

auch die Walpurgisnacht gefeiert, zumal der Brocken auf ihrem Territorium war.
Der Name des Festes leitet sich von der heiligen Walburga, einer Äbtissin aus England (710–779), ab, deren Gedenktag am 1. Mai, dem Tag ihrer Heiligsprechung, gefeiert wurde. Auch in Goethes *Faust* (Teil I, 1808) wird tüchtig gefeiert und ist damit in unserer Hochkultur wachgehalten. Diese Feiern finden heute auch noch vielerorts als Tanz in den Mai statt. Hier überlappen sich wie so oft alte, bei uns germanische, und christliche Bräuche. Der Maibaum, eins der vielen Fruchtbarkeitssymbole, deutet auch in diese Richtung.
Aber warum Hexen bei diesen Feiern? In alten Zeiten waren Hexen die weisen Frauen, die Krankheiten heilen und den Frauen beim Gebären halfen. Die negative Konnotation bekamen die Hexen erst in der christlichen Zeit. Besonders seit der Frauenbewegung der Siebzigerjahre ist die Walpurgisfeier wieder sehr populär geworden, und auch im Berliner Raum steigt man/frau am 30. April auf den Berg, was man hier halt so Berg nennt.
Als ich in Wannsee wohnte, hatte ich einen großen Hund und war viel im Wald unterwegs, auch in der Dunkelheit. Ich hatte über Frauen in China in meinem Studienfach Sinologie magistriert und wusste einiges über diese alten Sitten auch in anderen Ländern. Es ist verblüffend, wie ähnlich manches ist. In Wannsee stieg ich auf den Böttcherberg (nach seinem ursprünglichen Besitzer Böttcher benannt), die Loggia Alexandra, die Prinz Karl 1869 zum Gedenken an seine verstorbene Schwester errichten ließ. Sie war noch eine Ruine, die gesamte Landschaft wurde erst 1990 als Weltkulturerbe eingestuft.

Als Rheinländerin, die ähnliche Hexen- und Drachengeschichten vom Siebengebirge her kannte, trank ich eine Flasche trockenen Rheinwein und feierte für mich alleine. Mein Hund lauschte den Geräuschen der Nacht und bellte manchmal, weil er mit seinen feinen Ohren etwas hörte, was mir nur als Gemurmel der Nacht in Erinnerung geblieben ist. Waren das Geräusche von drüben, jenseits der Grenze? Als ich später meine Führungen, besonders im Südwesten von Berlin, vorbereitete, auch auf die andere Seite der Bäke, jener kleine Havelnebenfluss, der seit 1900 im Teltowkanal verschwunden ist, nämlich nach Babelsberg ausweitete und mich informierte, war ich platt. Frauen erzählten mir, dass auch sie auf dem Babelsberg feiern.

Was aber bedeutet der Name Babelsberg?

Sie werden es ahnen: Hexenberg, allerdings auf Slawisch, denn die früher hier lebenden Westslawen hatten ebenfalls diese Hexenbräuche. Auch hier bedeutet Babe nicht nur Hexe, sondern auch alte weise Frau, wir kennen das Wort von der russischen Babuschka oder von Karel Gotts Lied von 1981: *Babicka*, Oma, Großmutter.

Im ebenfalls slawischen Wenden-Gebiet sind die fruchtbarkeitsbetonten Bräuche lange erhalten geblieben, so rituelle Liebesakte, die die menschliche Fruchtbarkeit auf den Ackerboden übertragen sollten. *Eine besondere Rolle spielen hierbei die Brautstein genannten Monolithen im Wendland (zum Beispiel in Woltersdorf und Trebel), die man als versteinerte Brautpaare ansah. Es soll Sitte gewesen sein, dass in der Walpurgisnacht Mädchen mit entblößten Genitalien über diese Steine rutschten, um sich dabei ihren Liebhaber zu wünschen.* (Wikipedia)

Die Walpurgisnacht also als eine Nacht, in der die Frauen über ihren Körper verfügten, auch über ihre Sexualität, was im Christentum ja verpönt war, und mehr noch, man hatte aus den weisen Frauen Hexen gemacht.

Schmargendorf und Mary Wigman

In den emanzipatorischen Zwanzigerjahren des zwanzigsten Jahrhunderts hatten die Frauen den Mief der Kaiserzeit abgelegt und sich die Souveränität über ihren Körper zurückerobert und das vehement, explosionsartig. Das Zeitalter nannte man Expressionismus, der alle Künste erfasste, auch den Tanz.

Mary Wigman war die innovative Tänzerin der Zwanzigerjahre, die 1926 mit ihrem *Hexentanz* die Tanzwelt revolutionierte. Sie assoziiert genau diese vorgestellten Bilder. Der erdgebundene Charakter des Tanzes, die schroffen Gesten und das Öffnen der Beine, es war das Gegenteil des herkömmlichen Ballettideals. Ihr Tanzstil war der Beginn des modernen Ausdruckstanzes.
Diese wunderbare Tänzerin, geboren am 13. November 1886 in Hannover, gestorben am 19. September 1973 in West-Berlin, die Begründerin des *New German Dance,* hab ich in den Sechzigerjahren des zwanzigsten Jahrhunderts in ihrem Haus in der Rheinbabenallee 35 in Schmargendorf kennenlernen dürfen. Ich habe bei ihr im Studio ein paar Monate Ausdruckstanz belegt, was ich schon im Rheinland begonnen hatte. Heute steht auf

dem Grundstück die Residenz der chilenischen Botschaft.

Auf Anraten des Malers Emil Nolde trat sie 1913 in Rudolf von Labans *Schule für Kunst* auf dem Monte Verità in der Schweiz ein. Monte Verità war in den ersten Jahrzehnten des 20. Jahrhunderts ein bekannter Treffpunkt von Lebensreformern, Pazifisten, Künstlern, Schriftstellern sowie Anhängern unterschiedlicher alternativer Bewegungen. Hier lebte man vegetarisch und vegan und machte als Nudist Gartenarbeit, wie Gott uns geschaffen hat. Diese Reformbewegung nannte sich *Harmonie.* Friedrich Nietzsche als auch Erich Mühsam standen dieser Bewegung zeitweise nahe. Ernst Bloch lebte hier und Hermann Hesse, der den Ort berühmt machte. Monte Verità wurde durch Rudolf von Laban das Zentrum des Ausdruckstanzes, hier wurde teilweise nackt getanzt. Er organisierte auch kultische Tanzspiele.

Gusto Gräser, einer der Gründer-Geschwister, hatte bereits im Jahr 1900 in Paris die US-amerikanische Tänzerin Isadora Duncan kennengelernt, deren Bruder Raymond Duncan Anhänger Gräsers wurde. Auch sie war eine innovative Tanzlehrerin, eine Vorläuferin von Mary Wigman, auch sie lebte in Grunewald, in der Trabener Straße – aber das ist ein anderer Spaziergang.

Nach Auftritten in München und Zürich zog Mary Wigman nach Dresden, wo sie eine Tanzschule gründete, die heute noch als *Villa Wigman für Tanz e. V.* existiert. Gret Palucca war eine ihrer berühmtesten Schülerinnen.

Mary Wigman hatte Kontakte zu dem Expressionisten Ernst Ludwig Kirchner, der auch Tanzszenen malte. Eins seiner bekanntesten Werke war der *Totentanz der Mary Wigman*.

Sie trat in Europa und in den USA auf. Sie war in den 1920er-Jahren das Idol einer Bewegung, die den Tanz aus der Unterordnung unter die Musik lösen wollte. Nur selten tanzte sie zu nicht für sie komponierter Musik. Es wurde oft lediglich mit der Begleitung durch Gongs oder Trommeln und in seltenen Fällen ganz ohne Musik getanzt, was besonders in intellektuellen Kreisen auf großen Anklang stieß. Es gibt ein YouTube-Video über ihre Tänze.

Sie hatte zu Beginn der 1930er-Jahre allein in Dresden 360 Schüler, an den Filialen, einschließlich der in New York, wurden weitere 1.500 Schüler unterrichtet. In der Nazizeit versuchte sie, einen Teil ihrer jüdischen Schüler zu behalten, ihr wurde Judenfreundlichkeit vorgeworfen. Für die Olympischen Spiele 1936 choreografierte sie mit einer Gruppe von 80 Tänzern die *Totenklage* für das Festspiel *Olympische Jugend*. Der Ingenieur und Siemens-Manager Hanns Benkert half ihr und schützte sie, er war zwischen 1930 und 1941 ihr Lebenspartner.

1942 musste sie ihre Dresdner Schule verkaufen. Sie erhielt einen Gastlehrervertrag an der Abteilung Tanz der Hochschule für Musik in Leipzig. Im selben Jahr trat sie letztmals als Solotänzerin mit *Abschied und Dank* auf. Nach dem Krieg blieb sie zunächst in Leipzig. 1949 zog sie nach West-Berlin, wo sie eine neue Ausdruckstanzschule gründete, das *Mary-Wigman-Studio* in der Rheinbabenallee. An der Städtischen Oper Berlin choreografierte und inszenierte sie *Sacre du printemps* (1957) und

als letztes *Orpheus und Eurydike* (1961), Regisseur: Gustav Rudolf Sellner.
1967 schloss sie ihr Berliner Studio und widmete sich der Vortragstätigkeit im In- und Ausland. Mary Wigman verstarb am 19. September 1973. Ihre Urne wurde am 14. November des gleichen Jahres auf dem Familiengrab in Essen beigesetzt.
Sie bekam 1953 das Verdienstkreuz (Steckkreuz) und 1957 das Große Verdienstkreuz der Bundesrepublik Deutschland, 1954 den Schillerpreis der Stadt Mannheim. 2013 wurde eine Mary-Wigman-Stiftung gegründet. Diese ist beim Deutschen Tanzarchiv Köln angesiedelt, wo auch die Nutzungsrechte an den Werken Mary Wigmans liegen. In Berlin erinnert keine Gedenkstätte an ihr Wirken. Ihr fünfzigjähriges Todesjahr 2023 könnte Anlass für die öffentliche Hand sein, dass in der Rheinbabenallee, wo sie bis zu ihrem Tod lebte, eine Gedenktafel angebracht oder eine Straße nach ihr benannt wird.

Wannsee, Heinrich, Henriette

Wannsee ist für mich ein besonderer Ort. Schon im Oktober 1961, bei meinem ersten Besuch in Westberlin, kurz nachdem die Mauer gebaut worden war, fuhr ich an den Wannsee, Heinrich von Kleist zu begegnen. Als unverstandene Jugendliche, zunächst als Halbstarke schon äußerlich durch Kleidung, was den Erwachsenen überhaupt nicht gefiel, Mädchen in Jeans, ich wurde aus der Schule und dann auch aus dem Job geschmissen, in Opposition, später intellektuell bei den Existentialisten, die eh alles ablehnten, gelandet, war der Michael Kohlhaas einfach Pflicht-Lektüre, er lehnte die Autoritäten, die ihm Unrecht angetan hatten, ab, mehr noch, er führte Krieg gegen sie. Nun so weit ist meine Abneigung gegen die Vormundschaft nicht gekommen, aber bei den Achtundsechzigern und im SDS, der am Kudamm in Halensee seinen Sitz hatte, in dessen Nähe ich später auch viele Jahre lebte, bin ich, auch wenn ich damals keine Studentin war, gelandet.[6]

Als ich dann den Rummel auf dem Kurfürstendamm satt war, bin ich Mitte 1970 bis Mitte 1980 nach Wannsee gezogen, erst in ein Wohngemeinschaftshaus in der Bismarckstraße, jeden Tag an der Kleist-Gedenkstätte vorbei, dann hoch auf die Havelberge bei der Andreaskirche in ein Türmchen einer alten Villa, Hölderlin nicht ungleich. Ich arbeitete in Dahlem an der Universität, die nach der Studentenbewegung auch relativ befriedet war. Was zuvor zu viel an Äktschen war, war jetzt nur noch Wald und Wasser. Zehn Jahre lang sah ich kaum was von dem anderen Westberlin, nur Dahlem und Wannsee, und ich vermisste nichts. Im Jahrhundertwinter 1978, quasi vor den Augen Heinrichs, brach ich mir beim Schlittschuhfahren ein Bein, worunter ich heute noch leide, also jeden Tag an Heinrich denke.

Damals war Henriette Vogel weder auf Hinweisschildern geschweige denn auf der Grabplatte vermerkt, ich hatte also keinen Grund, eifersüchtig zu sein.

Ich mache Führungen zum Böttcherberg und Klein-Glienicke mit seinen Schlössern und Parkanlagen, der Ort selbst gehört schon zu Potsdam und war zu DDR-

Zeiten eine Exklave, auf die wir vom Böttcherberg herunterschauen konnten. Heute ist das Areal Weltkulturerbe mit den gegenüber in Potsdam und an der Havel liegenden Schlössern und Gartenanlagen eine einmalige paradiesische Gegend, wenn man bedenkt, dass vor zweihundert Jahren, also zu Kleists Zeiten, hier noch dichter Wald und Sumpf waren.
Der zweite Spaziergang in Wannsee führt zu einigen Villen der Alsen-Kolonie wie der, in der das Literarische Colloquium seit 1963 residiert, und eben zur Kleist-Vogel-Gedenkstätte in Wannsee, bei der einige Rätsel ungeklärt bleiben wie das, liegen Heinrich und Henriette überhaupt dort, wo ihr Grabstein steht? Und was ist mit der Villa der Familie Ravennè geschehen, die in Theodor Fontanes Roman eine Rolle spielt, hängt doch dort L'Adultera, die Ehebrecherin, Replik von Tintorettos Gemälde, nach dem Fontane den Roman benennt, zehn Jahre älter als Effi Briest, sein berühmtester Roman?
Als ich dort wohnte, war noch die Insel, auf der der Ortsteil Wannsee liegt, wie erwähnt von der DDR-Staatsgrenze umringelt. Mitten auf der Glienicker Brücke war der Westen zu Ende und Agenten wurden ausgetauscht. Das jedenfalls ist der berühmteste Akt, durch den die Brücke bekannt wurde.

Historisch gesehen begann dahinter die Garnisonsstadt Potsdam, entsprechend war schon in historischer Zeit zwischen Berlin und Potsdam auf dieser Strecke, der heutigen B1, ein reger Verkehr. Zu meiner Westberliner Zeit aber war hier eine Sackgasse und am Wochenende für die erholungssuchenden Westberliner ein grünes

Refugium mit den historischen Ausflugslokalen Nikolskoe und Moorlake, in herrlicher Lage an der Havel, die heute noch existieren. Zu Kleists Zeiten gab es diese nicht, aber dafür Stimmings Krug, an der heutigen Wannsee-Brücke gelegen, auf dessen Gelände nach Abriss des Krugs 1870 der Villenkolonie-Gründer, der Bankier Wilhelm Conrad (1822-1899), seine Villa baute, die bis 1970 stand.
Heinrich und Henriette kamen am 20. November 1811 im Krug an und mieteten sich in zwei Zimmern für eine Nacht ein. Sie verbrachten die Nacht mit Briefeschreiben, Späßen und einer Menge Alkohol.

Edler u besser sollen wir durch die Liebe werden
Heinrich von Kleist zum 245. Geburtstag
Heinrich von Kleist – 18.10.1777-21.11.1811

Das schrieb Heinrich von Kleist 1800 an seine Verlobte Wilhelmine von Zenge. Die Verlobung hielt nicht lange, wie alles in seinem Leben, Unbeständigkeit war sein Begleiter. Das war nicht nur der Zeit geschuldet, in der er geboren, in der gelebt hatte.
Große Umbrüche begleiten ihn: Die Französische Revolution, der beginnende Untergang des Feudalismus, seine Familie gehörte zu einem der ältesten Adelsgeschlechtern der Mark, das Aufkommen von Großindustrie und Kapitalismus, Goethe und Schiller, Kant in Königsberg, die Romantik.
Kleist war von innen her ein flammendes Feuer, das sich mit jedem Luftzug veränderte. „Ach, es ist meine ange-

bohrne Unart, nie den Augenblick ergreifen zu können, um immer an einem Orte zu leben, an welchem ich nicht bin, und in einer Zeit, die vorbei ist, oder noch nicht da ist", schreibt er am 29. Juni 1801 aus Paris an seine Jugendfreundin Adolphine von Werdeck geb. von Klitzing. Von Juli bis Ende November 1801 hält Kleist sich in Paris auf. Er hatte sein Studium in Frankfurt/Oder aufgegeben, nachdem er sich mit den Philosophien Immanuel Kants und Jean Jacques Rousseaus auseinandergesetzt hatte.

Ende Dezember reist er nach Basel, bis Oktober 1802 weilt Kleist in der Schweiz. In diese Zeit fällt der Beginn seiner schriftstellerischen Arbeit. Im Mai löst er die Verlobung mit Wilhelmine von Zenge.

Anfang 1800 hatte er sich mit der Frankfurter Nachbarstochter Wilhelmine von Zenge (1780-1852) inoffiziell verlobt und von ihr schier Unmögliches erwartet. Sie wollte natürlich, dass er ein Amt übernimmt „[...] ich darf kein Amt wählen, weil ich das ganze Glück, das es gewähren kann, verachte", (Berlin, 13. November 1800), antwortet er ihr. Als er dann in Paris ist, schreibt er, sie hinhaltend: „... o wie unbegreiflich ist der Wille, der über uns waltet! – Aber Geduld! – Geduld –? Kann der Himmel die von seinen Menschen verlangen, da er ihnen selbst ein Herz voll Sehnsucht gab?" (Paris, 21. Juli 1801). Als er dann in der Schweiz ist, platzt ihr der Kragen.

Durch seine Rousseau-Lektüre, zurück zur Natur, sah er sich angeregt, ein bäuerliches Leben zu führen: „Ein Feld zu bebauen, einen Baum zu pflanzen, und ein Kind zu zeugen," (in einem Brief vom 10. Oktober 1801 an Wilhelmine).

Sie, die adlige Tochter aus einer Universitätsstadt, soll Bäuerin werden! Im Mai 1802 löst er die Verbindung. Er lebt noch das ganze Jahr 1802 auf der Scherzliginsel in der Aare in Thun in der Schweiz. Hier hat er seinen literarischen Durchbruch, er schreibt das Theaterstück *Die Familie Schroffenstein*, schreibt weiter an seinem Trauerspiel *Robert Guiskard, Herzog der Normänner* und beginnt mit dem Lustspiel *Der zerbrochne Krug*.

An seine Jugendfreundin Adolphine hatte er am 29. Juli 1801 aus Paris geschrieben: „Bei den Küssen seines Weibes denkt ein ächter Chemiker nichts, als dass ihr Athem Stickgas u Kohlenstoffgas ist."

Einer weiteren Freundin schreibt er: „Ach, es muss öde und leer und traurig sein, später zu sterben als das Herz."

Hier nimmt er schon das Thema auf, das ihn immer wieder beschäftigen wird und das der Prinz von Homburg im Angesicht seines Todesurteils sagt und zu hoher Literatur gemacht hat: „Nun, o Unsterblichkeit bist du ganz mein."

Bis zu seinem Tod 1811 wird nun seine Begleiterin als auch große Briefpartnerin seine Halbschwester Ulrike werden, diesem Briefwechsel verdanken wir die schönsten Kleist-Briefe, die eine eigene hochrangige literarische Stufe erreicht haben.

1804/05 soll er sich in Königsberg in Kameralistik ohne festes Gehalt ausbilden lassen, was natürlich auch wieder missglückt, aber er ist literarisch aktiv, Kleist vollendet den *Zerbrochnen Krug* und arbeitet an dem Lustspiel

Amphitryon, dem Trauerspiel *Penthesilea* und an den Erzählungen *Michael Kohlhaas* und *Das Erdbeben in Chili*. Der *Zerbrochne Krug* wird von Goethe in Weimar zerrissen, auch diese Hoffnung stirbt.
In Dresden gibt Kleist zusammen mit dem Staats- und Geschichtsphilosophen Adam Heinrich Müller ab Januar 1808 das *Journal für die Kunst* (so der Untertitel) *Phöbus* heraus. Das erste Heft mit dem Beitrag *Fragment aus dem Trauerspiel: Penthesilea* sandte er unter anderem Goethe zu, der in einem Antwortschreiben seine Verwunderung und sein Unverständnis bekundete.
In all diesen Jahren wütete immer wieder Napoleon in deutschen Landen und Kleist gehörte zeitweilig dem Widerstand an. Seit 1809 bis zu seinem Tod lebt er in Berlin. In der Mauerstraße in Mitte ist eine Gedenktafel angebracht.
Einer entfernten Verwandten, Marie von Kleist, die eng mit der 1810 verstorbenen Königin Louise in Kontakt war, der Kleist seinen Prinzen von Homburg gewidmet hatte, vertraut er sich an:
Meine Seele ist so wund, dass mir, ich mögte fast sagen, wenn ich die Nase aus dem Fenster stecke, das Tageslicht wehe thut, das mir darauf schimmert.
Das schreibt er am 10.11.1811, einige Tage vor seinem Freitod, und an seine Schwester:
Ich kann nicht sterben, ohne mich, zufrieden und heiter, wie ich bin, mit der ganzen Welt, uns somit auch, vor allen anderen, meine teuerste Ulrike, mit Dir versöhnt zu haben. Lass sie mich, die strenge Äußerung, die in dem Briefe an die Kleisten enthalten ist, lass sie mich zurücknehmen; wirklich, Du hast an mir getan, ich sage nicht,

was in Kräften einer Schwester, sondern in Kräften eines Menschen stand, um mich zu retten: die Wahrheit ist, dass mir auf Erden nicht zu helfen war. Und nun lebe wohl; möge Dir der Himmel einen Tod schenken, nur halb an Freude und unaussprechlicher Heiterkeit, dem meinigen gleich: dass ist der herzlichste und innigste Wunsch, den ich für Dich aufzubringen weiß. Stimmings bei Potsdam am Morgen meines Todes Dein Heinrich.

In den Berliner Salons um den Gendarmenmarkt hatte Heinrich von Kleist Henriette Vogel kennengelernt, eine verheiratete Frau mit einer Tochter, die auch schriftstellerische Ambitionen hatte. Es war Liebe auf den ersten Blick im Sinne einer tiefen Seelenverwandtschaft, endlich hatte er den liebenden Menschen gefunden, der mit ihm sterben wollte. Es heißt, sie sei krebskrank gewesen. Aber die von beiden aus dem November 1811 stammenden Prosahymnen sprechen die Sprache der Herzen – ohne Wenn und Aber:

Mein Jettchen, mein Herzchen, mein Liebes, mein Täubchen, mein Leben, mein liebes süßes Leben, mein Lebenslicht, mein Alles, mein Hab und Gut ... meine Vergangenheit und Zukunft, meine Braut, mein Mädchen ... meine Fürspecherin und Fürbitterin, mein Schutzengel, mein Cherubin und Seraph, wie lieb ich Dich! –

Und Henriette:

Mein Heinrich, mein Süßtönender, mein Hyazinthenbeet ... meine Äolsharfe, mein Tau, mein Friedensbogen, mein Schoßkindchen, mein liebstes Herz ...

Henriette geht aber auch in ihrem Hymnus auf die literarischen Vorgaben aus Kleists Werk ein:

Mein Tasso (ein Werk von Goethe) ... *mein Graf Wetter* (aus dem *Käthchen von Heilbronn,* ein Stück von Kleist) ... *mein Werther* (Jugendroman von Goethe, in dem der Werther in den Freitod geht) ... *mein Lehrer und Schüler, wie über alles Gedachte und zu Erdenkende lieb ich Dich. – Meine Seele sollst Du haben. Henriette.*

In der Nacht vom 20. auf den 21. November 1811 hatten sie in dem Landgasthof Stimmings Krug an der Wannsee-Brücke, wo heute der Potsdamer Jacht-Club ist, übernachtet, Briefe geschrieben, und ordentlich gebechert, was sich am Nachmittag des 21. November 1811 fortsetzt, denn sie lassen sich auf einen Hügel auf der Seite des Kleinen Wannsee, damals Stolper Loch, Tisch und Stuhl, Kaffee und alkoholische Getränke bringen und sind guter Laune, wie die Bediensteten der Polizei erzählen. Kleist hatte einen Korb mit drei Pistolen dabei. Kleist hatte eine Ausbildung bei der Preußischen Armee, Kleist war ein Perfektionist, Kleist inszenierte den gemeinsamen Tod. Henriette sollte sich in eine Sandkuhle knien, er kniete vor ihr. Er schoss ihr ins Herz, sich in die Mundhöhle. Er war perfekt. Die beiden Schüsse trafen, die Ersatzpistole im Korb lag unbenutzt. Nach den polizeilichen Ermittlungen und der Obduktion wurden sie am Ort des Geschehens begraben. Selbstmörder bekamen damals kein christliches Begräbnis.

Erst fünfzig Jahre später begann seine Wiedererweckung, seine Stücke wurden endlich aufgeführt, seine Erzählungen gelesen. Fontane beschreibt, wie Touristen aus Berlin die neu errichtete Gedenkstätte am Kleinen Wannsee besuchen. Es gab jetzt sogar schon eine Eisenbahn.

Als junger Mensch hatte ich im fernen Rheinland den „Michael Kohlhaas“ gelesen und fand Bestätigung im Kampf gegen die Ungerechtigkeit, die ich ertragen musste.
In den zehn Jahren meines Refugiums in Wannsee verbrachte ich oft meinen Feierabend auf der Bank an seiner Gedenkstätte, manchmal genoss auch ich einen Buddel, wie Kleist dem Bediensteten Riebisch vom Stimmings Krug auftrug: *Alter Vater! sage Er doch dem Herrn, dass er mir diesen Buddel ... noch halb voll Rum herschicke*!
Seit vielen Jahren mache ich Führungen zu seiner Gedenkstätte, ob er und Henriette, die jetzt endlich auch auf dem Gedenkstein erwähnt ist, wirklich dort liegen, ist eines der großen und vielen Geheimnisse zum Leben und Wirken von Heinrich von Kleist.
Henriette Vogel jedoch ist eine Überraschung, ihr erwähnter Hymnus auf Kleist ist ein Text voller Kenntnis seines Lebens und seines Werks. Sie soll ihre übrigen Texte vor ihrem bewussten Tod vernichtet haben. Schade.

Die Rehwiese

Die Rehwiese ist geomorphologisch was ganz Besonderes, nicht nur weil sie seit den 1930er- und zuletzt 1960er-Jahren unter Schutz gestellt ist und zum Grundwasserreservoir gehört mit zwölf Brunnen, die jährlich drei Millionen Kubikmeter Wasser fördern; zwischen 1983 und 1992 waren es noch rund neun Millionen Kubikmeter jährlich.
Das zeigt schon, wie bedroht auch hier unser Lebensmittel Nummer eins, das Wasser, ist. Die Rehwiese ist auch

ein Stück naturbelassene Vergangenheit unserer Heimat, man hätte sie, wie heute üblich, verdichten können, sie ist ja weitgehend trockengelegt. Die Villen, die ab 1900 gebaut wurden, sind im nötigen Abstand, meist auf den Hügeln, sodass hier noch ein Gefühl für die ehemals gewellte eiszeitliche Mark Brandenburg entsteht, die als plattes Land empfunden wird, ist sie aber nicht, auf den Havelhügeln, die es überall gab, standen, auf alten Veduten zu sehen, Windmühlen über Windmühlen.
Diese ehemals sumpfige Senke, ein eiszeitliches Zwischenurstromtal, noch bis 1900 ästen hier Rehe, daher der Name, verbindet als Bestandteil der Grunewaldseenkette den Nikolassee mit dem Schlachtensee. Auf einer Karte Ende des 18. Jahrhunderts, die ich habe, ist das noch sehr schön zu sehen, von Charlottenburg, wo die Spree fließt, über den Lietzensee, Halensee, die vier Grunewaldseenpfuhle (Koenigssee, Dianasee, Hertasee, Hubertussee), Hundekehlesee, Grunewaldsee, Langes Luch (Waldsee), das mittlerweile verlandende Riemeisterfenn, Krumme Lanke, Schlachtensee, Rehwiese (trockengelegt), Nikolassee, Wannsee/Havel war wohl ehemals eine Verbindung zwischen Spree und Havel im Westen von Berlin.
Die Wannseebahn, von dem Investor und Bankier Wilhelm Conrad, für die von ihm projektierte Villen-Kolonie Ahlsen schon ab den 1870er-Jahren als private Bahn angelegt, vom Volksmund bespöttelt, „Die Wahnsinnsbahn auf Conrädern“ genannt, fuhr am Nikolassee und der Rehwiese vorbei über Zehlendorf, Steglitz, Schöneberg nach Berlin zum Potsdamer Platz, wo die meisten der Ahlsen-Kolonisten arbeiteten. Sie wollten ihre Fami-

lien nicht weiter der schlechten Luft in Berlin aussetzen und bauten sich diese Bahn zu ihren Wohnhäusern am Wannsee.
Als der Hohenzollernprinz Friedrich Karl (1828-1885) bzw. sein Sohn Friedrich Leopold (1865-1931) den Besitz des Ritterguts Düppel zu vermarkten begannen, war hier schon eine Bahnstation, nach dem Nikolassee benannt wie auch die 1901 gegründete Gemeinde. Die Bahn ging 1902 in Betrieb, übrigens bis in die Deißigerjahre als Dampflok.
Friedrich Karl war ein erfolgreicher General der Kavallerie, der die Düppeler Schanzen im Deutsch-Dänischen Krieg 1864 erstürmte, daher der Name Düppel. Aus diesem Krieg kommen auch die anderen Namen der Gegend, Kolonie Ahlsen und der Flensburger Löwe, der in der Nähe der Liebermann-Villa steht. Dieser Prinz baute sich 1869 im Düppeler Forst das Jagdschloss Dreilinden, das in 1950er-Jahren abgerissen wurde, nachdem er auch im Deutsch-Österreichischen Krieg 1866 erfolgreich war. Dieses Schloss wurde sein Lieblingsschloss.
Sein Sohn Friedrich Leopold hatte andere Interessen. Er war zwar wie fast alle Prinzen militärisch ausgebildet worden, aber es gab in seiner Zeit zu wenige Kriege, könnte man spötteln, denn er soll der Spielsucht verfallen gewesen sein. So verkaufte er das Düppeler Anwesen der HAG, der Heimstätten AG, die darauf Villen baute. Dieser Prinz würde sich auch heute wunderbar für den Adel-Tratsch der illustren Zeitschriften eignen.
Er war viel vor Gericht, das machen ja die heutigen Hohenzollern-Nachfahren auch, aber dass sich ein Hohenzoller freut, dass Preußen aufgehört hat zu existieren, ist

doch erwähnenswert, denn bei Ausbruch der Novemberrevolution war Friedrich Leopold sofort klar, dass es das Ende seiner Bevormundung durch Wilhelm II. bedeutete. Er war über Nacht zu dem geworden, was er immer sein wollte: ein Privatmann. Er ließ auf seinem Wohnsitz in Glienicke am 10. November 1918 eine rote Fahne aufziehen, was deutschlandweit großes Aufsehen erregte. Nicht erst zu DDR-Zeiten, sondern schon 1918 flatterte das revolutionäre Rot an der Glienicker Brücke, das ist Wahnsinn.

Viele Villen an der Rehwiese tragen die Handschrift von Hermann Muthesius (1861-1927), einem Reformarchitekten, der die Monografie „Das englische Landhaus" geschrieben hatte und von dem im Südwesten eine Menge Villen gebaut wurden und zum Teil heute noch stehen.

Er und sein Sohn, ebenfalls Architekt, die mit einer Extra-Gedenktafel geehrt werden, liegen auf dem Friedhof der Evangelischen Kirche Nikolassee (1909), die wie viele Villen der Heimatschutzarchitektur von Erich Blunck (1872-1950) erbaut wurde.

Die Familie Muthesius hat eine schöne Villa (1906), am Hang über der Rehwiese gelegen, mit einem wunderschönen verwunschenen Garten, der von der Stiftung Denkmalschutz betreut wird.

Die Aussichtsterrassen sowie der Vorgarten wurden nach dem englischen Vorbild des Landhausgartens angelegt und bilden eine geometrische architektonische Anlage aus klar voneinander differenzierten Gartenräumen.

Anna Muthesius und das Reformkleid

*geborene Trippenbach; *12. August 1870 in Aschersleben, †30. März 1961 in Berlin*

Anna liegt auch auf dem Friedhof in dem Grab, das denkmalgeschützt ist, aber ohne eigene Tafel über ihr Leben und ihre Arbeit. Sie war Sängerin, seit 1896 verheiratet mit dem Architekten Hermann Muthesius, dem Gründer des Deutschen Werkbundes, dessen Mitglied sie auch war. Sie war Autodidakt wird berichtet. Zwischen 1896, also zu Beginn der Ehe, und 1903 war ihr Ehemann als Technischer und Kulturattaché an der deutschen Botschaft in London tätig. Hier kamen beide mit den Ideen der Lebensreformbewegung in Berührung. Auch in Deutschland hatte die Reformbewegung großen Anklang.

Die Frauen waren in England im Viktorianischen und in Deutschland im Wilhelminischen Zeitalter eingeschnürt, dass sie ohnmächtig wurden, was Sigmund Freud in Wien als typische Frauenhysterie interpretierte, um es verkürzt zu sagen. Mit den langen Röcken zogen sie in den Grunewald und hatten dann zu Hause Geäst am Rock für die Feuerung, so kommen mir die Bilder von spazierenden langrockigen Frauen vor der Jahrhundertwende (19. zu 20.) vor.

Also muss Reformkleidung her, ist doch der logischste Gedanke, zumal jetzt auch die gebildeten Frauen immer mehr in die Berufe wie Lehrerinnen etc. drängten, Sport betrieben, die Arbeiterin hatte ohnehin nur ein Kittelkleid ohne Korsage.

Aber die feinen Damen, also runter mit der Korsage, und denke mal nicht, dass das alle Frauen gut fanden und solidarisch waren. Ich habe Karikaturen gesehen mit dem Sinne nach: *Na, wie du aussiehst, kriegst du keinen ab mit deinem Reformkleid* – die meistens sackförmig waren, also nicht mehr figurbetont.
Im September 1896 wurde auf dem internationalen Berliner Frauenkongress das Thema Frauenkleidung in Deutschland erstmals öffentlich diskutiert. Schon zwei Wochen später wurde der *Verein zur Verbesserung der Frauenkleidung* gegründet. Seine erste Ausstellung fand im April 1897 in Berlin statt, 35 Hersteller hatten Reformvorschläge eingereicht. Seit 1899 gab es in der Hauptstadt sogar eine Dauerausstellung mit Modellen „verbesserter Frauenkleidung“.
Vor allem von den Zwängen aus Paris wollte man sich befreien.

Bereits Mitte der 1890er-Jahre hatte auch Henry van de Velde (1863-1957) gemeinsam mit seiner Frau Marie-Louise Sèthe (1867-1943) begonnen, Damen- und Kinderbekleidung in neuem Stil und vorzugsweise ohne Korsett zu entwerfen. Insbesondere in seiner Weimarer Zeit entwarf er zahlreiche Kleider.
Auch die Männer profitierten von der Reformbewegung, die steifen Kragen wurden abgeschafft und andere Hinderlichkeiten. Die Reformbewegung hatte auch in ihren ländlichen Zentren mit Streben nach dem Naturzustand wie im Schweizer Monte Verità die Nacktheit im Programm.

Aber zurück zu Anna Muthesius. Sie hatte die Impulse in England empfangen und konnte dann hier in Berlin ihre Ideen umsetzen.

So schrieb sie in dem Artikel *Die Ausstellung künstlerischer Frauenkleider im Warenhaus Wertheim-Berlin*:

„Könnte man erst gute Farben und Stoffe in jedem Laden als deutsches Fabrikat preiswert kaufen, so würde damit nicht nur den großen Toiletten der reichen Frauen, sondern auch dem im engen Hinterstübchen mit der kleinen Schneiderin im Hause gearbeiteten Eigenkleide ein sehr großer Dienst geleistet sein."[7]

Sie schrieb Bücher und Artikel, u. a. *Das Eigenkleid der Frau,* Krefeld, Kramer & Baum 1903.

Und sie pflegte ihren Garten am Haus an der Rehwiese. Die einzelnen Gartenbereiche – Vorgarten, Obstgarten und Rosengarten – korrespondieren mit den Innenräumen des Wohnhauses, das hatte sie aus England mitgebracht, es wird so eine Verbindung zwischen Innen- und Außenbereich geschaffen. Der funktional der Küche zugeordnete Obstgarten an der Ostseite des Hauses ist durch eine dreiteilige Pergola mit Zaun eingefasst. Zusätzlich zu dieser schönen Anlage hat ab 1912 die Familie auf Hiddensee in Vitte ein Fischerhaus als Sommerhaus umgebaut. Anna Muthesius veranstaltete dort regelmäßig einen künstlerischen Salon mit musikalischen Abenden – in ihren Reformkleidern, hoffen wir.

Krumme Lanke und Fredy Sieg
**28. September 1878 in Berlin, †25. Februar 1962 in Berlin-Friedrichshain*

Unterirdisch ist die Krumme Lanke mit dem Schlachtensee verbunden. Die Krumme Lanke ist krumm, wie der Name sagt, aber was ist *Lanke*?
Auch hier haben wir wie bei Babelsberg Spuren des Slawischen, genauer ein aus dem Polabischen (Elbe/Labe) der westslawischen Sprachgruppe stammendes Wort, es bedeutet feuchte Wiese (louka), sumpfige Bucht.
In etwa bei der Badewiese an der Fischerhüttenstraße war ein Ort Crumense bekannt, den die Lehniner Mönche (Zisterzienser) 1251, nachdem sie das Dorf Zehlendorf, das benachbarte Schlachtensee und den Nikolassee gekauft hatten, erwarben für 150 Mark von den gemeinsam regierenden askanischen Markgrafen Johann I. und Otto III. Man fand slawische Keramik, man nimmt an, dass noch eine slawische Restbevölkerung existierte. Aber im Landbuch Karl IV. von 1375, der Bibel der hiesigen mittelalterlichen Heimatkundler, ist Crumense nicht mehr enthalten, also sozusagen wüstgefallen. Am benachbarten Schlachtensee war es ähnlich, auch das dortige Dorf nahe der Fischerhütte gibt es nicht mehr. In dem Wort Schlachtensee oder Schlauchtensee, wie er früher hieß gemäß seiner schlauchartigen Gestalt, könnte natürlich auch aus der slawischen Zeit das slawische Wort zlatý für golden stecken, denn – wie es der Maler Walter Leistikow so ergreifend schön gemalt hat – abends vom östlichen See aus gen Westen geschaut, zeigt sich der Schlachtensee in glänzenden warmen Goldtönen!

Diese Schönheit, von Leistikow auf die Leinwand gebannt, nannte der Hohenzollernbanause Wilhelm II. „Der hat mir den janzen Jrunewald versaut!"
Fredy Sieg, ein Barde der Zwanzigerjahre, auch ihn kennt heute kaum einer, hat diese Berlinische Rotzigkeit in seine Gassenhauer gebannt, die damals alle sangen, wenn sie zu Massen an die Gewässer strömten, die nun zu Berlin gehörten und mit S- oder U-Bahn bequem zu erreichen waren, wie *Das Lied von der Krummen Lanke (1923):*

Vor zwee Jahren im Aujust
habe ick noch nicht jewußt,
dass ick heute Klagelieder singen muss.
Damals hatt' ick, jrad entfernt,
erst de Emma kenn'jelernt,
ach, und heute is schon mit der Liebe Schluß.
In 'nem Jrunewaldlokal
sah ick sie das erste Mal,
sie trank Kaffee und aß Liebesknochen zu;
und ick schlängelte mich ran,
und wir fing'n zu meckern an,
und um achte sagten wir schon beede Du.
usw.

Interessant ist hier das Wort „meckern" als Synonym für kuscheln, knuddeln etc.

Der Berliner meckert, und der Zehlendorfer berlinert nicht

Hervorzuheben ist also, dass tatsächlich der Berliner bei allem meckern muss.

Wenn ich bei meinem Spaziergang an der Krummen Lanke das Lied von Fredy Sieg vorlesen lassen will, frage ich, wer kann berlinerisch lesen? Und ist ein Mann dabei, frage ich zuerst den Mann, weil ja das Liebesleid aus der Perspektive eines Mannes geschildert wird. Da kommt es schon mal vor, dass der Mann will, aber die Frau an seiner Seite sagt: Nein, mein Mann berlinert nicht, bei uns berlinert keiner. Das passiert in Zehlendorf am häufigsten. Meine ersten Kontakte 1961/62 waren in Zehlendorf, ich wohnte aber in Wilmersdorf, in Zehlendorf beim Bäcker kein Berlinern, in Wilmersdorf ja. Der Widerstand gegen die Eingemeindung 1920 war im vornehmen Zehlendorf am größten. Vielleicht deshalb? Aber nein, in Charlottenburg war der Widerstand auch groß, aber hier berlinerte man in der Zillestraße, in der Krummen Straße ...

Aber auch an der gesellschaftlichen Stellung kann es nicht liegen, denn die Ostberliner berlinern auf Deibel komm raus, und das ziemlich breit, ob nun mit Hochschulabschluss oder ohne. Das war und ist sehr gewöhnungsbedürftig, denn im Laufe der Jahre, immerhin bei mir schon sechzig, ist im Westen das Berlinern fast verschwunden. Wenn heutzutage im Fernsehen jemand berlinert, weiß man gleich, der ist aus dem Osten oder es ist Kurt Krömer, im Neukölln der Siebzigerjahre gebo-

ren, väterlicherseits böhmischer Abstammung und eigentlich *Alexander Bojcan* mit Namen.
Als Rheinländerin fällt mir Ähnliches in der Köln-Bonner-Eisenbahn, heute Linie 18, auf. Früher habe ich den Vorgebirgsdörflern lauschen können, denn ich verstand ihren Dialekt, von Dorf zu Dorf verschieden, ob einer aus Fischenich oder aus Walberberg kam, war zu hören. Heute ist das nicht mehr, Kölsch ist genauso vom Verschwinden bedroht wie Berlinisch. Schade, Dialekt gibt Identität.

Zehlendorf – ein altes Dorf mit einem lebendigen Dorfanger

Zehlendorf gehörte den Lehniner Zisterziensermönchen, die ursprünglich auch Benediktiner waren und deren strenge Regeln ora et labora beibehalten wurden, und gelangte während der Reformation in die Hände der Kurfürsten wie alle Einrichtungen der katholischen Kirche, alle mussten zudem evangelisch werden oder das Land verlassen. Die Nonnen waren besonders betroffen, sie wurden zwangsverheiratet, sie brachten sich lieber um, als mit einem stinkigen Bauernburschen das Bett zu teilen.
Zehlendorf hatte eine zentrale Kreuzung. Einerseits ging die Verbindung von Potsdam nach Berlin über den Zehlendorfer Dorfanger (Ost-West-Verbindung) und die Lehniner Mönche benutzten den Weg über den Dorfanger in den Norden, wo sie Grundbesitz in Wandlitz, Schönerlinde und Sommerfeld hatten. Möglich, dass sie auch die Benediktinerinnen in Spandau kontaktierten.

Und genau an dieser Kreuzung ließ Friedrich II. eine Kirche errichten, an die sich der Friedhof anschließt. Dass er Zehlendorf bevorzugte, hatte seine Bewandtnis. Seine Mutter, Königin Sophie Dorothea von Braunschweig-Lüneburg (*16. März 1687, †28. Juni 1757), war schwanger und stand kurz vor der Geburt, als ihr Mann, der sogenannte Soldatenkönig, ein pragmatischer Mensch, den später das Gekünstelte, das Französische seines Sohnes Friedrich wahnsinnig machte, in Zehlendorf, das seine Vorfahren nach der Auflösung der Klöster in Hohenzollernbesitz nahmen, Marie Haupt mit ihren vollen Brüsten, da sie gerade geboren hatte, sah. Du wirst die Amme meines Kindes, das die Königin in ihrem Leib trägt, er streichelte darüber, denn zwei Söhne sind mir schon gestorben. Er wird noch oft Samen in diese warme Höhle legen.

So kam es, dass der komplizierte Friedrich, ob von Geburt oder erst durch die brachiale Erziehung seines Vaters, Marie Haupt aus Zehlendorf als einer der wenigen Frauen, nach seiner Mutter, in seinem Leben zugetan war. Er spendete 6.000 Goldtaler für den Bau der Kirche. Der Bauleiter jedoch, 3.000 Taler bereits für den Rumpf der Kirche ausgegeben, fand es doch zu schade, das schöne Geld für den Weiterbau zu verschwenden, und verschwand mit dem Batzen Geld. Die Zehlendorfer Kirche blieb daher ohne Turm, so erzählt es die Mär.

Dieser historische Winkel, wie das Ensemble genannt wird, der heute noch aus Kirche, Friedhof und Schule besteht, ist ein Kleinod der besonderen Art, also meiner Art, denn: Hier wachsen historische Maulbeerbäume, das heißt, sie haben zweihundert Jahre auf dem Buckel und so verknorpelt sehen sie auch aus.

Als Nachkömmling der friderizianischen Seidenepoche kommt der Schulmeister Schäde um 1820 auf die Idee, ein Zubrot mit der Seidenherstellung zu verdienen.
2001, zur „Dreihundertjahrfeier Preußens“[8], organisierte der Heimatverein Zehlendorf e. V. eine Gedenkausstellung zur Geschichte Zehlendorfs und eben auch der Seidenproduktion des Lehrers Schäde, indem er in den Dachstuben Seidenraupen züchtete und mit den Blättern der friedhofseigenen Maulbeerbäume fütterte, zum Spaß und zum Unterricht für Schulklassen und andere Besucher. Ich organisierte eine Führung zu dem Thema und hatte mir im KaDeWe in der Stoffabteilung Reste der verschiedenen Seidenstoffe besorgt, von Brokatseide, der gröberen Variante, bis zu Chiffon als dem feinsten Gespinst.
Die Blätter des Maulbeerbaums waren die Hauptspeise des *Bombyx mori*, des Seidenspinners, wie er auch genannt wird. Den Menschen diente der Baum mit seinen Früchten. Manchmal haben sie weiße Früchte, Morus alba, die Menschen lieben mehr den mit den dunklen Beeren, weil er würziger ist und wie ein Mix aus Brombeeren und Himbeeren schmeckt, aber auch unauslöschlich Flecken hinterlässt. Doch meist kommen die Vögel den Menschen zuvor und fressen den Baum leer.
Auf dem Zehlendorfer Friedhof sind dunkle Beeren, die je nach Wetterlage Ende Juni reif werden.
In preußischer Zeit war Seide sehr begehrt, auch Männer wollten in Samt und Seide gehen, selbst Möbel und Wände wurden mit Seide bezogen. Macht euern Mist alleene, grummelte der Alte Fritz, *die Einfuhr von die italienischen Eier ist mir zu teuer*. Überall wurden in Preußen auf Schul- und Friedhöfen Maulbeerbäume an-

gepflanzt, obwohl es ihnen anfangs zu kalt hier im Norden war – auch deren Samen waren von China über den Orient und das Mittelmeer nördlich der Alpen angelangt –, in den Stuben der Pfarrer und Schulmeister wurden die kleinen Eier gewärmt und die Würmer gefüttert, ihr Bedarf an Maulbeerblättern ist unermesslich in den Zeiten ihrer Metamorphose, circa 35 Tage und Nächte brauchen sie, um sich dann in einen Kokon einzuspinnen. Um die Zerstörung durch den sich in dem Kokon entwickelten Schmetterling zu verhindern, werden sie in heißem Wasser abgetötet. Der sich um den Kokon gewickelte Faden darf nicht zerrissen werden, dann ist die Seide wertlos. In China sagt man, der Faden muss 10.000 Li haben, das sind 5.000 Meter, je länger der Faden, desto besser die Seide, bei uns heißt der Spruch genau umgekehrt: Langes Fädchen, faules Mädchen! Meint natürlich was anderes, ich war auch so eine, die keine Lust hatte, ständig einen neuen kürzeren Faden einzufädeln, ich hatte auch eine Vier in Handarbeit.

Pfarrers Familie und die des Schulmeisterleins verdienten sich ein Zubrot mit den Fäden, die sie beim Haspeln der Kokons gewonnen hatten, und das gar nicht mal so schlecht, denn die ganze Familie und auch die Kinder, wie wir von Klein Goethe wissen, mussten helfen.

Meist war es keine hochwertige Seide wie die aus China, aber für die begehrten Seidenstrümpfe von Damen und Herren und die allseits beliebten Seidenblumen reichte es.

Der Kaiser von China hatte das Geheimnis der Seidenherstellung jahrtausendelang bewahren können und der Verrat stand unter Todesstrafe, bis der Sage nach byzan-

tinische Mönche in ihrem Wanderstab Raupeneier nach Konstantinopel brachten und damit in den Orient und nach Europa.
Am Ende seines Lebens hinterließ der Alte Fritz in seinem Reich 3 Millionen Maulbeerbäume, von denen heute noch einige im Land stehen, doch seine Seidenproduktion war nur in Maßen einträglich, weil der Aufwand sehr groß war. Im 19. Jahrhundert verdrängten – wie überall – die Maschinen die menschliche Arbeit.
Doch immer wieder, im Nazireich, in der DDR, wenn kein Geld für den Import ausgegeben werden sollte, versuchte der Staat die eigene Seidenproduktion anzukurbeln. Aus den Seiden-Fallschirmen des 2. Weltkriegs zauberten sich nach dem Krieg die Berliner Frauen ihren ersten Nachkriegsschick.
In Zehlendorf schauen drei zweihundertjährige Maulbeerbäume über die Friedhofsmauer ... An manchen Orten, wo noch alte Maulbeerbäume stehen wie in Zernikow nördlich von Berlin, wird jährlich das Maulbeerfest gefeiert. In China feiert man das Fest der Seidengöttin Si ling shi.[9]

Zehlendorf und der Bildhauer Franz Metzner

**18. November 1870 in Wscherau bei Pilsen/Böhmen, †24.3.1919 Zehlendorf bei Berlin*

In der Stadt, in der der Bildhauer *Franz Metzner* die meiste Zeit seines künstlerischen Wirkens verbracht hat, in Berlin, gibt es nur noch wenige Spuren von ihm. Das Haus und die angrenzenden Ateliers, die er seit 1911

bauen ließ, sind in den Neunzehnhundertsiebziger-Jahren abgerissen worden. Das Areal wurde von einem Chronisten folgendermaßen beschrieben:
Ein Idealgrundstück fand er in einem der schönsten Vororte Berlins: in Zehlendorf-Mitte. Einen großen Obstgarten mit wunderbarem Baumbestand fand er da, der im Frühlinge, im Schmucke seiner Blüten, zauberisch anzusehen war. Nach eigenen Entwürfen schuf er sich sein Wohnhaus und eine Reihe von Arbeitsstätten, eine immer mächtiger und größer als die andere.[10]
In dem Atelier hatten Skulpturen von beachtlicher Größe Platz. Die überlebensgroße Figur des Rüdiger von Bechelaren (Nibelungengestalt) und andere Werke standen im Garten und erregten in der ländlichen Gegend Aufsehen. Zehlendorf war damals ein Ort vor den Toren Berlins und galt als Idylle. Vergleicht man das Geburtshaus Metzners in Wscherau, das viel bescheidener war, mit seinem Anwesen in Zehlendorf, so vermitteln beide bei aller Unterschiedlichkeit doch eine Verwandtschaft: die der Geborgenheit.
Noch nach der Eingemeindung zu Groß-Berlin, 1920, galt Zehlendorf als bevorzugte Wohngegend im Südwesten der Dreimillionenstadt. Metzner waren nur wenige Jahre auf seinem eigenen Stück Erde in der Machnower Straße 37-39 vergönnt, das ihn an seine böhmische Heimat erinnert haben mag. Am 24.3.1919 stirbt er im Alter von achtundvierzig Jahren an der Spanischen Grippe.

Keine Erinnerungstafel verweist heutzutage auf sein Schaffen, auf seine letzte Ruhestätte auf dem Onkel-

Tom-Friedhof an der damaligen Spandauer Straße in Zehlendorf.

Zu seinem zehnjährigen Todestag wird eine Gedenkfeier für Sonntag, den 12. Mai 1929, anberaumt. Dem Ehrenausschuss gehören an: die Maler Max Liebermann, Willy Jäckel, August Kraus, Fritz Klimsch und andere Künstler, der Präsident des Preußischen Landtags Bartels, der Bürgermeister der Stadt Reichenberg/Böhmen Dr. Franz Bayer, der Rektor der Technischen Hochschule Berlin Prof. Dr. Hamel und der Reichskunstwart Dr. Edwin Redslob, der nach dem 2. Weltkrieg auch noch eine bedeutende kunstwissenschaftliche Persönlichkeit ist und der auf dem Dahlemer St. Annen-Friedhof ein Ehrengrab hat.

Das Ateliergebäude Franz Metzners war in den Zwanzigerjahren zu einem Metzner-Museum hergerichtet worden, das während der Sommermonate täglich besichtigt werden konnte.

Dann verstummen die Quellen. Es wird privat in der Machnower Straße 37-39. Franz Metzners Tochter bringt hier 1945 den einzigen Enkel, der heute im Hessischen lebt, zur Welt. Er erinnert sich gerne an seine Zehlendorfer Zeit. Das große Grundstück war so richtig für einen Jungen geeignet. Freunde kommen zum Spielen, doch in die vom Krieg zerstörten Ateliers dürfen die Kinder wegen Baufälligkeit nicht.

Der Vater stirbt 1956, der Enkel kommt nach Westdeutschland in ein Internat. Die Räumlichkeiten werden renoviert und an Berliner Bildhauer, Max Esser, Erich Fritz Reuter u. a., vermietet.

Metzners Tochter stirbt 1967, der Enkel findet keine Sponsoren, er muss verkaufen. Die historischen Gebäude werden abgerissen und es wird eine nichtssagende Siedlung auf dem Gelände errichtet, eine Entscheidung, die heute vielleicht anders ausfallen würde.

Auch in der Uhlandstraße 76 in Wilmersdorf, wo Metzner nach seinem Weggang als Professor an der Kunstgewerbeschule in Wien von November 1906 bis April 1910 wohnte und ein Atelier hatte, ist keine Berliner Gedenktafel angebracht. Hier traf er sich mit anderen bedeutenden Bildhauern des Berliner Jugendstils wie Hermann Feuerhahn, aber auch der ebenfalls in Böhmen geborene Hugo Lederer verkehrte bei Metzner sowie die Mitglieder der „Neuen Gruppe Berlin", der er angehörte und die unter diesem Namen 1903 auf der großen Berliner Kunstausstellung zum ersten Mal an die Öffentlichkeit trat: die Architekten Emil Schaudt, William Müller und Max Salzmann, die Maler Richard Böhland und Richard Guhr und der Bildhauer Richard Kohn. Hier lockt ihn bereits die Zusammenarbeit mit Architekten, was er auch in Wien, Leipzig und anderenorts zeigen wird.
Das erste Atelier Metzners von 1896 bis 1904 in Friedenau bei Berlin, das in dem Haus Goßlerstraße 24 war, ziert weder Gedenktafel noch ist es in den Friedenau-Führern erwähnt, obwohl die Gegend voller Gedenktafeln ist, u. a. für einige nach Friedenau gezogene Expressionisten.
Der Architekturstudent Ernst Ludwig Kirchner hatte 1905 in Dresden mit Fritz Bleyl, Erich Heckel und Karl Schmidt-Rottluff die Künstlergruppe „Brücke" gegründet. Später

schlossen sich noch Otto Müller und Max Pechstein an. Ihr Ziel war es, sich von dem tradierten Stil der Akademien und von der Malerei des Impressionismus zu lösen und neue Wege im künstlerischen Ausdruck zu finden. Müller und Pechstein lebten bereits seit 1908 in Berlin. Pechstein teilte sich vorübergehend mit Kirchner das Atelier in der Durlacher Straße 14. Dieser schrieb an einen Dresdner Kollegen: *Wir sind eine große Familie geworden und Du kannst alles haben, Weib und Wohnung ...*[11] Die übrigen Brücke-Maler entschlossen sich 1911 nachzuziehen.
Auch das Atelier von Metzners Kollegen Wilhelm Lehmbruck, der ihn in seinem Spätwerk stark beeinflusst hat, in der Fehlerstraße Nr. 1 ebenfalls in Friedenau, ist bekannt. Einen Tag vor Metzners Tod nimmt sich Lehmbruck, der im Ersten Weltkrieg Sanitäter war und mit Depressionen zurückkam, das Leben.
Doch das Leben und Arbeiten in den Friedenauer Ateliers war auch immer wieder bedroht: *Seit einigen Wochen ist in Berlin, Charlottenburg, Schöneberg, Friedenau und anderen Orten der größte Teil der Künstler aus ihren Ateliers, welche sie in der 5. Etage inne hatten, polizeilich ausgewiesen, oder aber die Ausweisung steht ihnen seitens des betreffenden Polizei-Reviers stündlich bevor. Innerhalb 4 Wochen sind all die vielen hundert Ateliers zu räumen bei Androhung einer Strafe von 50 M. im Nicht-Erfüllungsfall, dabei hat aber die Behörde nicht etwa gleichzeitig dafür Sorge getragen, dass die so plötzlich ausgewiesenen Künstler anderweitig – für verhältnismäßig niedrige Miete, wie sie bisher für die Ateliers verlangt wurde – ein Unterkommen finde. Ob ein Künstler gleich-*

zeitig in seinem Atelier wohnt, das heißt darin übernachtet, oder nur darin am Tage malt, alles muss raus, weil das sechste Geschoß oder die fünfte Etage nicht zum dauernden Aufenthalt von Menschen dienen darf. Eine Verfügung seitens eines Ministers und was bedeutet diese? „Den Ruin vieler hundert Künstler?“ Die Kunst wird bei der ihr bekannten Sorge auf die Straße getrieben. Seht doch zu, wo ihr ein Nest findet, nirgends Unterkunft, jeder Wirt zuckt mit den Achseln, auch ihm ist es polizeilich untersagt, uns aufzunehmen? Jedem Vogel wird im Tiergarten ein Nistkasten gebaut, täglich liest man „Gedenket der armen Vögel!“, nur die Künstler, denen wird noch eine Sorge mehr aufgepackt und was für eine Sorge? Wohin sollen wir uns wenden, irgend ein Zimmer in der 4. Etage können wir doch für unsere Zwecke nicht gebrauchen und kein Wirt kann uns solches Einzelzimmer vermieten. Es ist ja ganz unmöglich, darin künstlerisch zu schaffen, die reflektierenden Gebäude vis-à-vis hindern uns ja in der Beurteilung unserer Arbeiten. Seit Menschengedenken schaffen die Künstler friedlich in ihren Ateliers da oben unterm Dach, da finden sie das rechte Licht und die Ruhe, aber plötzlich müssen sie raus – auf die Straße? – Denn es gibt nur allzu wenige Ateliers, die in anderen Etagen liegen und diese sind eben nicht zu bezahlen? –

Nun höre man aber, dass Tausende von Waschfrauen tagtäglich, bei offenem Feuer unter dem Herd, von früh bis in die Nacht in derselben Etage ihrer Arbeit nachgehen? – Hiergegen hat die Polizei nichts einzuwenden? – Wieviele Burschen und Dienerzimmer liegen in derselben Etage, darum kümmert sich kein Mensch. – Wo bleibt die große Gerechtigkeit? – Für Obdachlose wird gesorgt, gesammelt, nur wir Künstler sind obdachlos, jetzt bitten wir um Hilfe! Helft uns, alle, die ihr euch erfreut an gesunder froher Kunst! Steht uns bei, damit wir weiter schaffen können in unseren bescheidenen Räumen hoch oben unterm Dach! – Diese Räume haben das Zweckmäßige für uns, Licht und Luft zur Genüge![12]

Als Bildhauer ist Franz Metzner Autodidakt. Kleinere Skulpturen, Büsten sind aus der frühen Zeit erhalten. Sein Leitbild findet er im Werk des belgischen Jugendstil-Bildhauers George Minne. Metzner jedoch führt die lineare Auflösung der plastischen Substanz der Figur noch weiter fort.
Er beginnt mit Entwürfen für architektonische Anlagen. Bismarck-Türme, damals populär, sind darunter. Es ist die sepulkrale Architektur archaischer Kulturen zu erkennen, wie sie in seinen späteren Baudenkmälern ausgeführt werden wird.
Von Metzner existieren in Berlin nur noch die Figuren an der Grabstätte für den Papierfabrikanten Max Krause auf dem Friedhof in der Bergmannstraße in Kreuzberg, auf dem auch seine Kollegen Hermann Feuerhahn u. a. Skulpturen hinterlassen haben. Beide sind zu einer speziellen Auffassung der Reliefgestaltung inspiriert worden, für die Kunsthistoriker den Begriff des „Gezwängten Menschen" geprägt haben. Die Figuren scheinen in den vorgegebenen Reliefgrund eingezwängt, ihn aber gleichzeitig sprengen zu wollen.

Ansonsten ist Metzners reiches plastisches Werk in Berlin zerstört. Das Kino-Theater am Nollendorfplatz und das Weinhaus Rheingold sind in den Trümmern des Zweiten Weltkriegs verschwunden und die Plastiken an der Freien Volksbühne am Rosa-Luxemburg-Platz, von dem Architekten der Moderne, Oskar Kaufmann, entworfen, sind bis auf einige Reste entfernt worden. Am Heidelberger Platz existiert noch das Signum des Springer Verlags, ein sandsteinernes Pferd.

Bevor Metzner Bildhauer wurde, war er erfolgreicher Porzellankünstler. Das Bröhan-Museum für Jugendstilkunst in Berlin-Charlottenburg präsentiert einige seiner Arbeiten aus seiner Tätigkeit bei der Königlichen Porzellanmanufaktur (KPM), unter anderem die damals aufsehenerregende, im symbolistischen Jugendstil geschaffene Vase „Sphinx des Lebens". 1900 erhält er die Goldene Medaille auf der Pariser Weltausstellung.

Was ist weiter von seinem umfangreichen Œuvre erhalten?

Der Nibelungenbrunnen mit dem Rüdiger-von-Bechelaren-Standbild, zunächst für die Votivkirche in Wien entworfen, dann, nach Metzners Tod 1924, in Gablonz/Nordböhmen ausgeführt, wurde nach dem Zweiten Weltkrieg von dort von Heimatfreunden in das von Vertriebenen neu erschaffene Neugablonz/Bayern transferiert.

Auch Mannheim kann sich einiger Metzner-Figuren im Rosengarten erfreuen, in Wien existiert der Figurenschmuck am Zacherlhaus am Bauernmarkt des Architekten Josef Plečnik.

In Linz steht das Denkmal für den Dichter Franz Stelzhammer im Volksgarten, das der einzige öffentliche Auftrag Metzners in Österreich blieb. Und in Prag schmücken seine Plastiken das Haus des Wiener Bankvereins, das heute als der Vorläufer der Moderne in Prag gilt, sowie das Gebäude des Assekuranz Vereins der Zuckerindustrie.

In den Jahren 1905-1911 beteiligte er sich, zusammen mit der Elite der Wiener Secession, an der Ausschmückung des Stoclet-Palais von Josef Hoffmann in Brüssel. Metzners Stil wurde von allen erwähnten Architekten bedingungslos respektiert und er wurde zu keinerlei Konzessionen verpflichtet. Besonders geschätzt war er von dem weichen, verfeinerten Josef Hoffmann, der ihn damals auch bei seinen Ausstellungskonzeptionen stark einsetzte.[13]
Sein größtes Werk hat trotz allem die Zeitläufte überdauert: Der Figurenschmuck am Völkerschlachtdenkmal in Leipzig, wo man sich mit großen Schritten auf die Hundertjahrfeier des Denkmals im Oktober 2013 vorbereitet. Hier wird dann wahrscheinlich endlich der Durchbruch sein, das Werk Franz Metzners wieder in das öffentliche Gedächtnis zu bringen, denn im Gegensatz zu seinem Landsmann Hugo Lederer, seinen Berliner Kollegen Fritz Klimsch, August Kraus u. a. und seinen Mitstreitern der Wiener Sezession Gustav Klimt u. a. ist Franz Metzner kaum bekannt, obwohl er zu seinen Lebzeiten ein gewaltiges Œuvre geschaffen und auch hinterlassen hat.

Bereits 1977 wurde vom Adalbert Stifter Verein und vom Stuck-Jugendstil-Verein, München, der Versuch unternommen, Franz Metzner mit einer Wanderausstellung wieder in das Bewusstsein der Öffentlichkeit zu bringen. Teile seiner noch in Deutschland vorhandenen Werke wurden in der Villa Stuck in München, in Kaiserslautern, in Regensburg und in Kaufbeuren ausgestellt. Die erwartete Renaissance blieb aus. 2006 präsentierte Reichenberg/ČR seine Metzner-Werke.

Möglicherweise hat die Außerachtlassung des Metznerschen Werks auch damit zu tun, dass das Denkmal in Leipzig in Nazi-Zeiten zu Aufmärschen missbraucht worden war. Nach dem Krieg gehörte Leipzig zur DDR. Die Nachkriegsgesellschaft in Deutschland hat offensichtlich jahrzehntelang die Aufarbeitung der Geschichte dieses Denkmals verdrängt.

Am 26. April 1894 wurde auf Betreiben des Leipziger Architekten Clemens Thieme (1861-1945) der „Deutsche Patriotenbund zur Errichtung eines Völkerschlachtdenkmals bei Leipzig" gegründet. Wenige Tage zuvor hatte Thieme „an eine beschränkte Anzahl Herren, von denen er ein lebhaftes Interesse für die Denkmalsfrage voraussetzte" einen Aufruf verschickt, in dem es unter anderem hieß: „Immer noch fehlt Leipzigs Gauen ein großes mächtiges Dankzeichen aus Stein und Erz für die mit Ehren für die Befreiung Deutschlands vom fremden Sklavenjoche gefallenen Helden. Nicht allein deutsches, sondern auch das Blut verbündeter Kampfgenossen tränkte die Walstatt. Haben wir Deutschen der Gegenwart darum nicht immer noch die Ehrenpflicht, mit heller Begeisterung eine Ehrenschuld abzutragen.[14]

Nach langen Diskussionen im Deutschen Patriotenbund (DPB) hatte man sich für den Architekten Bruno Schmitz, 1858 in Düsseldorf geboren, entschieden. Schmitz hatte dort die Akademie besucht und bei mehreren Auslandsaufenthalten in Italien, den USA und Frankreich, wo er die undogmatische Verwendung romanischer Stilformen kennenlernte, Preise errungen.
Er bekommt den Auftrag für das Kyffhäuserdenkmal (Harz; 1891-96). *Bereits während der Planungsphase des Kyffhäuserdenkmals vollzog Schmitz den für die spätere Entwicklung bestimmend werdenden Bruch mit der Neuromanik und den Neostilen überhaupt, was von der zeitgenössischen Kritik fast durchwegs positiv zur Kenntnis genommen worden war: „Man hebt die Tatsache hervor, dass Schmitz nicht in strengem Anschluß an irgendein Muster, sondern in durchaus freier und selbständiger Weise mit romanischen Stilformen gearbeitet habe oder umschrieb die Wirkung seiner Denkmäler, die in ihrer ‚Wucht der Erscheinung' eine ‚großartige Massenhaftigkeit' und eine ‚majestätische Ruhe' zeigten, mit Begriffen wie ‚kühn', ‚urwüchsig' und ‚wahrhaft monumental'." Bemängelt wurde am Kyffhäuserdenkmal hingegen die barocke Kaiserstatue, die als nicht mehr vereinbar mit der Denkmalarchitektur empfunden wurde.*[15]
Schmitz bekam weitere Aufträge, das Denkmal an der Porta Westfalica (1896) und am Deutschen Eck in Koblenz (1897). Nach Umarbeitungen durch Schmitz zeigte sich der DPB mit seinem Entwurf des Völkerschlachtdenkmals zufrieden. Sie *„zeugen von dessen Bestreben, die drei stereometrischen Grundkörper Pyramide, Würfel und Kegel deutlicher erkennbar zu machen, noch enger*

miteinander zu verzahnen, und so den Umriß des Denkmals dadurch an eine Pyramide anzunähern."[16] Der DPB wird sie „Gesellschaftspyramide" nennen.[17]

Für den Bildschmuck hatte Schmitz den Breslauer Bildhauer Christian Behrens (1852-1905) vorgesehen. Er schuf die Barbarossaköpfe und das große Relief einschließlich der Michaelsfigur. Durch den plötzlichen Tod Behrens' am 14. September 1905 wurde auf Vorschlag Schmitz' der Deutsch-Böhme Franz Metzner mit der Weiterführung des Figurenprogramms betraut. Dieser überarbeitete das Relief und entwarf die Modelle für alle weiteren Skulpturen.
Ein Leipziger Bildhauer, der in der Nähe des Denkmals großgeworden ist, schreibt: *Das wohl einzige christliche Symbol an diesem Monumentalbau ist der Erzengel Michael, die übergroße Figur am Fuße des Denkmals. So ist das Denkmal in seiner Gesamtheit, und bis ins Detail von archaisierenden Elementen geprägt; diese sind es, die diesen Memorialbau für uns so eindrucksvoll fremd machen. Es ist diese Fremdheit, die jeden Besucher zumindest irritiert. Die gesamte Architekturanlage besteht m. E. aus zwei Hauptbereichen: der äußere und der innere Teil. Nähert man sich dem Denkmal von rechts oder links auf den Wegen, hat man den Eindruck von Größe und Weite. Die Bäume, das Wiesengrün, das Wasser, auch der wechselnde Himmel haben teil an der vermittelnden Gesamtwirkung. Kommt man dem Völkerschlachtdenkmal näher, dann steigt dieses nach oben, man fühlt sich kleiner werdend – und steht vor dem Schlachtrelief; dann hat man die Empfindung, jetzt wird*

dir Ernstes vorgeführt. Den größten Eindruck macht das Innere des Memorialbaus, der zugleich ein riesiges Grabmal ist. Die emotional wirkende Wucht des dreigeteilten Raumes in Verbindung mit den zum Teil riesigen Skulpturen macht proportional die einheitlichste Wirkung. Franz Metzner hat hier seine Figuren nicht bloß dazugestellt – sondern sie zu den prägenden Teilen eines Gesamtkunstwerkes gemacht, sie sind unlösbar mit den Wänden und Pfeilern verbunden. Der Raum als Erlebniszone findet in den Figuren seine Entsprechung und Steigerung. Hier ist formal alles aufeinander bezogen. Das ist schon auffallend einzigartig (weil selten) an einem Monumentalwerk der neueren Architektur. Die schon erwähnte Fremdheit tritt hier dem Besucher direkt gegenüber. Nichts vergleichbar Ähnliches wird er vorher gesehen haben – zumindest nicht in Europa. Am ehesten noch in romanischen Kirchenbauten, aber die großen raumbestimmenden Figuren fehlen auch da. Die Fremdheit mag verunsichern, aber das einfache Da-Sein dieser Räume, Skulpturen und Reliefs, die gewaltige Stille, die alles strahlt, macht den Besucher schweigsam und nachdenklich. Alle Figuren, auch Verkleidungen der Architekturteile, wurden von Steinmetzen bewusst von grob bis fein bearbeitet; die großen Figuren wurden meist fein gestockt, auch damit wurde die Stilisierung und der Verallgemeinerungscharakter der Skulpturen unterstützt. Als Werkstein wurde harter und härtester Granitporphyr benutzt, bossierte Blöcke stehen unvermittelt neben fein bearbeiteten Stücken. Das ist die lebendige „Malhaut" dieser bildhauerischen Arbeiten. Nirgends ist ein grobnaturalistisches Element zu finden, alles ist Gestalt gewor-

den; wenn auch hier und da gewisse Kleinteiligkeiten, Oberflächlichkeiten durch Flüchtigkeiten die Wirkung zu mindern scheinen – dem Ganzen können diese Qualitätsmängel nichts anhaben. Bemerkenswert. Es gab um die Jahrhundertwende eine Reihe von betont architektonisch denkenden Bildhauern in Europa. Sie erkannten die Notwendigkeit der Erneuerung der Plastik in geschlossenen, elementaren Volumen, Flächen und Umrissen. Es war also der Weg, den Minne (1866-1941), Meštrovič (1883-1962), Bourdelle (1861-1929), Hoetger (1874-1949), entschiedener Brancusi (1876-1957), in eigenwilligen Varianten auch Lehmbruck (1881-1919) und Barlach (1870-1938), gemäßigter Lederer (1871-1940) und Wrba (1872-1939) einschlugen. In dieser Wendung begründet sich der Widerspruch gegen ihren Lehrer Auguste Rodin (1840-1917). Dieser Widerspruch lag primär im Formalen, im Gestalterischen, weniger im Gedanklichen. Hier findet sich der Standort von Franz Metzner.[18]
Besonders die Krypta mit ihren Wächterfiguren, „die gewaltige Stille, die alles strahlt, macht den Besucher schweigsam und nachdenklich".

Dieser phänomenale Skulpturenschmuck hatte seine Vorläufer in dem Figurenschmuck, den Metzner für das Weinhaus Rheingold in Berlin, 1906, bei dem ebenfalls Bruno Schmitz der Architekt ist, schuf.
Metzner schreibt:
... dass die erste Idee und der Entwurf in einer kleinen Skizze lange schon vorher, ehe man an die innere Ausstattung des Rheingold gedacht hatte, fertig war. Dieser Saal war im gewissen Sinne für uns eine Vorschule für die

Arbeiten in der Krypta (des Volkerschlachtdenkmals, d. V.) *Bei näherer Betrachtung werden Sie auch selbst gesehen haben, dass die Masken im Rheingold nur eine ganz entfernte Ähnlichkeit mit der Krypta geben, so zu sagen, sind sie nur eine Vorempfindung und Studie zu dieser großen Idee, die mich bei den Gedanken an das Völkerschlachtdenkmal beseelte. Die Kryptamodelle sind aber etwas vollständig Anders. Das wird gereifte künstlerische Arbeit, in welcher ich meine ganze monumentale Empfindung und Liebe, die ich gerade dieser Sache entgegenbringe, verkörpern möchte ...*[19]
Die monumentale Empfindung, die sich in der Krypta des Völkerschlachtdenkmals widerspiegelt, zeigt er auch in seinen Räumen der Wiener Kunstschau 1908, die das Belvedere in Wien im Herbst 2008 mit einer Gedenkausstellung gewürdigt hat. Es ging Metzner nicht nur um die Präsentation seiner Werke, sondern um die konkrete Raumgestaltung und vor allem um die Zusammenarbeit mit dem Architekten. Die Rekonstruktion der damaligen Ausstellung würdigt noch einmal die enorme Bedeutung dieser Künstler um Gustav Klimt für die Moderne.

Franz Metzner wurde in dem kleinen Städtchen Wscherau bei Pilsen am 18. November 1870 in einer verarmten Familie geboren. Die erste Lehre erhielt er bei einem Steinmetzmeister in Pilsen. Dieser Ausbildung verdankt er seine Erdhaftigkeit, die Kraft seiner Linien.
Er bemühte sich, die Ausbildung in einer allgemeinen Fortbildungsschule zu ergänzen. *Zähes Ringen um Bildung und Kunst, die eigenbrötlerische Einsamkeit eines Autodidakten und ein schweigsames, schwermütiges*

Naturell sonderten schon damals den Lehrjungen von seiner Umgebung ab und bestimmten in der Folge sein ganzes Leben. Über die ersten Jahre nach Abschluß der Steinmetzausbildung – die Zeit der Wanderschaft und Gesellentätigkeit – wissen wir nur wenig. Im Germanischen Nationalmuseum Nürnberg liegen seine Briefdurchschriften, unter anderem ein eigenes Curriculum vitae, das er am 3. Februar 1911 als Unterlage für sein Naturalisierungs-Gesuch an den Preußischen Regierungssekretär Werbs gerichtet hatte.[20]

In den Jahren 1890-94 hielt er sich überwiegend in Sachsen auf. Anfangs in Zwickau und Dresden, später auch in Altenburg und Leipzig. Längere Aufenthalte sind aber auch in den Städten Hamburg überliefert, in Berlin, Frankfurt am Main sowie Studienreisen ins Ausland, u. a. nach Paris und Italien. Es findet sich kein Hinweis auf einen regulären Besuch einer Kunstakademie, nur gelegentlich eine Notiz, dass er auf der Dresdner Kunstgewerbeschule einen Abendkurs frequentiert habe. Als einzige Tätigkeit ist uns die als Gehilfe in dem Atelier des Bildhauers Wilhelm Brüssow bekannt.

Ab Mitte 1894 ist er in Berlin ansässig. Seit 1896 betreibt er ein eigenes Atelier, das bereits genannte in Friedenau. Von 1897-1902 liefert er Entwürfe für die Königliche Porzellanmanufaktur in Berlin.

Das Filigrane, das seinen kunstgewerblichen Objekten eigen ist, hat er sich hier angeeignet. Er gehörte zu einer Gruppe von jungen Mitarbeitern, die den Anschluss an den internationalen Jugendstil herstellte und diese traditionsreiche Institution auf der Pariser Weltausstellung 1900 repräsentierte. Hier gelang ihm der entscheidende

Durchbruch. Er gestaltete „Ausstellungsobjekte“, nicht „Gebrauchsgegenstände“, überwiegend Vasen und Schalen von beträchtlichen Ausmaßen. Die technischen Errungenschaften der Manufaktur machten es möglich, die Porzellanmasse weich zu modellieren und zugleich einen extrem dünnen Scherben zu brennen. Statt mit Pflanzenmotiven dekoriert er von den Sterbenden Krieger Schlüters im Zeughaus inspirierte Masken. Vasen tragen gespenstige Fratzen. Erlesene Glasur macht die Objekte kostbar, die Modellierung ist virtuos. Er bleibt selbst in den kunstgewerblichen Arbeiten immer der Bildhauer.

Eine der „Kopfvasen“ Metzners, im September 1898 entstanden, ist schon eine skurrile Randerscheinung des Symbolismus. In der Gesamtform ist sie von Fernard Khnopff angeregt, nimmt aber die Gestalt einer Sphinx-Herme an, vor der ein zusammengekauerter männlicher Akt sitzt. Der forcierte Symbolgehalt dieser Vase zeigt die Grenzen der Persönlichkeit Metzners, an denen nicht selten sein Künstlertum zu zerbrechen droht; die fehlende Distanz zu aufgenommenen Impulsen und die damit zusammenhängende Neigung zu Maßlosigkeit in der Gestaltung. In der lebhaften Reaktion Metzners auf den Symbolismus spielte sicherlich das Milieu der sog. „Neuen Gemeinschaft“ eine wesentliche Rolle, zu deren Mitgliedern auch Metzner zählte. Sie war im Jahre 1900 von den Gebrüdern Hart als eine Erneuerungsbewegung gegründet worden und hatte in der Anfangszeit ihren Versammlungsort in einer großen Mietwohnung in der Berliner Uhlandstraße[21]. Nach den Erinnerungen von Erich Mühsam waren die Räume mit Werken von Fidus und

Metzner ausgeschmückt.[22] Julius Hart war Trauzeuge bei Metzners Hochzeit, er besaß ein Relief aus dieser Zeit.
Die erwähnte Vase „Sphinx des Lebens", im Berliner Bröhan Museum vorhanden, zeigt bereits das freie bildhauerische Schaffen Metzners. Zunächst noch in seiner Münchner Zeit an dem Bildhauer des späten 19. Jahrhunderts, Rudolf Maison, orientiert, wendet er sich bald den aufkommenden Bestrebungen um eine neue Stilkunst zu. Seit der Pariser Weltausstellung 1900 ist er eine gefeierte Künstlerpersönlichkeit. Behilflich dabei ist Alexander Koch, Mitinitiator der Darmstädter Künstlerkolonie und Herausgeber der Zeitschrift „Deutsche Kunst und Dekoration", der ihn quasi entdeckt hat. Bis zu seinem frühen Tod 1919 werden seinem Schaffen immer wieder Rezensionen gewidmet werden.[23]
1903 erhält er einen Ruf an die Wiener Kunstgewerbeschule, an der er bis 1906 als Professor lehrt. Er wird Mitglied der Wiener Secession, gehört zu den „Stilisten" um Gustav Klimt und tritt wie dieser 1905 wieder aus.
Metzner hat seine plastischen und räumlichen Vorstellungen bereits 1904 auf der XX. Ausstellung der Wiener Secession in einem eigenen Ausstellungsraum verwirklichen können, in dessen Mitte die Figur der „Erde" auf einem Sockel kauert, eine streng gegliederte Rotunde, die Decke getragen von kraftvollen, aber stilisierten Atlanten. Aufbau und Tektonik erinnern auch hier bereits an die Krypta des Völkerschlachtdenkmals in Leipzig. Metzner gelingt es, Architektur und Skulptur als eine Einheit zu sehen.
In den Jahren vor dem 1. Weltkrieg entstehen alle wesentlichen Richtungen der klassischen Moderne. Franz Metzner versucht zunächst, die Stilisierung des Jugendstils weiter-

zuentwickeln, wobei die fernöstliche Kunst ebenso zitiert wird wie die archaisch vordorische. Metzner war – wie viele seiner Zeitgenossen um 1900 – bemüht, den Historismus des 19. Jh. zu überwinden. Vom Expressionismus, der in seinen Bauwerken neogotische Momente aufweist, zeigt er sich weitgehend unbeeindruckt.

Während des Ersten Weltkriegs versiegen die offiziellen Aufträge. Metzners Kunst wird privat. Skulpturen wie „Der Leidtragende“ und „Werdende Mutter“ zeigen seine Wandlungen. Seine Maxime „reine Plastik, reine Form“ hätte zur Findung abstrakter Bildwerke führen können. In seinem Atelier findet man die letzte unvollendete Arbeit „Der Zusammenbruch“. Wie eine Paraphrase seiner männlichen Figur „Erde“ aus der Wiener Zeit scheint er noch mal seinen Lebensweg zurückgegangen zu sein.

Als er 1919 stirbt, ist er eine anerkannte Persönlichkeit, einige seiner Werke haben Weltgeltung erreicht. Er ist Mitglied des Deutschen Werkbunds und anderer bedeutender Institutionen, 1917 stellvertretender Vorsitzender der Berliner Secession, die von weltberühmten Malern wie Max Liebermann und anderen gegründet worden ist. Kurz vor seinem Tod erlebt er noch die Aufnahme in die Preußische Akademie der Künste.

1920 wird zu seinem Gedenken in der Tschechoslowakischen Republik der Metznerbund gegründet, dem viele deutsche Künstler beitreten. Er existiert bis zur Ausweisung der deutschen Bevölkerung im Jahre 1946.

Der Vorrang der Abstraktion in der Nachkriegskunst tat sein Übriges, Metzners Werk zu vergessen.[24]

Der Fichtenberg, die Bäke und Tante Ruth

Steglitz war das größte Dorf Preußens, nachdem Rixdorf Stadt geworden war, und wäre gerne auch zu einer quirligen Großstadt in der Kaiserzeit mutiert, das verhinderte aber die Kreisstadt Teltow, die schon genug an Einfluss abgegeben hatte. Also dauerte es hundert Jahre, bis Steglitz mit seiner Schlossstraße für den westlichen Teil Berlins zumindest nach dem Kudamm zur schicksten Einkaufsmeile wurde, und zieht auch Menschen aus dem südwestlichen Umland an. Geht man aber gegenüber dem Kreisel-Hochhaus, genannt nach dem es umkreisenden Verkehr (Stadtautobahn, die hier endet), früher Ort des Steglitzer Bezirksamtes, dann asbestsaniert und jetzt zu Eigentumswohnungen umgebaut (wird aber nie fertig werden, wird gemunkelt), in den Park der Schwarzschen Villa, das ein bezirkliches Kulturzentrum ist mit einem hübschen Café sommers im Garten, unter alten Bäumen die Grunewaldstraße hoch und biegt in die Lepsiusstraße ein, vergisst man bald diesen geschäftigen Teil Steglitz' und auch der Kreisel wird immer kleiner und kleiner. Man ist auf dem Fichtenberg, dem Villenviertel von Steglitz.
Der Fichtenberg war mir lange nur deshalb bekannt, weil dort die Schmitt-Ott-Straße auf den sechzig Meter hohen Berg führt und diese wurde in Westberlin genutzt, mangels anderer befahrbarer Berge, damit Fahrschulprüflinge das Anfahren-am-Berg lernen. Bei meinen Führungen dort ist das immer ein Lacher-Thema, weil Auswärtige aus bergigen Gegenden den Berg nie als solchen bezeichnen würden, wir Berliner tun das aber.

Richtig aufmerksam für den Berg wurde ich, als ich entdeckte, er ist tatsächlich ein echter Berg und kein Trümmerberg, derer gibt es nämlich viele in Ost wie West, und aus dem Fichtenberg sprudelt eine Quelle, nämlich die der Bäke, die früher auch Telte hieß, nach der das Hochplateau Teltow benannt ist. Es wurde ein Hauptthema meiner Führungen, nicht nur dass ich hier seit Langem lebe, sondern auch meine Führungen der letzten fünfzehn Jahre beziehen sich auf das Gebiet des ehemaligen Landkreises Teltow, das größtenteils 1920 nach Großberlin eingemeindet worden war und viele Villenorte beherbergt.
Tante Ruth gibt es nicht, aber Ruth Andreas-Friedrich, die in der Widerstandsgruppe *Onkel Emil* war und so viel wie ich weiß, gibt es keine Widerstandsgruppe mit weiblichen Namen, also warum nicht statt *Onkel Emil Tante Ruth*.
Ruth Andreas-Friedrich wurde im August 2002 von der Gedenkstätte Yad Vashem als Gerechte unter den Völkern, im Mai 2004 wurde auch ihre Tochter Karin (1925–2015) als Gerechte unter den Völkern geehrt.
Nach Ruth Andreas-Friedrich ist eine Grünanlage auf dem Berg genannt, versteckt am Südhang neben dem Botanischen Garten, einem der artenreichsten und größten in Europa. Und in dieser Grünanlage, die selbst bei vielen Steglitzern unbekannt ist, entspringt die Bäke, die noch vor vielen Jahren, berichteten mir Augenzeugen, sprudelte, was man nur noch am Steingarten im Quellbereich ahnen kann. Sie ist bis zur Haydnstraße unterirdisch in der Röhre, kommt dort als Rinnsal heraus und fließt durch den Bäkepark in den Teltowkanal, der vom Kronprinzen Wilhelm und von Kronprinzessin Cecilie 1906 eingeweiht wurde auf dem Hohenzollern-Schlossgrund-

stück in Klein-Glienicke. Der Kanal war für die Entwicklung des südlichen Teils von Berlin von großem Nutzen gewesen. Der Kanal, knapp 40 km lang, verbindet südlich von Köpenick die Dahme (Nebenfluss der Spree) mit der Havel bei Klein-Glienicke und ist seit Westberliner Zeiten völlig unterentwickelt, sehr schade darum, weil der Lastenverkehr auf die Straße verlagert wurde. Aber Bötchen fahren kann man und von Tempelhof am ehemaligen Hafen das Ufer entlang über Lichterfelde als Jogger oder Spaziergänger ihn genießen.
Die Bäke als eigenständiges Flüsschen mit ihren Überschwemmungswiesen ist nur noch in Klein-Machnow zu erkennen, in Steglitz lässt sich das ehemalige Flussbett noch an solchen Namen wie Birkbuschstraße ahnen. Aber die Kinder der anliegenden Schulen, auch der Gartenarbeitsschule, die direkt an dem Bäkeaustritt auf dem unten stehenden Foto angesiedelt ist, und eine Bürgerinitiative wollen für diesen Bereich, wo die Bäke durch den Bäkepark fließt, dass wenigstens hier das Flussbett renaturiert wird.

Bäke

Ausgebrochen aus dem Gestein
Der Kiefern die einst
Den Fichtenberg bewuchsen
Gebändigt sprudelndes Kind
Am Bäkequell versiegt
Erst an der Haydnstraße
Musikalisch kleinlaut
Ein leises Glucksen

Schluckauf
Ausreißen willst du

Als Bach eingepackt in
Rohre die dich bändigen
Telte warst du einst
Ein Strich in der Landschaft jetzt
Der Teltowkanal klaute deinen Namen

Zehntausend Jahre alt sang Rio Reiser
Ist der Mensch wohlauf er lebte
An deinen Gestaden im Sommer ersoff
Die Saat im Winter rutschten
Die Kinder über den Schnee

Pfahle trieben sie ins Erdreich
Bauten ihr Dorf als in Nebra der
Himmel in Gold erstrahlte
Die Nornen halten den Faden
Der Zeit tagein tagaus

Führt dich die Havel
die Elbe zum Meer
Ein Träne geweint im Bäkepark
Um den Liebsten im Mai
Kommt der Tropfen nie wieder zurück

Im Herbst trägt er den Seeman
Nach Rio oder Hawaii ...

Vor dem Bau des Kanals gab es an der Bäke im Bereich Steglitz, Lichterfelde Ausflugslokale und Badebetrieb. Davon übrig geblieben ist das Spucki in Lichterfelde, eine kleine (deshalb Spucki), privat betriebene Bade- und Saunaanstalt, die 1903 aus einem Naturbad am Teltowkanal entstand.

Auf der eingangs abgedruckten Karte von 1780 – wie bereits erwähnt meine Lieblingskarte und auf allen meinen Touren dabei – zeigt sich die wunderschöne grüne und wasserreiche Gegend des Berliner Süd-Westens und damit meiner Heimat seit nunmehr sechzig Jahren. Sie zeigt auch den Verlauf der Bäke, als sie noch nicht vom Teltowkanal geschluckt wurde. Die Bäke entspringt am Fichtenberg bei der Gemeinde Steglitz, dann liegen Lichterfelde, Giesensdorf (ganz verschwunden bis auf die Dorfkirche mit dem Gottesacker), Schönow, heute Zehlendorf und die Stadt Teltow an ihren Ufern, dann Stahnsdorf und Klein-Machnow, wo noch eine abgewandelte Wassermühle steht, und schließlich fließt sie durch den Griebnitzsee nach Klein-Glienicke bei Potsdam in die Havel, auch dort standen Wassermühlen an ihren Gestaden. Interessant an dem Namen Teltow ist auch, dass hier das Wort Telte aus der germanischen Wurzel **tel-* „spalten, verknüpfen", aber auch Sumpf, Moder, gebildet ist und der slawischen Endung ow, die wir häufig in unserer Stadt und Gegend finden.
In der Bibel der Heimatkundler, dem dicken Buch von Anton Friedrich Büsching, *Berlin Potsdam Brandenburg 1775 – Beschreibung seiner Reise nach Reckahn*, wird

das Terrain um Klein-Glienicke, wo die Bäke/Telte in die Havel mündet, als idyllisch und fruchtbar beschrieben: *Churfürst Friedrich Wilhelm erbauet hier ein Jagdschloss, welches König Friedrich Wilhelm zu einem Lazareth für das Große Garde Regiment widmete, unter König Friedrich II. Regierung aber ist in demselben 1758 eine Wachs-Tapeten-Manufactur von Isaac Levin Joel aus Halberstadt angeleget worden ... zu Klein-Glienicke sind 25 Feuerstellen und 50 Familien, welche fast 40 schulfähige Kinder, aber jetzt keinen Schulmeister haben ... Außer den Häusern der Büdner und Gärtner giebt es hier eine Walkmühle, eine holländische Mehl- und Oelmühle, eine Kalk- und Ziegelscheune, ein angenehmes Landgut mit einem Garten und einem Weinberge ... und umher liegen noch andere Weinberge. Es sind hier noch 25 alte und große, 94 zwölfjährige Maulbeerbäume ... Die hiesige Gegend ist ungemein angenehm. Man mag sein Gesicht wenden, wohin man will, so hat man eine schöne Aussicht, insonderheit kann man empfindsamen Seelen ein großes Vergnügen versprechen, wenn sie auf die lange Brücke, welche hier über die breite Havel erbauet ist, gehen, und von derselben sich umsehen wollen. Es gibt gewiss wenige Gegenden, welche den Augen so viel Schönheiten auf einmal darbieten, als diese.*[25]

Von diesen vielfältigen Aktivitäten ahnt man heute nichts mehr. Die Bäke ist auch hier zu einem Rinnsal geschrumpft, die Schweitzerhäuser sind noch von Interesse an ihrem Ufer, die im 19. Jahrhundert gebaut wurden in der romantischen Sehnsucht nach der heilen Welt der Berge, wie man alle schönen Gegenden nach der Schweiz benennt, Märkische, Sächsische Schweiz usw.

Klein-Glienicke und der Fichtenberg sind die wichtigsten und schönsten Perlen an dem Halsband Bäke, das den Südwesten Berlins schmückt, nämlich Geburt an der Quelle und Vereinigung mit der Havel.
Also nicht nur die Geschichten von geschluckten Frauen, Dichterinnen und Künstlerinnen, sind eins meiner Hauptthemen, auch ein geschluckter Nebenfluss der Havel. In meinem Gedicht habe ich alles geschrieben, was ich mit der Bäke assoziiere.

Auch Ruth Andreas-Friedrich wäre vergessen, gäbe es nicht diese Grünanlage, in der die Bäke entspringt, und ihr Buch „Der Schattenmann", das immerhin im Nachkriegsdeutschland zeitweise ein Bestseller war.
Ruth Andreas-Friedrich ist 1901 in Schöneberg (war bis 1920 eine selbstständige Stadt) geboren als Ruth Behrens und 1977 in München gestorben. Sie war Buchhändlerin und Journalistin und mehrmals verheiratet. Mit Otto Friedrichs hatte sie 1925 eine Tochter, Karin, die Ehe wurde 1930 geschieden. Während der Nazizeit schrieb sie für mehrere Zeitschriften u. a. Frauenillustrierte wie „Die junge Dame" und „sie", schrieb Lebenshilfe- und Benimmbücher.
Ihr Buch „Der Schattenmann" basiert auf ihren Tagebucheintragungen vom 27. September 1938, wo wegen der Sudetenkrise bereits ein Krieg erwartet wird, bis zum 29. Dezember 1948, wo sie das Gepäck fertig macht für ihren Flug nach Frankfurt/Main, weil sie in Berlin keine Arbeitsmöglichkeiten mehr sieht. Zieht nach München und heiratet dort den Professor für Innere Medizin Wal-

ter Seitz, nach dessen Pseudonym die Widerstandsgruppe „Onkel Emil" genannt wurde.
Ruth Andreas-Friedrich beginnt ihr Buch mit einem bedeutenden Vorwort:
Zwölfeinhalb Jahre hat das deutsche Volk hinter Gefängnismauern gelebt. Was in Wirklichkeit hinter diesen Mauern vor sich ging, ist fast nie an die Öffentlichkeit gedrungen. Es gab viele Nazigegner in Deutschland. Sie, die seit Beginn des Regimes als Nichtjuden gegen Partei und Hitlertum standen, glaubten es nicht verantworten zu können, die allzu wenigen Emigrationschancen, die die Welt den Bedrohten und Verfolgten zur Verfügung stellte, für sich in Anspruch zu nehmen. Freiwillig bleiben sie im Lande. Sie ahnten, was kommen würde. Sie wussten von allen Greueltaten, die geschahen, wenn auch immer nur gerüchteweise. Und eben weil sie wussten und ahnten, fühlten sie sich verpflichtet, an Ort und Stelle ihre Kräfte einzusetzen, damit wenigstens nicht jedes Unrecht, das geplant war, zur Auswirkung käme.
Viele unter den Bedrohten hätten die Auswanderung nicht geschafft, wenn alle Hitlergegner vor ihnen das Land verlassen hätten. Unzählige Untergetauchte und Verfolgte hätten ohne fremde Hilfe nicht bis zum Ende durchhalten können.[26]
Das schrieb Ruth Andreas-Friedrich im Oktober 1945, es ist allzu oft vergessen worden, diese Deutschen zu würdigen.

Der Fichtenberg – *Kafkas letzte Liebe*

Am Fuß des Fichtenbergs ließ sich der preußische Kabinettsrat für das Justizwesen, Wirklicher Geheimer Staatsminister und Mitglied des Staatsrates (solche Titel hatte man damals) Karl Friedrich von Beyme von Friedrich Gilly ein Gutshaus bauen, es war die Zeit der Klassik, sein Schlösschen wird klassisch gebaut. Friedrich Gilly ist der Lehrmeister von Karl Friedrich Schinkel, der spätere Stararchitekt der Preußen. Das Steglitzer Gutshaus ist das älteste klassizistische Gebäude seiner Art in Preußen und steht schon seit 1923 unter Denkmalschutz. Es ist berühmt geworden unter dem Namen Wrangelschlösschen, nach seinem späteren Bewohner Generalfeldmarschall Friedrich von Wrangel benannt, siegreich in den sogenannten Vereinigungskriegen gegen Dänemark 1864, gegen Böhmen-Österreich 1866, gegen die Franzosen 1870-72.

Von Beyme hatte durch einen Vergleich das Problem lösen können, das sich der junge König Friedrich Wilhelm III. gleich nach dem Tod seines Vaters, 1797, gegen dessen Mätresse Gräfin von Lichtenau eingehandelt hatte. Die Maßnahmen des Nachfolgers waren rechtlich zweifelhaft, aber von Beyme schien es gelungen, beide Seiten einigermaßen zufriedenzustellen.[27] Er hatte auch einige andere Justizreformen durchsetzen können. Er lebte bis zu seinem Tod 1838 auf seinem Gut Steglitz. Er besaß ebenso die Güter Dahlem, Schmargendorf und das Vorwerk Ruhleben. Seine Tochter veräußerte 1841 die Güter, sie fielen an den Preußischen Domänenfiskus.

In der Remise des Steglitzer Gutshauses wurde 1920 das Schlosspark-Theater eröffnet, das bis heute existiert, damals war Paul Henckels der Gründer und Regisseur, 1945 Boleslaw Barlog, jetzt Dieter Hallervorden.
Steglitz ist als *Stegelitze* erstmals 1242 in einer Schenkungsurkunde von Heinrich von Stegelitze nachweisbar.
An das Gutsensemble schloss sich ein Park an, der Fichtenberg, 68 Meter über NN, das heißt in Berlin, er ist ein echter Berg, damals Kiefernberg genannt, war noch unbebaut. Auf der Kuppe thronte eine neogotische Ruine ähnlich wie in Sanssouci gemäß dem Geschmack der Zeit. Südlich aus dem Fichtenberg sprudelte die Bäke, die über Lichterfelde, Giesensdorf (nur noch Dorfkirche und Friedhof erhalten), Schönow, Teltow, Klein-Machnow in Klein-Gleinicke die Havel erreicht, heute weitestgehend kanalisiert und im Teltow-Kanal verschwunden ist.
Von Weiten sah man auf der heutigen B1, die durch den Ortskern von Steglitz führt, den Fichtenberg mit seiner Kuppelgotik als Wahrzeichen. Dann kam die Eisenbahn, 1839, die Berliner wollten ins grüne Umland fahren, Berlin wurde deutsche Hauptstadt und der Bauboom brach aus, auch im Südwesten. Der Fichtenberg wird ab 1880 bebaut. Die Grunewaldstraße, die nördlich an seinem Fuße sich entlangschlingt, bekommt eine Straßenbahn, die erste elektrische wurde in der Nähe, in Lichterfelde, von Siemens ausprobiert, und die Berliner fahren innet Jrüne, über Dahlem in den Grunewald, und unterwegs konnten in vielen Lokalen die Familien Kaffee kochen, einer der alten Sprüche aus dem alten Berlin.
Es entstehen nicht nur Villen, auch gehobene Wohnhäuser. Hier in der Grunewaldstraße 13 vermietet eine Wirtin 1923

an einen Herrn aus Prag mit Namen Dr. Franz Kafka. Er genoss „das friedliche Leben hier in Steglitz“ und die „stillen Alleen“ dieses Vororts der Metropole. Ob er auch im Theater war, ist nicht verbürgt. Kafka liebte das Kino.[28] Er konnte leider nicht den Titania Palast besuchen, er hätte ihn bestimmt begeistert, er wurde aber erst 1928 eingeweiht. Aber er kam nicht deswegen und wegen der guten Luft nach Steglitz, das jetzt nach Berlin eingemeindet war, er kam der Liebe wegen ...

Was soll mir Kafka
Zu Kafkas hundertstem Todestag

Die welt
ist schlimmer noch
als in Samsas zimmer
sie wird nicht mehr gekehrt

die käfer sind eingekehrt
in sich auf der seite
liegen sie verkehrt
nach der traumreise
ins eis
was will ich von Kafka

ich friere
nach jedem behördengang
dort kennt keiner
Kafka was woll'n Sie
von ihm

ich war bei seinem grab
die rose ist zerstäubt
die Ingeborg ihm brachte
Prag im jänner 1964
was erhoffte sie von ihm
in berlin kuschelte
er mit Dora sie brieten
spiegeleier auf haushaltskerzen
es war kalt in berlin
auch ich friere hier

was soll ich Dora
bedauern wenn die welt
ihn lagert in
bücherregalen verstaubt
wirklich

was soll er mir
in dieser welt
die untergegangen ist
auch meine lebensversicherung
versichert

kein ewiges leben[29]

Dora Diamant – *Auf Haushaltskerzen briet sie Spiegeleier*

**4. März 1898 in Pabianice, Kongresspolen, †15. August 1952 in London*

Sie arbeitete im Ostseebad Müritz als Betreuerin einer Ferienkolonie und lernt dort im Juli 1923 Franz Kafka kennen, der wegen seiner Lungenerkrankung an der Ostsee kurt. Die Zeit mit ihr an der guten Luft des Meeres muss so großartig gewesen sein, dass er zu ihr nach Berlin zieht und sich von seiner Familie in Prag löst; sein Vaterkonflikt floss in viele seiner Erzählungen.

Im September des Jahres bezieht zunächst nur er in der Muthesiusstraße 20/22 (heute, früher Miquelstraße 8), auch nicht weit vom Fichtenberg, ein Erkerzimmer bei dem Ehepaar Hermann. Die Frau verlangt ständig mehr an Miete. Es ist kalt in Deutschland, es herrscht Inflation. Ich habe Briefe von meiner Urgroßmutter aus Trautenau, die ihren in den USA lebenden Sohn für 10 Dollar anbettelt, um die Familie in Europa am Leben zu erhalten. Dora soll Berichten nach auf Haushaltskerzen Essen gekocht haben, u. a. briet sie Spiegeleier.

Kafka ist glücklich in Steglitz. Er genießt die Gegend, spaziert auf den Fichtenberg, in der Nähe ist der Botanische Garten. Er schreibt die Erzählung „Die kleine Frau", was sich auf die geldgierige Vermieterin beziehen soll, der es sicher wie allen – außer Spekulanten – auch nicht gut geht. Die Erzählung kommt in seinen 1924 erschienenen Sammelband *Ein Hungerkünstler*. Es war das letzte Buch, an dem er vor seinem Tod arbeitete, und es erschien zwei Monate nach seinem Tod.

Kafka zieht aus und mietet sich in die Grunewaldstraße 13 ein, eine Zweizimmerwohnung, Dora zieht zu ihm. Dort hängt an der Hauswand ein Erinnerungsschild der Österreichischen Republik als Nachfolgerin des österreichischen Kaiserreichs, in dem Kafka geboren wurde, das es aber nicht mehr gibt, als er hier wohnt.
Die Tschechen hatten kein Interesse an Kafka, weil er ja deutsch schrieb. Das wurde mir auch in den Neunzigerjahren gesagt, als ich auf Recherche in Prag war. Die Gedenktafel ist so sehr verwittert, dass man kaum die Schrift lesen kann. Auf Anfrage bei der Österreichischen Botschaft in Berlin wurde mir versichert, dass sie in Zusammenarbeit mit der Tschechischen Botschaft, nun endlich, zum 100. Todesjahr 2024 das Schild erneuert haben werden.

Max Brod kam vorbei mit seiner Geliebten Emmy Salveter. Weil auch das Verhältnis zu der Vermieterin in der Grunewaldstraße 13 nicht gut war, ziehen Franz und Dora Ende Januar 1924 in die Heidestraße 25/26 nach Zehlendorf, zwei Zimmer im Haus der Witwe des Dichters Carl Busse, nach dem die Straße benannt ist: Busseallee 7-9 würde heute die Adresse lauten.
Dora ist die Tochter des chassidischen Herschel Diamant, einem Kleinunternehmer, der gegen eine Heirat ist. Kafka ist ein weltlicher Jude, Dora bringt ihm ein wenig Hebräisch bei. Sie beschreibt ihn als sinnesfreudig und voller Lebenslust.
Auch der Gesundheitszustand von Franz lässt eine Heirat nicht zu, er reist am 17. März 1924 ab, begleitet von Dora. Im April 1924 erfährt er, dass er unheilbar an Kehl-

kopftuberkulose erkrankt ist, die ihn am Sprechen hindert. Auch in einem Sanatorium in Kierling bei Klosterneuburg kann man ihm nicht helfen. Dora pflegt Kafka dort bis zu dessen Tod am 3. Juni 1924. Ihre Liebe überzeugt seine Eltern, die ihr alles überlassen. Er liegt auf dem Neuen Jüdischen Friedhof in Prag begraben. Ich habe in den Neunzigerjahren einen Stein vor das Tor zum Friedhof gelegt. Da ich an einem Samstag da war, war der Friedhof geschlossen, Sabbat halt.

Dora hat 20 Notizbücher und 35 Briefe mit nach Berlin genommen, sie werden beschlagnahmt, als die Polizei 1933 in ihre Berliner Wohnung eindringt. Sie sind bis heute verschollen.
Dora wird Schauspielerin und 1930 der KPD beitreten. 1932 heiratet sie den Ökonomen und Redakteur der *Roten Fahne* Lutz Lask (1903–1973). Am 1. März 1934 kommt die gemeinsame Tochter Franziska Marianne (†12. Oktober 1982) zur Welt.
1936 flieht Dora in die Sowjetunion, und dann 1940, vor den stalinistischen Säuberungen, erreicht sie England. Ihr Mann war im Gulag inhaftiert und kommt erst nach ihrem Tod 1952 aus der Haft frei.
Was mag sie ihr Leben lang – bedroht von den Terrorregimen des 20. Jahrhunderts – mit sich getragen haben von dieser großen Liebe …

Zum Fünfundsiebzigsten der Freien Universität – *Veritas, Iustitia und Libertas*

In Berlin waren die Trümmer weggeräumt, aber die Stadt war noch sehr kaputt, und unzerstörte Bauten fehlten. So kam es, dass abseits der Innenstadt im Titania-Filmpalast, einem Bau der Neuen Sachlichkeit der Zwanzigerjahre, eröffnet am 26. Januar 1928 mit Sitzplätzen für 1920 Menschen im großen Saal und das in Steglitz stand, das erst einige Jahre vorher nach Berlin eingemeindet worden war und als größtes Dorf Preußens galt, viele Nachkriegsveranstaltungen stattfanden, denn der Titania-Palast war relativ unversehrt. Schon im Mai 1945 gaben die Berliner Philharmoniker hier ihr erstes Konzert nach dem Krieg unter dem Dirigenten Leo Borchard, er war „Onkel Emil" aus der gleichnamigen Widerstandsgruppe, in der auch Ruth Andreas-Friedrich war, siehe das Kapitel über sie und den Fichtenberg. Er bekam die Leitung der Berliner Philharmoniker, die vorher Furtwängler hatte, der aber als politisch belastet eingestuft worden war. Borchard wurde aus Versehen von den Amerikanern am 23. August 1945 in Höhe der Ringbahnbrücke am Bundesplatz in Berlin-Wilmersdorf (britischer Sektor) bei der Einfahrt in den amerikanischen Sektor von einem amerikanischen Soldaten erschossen, weil das Fahrzeug nicht hielt. Die US-Soldaten hatten den Befehl, jedes Fahrzeug zu stoppen und im Verweigerungsfall sofort das Feuer zu eröffnen. Das ist wieder so eine tragische Geschichte, wo man nur verzweifeln könnte. Da hat er den Nazi-Terror überstanden und dann so was.

In einem Gebäude wie dem Titania-Palast wurde Geschichte geschrieben.
Es war die Zeit der von den Sowjets durchgeführten Blockade West-Berlins, die jegliche Landverbindung mit dem Westen verhinderte. Die Amerikaner unter dem Militär-Gouverneur Lucius D. Clay organisierten die einmalig in der Menschheitsgeschichte durchgeführte Luftbrücke vom 24. Juni 1948 bis zum 12. Mai 1949, um die eingeschlossene Stadt mit allem zu versorgen, was benötigt wurde, einschließlich der Energie für die Kraftwerke. In dieser Zeit nahmen die Proteste gegen die politische Einflussnahme auf die Berliner Universität Unter den Linden zu und erreichten am 23. April 1948 ihren Höhepunkt in einer Studentendemonstration. Ende April ließ Lucius D. Clay die Errichtung einer Universität im amerikanischen Sektor von Berlin prüfen.
Mitten in der Berlinblockade erfolgte die Gründung der Freien Universität am 4. Dezember 1948 im Titania-Palast. Zunächst logierte sie in Gebäuden, die ehemals im Kaiserreich von der Kaiser-Wilhelm-Gesellschaft für die Wissenschaft in Dahlem gebaut worden waren, die ab 1948 in Max-Planck-Gesellschaft umbenannt wurde. Das ist jetzt 75 Jahre her.
Mein Lehrer auf dem Peter-A.-Silbermann-Gymnasium in Wilmersdorf, das ich von 1962 bis 1964 besuchte und mit der Mittleren Reife abschloss, Dr. Horst Schulze (1933-2021), und mein Lehrer am Berlin-Kolleg in Schöneberg, wo ich von 1967 bis zum Abitur 1969 war, Dr. Peter Trzeciok (1930-2013), beides die wichtigsten Lehrer in meinem Leben, waren Absolventen dieser frühen Freien Universität in Westberlin. Sie unterrichteten

mich in Deutsch und Latein, in beiden Fächern erreichte ich bei beiden die Einser-Note, und Dr. Schulze unterrichtete mich auch in Geschichte, besonders der antiken. Mit ihm war ich im April 1964 in Griechenland, zur gleichen Zeit in Athen, als auch Ingeborg Bachmann dort war, ich hätte ihr also auch dort begegnen können und nicht nur in unserem Antiquariat.

Da ich abends auf die Abendschule ging und ganztags arbeitete, was sehr anstrengend war, bat ich um Reduzierung meiner Arbeitsstunden, ich verdiente ganz gut und konnte mir das zu dem Zeitpunkt leisten. Ich hatte also ab 1963 Zeit, nachmittags als Gasthörerin Vorlesungen zu besuchen, antike Geschichte und Philosophie bei Prof. Hans-Joachim Lieber (1923-2012), einem der Gründungsväter der Freien Universität. Damals hatte ich weder Mittlere Reife noch Abitur, ich hatte nach einer dreijährigen Lehre einen Abschluss als Steuerfachfrau und arbeitete seit drei Jahren als Buchhalterin in Buchhandlungen, war einundzwanzig Jahre alt, was damals auch bedeutete, dass ich volljährig war.

Als ich dann 1967 auf das Berlin-Kolleg wechselte, wo tagsüber Unterricht war, konnte ich nur noch Aushilfsjobs machen, später bekam ich ein Stipendium. Seit 1966 gab es bereits Demonstrationen gegen den Vietnamkrieg, 1966 hatte ich gegen den menschenfeindlichen Film „Africa Addio" im Astor Kino am Kudamm demonstriert und wurde mit anderen eine Nacht lang inhaftiert. 1967 gründete sich der Republikanische Club in der Wielandstraße, dort verkehrten viele linke Professoren der FU. Man konnte ihnen zuhören und mit ihnen diskutieren. Wir lasen die Frankfurter Rundschau, das

Spandauer Volksblatt und Konkret, um dort die Kolumne von Ulrike Meinhof zu verschlingen. Sie war eine prononcierte Journalistin.
Zwischendurch hatte ich die Buchhändlerprüfung gemacht und gründete 1968 mit zwei anderen linken Buchhändlerinnen eine Studentenbuchhandlung, in der man alle linken politischen Richtungen kaufen konnte, von der Frankfurter Schule zu Marx/Engels, Mao sowie den Anarchisten, aber auch und vor allem dann in den Siebzigerjahren Reformpädagogen und -analytiker wie die Mitscherlichs, Wilhelm Reich, Hans-Eberhard Richter, Summerhill u. a., denn man wollte auch den Alltag und das Ich revolutionieren.
1969 hatte ich das Abitur mit guten Noten bestanden und konnte ab dem Wintersemester 1969/70 studieren, ich war meist die Älteste in den Seminaren, denn ich hatte bereits seit 1957 Berufserfahrung und zwei Berufsausbildungen hinter mir.
Ich war eine Absolventin des zweiten Bildungswegs, den es zwar schon seit den Zwanzigerjahren gab, z. B. hatte Peter A. Silbermann 1927 das Abendgymnasium gegründet, es ist damit das älteste Deutschlands, aber erst in dem von Gerhard Picht so betitelten Bildungsnotstand der Sechzigerjahre bekam diese Ausbildung zur Hochschulreife einen enormen Aufschwung. Die Idee war, dass es begabte junge Menschen gab, die wie ich nicht auf die Höhere Schule konnten oder durften. Für Mädchen, die einen Beruf erlernten, aber dann doch noch gerne auf die Universität gehen wollten, gab es oft gar keine Schulen vor Ort. Eine abgeschlossene Berufsausbildung und eine Aufnahmeprüfung waren also die Vor-

aussetzung, um so eine Schule zu besuchen. Später gab es Erleichterungen für Frauen, die „nur“ Hausfrauen waren, was in den Sechziger-, Siebzigerjahren noch häufig vorkam, und die keine Berufsausbildung hatten.

Da ich immer gedichtet hatte und Buchhändlerin war, war für mich klar, ich studiere Germanistik. Es wurde aber das Germanistische Institut bestreikt, als ich mich anmelden wollte. Einer der Sprüche, die über dem Gebäude angebracht worden waren, lautete: Macht die blaue Blume rot, schlagt die Germanistik tot.

Wenn das so ist, gehe ich doch gleich zu den echten Revolutionären, dachte ich, die die Lehre Maos präsentieren, es hatte gerade die Kulturrevolution stattgefunden und keiner wusste so richtig, was das war, zu den Sinologen also, die in der Podbielskiallee 42 ein neues Institut bekommen hatten. Die Studentenzahlen nahmen zu, die Universität begann sich auszuweiten, die Gebäude um das Auditorium Maximum herum in der Boltzmannstraße waren zu klein geworden. Die Uni baute den Neubaublock in der Habelschwerdter Allee und kaufte und mietete in Dahlem und Umgebung frei stehende Villen und andere Gebäude, so studierte ich Publizistik am Roseneck und am Rüdesheimer Platz.

Noch waren die Zahlen bei den Sinologen maximal um die zwanzig, die in der Japanologie und der Koreanistik noch niedriger, mit denen man sich das Gebäude teilen musste. Aber sie stiegen an.

Max Schmeling und Anny Ondra hatten hier in der repräsentativen Villa in den 1930er-Jahren ihre Heimstatt. Die Badewanne war aus Marmor und noch echt, das hieß, sie hatten darin gebadet. Der Schwergewichts-

weltmeister im Boxen hatte in dieser Wanne gelegen, groß genug war sie ja, man konnte auch zu zweit drin liegen, was in Zeiten der sexuellen Revolution auch üblich war, man hörte es an den Geräuschen.
Wir genossen also die marmorne Badestube, hatten wir doch meist Wohnungen ohne Badezimmer oder mussten Öfen für Warmwasser heizen, was hier alles komfortabel aus der Wand kam.
Noch bis heute bei unseren Alumnae-Alumni-Treffen fängt eine/r an, von seinen/ihren Badewannenerlebnissen in Max Schmelings Wanne zu erzählen, das letzte Mal am 1. Mai 2023, wo wir uns mal wieder trafen, die meisten Dozentin/en sind bereits verstorben, aber unser Chinesisch-Lehrer, Klaus Stermann, neunundachtzigjährig, ist noch frisch und lebendig wie eh und je und erzählt aus seinem reichen Leben. Auch wir Studenten und Studentinnen, die erste Generation nach den Studentenunruhen, sind in die Jahre gekommen und längst schon Großeltern oder ergraut (ich bin beides nicht, weil keine Nachfahren, und die Haare gefärbt).
Das schreibt sich alles nicht so einfach, wie es klingt. Meine Alma Mater so in die Jahre gekommen erleben ... seh ich mich doch noch wie gestern, wie ein Schulmädchen, ich hatte gerade das Primaner-Dasein abgelegt, feierlich schreitend die paar Stufen rauf zum Ostasiatischen Seminar (OAS) Podbielskiallee 42, nachdem ich die weiße Ente (die hatte damals fast jeder Student, aber nur wenige Studentinnen) ordentlich geparkt hatte, es war genug Platz in der Podbielskiallee, die neue braune Lederschultertasche umgehängt, den beigen Cordmantel offen, aussehend halt wie eine Studentin aussieht, öffne

die Seminartür und sehe auf der Tafel nur unentzifferbare Zeichen, chinesische eben ... ob ich die jemals werde enträtseln können?
Mir war als Mädchen die Bildung vorenthalten worden. Das ist ein Mädchen, das braucht keine höhere Schule, wurde gesagt, und es ist kein Schulgeld wert, es heiratet ja sowieso und dann ist das Geld rausgeschmissen. So dachte man damals, denn, wo ich herkam, kostete die Höhere Schule noch Geld, und es gab nur ein Knabengymnasium, keins für Mädchen. Und jetzt stehe ich hier, Mathe war nie ein Problem für mich, aber Deutsch, zu Hause sprach man mehrere Dialekte, hab mir also gescheites Deutsch angelernt und Latein, das kleine Latinum war Voraussetzung für ein Studium in den meisten geisteswissenschaftlichen Fächern – und ich will in den Olymp.
1972 werde ich als erste Studentin in die Volksrepublik China eingeladen. Das war eine kleine Sensation. Wir hatten keine diplomatischen Beziehungen zu China, ich musste mir das Visum in der Schweiz bei der dortigen chinesischen Botschaft abholen.
Ich werde den Magister machen, die Promotion war mir aufgrund verschiedener Schicksalsschläge nicht möglich, ich hätte gerne promoviert, hätte gerne mich in ein wissenschaftliches Gebiet vertieft.
Als 1990 Berlin vereint wurde, konzentrierte sich die Politik erst mal auf die Humboldt-Universität Unter den Linden, die Freie Universität sackte weg, auch mit den Studentenzahlen, circa von 60.000 auf 30.000, diesen Abgang habe ich noch erlebt, es schmerzte, die Gebäude, die außerhalb des Kernbereichs waren, wurden ver-

äußert, ab 1998, als die Bundesregierung nach Berlin zog, kamen meist Botschaften in die Gebäude, z.B. in das OAS zog Libyen ein, wir spotteten: von Max Schmeling über Mao zu Gaddafi, bei den Publizisten am Roseneck baute Katar sich eine neue orientalisch aussehende Botschaft. Die Freie Universität hat sich aber wieder erholt und ist mittlerweile als Exzellenz-Universität ausgezeichnet.

Ich werde insgesamt 25 Jahre an der Freien Universität als Studentin und Angestellte verbracht haben mit allen Brüchen, die so ein Studenten- und Arbeitsleben an einer Universität bietet. Es war nicht einfach. Es war einfach schön.

Rheinbabenallee – Fontane und die Fontane-Kinder

Theodor Fontane (1819-1898), hugenottischer Abstammung, hatte mit seiner Frau Emilie Rouanet-Kummer (1824-1902), hugenottischer Abstammung, – sie hatten sich auf der Weidendammbrücke 1845 verlobt und heirateten 1850 – sieben Kinder, sechs Söhne und eine Tochter, nur die drei Letztgeborenen überlebten den Vater. Friedrich (1864-1941) wurde Verleger, verlegte seinen Vater und zog in die Rheinbabenallee 19 in Schmargendorf. Das Haus steht noch.
Friedel, wie er genannt wurde, hatte eine Buchhändlerlehre bei Langenscheidt hinter sich, gründete 1888 den Verlag F. Fontane & Co. Von 1904 bis 1926 wurden die Werke seines Vaters in 21 Bänden herausgegeben. Es

gelang dem Verlag auch, andere zeitgenössische Autoren zu verlegen, wie Arno Holz; Bestseller wurden *Dilettanten des Lebens* von Clara Viebig und *Tagebuch einer Verlorenen* von Margarete Böhme.
Es gelang Friedel noch zu Lebzeiten seines Vaters in den Neunzigerjahren einen Großteil seines Werks herauszugeben, der zunächst skeptisch gewesen war, aber als er 1898 starb, sicherlich noch ein wenig seinen Erfolg genießen konnte, ein später Erfolg, denn er hatte immer darum kämpfen müssen, als Schriftsteller anerkannt zu werden. Die großen Erfolge der heute so berühmten *Wanderungen durch die Mark Brandenburg* und die seiner großen Romane wie *Effie Briest* etc., die er erst gegen Ende seines Lebens schrieb, und dann fast in jedem Jahr eine Veröffentlichung hatte, erlebte er nicht mehr.
In dem F. Fontane-Verlag erschien auch von 1895 bis 1900 die Kunst-, Kunstgewerbe- und Literaturzeitschrift Pan, die von Otto Julius Bierbaum und Julius Meier-Graefe gegründet worden war. Mit dem Ersten Weltkrieg und dem Verkauf aller Rechte am Werk Theodor Fontanes an den S. Fischer Verlag existierte der Verlag bis 1928 letztlich nur noch auf dem Papier. Die Verlagsbuchhandlung F. Fontane & Co. in der Melchiorstraße 23 in Berlin-Mitte bestand bis etwa 1933.

Nicht so gemütlich wie Goethe und eine gute Generation später, hatte auch Theodor Fontane eine Passion für Böhmen. Es war die Zeit der sogenannten Vereinigungskriege der Preußen, und in Berlin ging das Gerücht, dass diese Böhmen, zu Österreich gehörend, speziell diese Trautenauer, Verräter seien. Das wollte Fontane vor Ort klären. Es fuhr 1866 schon stückweise die Eisenbahn, aber meistens musste Fontane wie Goethe in der Postkutsche reisen.

Die Vatertochter – *Von Angstkind zum Flaschenkind*

... auf den Mund gefallen war Martha, der Vater nannte sie Mete, nicht, die am 21. März 1860 in Berlin geborene, einzige Tochter von Emilie Fontane geb. Rouanet-Kummer, 36 Jahre alt, und dem einundvierzigjährigen Apotheker, Journalisten und Schriftsteller Theodor Fontane, der gerade aus England zurückgekommen war.
Geboren wurde Mete in der Tempelhofer Straße 51, in der Nähe vom Halleschen Tor, in einer Vierzimmerwohnung, die schon zu diesem Zeitpunkt trockengewohnt war. Der dreijährige Bruder Theo hatte gekränkelt, als sie dort eingezogen waren, der Vater bemerkt: „...der Dunst und Schimmel hat sich nun aber ziemlich verloren und mit der besseren Luft ist auch der Kleine wieder besser geworden."
Solche Alltagsdetails finden sich auf fast jeder Seite der 431 Seiten starken Biografie über die Tochter, es ist ein Zeitdokument über eine Familie und ihren Freundeskreis in den Gründerjahren Berlins bis zum Ersten Weltkrieg.
Mete war von Anfang an dem Vater ans Herz gewachsen. Er hatte Freude an dem Kind, das gerne kletterte und eigentlich nicht so war, wie Mädchen in der Wilhelminischen Zeit sein sollte.
Wenn sie mit der Mutter auf dem Lande war, begann sie ihm zu fehlen. „Küsse meinen Liebling, die wilde Range

(schreibe mir auch immer von ihr)." Der Mutter war das oft zu viel, sie drohte mit Schlägen. Überhaupt waren, wie Fontane über den dreijährigen Theo geschrieben hatte, „Vorlesungen aus Kloppstock" in der Erziehung der Zeit üblich.

1864 kommt das siebte Kind, nur vier überleben, und das letzte, Friedrich, auf die Welt. Mittlerweile waren sie in eine größere Wohnung, in die Beletage der Hirschelstraße 14 gezogen. Das erste Mal müssen sie keine Wohnung trockenwohnen. Theodor Fontane hat den ersten seiner Wanderungsbände, „Die Grafschaft Ruppin" veröffentlicht.

Emilie erholt sich lange nicht von den Strapazen der Geburt. Fontane erwähnt eine „tiefe Nervenverstimmung" bei seiner Frau. Er schreibt seiner Mutter: „Die Kinder sind alle vier Gott sei Dank wohl und munter und schlagen bis jetzt leidlich gut ein, wiewohl es natürlich andrerseits an allerhand Dummheiten und Unarten nicht fehlt. Im Allgemeinen aber sind die Unarten nicht so groß und erscheinen nur mehr so, weil die arme, angegriffene Mama natürlich jeden Lärm oder jedes Geschrei doppelt lästig empfindet." Emilie wird sich immer wieder über den Lärm und Kinderstreit beklagen und sich aus gesundheitlichen Gründen mitunter auch alleine aufs Land zu Freunden zurückziehen, während die Kinder anderweitig versorgt sind. Später wird Martha das Gefühl nicht los, dass die Mutter sie nicht genügend liebte.

Mit zehn Jahren verbringt Martha ein Jahr in England bei der befreundeten Familie Merington. 1870 war es bereits möglich, in 36 Stunden in London zu sein. Wie alle Fontanes schreibt auch sie eifrig Briefe, die aus London sind, aber leider verloren, bis auf die Nachschrift am Rand des Briefes der Mutter, die bereits einen erwachsenen Schriftzug erkennen lässt: „Lieber Vater, ich grüße Dich herzlich und werde Dir bald einmal schreiben, grüße und küsse alle herzlich." Ohne Unterschrift.

Fontane schreibt zurück: „Dass Mete so einschlägt, ist mir eine besondere Freude, sie ist ein apartes Kind, in gewissem Sinne ein Angstkind und alles wird davon abhängen, in welche Hände sie gerät ..."

Dass der Vater auf einmal „Angstkind" zu seiner wilden Range sagt, ist vom Wortlaut her neu, aber eine gewisse Angst, sie zu verlieren, sie könne entschwinden „wie ein Stern", wie ihm träumte, hatte er häufig. Mete übernimmt diesen Begriff des Vaters. Sie wird sich selber Angstkind nennen, als auch bei ihr die von ihrer Mutter geerbte „Nervosität" in ihrer Pubertät auftritt.

Als Mete in England ist, gibt Fontane seine Stelle bei der „Kreuzzeitung" zum Entsetzen seiner Ehefrau auf, um endlich freier Schriftsteller werden zu können. Jedoch statt seinen Roman zu Ende zu schreiben, schreibt er 1871 erneut ein Kriegsbuch, diesmal über den Deutsch-Französischen Krieg, währenddessen er in französische Kriegsgefangenschaft geriet. Außerdem veröffentlicht er den dritten Band der „Wanderungen durch Mark Brandenburg". Er schreibt jetzt auch Theaterkritiken für die „Vossische Zeitung".

Sein Schreibtisch steht zu Hause. Der älteste Sohn ist beim Militär, auch Theo, der zweitälteste Sohn, ist außer Haus. Als Martha aus England zurückkommt, lebt er im Internat des Theologischen Seminars. Schließlich jedoch geht er aufs französische Gymnasium, wohin auch der jüngste Sohn Friedrich geht. Knaben aller Konfessionen werden hier weltoffen ausgebildet, wenngleich es auch wegen des Kriegs Ressentiments gegen das Französische in dieser Zeit gibt.

1875 schließt Theo als Klassenbester, als primus omnium, ab. Die Möglichkeiten für Mädchen sind weit geringer. Meist langweilen sich die intelligentesten unter ihnen in der Schule. Fontane hätte seine Tochter gerne mehr gefördert gesehen. Sie philosophiert gerne. Sie sage nicht mehr, „Theo, du bist zu dumm, (sondern) suche das Mißverhältnis zwischen Deinem Willen und Deinem Intellekt auszugleichen."

Mit vierzehn nimmt sie Tanzstunden, tanzt mit ihrem Bruder Theo. Mit 16 wird sie konfirmiert und verlässt die Schule.

In den Siebzigerjahren wird Berlin, Hauptstadt des Deutschen Reichs, Millionenstadt. Sie wächst von allen Großstädten am schnellsten. Fontanes sind wieder mal umgezogen in die Potsdamer Straße 134 c, drei Treppen links, in die Nähe des Tiergartens. Von dieser Wohnung existiert eine zeitgenössische Fotografie, und es existieren Erinnerungen Fontanes an diese Wohnung.

Seit seiner Apothekenzeit war Theodor Fontane mit Friedrich Witte befreundet, der selbst Apotheker ist und Pharmazie und Chemie studiert hat und in Rostock eine erfolgreiche pharmazeutische Fabrik betreibt, die Coffein und Pepsin, wichtige Heilmittel seiner Zeit, herstellt. Witte hatte die 1848er Revolution miterlebt und begrüßt und danach wie Fontane seine politische Richtung gewechselt. Er wurde Bismarckianer. 1878 wurde er von den Nationalliberalen in den Reichstag gewählt. Martha

Fontane verbringt immer wieder Wochen und Monate bei den Wittes in Rostock.

Später wird sie auch mit einer Erbschaft von ihm bedacht.

Wenn Witte im Reichstag sitzt, hat er für Mete eine Besucherkarte besorgt. Sie verdankt Wittes viel und sie ist gerne bei ihnen. Da ist es kaum verständlich, warum sie gerade in Rostock einen Zusammenbruch erleidet. Fontane schreibt: „dass Du, die Du sonst einen so gesunden Eindruck machst, an Nervosität noch Deine Mama zu übertreffen scheinst. Man lebt nun mal unter Menschenmassen, und diesen Massen gegenüber immer ein Gefühl der Beängstigung zu haben, heißt eine Menge Freuden des Daseins streichen."

Von 1876 bis 1878 besucht Martha das renommierte Königliche Lehrerinnen-Seminar, das der Königlichen Augusta-Schule in Berlin Friedrichstadt angegliedert ist. Bereits Mrs. Merington hatte gesagt: „Mete muss immer beschäftigt sein; Arbeit ist ihre Stütze."

Mit bestandener Prüfung wurde ihr als „Kandidatin für das Lehrfach an höheren Töchterschulen" ein Zeugnis ausgehändigt, das Bewertungen enthielt in den obligatorischen Fächern Religion, Schulkunde, Deutsche Sprache, Rechnen, Geschichte, Erdkunde, Naturgeschichte, Naturlehre, Französische und Englische Sprache sowie Lehrfähigkeit. Das Mindestalter musste 18 Jahre sein. Insofern wird es Mete gestattet, nach drei Semestern das Examen abzulegen. Fontane notiert 1878 in sein Tagebuch: „Anfang April bestand Martha ihr Examen; gut wie sich annehmen ließ."

Den Sommer verbringt Mete bei Wittes an der Ostsee. Sie schreibt Briefe. Der Vater notiert: Ihre Briefe sind „natürlich altklug und literarisch, aber darf man sich darüber wundern? Sie ist eben in einem kritisch-schriftstellerischen Hause geboren und erzogen, und was nicht schon im Blute steckte, das hat die Atmosphäre, in der sie heranwuchs, hinzugetan." Und weiter: „Übrigens, meine süße Mete, vergiß beim Baden nicht, dass Du eine Erdgeborene bist und trotz unsrer Herkunft aus dem südlichen Frankreich, nicht von den Lusignans stammst, aus denen die ‚schöne Melusine' entsproß. Wolle also nicht zu sehr ‚mermaid' sein und halte Dich im Seh- und Stimmbereich mecklenburgischer Badefrauen. Vor denen erbangen selbst die Geister der Tiefe." In der typischen ironischen Art Fontanes ist die Angst um seine wilde Range unüberhörbar.

Martha erkrankt lebensbedrohlich an Typhus, die epidemisch im Deutsch-Französischen Krieg aufgetreten war. Robert Koch gelingt es in Zusammenarbeit mit Wittes Chemielabor das Heilmittel Pepton zu entwickeln; mithilfe dieses Peptons entdeckt er 1882 den Tuberkelbazillus, 1883 den Erreger der Cholera.
Am 11. Dezember 1878 notiert Fontane: „Martha, die recht krank war (Nervenfieber) ist in der Rekonvaleszenz und lacht schon wieder."
Immer wieder wird bei Marthas späteren Anfällen von einem Nervenleiden gesprochen, das auf die Typhus-Erkrankung zurückgehen soll, da das hohe Fieber schwere Störungen der psychischen Funktionen auslöst. Während ihrer Krankheit ist Fontanes Romanerstling „Vor

dem Sturm“ erschienen. Martha freut sich über das Lob, das ihrem Vater gespendet wird. Fontane ist achtundfünfzig Jahre alt.
Wenn Wittes in Berlin sind, ist Martha viel mit ihnen unterwegs. Sie gehen zusammen essen, fahren im Tiergarten spazieren, gehen abends ins Theater. Emilie Fontane schreibt, dass sie befürchte, Wittes würden ihren Mann „breitschlagen, ihnen Mete gleich mit nach Rostock zu geben ... neulich sagte er einmal in ihrer Gegenwart: ‚so lange ich arbeiten kann, soll sie zu meiner Freude im Hause sein, und wenn ich auch nachts noch eine Stunde länger arbeiten soll.‘“
Das spricht natürlich an, was Freundinnen Marthas bereits praktizieren, einen Bräutigam zu finden und zu heiraten. Für den Vater fällt es immer schwerer, die Tochter fortgehen zu lassen. Sie hätte mit Wittes nach Paris fahren können, er war dagegen. Auch gegen ihre Reisepläne, erneut nach England zu gehen, stellt er sich. Die Differenzen zu seiner Frau Emilie mehren sich. Sie schreibt: Martha habe sich in ihrem Benehmen ihr gegenüber, „soweit es ihr Charakter zuläßt, enorm zum Guten geändert, und zeigte ihr mein guter Mann nicht in so übertriebener Weise sein Eingenommensein von ihr, würde es noch besser gehen.“
Der Vater berichtet, dass Martha Stellen sucht, fast schadenfroh fügt er hinzu: sie „finde aber keine.“
1880-1881 ist sie dann doch Hauslehrerin bei der Landadelsfamilie auf Schloss Dammer. Die Tochter Ella von Mandel schreibt in ihren Aufzeichnungen: „Wie üblich wurde ich im Hause unterrichtet ... und lernte herzlich wenig, bis die Tochter von Theodor Fontane ins Haus

kam. Von diesem Augenblick an erweiterte sich mein Gesichtskreis erheblich."
Trotz der positiven Aufnahme durch die Tochter des Hauses fühlt sich Mete zunehmend unwohl auf Schloss Dammer. Sie wird krank. Zu ihren Angstzuständen kommt eine Kolik der Gebärmutter, Blasenentzündung und vor allem Migräne. Sie schreibt in einem ihrer vielen Briefe nach Hause: „Heute früh hatte ich mal wieder das Vergnügen mit Migräne aufzuwachen ...; was die jetzt häufiger wiederkehrenden Migränezustände betrifft, so habe ich die Bemerkung gemacht, dass sie entschieden Folgen von unterdrücktem Ärger sind; ich ärgere mich unbeschreiblich, besonders auch im Traum und, woran ich das Krankhafte des Zustandes erkenne, nur über Dinge, die mich eigentlich nichts angehen." Der Vater antwortet ihr: „Ich glaube mich auf psychische Zustände und auch auf Körperzustände, die mit dem Psychischen zusammenhängen, wundervoll zu verstehn, denn ich habe sie seit über 30 Jahren an mir und Mama studiert."
Nicht nur, dass zu dieser Zeit Sigmund Freud gerade mal dreißig Jahre alt ist, selbst Meyers Konversationslexikon von 1904 erwähnt ihn noch nicht; es wird in der Fontane Familie offen über das Erscheinungsbild des Psychischen gesprochen, ohne es wirklich deuten zu können. Auch die Autorin Regina Dieterle, die minuziös Fakten zusammengetragen hat, tut sich als Germanistin nicht den Tort an, die offensichtlich nicht nur genetisch, sondern auch gesellschaftlich bedingten psychischen Störungen der drei Fontanes, wie Emilie, Mete und Theodor Fontane genannt werden, zu deuten.

Natürlich ist bei Martha der gesellschaftliche Druck, der auf ihr lastet, maßgeblich an ihren Beschwerden beteiligt. Die Gesellschaft erwartet ein konkretes Rollenverhalten von einer Frau, dem sie nicht entsprechen will. Über den Hausherrn von Schloss Dammer schreibt sie: „Der war Militär bis zum Hauptmann; ist echter Soldat, kurz, pünktlich, sachgemäß, aber mir nicht höflich genug; er scheint zu den Männern zu gehören, die von vorneherein so von ihrer Superiorität über *jedes* weibliche Wesen überzeugt sind, dass man dieser ihrer Ansicht nur eine ruhige Heiterkeit entgegensetzen kann ... Er unterhält sich mit mir und scheint sich zu wundern ..., dass ich es wage, dem Herrn Hauptmann zu widersprechen; ich gebe mich aber mit Willen vom ersten Tage an, wie ich bin; erstens ist und bleibt es das Richtige und zweitens ist eine ewige Rolle für meinen Charakter doch nicht ausführbar."

Nachdem sie Dammer verlassen hat, ein Bräutigam am Horizont nur eine Erscheinung bleibt, schreibt sie 1882 eine Novelle, die der Vater am 21. Januar 1883 an den Herausgeber der *Illustrierten Frauen-Zeitung* schickt.

In den 1880er-Jahren waren die Bedingungen, besonders in der Zeitungs- und Verlagsstadt Berlin, für Frauen und für Schriftstellerinnen besser denn je, Frauenthemen waren gefragt. Auch Fontane hat überwiegend Frauen zu den tragenden Gestalten seiner Romane gemacht.

„Die Novelle des Frl. Fontane ist, von andern Mängeln abgesehen, ohne jegliche Handlung." Zwei Wochen nach Eingang kommt die Absage. Nicht nur der Vater ist zutiefst getroffen. Martha hat nie wieder einen Versuch unternommen, sich mit ihren Schriften an die Öffentlichkeit zu wenden. Die Novelle ist verschollen. Die starke Persönlichkeit, die sie ist und der Rückhalt, den sie von ihrem Vater hat, haben nicht verhindert, dass die Absage sie entmutigt hat.

Obwohl Martha Fontane die gesellschaftlichen Mechanismen durchblickt, wird sie scheitern an der Gesellschaft und auch an sich. Sie zählt zu den ersten bürgerlichen Frauen, die sich außerhalb der Familie beruflich entwickeln können, dennoch wird sie sich in eine Ehe flüchten mit einem zweifachen Witwer, der eine Generation älter ist als sie – vier Monate nachdem ihr Vater am 20. September 1898 gestorben ist; da ist sie achtunddreißig Jahre alt.

Sie wird auch bei dem Ehemann, dem Architektur-Professor K. E. O. Fritsch, den sie Keo nennt, Mitbesitzer und Hauptredakteur der *Deutschen Bauzeitung*, einem Freund ihres Vaters und des Reichstagsarchitekten Paul Wallot, keine Ruhe finden, obwohl er ihr einen großbürgerlichen Lebensstil und ein herrschaftliches Leben in der Villa in Waren am Müritzsee ermöglicht, die er extra für sie und ihr Nervenleiden bauen lässt.

Später, als die herrschaftlichen Grunewald-Villen zur ersten Adresse im Großraum Berlin gehören, flüchtet sie hier von einer Wohnung in die nächste. Dieses ständige Umziehen hat sie in ihrer Kindheit von ihren Eltern gelernt. Dennoch haben ihre Ruhelosigkeit und ihre Angstzustände eine andere Ursache. Sie versucht, dieses Wüten in sich abzutöten. Schon bei Fontanes floss reichlich Wein. Der Alkohol wird ihr ständiger Begleiter. Aus dem Angstkind ist ein Flaschenkind geworden.

Als Fritsch sie zur Witwe macht, dauert der Erste Weltkrieg bereits ein Jahr. Man hatte sich nicht auf einen langjährigen Krieg eingestellt. Ihre Witwenzeit ist nur lückenhaft dokumentiert. Aber auch jetzt wechselt sie mindestens noch zweimal ihre Wohnungen.
Kuren und Klinikaufenthalte scheinen ihr nicht geholfen zu haben. Sie zieht sich nach Waren zurück. Der letzte Brief von ihr, der existiert, ist an ihre Stieftochter Annie Scheller (aus der ersten Ehe von Fritsch) gerichtet.
Und obwohl sie eine reiche Witwe ist, hat sie Existenzängste. „Dass ich, die ich keinen Pf. *sicher* einnehmen in einer Lage bin, die auch den Nerven und dem Schlaf nicht dienlich sind“, wer also so von ihr denkt, sei „natürlich ahnungslos über meine Lage … dass der Krieg so dauern wird, ist nun nicht zu ändern; Theo sagt, er wirft jede Mutmaßung, alles über den Haufen … nun bin ich schändlicherweise auch noch krank und habe zeitlebens, so lange ich denken kann, für mich selber *sehr viel* ausgeben müssen und bin statt meiner gesicherten Lage durch Papas Werke und statt der Frau eines an Einnahmen sehr wohlhabenden Mannes eine im höchsten Maße bedrängte Frau, die auch nur noch kritisiert und mißbilligt wird. Genau wie alle wissen wie es mir geht.“
In der *Vossischen Zeitung*, redaktioneller Teil, Morgenausgabe vom 12. Januar 1917 heißt es unter der Rubrik „Persönliches“: „Im Alter von 57 Jahren ist gestern die verwitwete Frau Prof. Martha Fritsch, die einzige Tochter Theodor Fontanes, gestorben. Jeder Leser der Familienbriefe des Dichters weiß, wie nahe die jetzt Verstorbene seinem Herzen gestanden hat und wie er nicht bloß Familienangelegenheiten, sondern häufig auch

künstlerische und literarische Fragen eingehend mit ihr zu erörtern pflegte."
Mete hat mit ihrer Angst davonfliegen wollen. Sie springt vom Balkon ihrer Villa. Als Corinna in dem Roman „Frau Jenny Treibel" hat ihr Vater sie unsterblich gemacht.[30]

Die Clayallee

Die Gegend um die Clayallee ist das Amerikanischste, was wir in Berlin haben. Nicht nur der Name zeugt davon.
Lucius Dubignon Clay (*1898 Georgia; †1978 Massachusetts) war General der US Army und von 1947 bis 1949 Militärgouverneur der amerikanischen Besatzungszone in Deutschland. Während dieser Zeit war er Initiator und verantwortlich für die Einrichtung der Berliner Luftbrücke 1948/49. Diese war wohl was Einzigartiges auf der Welt: Eine eingeschlossene Stadt fast ein Jahr lang aus der Luft versorgen.
Das war wohl auch nicht ganz unbestritten in seiner Dienstbehörde; drei Tage nach Ende der Blockade reichte er den Rücktritt ein, wurde aber in New York mit einer Konfettiparade geehrt. 1950 wurde er beauftragt, die Berliner Freiheitsglocke in einer Art Triumphzug durch die USA und Westdeutschland zu begleiten; am 21. Oktober 1950 übergab er sie den Berlinern. Sie hängt im Rathaus Schöneberg. Dort sprach auch Kennedy 1963 seine berühmten Worte: *Ich bin ein Berliner*.

Schöneberg war amerikanischer Sektor, hatte einige amerikanische Diskos. Der Klang der Freiheitsglocke war im Sender RIAS (Rundfunk im amerikanischen Sektor), *eine freie Stimme der freien Welt,* mit dem Freiheitsgelöbnis zu hören: *Ich glaube an die Unantastbarkeit und an die Würde jedes einzelnen Menschen. Ich glaube, dass allen Menschen von Gott das gleiche Recht auf Freiheit gegeben wurde. Ich verspreche, jedem Angriff auf die Freiheit und der Tyrannei Widerstand zu leisten, wo auch immer sie auftreten mögen.*
In der Clayallee, auch Zehlendorf war amerikanischer Sektor, war das *US-Headquarters Command,* von 1979-1994 *Lucius D. Clay Headquarters,* ab Sommer 1945 Sitz des US-Militärgouverneurs. Von dort aus organisierte General Lucius D. Clay 1948/1949 die Berliner Luftbrücke. Heute ist dort neben den Eigentumswohnungen noch ein Rest amerikanisch mit der Konsularabteilung der Botschaft der Vereinigten Staaten, deren Hauptsitz am Brandenburger Tor ist.
Die neueste amerikanische Erinnerungsehrung auf dem Gelände des Konsulats gilt dem ehemaligen Präsidenten George Bush (1924-2018), der während des Mauerfalls 1989 Präsident der USA war und sich für die Zusammenführung der beiden deutschen Staaten eingesetzt hat. Sein Enkel Pierce Bush sprach am 10.5.2023 vor der Präsidenten-Statue des US-Künstlers Chas Fagan, er sagte zum Beispiel, dass er seinem Großvater sehr nahe war.
Es gibt auf dem gegenüberliegenden, ehemals amerikanischen Gelände an der Clayallee, wo das Kino u. a. war, jetzt das Alliiertenmuseum, das 1998 eröffnet wurde und künftig auf dem Tempelhofer Flughafengelände

platziert sein wird. Da es sich um die Westalliierten handelt, ist auch ein britisches Transportflugzeug vom Typ Handley Page Hastings T.Mk.5 zu sehen, der Eisenbahnwaggon eines französischen Militärzugs, das letzte Wachhäuschen vom Kontrollpunkt Checkpoint Charlie sowie ein Grenzkontrollturm der DDR. Die Sammlung umfasst mehrere tausend Objekte, selbstverständlich auch ein Transportflugzeug der „Luftbrücke".

Es gibt an der Clayallee auf dem ehemaligen Gelände des amerikanischen Volksfestplatzes den Truman Plaza, mit teils missratenden Neubauten und einem künstlichen Teich, und gleich nebenan in der Clayallee 200 steht auf einer annähernd quadratischen Betonfläche eine Gruppe mit fünf leicht überlebensgroßen dunkelbraun patinierten Bronzepferden (vier Stuten und ein Hengst). Die Pferde, ebenfalls aus Bronze gegossene Fragmente der Berliner Mauer, sind im Galopp springend dargestellt. Anlässlich des 50. Jahrestags der Luftbrücke, 1998, wurde die Skulptur vom ehemaligen US-Präsidenten George Bush (sen.) als Denkmal an die Stadt übergeben. Es hat den Namen *The Day the Wall Came Down.* Die Künstlerin ist Veryl Goodnight. Dieses Denkmal ist leider ziemlich unbekannt.

Ein paar Schritte weiter, an der Ecke zum Hüttenweg, steht das Denkmal des preußischen Offiziers Friedrich Wilhelm von Steuben, der den ersten amerikanischen Präsidenten George Washington im Unabhängigkeitskrieg (1775-1783) unterstützte und so entscheidend zum Sieg der Amerikaner über die Briten beitrug.

An der Clayallee sind die Wohnungen der Amerikaner inzwischen Heimstatt für deutsche Familien, sie grenzen an den Grunewald und sind kindergerecht.
Unweit von Deutschlands erstem McDonalds Drive-in in der Clayallee 121, das 1984 eröffnet wurde, an der Bushaltestelle Königin-Luise-Straße, Clayallee 91, am Weg zum Chalet und zum Jagdschloss Grunewald ist ein Denkmal, das völlig in Vergessenheit geraten ist: Das Kriegerdenkmal des Garde-Reserve-Schützen-Bataillons, deren Bronzefigur des Gardeschützens – ein Werk 1923 geschaffen von dem Bildhauer Gerhard Adolf Janensch (1860-1933) – wurde 1943 zur Gewinnung von Material für die kriegswichtige Industrie abgebaut und vermutlich eingeschmolzen. Gewidmet war es DEN / GEFALLENEN HELDEN / DES GARDE-SCHÜTZEN- / BATAILLON. / 1914-1918 / 1939-1945, letzte Zahlen später ergänzt.
Übriggeblieben sind unterschiedlich große Findlinge aus rötlich-gräulichem Granit. An der Vorderseite des größten stelenartigen Findlings ist eine runde Bronzetafel mit der Inschrift eingelassen. Darunter befindet sich ein vertieftes mit rotbrauner Farbe hinterlegtes eisernes Kreuz.[31]
Hier steige ich oft um und wundere mich, wie heruntergekommen es ist.
Es ist natürlich nicht im Mainstream, überhaupt solche Denkmäler im öffentlichen Raum zu haben, aber sie sind nun mal Bestandteil unserer (Stadt-) Geschichte. Mein Anliegen ist es auch, endlich der als Kriegsopfer geschändeten Frauen zu gedenken. Entweder bei einzelnen Kriegerdenkmälern nachtragen oder ein zentrales

Denkmal für die geschändeten Frauen machen. Aber das ist wohl auch nicht der Zeitgeist.

Das Roseneck

Das Roseneck ist städtebaulich eine interessante Ecke und als geselliger und exorbitanter Ort erwähnenswert.
Zunächst die Lokalitäten:
Das Wiener Café, mit exquisiten Torten der hohen Wiener Konditorschule.
Das Traditionsrestaurant Habel Weinstube Roseneck.
Beide grundverschiedenen Lokale haben eins gemeinsam: das Flair des ehemals gediegenen und gestandenen Westberlin, das am Kudamm im Kempinski oder im Café Möhring zu finden war, aber ausgestorben ist.
Wer meint, durch den breiten Hohenzollerndamm nur von Autos umgeben zu sein, der irrt, natürlich fährt manch einer im neuesten PS-starken SUV an. Was wichtig ist und dazu gehört, denn hier sieht jeder jeden, auch wenn er/sie in den schwarzen Grund der Kaffeetasse stiert, sofern man allein ist. Wer aber zu mehreren, und das sind fast jeden Tag die gleichen Grüppchen, an den Tischen sitzt, erfährt, auch – trotz Handy – wer noch in echt lauschen kann, so einiges über die Gegend, die Nachbarn, wer wo investiert, ein Haus kauft, die Schwiegermutter gestorben ist, und alles auf hohem Niveau, in höherer Preiskategorie.
Als in Coronazeiten alles geschlossen war, und zeitweise die Cafés wieder öffnen durften, war dieses Café für mich das Labsal für die verflossene Zeit an Nichtinforma-

tion. Wir waren alle hungrig auf Neuigkeiten und saßen im Platzregen und Gewitter draußen unter der Pergola und redeten und lauschten, nicht nur dem Rockkonzert des Platzregens, wir rückten näher, damit die am Rand Sitzenden nicht zu sehr vollgespritzt werden. Es verkehren natürlich auch Prominente aus den nahen Villenbezirken Dahlem und Grunewald hier, aber nicht mehr so viele wie zu Westberliner Zeiten, weil ja die jüngeren Prominenten eher in Prenzelberg wohnen.
Bis zu seinem kürzlichen Lebensende war das Café und sein Dependent am Hagenplatz das Refugium des letzten großen deutschen Playboys Rolf Eden, ich kannte ihn noch aus seinem Old Eden in der Damaschke Straße, damals fast das einzige interessante Lokal in Westberlin, in dem von der kleinen Angestellten (ich) bis zu Filmstars alle verkehrten. Die Hits der Zeit habe ich noch heute in den Ohren: Parez Prados *Patricia* und Trini Lopez *If I Had A Hammer,* sie spielten, wann immer ich dort war.
Mit diesen Erinnerungen werde ich jung.
Da ich keinen Alkohol trinke, kann ich von der Weinstube Habel nur als Außenstehende reden, die Küche ist gutbürgerlich laut Karte, es hat mit seinen Barhockern auf dem Bürgersteig was von Westerland/Sylt, und die Menschen sitzen abends draußen und trinken Wein, wenn ich um 19 Uhr beseelt mein Wiener Café verlasse. Es sieht gemütlich aus und auch um diese Zeit wirklich syltisch, weil hinter den Häusern die Sonne (ins Meer) versinkt, ich hab Rudi Schuricke im Ohr, den sie um diese Zeit im Kliffkieker in Wenningstedt/Sylt zu spielen pflegten, auch den gibt es nicht mehr ...

Städtebaulich gab es den Hohenzollerndamm bis zum Roseneck erst um 1910, die Clayallee existierte noch nicht, die bauten die Amerikaner Anfang der 50er-Jahre, als sie die Alliierten im Südwesten waren.
Schon vor 1900 von Wilmersdorf über Schmargendorf gab es die Dampfstraßenbahn, die am Roseneck endete, wo ein Einlass in den Hohenzollern gehörenden Grunewald war. Und die Massen strömten. Der zweite Einlass war am Wilden Eber in Schmargendorf/Dahlem und der dritte nahe Hagenplatz, da kam die Kudamm-Straßenbahn an, die 1887 eröffnet worden war, was das Gründungsdatum des Kudamms und der Grunewald-Kolonie ist. Schmargendorf und Dahlem sind mittelalterliche Dörfer mit den ältesten Dorfkirchen (außer Marienfelde, das ist aber am anderen Ende von Berlin und nicht auf meinem Radius). Heute ist der hier damals existierende Wald total verschwunden und mit Villen zugebaut, nur hin und wieder erinnern mächtige Kiefern in den Gärten an den Grunewald. Am Roseneck steht auch das seinerzeit einzige, 1958 gebaute Wohnhochhaus Westberlins, das der Familie des Filmmoguls Arthur Atze Brauner, mit fast hundert Jahren kürzlich verstorben, gehört.
Atze Brauner und Rolf Eden waren die Ikonen Westberlins, kommt noch Harald Juhnke dazu, der auch nicht weit entfernt, in der Lassenstraße 1, wohnte, und wehe ein Taxifahrer fragte nach der Adresse, wenn er besoffen ins Auto stieg und befahl, fahr mich nach Hause. Wat dat weeßte nich, dann steig ick wieder aus... So erzählten es mir meine Taxifreunde, denn viele ehemalige examinierte Universitätsabsolventen wurden in den Achtzigerjah-

ren Taxifahrer mangels Jobs, Akademikerschwemme, hieß es, und viele Berlinbesucher schwärmten, was habt ihr für kluge Taxifahrer ... lang lang ist's her.

Der Zoologische Garten Berlin brachte ihn auf die Idee ...
Zum 100. Todestag des Bildhauers August Gaul

Die Bildhauerkunst war in Preußen großgeschrieben. Die sogenannte Berliner Bildhauerschule hatte bis zu Beginn des 1. Weltkriegs viele bekannte Künstler von Johann Gottfried Schadow bis Reinhold Begas, deren Skulpturen den öffentlichen Raum prägten – Schadows Quadriga auf dem Brandenburger Tor und Begas' Nationaldenkmal am Berliner Schloss, das 1897 fertig gestellt wurde, für das August Gaul zwei Löwen gestaltete, die, nachdem das Schloss in der DDR geschleift worden war, vor dem Raubtierhaus im Tierpark Friedrichsfelde aufgestellt wurden.
Wo dieses Denkmal stand, wird heutzutage die Einheitswippe gebaut.
Wie Max Liebermann war Gaul – einer der wenigen, der Liebermann mit Du ansprechen durfte – Mitglied der Berliner Sezession, die sich dem Geschmack von Wilhelm II. widersetzte und moderne Kunst präsentierte, vor allem die Impressionisten. Für den Garten der Liebermannvilla in Wannsee schuf Gaul den Fischotterbrunnen, für die Oppenheim Villa in Charlottenburg den Pinguinbrunnen, den Goldenen Hirsch im Wilde-Park in Schöneberg und den Entenbrunnen in Charlottenburg, vor dem Renaissance-Theater. Die Tierplastiken von Au-

gust Gaul waren seinerzeit sehr beliebt und wurden in mehreren Dubletten hergestellt.
Doch wie ist der Künstler überhaupt auf sein Lieblingsmotiv Tier gekommen?
August Gaul wurde am 22. Oktober 1869 als Sohn eines Steinmetzes bei Hanau am Main geboren. Er absolvierte in einer Silberwarenfabrik eine Lehre als Modelleur und Ziseleur, war Schüler an der dortigen Zeichenakademie und bekam 1888 eine Empfehlung zum Studium nach Berlin. Dort arbeitete er zunächst im Bildhaueratelier von Alexander Calandrelli, belegte Kurse an der Unterrichtsanstalt des Kunstgewerbemuseums Berlin und absolvierte die Kunstakademie.
Ein Zufall machte ihn zum bedeutendsten Tierbildhauer Deutschlands: Er gewann 1890 eine Dauereintrittskarte in den Berliner Zoo, wo er von nun an schon in aller Herrgottsfrühe die Tiere beobachtete und modellierte.
Er wurde damit der Begründer der autonomen Tierplastik. Keiner vor ihm hat das Tier als eigenes Wesen dargestellt, sondern nur als schmückendes Beiwerk, was Gaul ja auch noch mit seinen Löwen für das Nationaldenkmal vorführte. Gaul beschreibt seine Arbeit so: *Ich will gar nicht die Natur pedantisch imitieren, sondern das Typische und ihren seelischen Kern festhalten. Vor allem will ich eine plastische Arbeit machen (...) Was mich bei den Tieren anzieht, ist ganz wesentlich künstlerischer Art. Ich mache Tiere, weil es mich freut. (Wikipedia)*
Es interessierten ihn besonders die nicht domestizierten Tiere wie Raubkatzen, Bären und Affen, Widder und Wisente, Seelöwen, Pinguine und Fischotter.

August Gaul war wohlhabend geworden und konnte sich in der aufstrebenden Landgemeinde Schmargendorf mit ihrem repräsentativen Rathaus, das auch Rainer Maria Rilke in der Hundekehlestraße 11 noch kennen gelernt hat, ein geräumiges Haus in der Hundekehlestraße 27 bauen, das heute noch relativ unverändert vorhanden ist. Mein Antrag, Gaul zu Ehren dort eine Gedenktafel anzubringen, war von der Denkmalskommission abgelehnt worden.

Gaul war mit dem lebensfrohen Galeristen Paul Cassirer befreundet, mit Heinrich Zille und Ernst Barlach. Dieser nannte Cassirer und Gaul *Paulchen und Gaulchen*. Cassirer war auch in Gauls Todesstunde anwesend und versuchte seinen Nachlass zu regeln.

August Gaul war seit 1900 mit Clara Haertel verheiratet, sie hatten zwei Töchter und einen Sohn.

Am 18.Oktober 1921 verstarb August Gaul, er hat auf dem Dahlemer Dorffriedhof ein Ehrengrab. *Von all den Künstlern warst nur Du mir lieb wie ein Freund*, hatte Käthe Kollwitz über ihn gesagt. Im Kollwitz-Museum in der Fasanenstraße war 2019-2020 eine Ausstellung zu August Gauls 150. Geburtstag: Dort gab es einen Katalog zu seinen Arbeiten.

Das Käthe-Kollwitz-Museum befindet sich seit September 2022 am Spandauer Damm in Charlottenburg in dem historisch bedeutsamen Theaterbau des Architekten Carl Gotthard Langhans (*15. Dezember 1732, †1. Oktober 1808), der auch das Brandenburger Tor gebaut hat.

Dass das Kollwitz-Museum aus der innerstädtischen Fasanenstraße umziehen musste, hat eine unschöne Geschichte, die ich nicht erzählen möchte, und die mir sehr

nahe gegangen ist, weil ich mit Käthe Kollwitz und Teilen dieses Bestandes seit meiner Buch- und Kunsthändlerlehre in den 1960er verwachsen bin, ich kann nur sagen wie die alten Römer: Per aspera ad astra, der jetzige Standort ist um ein Vielfaches bedeutender. Endlich mal, dass bei einer Veränderung, wodurch auch immer erzwungen, sich was bessert!
Hier haben die Berliner Kulturfunktionäre sehr gut verhandelt und entschieden, das muss auch mal betont werden!

Das Roseneck und Betty Hirsch – *Eine sehende Blinde*

Das erste Mal begegnete mir vor Jahren der Name Betty Hirsch bei meiner Führung am Fichtenberg in Steglitz, wo sich seit dem 8. Mai 1877 die am 4. Oktober 1806 von Johann August Zeune in Berlin gegründete „Preußisch-Königliche Bildungsanstalt" befindet.

Betty Hirsch erblindete als Kind nach einem Unfall. Sie hatte den starken Willen, allein mit dem Schicksal fertig zu werden. Sie schreibt über diese Zeit: *Der Zustand, in dem ich mich befand, war so ungewöhnlich in jeder Beziehung, was Körper und Geist betraf, dass meine frühere Sorglosigkeit völlig verschwand, mein Wesen sich sehr zu meinem Nachteil veränderte. Als man aber anfing, mir mit jeder geringen alltäglichen Arbeit wie Anziehen und sonstigen Handgriffen helfen zu wollen, erwachte ein Wille von Selbständigkeit in mir, der mir half, mein späteres Schicksal mit Würde zu tragen und vielen anderen*

Menschen zu helfen, Schwierigkeiten zu Gelegenheiten umzugestalten. Ich habe oft meine Lieben verletzt, wenn ich ihre Hilfe grob ablehnte. Aber es war kein Egoismus, sondern das Bewusstsein, niemanden für mich zu bemühen und kein Opfer anzunehmen.

Mit neunzehn Jahren geht sie von zu Hause weg. Es gelingt ihr, ab dem 01. April 1893 einen Platz im Frauenheim der Blindenanstalt Steglitz zu erhalten. Sie erlernt sehr schnell die Blindenschrift, nimmt in der Fortbildungsklasse am Unterricht in Literatur, Kunstgeschichte, Englisch, Handarbeit, Chorgesang, Klavier, Geige, Sologesang, Musiktheorie und Notenschrift teil und erlernt in den Werkstätten das Stuhl- und Korbflechten.

Ihre musikalische Begabung ist so groß, dass sie schon bald Privatunterricht in Gesang für Blinde und Sehende gibt. Sie lernt einen sehenden Pianisten kennen, mit dem zusammen sie zunächst viel übt und später auch konzertiert. *Unsere Programme wichen nie von der höchsten Klassik ab, in der wir beide einig waren und lebten*, schreibt sie in ihren in den letzten Lebensjahren verfassten Erinnerungen.

Als Konzertsängerin kann sie überall Erfolge feiern. Am wichtigsten ist ihr dabei, dass sie nicht als „blinde Sängerin“ gilt, sondern als Künstlerin.

1907 erleidet sie einen gesundheitlichen Zusammenbruch und entschließt sich, nach England zu gehen, um dort Deutsch und Dänisch zu unterrichten (sie entstammt einer deutsch-dänischen Familie), und außerdem die englische Sprache zu studieren. Diese Reise tritt sie 1908 an. Sie wird durch ein Stipendium unterstützt.

Nach dieser Reise hat sie das Singen aufgegeben. Als sie im August 1909 nach Berlin zurückkehrt, findet sie genügend Sprachschüler, um davon leben zu können. Dabei wird ihr klar, dass sie ein Examen nachweisen müsste, also lernt sie dafür und legt in Hamburg eine Sprachlehrerinnenprüfung ab. Im Juli/August 1914 belegt Betty Hirsch Sprachkurse in England. Nach Kriegsausbruch fährt sie nach Birmingham, um dort ein „Optophon" kennenzulernen, eine in England erfundene Lesemaschine für Blinde. Dann muss sie als feindliche Ausländerin das Land verlassen.

Während der Rückreise hört sie zum ersten Mal das Wort „kriegsblind". *Dabei kam mir sofort der Gedanke, wenn ich glücklich in der Heimat angelangt wäre, die Kriegsblinden aufzusuchen, um ihnen ihren ersten Schmerz über ihre Erblindung überwinden zu helfen.* Sie erfährt zufällig, dass sich Kriegsblinde in einem Berliner Lazarett in der Obhut von Geheimrat Prof. Dr. Paul Silex befinden, eines Augenarztes, der großes Ansehen genießt. Ihn sucht sie auf und kommentiert: *Gleich bei meinem ersten Besuch ergab sich eine wunderbare Übereinstimmung unserer Gedanken über die Behandlung der Kriegsblinden.* Sie gewinnt Silex dafür, den Kriegsblinden nicht nur medizinisch zu helfen, sondern ihnen auch Blindenschrift, normales Maschinenschreiben und einige Handfertigkeiten beizubringen. Schon am 22. November 1914 nimmt sie ehrenamtlich den Unterricht auf. Ihren Lebensunterhalt verdient sie weiterhin durch den Privatunterricht. Silex unterstützt sie durch

Spendenwerbung und mit seinem persönlichen Vermögen.

Ganz wichtig für Betty Hirsch ist es, Arbeitsmöglichkeiten für blinde Menschen in staatlichen Betrieben zu schaffen, um diesen die Integration unter den Sehenden zu ermöglichen. Diese Verbindung herzustellen zwischen Sehenden und Blinden wird ihr Lebenswerk werden, sicher auch deshalb, weil sie ja selbst mal sehen konnte.

Mit der steigenden Zahl von Kriegsblinden ab dem Jahre 1916 bat dann Silex auch Privatfirmen, Blinde mit Arbeitsaufgaben zu betreuen. Mit ihren Erfahrungen aus England bildeten Hirsch und Silex erblindete Offiziere, Beamte, Lehrer, Studenten und Kaufleute auch zu Bürofachkräften aus. Ab 1918 wurde Betty Hirsch feste Angestellte der Blindenfachschule. Bis Kriegsende bildete die Schule 250 Kriegsblinde aus. Da auch nach dem Kriegsende die Zahl der Blinden weiter stieg, wurde die Schule von den Behörden weiter unterstützt. Ab 1920 nahm die Schule auch Zivilblinde auf. Als Prof. Silex in den Ruhestand ging, übernahm Betty Hirsch ab 1923 die Schule.

Ein mit Betty Hirsch befreundeter amerikanischer Journalist organisierte ihr im Jahre 1927 eine Reise in die USA. In Cleveland besuchte sie eine Schule, in der blinde Kinder zusammen mit sehenden unterrichtet wurden. Das war für sie ein nachhaltiges Erlebnis und veranlasste sie, später in Deutschland immer wieder darüber zu berichten und für die integrierte Beschulung zu werben – zum großen Unverständnis der damaligen Blindenpädagogen. Dieser gemeinsame Unterricht der Blindenanstalt mit der benachbarten Fichtenbergoberschule findet in

Sport noch heute statt, wurde mir von Schülern berichtet.
In Washington wurde Betty Hirsch vom amerikanischen Präsidenten empfangen. Sie verbrachte einen ganzen Tag mit Helen Keller in deren Haus. Helen Keller war eine weltberühmte taubblinde US-amerikanische Schriftstellerin, über die wir in meiner rheinischen evangelischen Volksschule in einem Fach, das wir heute Sozialkunde nennen würden, unterrichtet wurden, auch andere Wohltätigkeitsgründer wie Friedrich von Bodelschwingh, Johann Heinrich Pestalozzi, Henry Dunant und Florence Nightingale wurden behandelt.
Da Betty Hirsch jüdischer Abstammung war, verließ sie im Oktober 1933 Berlin, fuhr in ihre Heimatstadt Hamburg und emigrierte von dort nach England, nachdem sie ihren früheren Privatsekretär Dr. Thiermann zu ihrem Nachfolger bestimmt hatte. Die Schule wurde von der Stadt Berlin als „Silexhandelsschule für Blinde" übernommen. Offenbar bestanden weiter Beziehungen zu deutschen Blindeneinrichtungen, denn sie bekam nach dem Ende des Zweiten Weltkrieges den Auftrag, die mittlerweile in Deutschland verteilten Schulaußenstellen wieder in Berlin zusammenzuführen. 1947 kehrte sie nach Berlin zurück. Leider erfüllte sich nicht ihr lebenslanges Engagement für die gemeinsame Unterrichtung von Blinden und Sehenden, und als solche autark zu bleiben. Am 1. April 1949 zieht die Silexhandelsschule in die Gebäude der Steglitzer Blindenbildungsanstalt um und wird ihr auch administrativ unterstellt.
Betty Hirsch gibt jetzt nur noch Privatunterricht und schreibt ihre Lebenserinnerungen.

Aus Anlass ihres achtzigsten Geburtstages am 15. Januar 1953 werden ihr viele Ehrungen zuteil. Der Bund der Kriegsblinden und drei Jahre später auch der Deutsche Blindenverband verleihen ihr die Ehrenmitgliedschaft.
Am 08. März 1957 stirbt Betty Hirsch in einem Berliner Krankenhaus. Ihr Urnengrab ist nicht erhalten, aber nach einem Beschluss der Bezirksverordnetenversammlung Charlottenburg-Wilmersdorf wurde am 8. März 2008 in einer öffentlichen Feierstunde der Platz am Ende der Hundekehlestraße in Berlin-Schmargendorf in *Betty-Hirsch-Platz* umbenannt.
Seit einem Jahr ist auf dem Platz der Verein WIRSIND-BERLINER aktiv, der nicht nur den Kiosk Platzhirsch betreibt, sondern auch mit den Mitgliedern und Nachbarn die Grünanlage neu bepflanzt hat, sie betreut und bei der Dürre gießt. Der Verein organisiert auch Kunst- und Kulturveranstaltungen auf dem Platz.
So ist es ihm maßgeblich zu verdanken, dass seit August 2022 ein dem Wirken Betty Hirschs angepasstes inklusives Kunstwerk der Künstlerin Semra Sevin aufgestellt werden konnte.
Ein Natursteinkunstwerk, welches durch das Lebenswerk der Betty Hirsch inspiriert wurde. Es trägt den Namen (IN)VISIBLE DIFFERENCES, es steht für mindestens ein Jahr auf dem Betty-Hirsch-Platz und fügt sich in die Grünanlage ein. Das Kunstwerk kann nicht nur betrachtet, sondern auch „besetzt" und „erschnüffelt" werden. Somit wird dem Lebenswerk von Betty Hirsch ein würdiges öffentliches Gedenken ermöglicht.

Das böhmische Bäderviertel und Goethe

Als moderner Mensch frage ich den Chatbot nach Goethe in Berlin, er/sie (es wird meist von einem ihm ausgegangen[32]) antwortet:

Hallo, das ist Bing. Goethe war ein berühmter deutscher Dichter und Schriftsteller. Er besuchte Berlin nur einmal im Jahr 1778, als er 28 Jahre alt war. Er blieb für sechs Wochen und war nicht sehr beeindruckt von der Stadt. Er fand sie zu laut, zu schmutzig und zu langweilig. Er traf einige bekannte Persönlichkeiten wie Moses Mendelssohn und Friedrich Nicolai, aber er fühlte sich nicht wohl in der Gesellschaft. Er verließ Berlin am 26. Juni 1778 und kehrte nie wieder zurück.

Das ist die zentrale Auskunft über Goethes Berlin-Besuch, die man immer wieder hört: einmal und nie wieder.

Würde er aber zu meiner Zeit kommen und mit mir einen Spaziergang machen, dann könnte ich ihn vielleicht überzeugen, dass das Böhmische Bäderviertel in Schmargendorf eine ganz passable Wohngegend geworden ist im Umfeld vom Roseneck, wo immerhin berühmte Dichter eine Weile lebten, Rainer Maria Rilke in der Hundekehlestraße und Günter Grass in der Karlsbader Straße und der Sohn von Theodor Fontane sein Verlagshaus hatte, und immerhin in der Hagenstraße, die vom Roseneck abgeht, Gustav Gründgens lebte, der Goethes Mephisto unvergleichlich und genial wie kein zweiter verkörperte, und auch Elisabeth Flickenschildt wohnte nicht weit, die die Marthe Schwerdtlein kongenial spielte.

Nur Fliegen ist schöner

Schmargendorf und die Motorfliegerin Melli Beese

**13. September 1886 in Laubegast bei Dresden, †21. Dezember 1925 in Berlin*

Auch wenn es auf den ersten Blick nicht so erscheint, aber auch Melli Beese hat mit Böhmen zu tun. Die in Deutschland produzierte Tumler-Taube ist Böhmischen Ursprungs. In dem Geburtstort meines Großvaters in Marschendorf im böhmischen Riesengebirge hat sie Igo Etrich konstruiert und das erste Mal ausprobiert.

Die Fliegerei um 1900 hat viele fasziniert, eben auch Melli Beese. Sie war zudem Konstrukteurin und hat die Etrich-Taube nachgebaut. Sie kannte ihn persönlich.

Nicht nur die Umstände, die sie zur Fliegerei geführt haben, waren für eine Frau vor dem 1. Weltkrieg ungewöhnlich, auch die Fliegerei verlangte, bis an ihre Kraftreserven gehen. Zudem haben Abstürze und Knochenbrüche und wohl auch seelische Verletzungen sie zu Drogen und Narkotika greifen lassen. Sie erschießt sich am 21. Dezember 1925 im Alter von neununddreißig Jahren in einem Anfall tiefer Verzweiflung in einer Pension in der zu Schmargendorf gehörenden Friedrichsruher Straße 30, in der Nähe der Kurfürstendamm-Brücke.

Am heutigen Storkwinkel wurde 1971 das „Taube-Denkmal für die erste deutsche Fliegerin Melli Beese" in einer kleinen Grünanlage, die nach ihr benannt ist, eingeweiht. Die Plastik fertigte Annelies Rudolph an. Die Anlage ist so gar nicht ausgelegt, sich in Muße in diesem Denkmal zu ergehen, der Lärm der Stadtautobahn in dem unerträglichen Halenseegraben mit der schlechtes-

ten Luft Berlins lässt einen nicht verweilen; es sind noch nicht mal Bänke vorhanden.
Als Melli Beese hier in den Zwanzigerjahren wohnte, war diese Gegend noch eine vornehme am Rande der Gemeinde Grunewald, der Friedhof Grunewald nicht weit entfernt. Allerdings lärmte am Halensee der Luna-Vergnügungspark, der in den 30er-Jahren zugunsten des Ausbaus der Autobahn beseitigt wurde.
Melli Beese wurde in Alt-Schmargendorf beigesetzt, weil diese Ecke, wo sie starb, zu Schmargendorf gehört, ihr Grab wurde 1975, im Jahr der Frau, ein Berliner Ehrengrab. Weise ich bei meinen Führungen auf Melli Beese hin, hängt ein großes Fragezeichen in der Luft, während Lilienthal und Wright wohlbekannte Flugpioniere sind.
Melli Beese, von ihrem fortschrittlichen Vater, der Architekt und Unternehmer war, unterstützt, studierte von 1906-1909 in Stockholm Bildhauerei, in Deutschland konnten Frauen davon nur träumen, vielerorts war noch nicht mal das Abitur für Frauen vor dem 1. Weltkrieg möglich.
Schon in Stockholm hatte sie neben der bildhauerischen Ausbildung Interesse an einer technischen. Kaum wieder in Dresden hört sie als Hospitantin am Polytechnikum Mathematik, Schiffsbau, Flugtechnik und -mechanik. Die Fliegerei beschäftigt sie schon eine Weile. Die Pilotenausbildung ist teuer, 3000 Mark Ausbildung, 1000 Mark Bruchkaution. Der Flugplatz Johannisthal bei Berlin wurde 1909 eröffnet, Melli Beese beginnt ihre Ausbildung ab November 1910.
Aber erstmal wird sie herumgereicht. Wer will schon eine Frau ausbilden. Damals waren noch lange Röcke für Frauen üblich. Sie zieht Hosen an und Lederklamotten,

und fällt natürlich auf. Schon am 12. Dezember 1910 holt sie sich bei einem Absturz fünffachen Beinbruch, Rippen- und Nasenbeinbrüche. Während ihrer Genesung baut sie ein kleines Modell einer Wright-Flugmaschine.
Im Mai 1911 nimmt sie am Sachsen-Rundflug teil, ihr Lehrer Robert von Mossner nimmt sie mit nach Weimar, wo er ihr die gesamte Steuerung überlässt: „Zum ersten Male Leben und Tod in der eigenen Hand – in einer Unmittelbarkeit, wie es bei keinem anderen Sport der Fall ist!" Aber immer wieder wird auch Sabotage an ihren Geräten verübt.
„... bald waren ein paar Zündkerzen gegen verrußte ausgetauscht, bald das Benzin bis auf einen geringen Rest abgelassen worden, so dass ich natürlich mitten in der Prüfung aufhören und schleunigst notlanden musste. Nur nach Überwindung erheblicher Schwierigkeiten, die mir nur durch den Konkurrenzneid meiner männlichen Kollegen bereitet wurden, gelang es mir endlich, die vorgeschriebenen Flüge und Landungen ohne Zwischenfall zu erledigen, und als meine Mitschüler und Lehrer an diesem Morgen auf dem Flugplatz eintrafen, war das Unglück geschehen, und – ich war Pilot." Das war der 15. September 1911, ihr 25. Geburtstag, Melli Beese war damit die erste fliegende Frau Deutschlands, ihre Flugzeugführererlaubnis trug die Nr. 115.
In der Folge nahm sie an Schauflügen teil. Einer ihrer berühmten Sprüche, wenn sie mal wieder aus einer zertrümmerten Maschine gekrochen kam: „Nur ein Schlüsselbeinbruch, nächst dem Ehebruch der leichteste."

Apropos Ehe, am 25. Januar 1913, heiratet sie den französischen Flugzeugkonstrukteur Charles Boutard, der Teilhaber ihrer Flugschule ist.
Melli Beese hatte die Taube, die der österreichisch-böhmische Aviator Igo Etrich konstruiert hatte, nachgebaut. Zuvor hatten die Rumpler-Werke diese, da die Taube in Deutschland patentrechtlich nicht geschützt war, für sich reklamiert. Melli Beese bot ihnen die Stirn. „Etrich kam später häufig zu uns an den alten Startplatz, wo mein Mann und ich, als die ersten nach Rumpler, den Taubenbau aufgenommen hatten, und es war uns dann stets eine besondere Freude, wenn wir Etrichs befriedigtes Lob über die saubere, technische Durchführung unserer Neubauten entgegennehmen durften."
Trotz aller Erfolge, die die Firma Beese-Boutard für sich und für den Fortschritt in der Flugzeugkonstruktion verzeichnen konnten, es war eine französische Firma. Melli war durch die Heirat Französin geworden. Der Ausbruch des 1. Weltkriegs machte sie zu Feinden Deutschlands, Boutard wurde deportiert, Beese von den Kriegsaufträgen ausgeschlossen.
Boutard holte sich eine doppelseitige Lungentuberkulose, die Ehe ging in die Brüche, die Firma pleite, nach dem Krieg konnte Beese nicht mehr mit der Entwicklung standhalten. Obwohl sie eigentlich noch mal anfangen wollte, weil ein Pariser Schiedsgericht 1923 die Handlungsweise der deutschen Behörden verurteilt und ihr das Geld für neue Tätigkeiten freigegeben hatte, schaffte sie den Neuanfang nicht. 1925, beim Versuch, die Fluglizenz zu erneuern, ihre alte war abgelaufen, landete sie ihre Maschine zu Bruch. Sie

erschoss sich – wie eingangs erwähnt – in Schmargendorf. Auch im Untergang war sie eine starke Frau ...

Schmargendorf und der Traum von Arkadien
Dem Architekten und Gartenkünstler Wilfried Schuh zum Gedenken
**6.12.1937 in Potsdam, †26.6.2021 in Berlin*

Johann Wolfgang Goethe musste erst bis nach Italien reisen, bevor er das Mantra seines langersehnten Glücks ausrufen konnte: *Et in Arcadia ego.*
Auch ich in Arkadien, so die Übersetzung, diesen Ausspruch können wir Schmargendorfer tun, ohne unsere Heimat verlassen zu müssen, schaun wir einfach durch den Zaun hinter der Geschäftefront an der Berkaer Straße auf das toskanische Paradies des Gartenkünstlers und Architekten Wilfried Schuh. Wir hören die Palmen rascheln und den Brunnen plätschern.
Der Kampf um das Haus und das Grundstück, als die Behörden ihm Schwierigkeiten machten, und der jahrelange geduldige Aufbau des Gartens auf den früheren Trümmern sieht man dem Paradies nicht mehr an.
Als Wilfried Schuh noch lebte und er der Gartenarbeit nachging, es gab immer was zu tun, da war er gerne für ein Gespräch und einen Besuch seines Arkadien bereit.
Seinen Garten schmücken wunderbare Steine, teils historische Steine, südländische Steine, Ziegelsteine, die aus seiner Heimat aus der Gegend Caputh/Glindow stammen mit der dort typischen Ockergelbfärbung des Lehms, die seine Vorfahren, die Havelkapitäne waren, in

ihren Kähnen nach Berlin transportierten. Es ist eine alte Weisheit der Millionenstadt: Berlin ist vom Kahn aus gebaut.

Wilfried Schuh hatte das baufällige Haus, Kösener Str. 4, schräg gegenüber dem Schmargendorfer Rathaus, das wiederum auch viele historische Zitate aus der Mark aufweist, 1977 erstanden und konnte trotz der behördlichen Missliebigkeiten 1980 mit der Restaurierung beginnen. Es ist eins der letzten Bürgerhäuser von Schmargendorf aus der Zeit, als bürgerliche Familien in das verschlafene mittelalterliche Dorf zogen, das zur askanischen Zeit im 13. Jh. noch Marggrevendorp hieß und eine der ältesten Dorfkirchen aus dieser Zeit besitzt.

Als ab Mitte des 19. Jh. Berlin begann, aus allen Nähten zu platzen und Dampfstraßenbahnen gebaut wurden, klopfte die Neuzeit an die Tür der Schmargendorfer Bauern. Aber nichts da, über den Dorfanger sollte das feuerspeiende Ungetüm nicht seine Fahrt mit Erholungssuchenden in den Grunewald nehmen. Also hielt die 1888 aus Wilmersdorf kommende Dampfstraßenbahn erstmal an der Wiesbadener/Mecklenburgischen Straße, wo heute in etwa Edeka ist. Aber der Fortschritt war nicht aufzuhalten, ab 1891 ratterte sie über die Breite Straße, die Warnemünder Straße kreuzend, wo der Grunewald begann, am Jägerzaun der Hundekehlestraße entlang, der Grunewald war damals des Wildes wegen umzäunt, bis zum Roseneck, wo sie in der Nähe mit der Kurfürstendammlinie über den Hagenplatz (Hundekehle) verknüpft wurde. Zu Ostern in den 1890er-Jahren werden Hunderttausende registriert, die innet Jrüne wollen und die Dampfstraßenbahnen benutzten, die jetzt aus

zwei Richtungen kamen, und trällerten „Im Jrunewald im Jrunewald ist Holzauktion ..."
Von 1898-1900 lebte der sensible Dichter Rainer Maria Rilke just an dieser Trasse, die er überflüssig fand, bei dem Ehepaar Andreas-Salome in der Hundekehlestraße 11, und als es ihm zu laut wurde, siedelte er um in die Misdroyer Straße 1 (heute 35), wo er bis Februar 1901 lebte. Immerhin schrieb er in Schmargendorf seinen weltberühmten „Cornet", der Jahre später in den Tornistern der Soldaten landen sollte, die im 1. Weltkrieg in das „Stahlgewitter" (Ernst Jünger) ziehen würden.
Ob Lou eifersüchtig war, ist nicht verbürgt, aber Rilke soll sich in dieser Zeit auch mit Paula Becker getroffen haben, die bei ihrer Tante Herma Parizot in der Eisenacher Straße 61 in der 4. Etage, Aufgang 3, wohnte. Im Februar 1897 war sie zu der ersten Malklasse bei Jeanna Bauck, einer Künstlerin, an der Damenakademie des Vereins der Berliner Künstlerinnen zugelassen worden. Auch Paula Becker malte überwiegend Porträts. Sie werden sich dann in Worpswede wiedertreffen, wo sie mit Clara Westhoff befreundet ist, die Rilkes Ehefrau werden wird.
Aber noch ist Rilke in Schmargendorf bei seiner geliebten Freundin Lou Andras-Salome und sie werden nicht nur in den gegenüberliegenden Wald gehüpft sein und Rehe gefüttert, sondern auch in der Umgebung dem Baugeschehen zugeschaut haben, das klassizistische Haus von Wilfried Schuh stand damals schon. Da sie um die Ecke wohnten, sind sie sicherlich vorbeigegangen und haben die klassische Schönheit des Hauses bewun-

dert. Das Rathaus, das als das schönste Berlins gilt, wurde ebenfalls in dieser Zeit gebaut und 1902 fertiggestellt.

Auch wenn der Architekt Wilfried und seine Ehefrau Heidelinde Schuh sich ihr eigenes Paradies geschaffen haben, geheim ist es nicht mehr, seit es in dem Buch „Die geheimen Gärten von Berlin" vorgestellt wurde, auch das Fernsehen war schon da.

Dieses Gartenwunder, das sich uns zeigt, ändert sich mit den Jahreszeiten. Pflanzen über Pflanzen, Sonnenblumen, in den Kübeln Canna, Schmucklinien, Oleander. Ein Brunnen plätschert leise durch die Hängebuche, die die flüchtigen oberflächlichen Blicke abhalten soll. Ein wunderbarer Arbeitsplatz in der ockergelben Remise, in der der Architekt sein Atelier hat, gegenüber die ebenfalls ockergelbe Pfeilergalerie, die die hässliche Brandmauer des Nachbargebäudes verdeckt, und alles umrankt von Blüten und Blattwerk, das das Haus im Herbst mit seinen wilden Weinranken in ein flutendes Rot verzaubert.

Rainer Maria Rilke hätte sich vielleicht seinen Weg in den Süden sparen können, aber dann hätten wir nicht die schönsten Gedichte der deutschen Sprache ...

Ja, die Frühlinge brauchten dich wohl. Es muteten manche
Sterne dir zu, dass du sie spürtest. Es hob
sich eine Woge heran im Vergangenen, oder
da du vorüberkamst am geöffneten Fenster,
gab eine Geige sich hin ...

(aus der ersten Duineser Elegie).

Dieses Gedicht senden wir Wilfried Schuh nach Caputh. „In Caputh bin ich geboren und habe dort wirkliches Heimatgefühl entwickelt", hatte er erzählt. In Caputh ist er in dem Familiengrab beerdigt. Seine Tochter und Enkelin werden in Berlin den Garten in seinem Sinne weiterführen.

Nachdenken über das Kriegs-Frühjahr 1945 – Der Kolberger Platz in Schmargendorf

Eine gediegene bürgerliche Idylle umgibt den dreieckigen Kolberger Platz mit dem Blick auf eins der schönsten eklektizistischen Gebäude Preußens, im Stil der norddeutschen Backsteingotik, das Schmargendorfer Rathaus, von dem Babelsberger Architekten Otto Kerwien, 1900-1902, erbaut, von dem auch das Rathaus in Nowawes ist, heute Babelsberg, zu Potsdam gehörend.
Innerhalb kurzer Zeit, besonders durch den Betrieb der seit 1888 aus Wilmersdorf und damit aus Berlin kommenden Dampfstraßenbahn, war aus dem verschlafenen Dorf auf dem Teltower Plateau mit einem von der Ecke Mecklenburgische/Wiesbadener Straße bis zur Warnemünde Straße reichenden Dorfanger, auf dem eine mittelalterliche Kirche steht und ehemals sich auch ein Dorfteich befand, eine städtische Gemeinde geworden mit einer Bevölkerung von 3000 Einwohnern, die sich das repräsentative Rathaus leisten konnte. Zu dieser Zeit lebten auch bereits Intellektuelle in dem Ort wie der Orientalistik-Gelehrte Friedrich Carl Andreas und seine russisch-stämmige Frau, die berühmte Schriftstellerin Lou Andreas-Salomé, in der Hundekehlestraße 11, zu denen sich der Prager Dichter Rainer Maria Rilke gesellte

und in der Nummer 27 der Bildhauer August Gaul, der besonders Tiere darstellte, um nur einige zu nennen.
Durch die Bebauung der Felder um den Hohenzollerndamm ab 1900, zwischen Roseneck und S-Bahnring – Bahnhof Hohenzollerndamm und bis kurz vor dem Bahnhof Halensee (Martin-Luther-Krankenhaus) – entstand Neu-Schmargendorf. 1920 besaß Schmargendorf eine Bevölkerung von mehr als 10.000, heute 23.000 Einwohner. 1920 wurde Schmargendorf nach der Stadt Wilmersdorf und mit dieser als Bezirk von Berlin eingemeindet, wie anderenorts auch oft gegen den Willen der Gemeinde und Städte.
In dem schönen Rathaus wurde nun nicht mehr über die Geschicke der Gemeinde beraten, aber trotzdem Schicksal gesprochen, es ist seitdem das repräsentative Standesamt einer gut- bis großbürgerlichen Bevölkerung, die aus ganz Berlin, aber zuvörderst aus Grunewald kam und kommt, viele aus dem Showgeschäft: Romy Schneider, Roland Kaiser, Ingrid Steeger, Paul Kuhn, Harald Juhnke …
Kaum jemand der Hochzeitgäste wird die wenigen Schritte bis zum Kolberger Platz gehen, hier ist die einheimische Bevölkerung unter sich, kauft auf dem Wochenmarkt oder im Bioladen ein und trinkt den köstlich frischen Kaffee in der Rösterei JOCaffè, speist beim Italiener und spielt mit ihren Kindern auf dem Spielplatz. Das kleinstädtische geschäftige Leben der Breite oder Berkaer Straße ist nah, aber durch die Bürgerhäuser der Gründerjahre ist das Areal abgeschirmt. Hier gibt es kaum Neubauten.

In Schmargendorf sind die Kieze nach wohltuenden Orten, Bädern, Bad Kissingen, oder Gegenden, Rheingau, zum Beispiel, benannt. Obwohl das Rheingau eigentlich schon zu Wilmersdorf gehört, fühlen sich die meisten Einwohner dort aber als Schmargendorfer, im Bereich der Teplitzer Straße, noch Schmargendorf, fühlen sich viele als Grunewalder. Zugehörigkeit hat sich noch nie von der Bürokratie diktieren lassen.
Der Kolberger Platz heißt nach der ehemals deutschen Hafenstadt in Westpommern, dem Kur- und Solebad Kolberg, heute polnisch Kołobrzeg.
Man sitzt auf der Bank in der Grünanlage in der Mitte des Platzes, auf dem Spielplatz tummeln sich Kinder, und sieht hinter dem Rathaus gen Westen das Leuchten der untergehenden Sonne.
Ich sitze auch oft dort. Ich sehe zwei Frauen, die sich umarmen, um sie herum die vier Kinder der einen, älteren, verheirateten Lilly Wust. Die jüngere hat eine Kamera, sie fotografiert die spielenden Kinder, sie ist jüdischstämmig, sie lebt gefährdet, sie heißt Felice Schragenheim. Die beiden Frauen lernen sich im Sommer 1942 über die Kinderfrau kennen und lieben, denn Lilly hat als vierfache Mutter einen Anspruch auf diese staatlich geförderte Unterstützung, ihr Mann ist im Krieg und kommt nur sporadisch vorbei, außerdem hat er eine Geliebte. Felice hat es bisher geschafft, der Deportierung zu entgehen, sie arbeitet als Journalistin und für den Widerstand, außerdem dichtet sie im Stil von Mascha Kaléko und hinterlässt in der Korrespondenz mit Lilly viele Gedichte. Nach vier Monaten zieht sie bei Lilly ein, den Judenstern hatten sie von ihrer Kleidung abge-

trennt. Da Lilly wegen ihrer vier Kinder genügend Lebensmittelmarken bekommt, kann Felice ohne diese existenziellen Probleme in dem Haushalt leben. Ihre Beziehung ist intensiv, sie nennen sich Aimee (Lilly) und Jaguar (Felice), was zu ihr passt, denn sie ist lebhaft und temperamentvoll.

Unter dem Titel *Aimee und Jaguar* ist von Erica Fischer das vorhandene Material zusammengetragen und als Buch veröffentlicht, und mit Maria Schrader (Jaguar) und Juliane Köhler (Lilly) verfilmt worden. 1999 erhält der Film *Aimee und Jaguar* den Silbernen Bären auf der Berlinale.

Am 21. August 1944 wird Felice Schragenheim von der Gestapo abgeholt und ins Konzentrationslager verschleppt. Laut Yad-Vashem-Datenbank wurde sie mit dem Transport I/116 am 5. September 1944 von Berlin nach Theresienstadt deportiert.

Aimee ist außer sich vor Kummer, ihr gelingt es, nach Theresienstadt zu reisen und mit Tricks ins Vorzimmer des Kommandanten zu gelangen, wo sie aber weggeschickt wird mit der Begründung, dass sie als vierfache deutsche Mutter was Besseres zu tun hat, als sich um eine Jüdin zu kümmern.

Wahrscheinlich kam Felice Schragenheim auf dem Todesmarsch aus dem KZ Groß-Rosen ums Leben, möglicherweise im KZ Bergen-Belsen, wo auch Anne Frank ermordet wurde. Später wurde der 31. Dezember 1944 als Todestag festgelegt.

Lilly muss außer ihrem Kummer um die verlorene Freundin auch noch mit den Kindern die Bombenangriffe im Keller ertragen. Tagsüber können sie gerade mal zum

Luftschnappen auf den Kolberger Platz und das Lebensnotwendige erledigen, um dann wieder in den Kellern zu verschwinden. Als dann der Krieg im April/Mai 1945 zu Ende geht, wird es nicht besser. Die versteckten Frauen fürchten die heranrollende Sowjet-Armee mit ihren marodierenden Soldaten, die Haus um Haus, Keller um Keller absuchen nach Frauen und sich massenhaft an ihnen vergehen, im Beisein ihrer Kinder.

Die Charlottenburger Journalistin und Dolmetscherin Annemarie Weber, die für den RIAS arbeitete, beschreibt in ihrem Roman „Westend" diese lebensbedrohlichen Übergriffe der alliierten Soldaten auf die Berliner Frauen.

In den Endkämpfen versucht ein Zivilist namens Robert Born aus dem Haus des Kolberger Platzes Nr. 1, den Frauen zu helfen.

Er wird rücksichtslos von den Sowjets erschossen. Der Bürgersinn um den Kolberger Platz hat immerhin in späteren Zeiten bewirkt, dass eine kleine unauffällige Bronze-Gedenktafel für Robert Born angebracht wurde.

Vor dem Haus Friedrichshaller Straße 23 Ecke Kolberger Platz, wo Lilly Wust mit ihren vier Kindern und zwei Jahre lang auch Felice Schragenheim im obersten Stockwerk lebte, wurde für sie ein Stolperstein eingelassen.

Man könnte den Kolberger Platz in Aimée-und-Jaguar-Platz umbenennen, um stellvertretend der Frauen zu gedenken.

In Neukölln auf dem Friedhof Lilienthalstraße steht eine Stele zum Gedenken an die Frauen mit der Inschrift: „Unschuldige Kinder und Mütter – Frauen und Mädchen.

Ihre Leiden in den Wirren des Zweiten Weltkrieges sollen unvergessen bleiben – um zukünftiges Leid zu verhindern", die vom Volksbund der Deutschen Kriegsgräberfürsorge im November 2001 aufgestellt wurde. Ein Antrag im Berliner Abgeordnetenhaus auf eine zentrale Gedenkstätte für die Frauen wurde von den meisten Fraktionen als geschichtsrelativierend abgelehnt. Was nicht zu verstehen ist, wird doch bis heute, weltweit, auch jetzt bei dem Überfall Putins auf die Ukraine, immer wieder den Frauen und Kindern besonderes Leid angetan.

Schmargendorf und *Ein Frühlingsspaziergang nach Dahlem mit Lou und Rainer*

In den Gründerjahren um 1900 war die Luft in Berlin so verpestet, dass die Neuankommenden nicht mehr in Berlin wohnen wollten und Alteingesessene, die es sich erlauben konnten, vor den Toren der Stadt Villen erbauten. Davon profitierten besonders die näher gelegenen Ortschaften, Wilmersdorf und Schöneberg wurden Städte, aber es war auch die Stunde der Landgemeinden im Südwesten, die Teltow als Kreisstadt hatten. Die Felder waren zur Bebauung freigegeben worden und z. B. in Schmargendorf entschied man sich dafür, den neuen Straßen verlockende Namen zu geben, die vor allem frische Luft assoziierten, die der Bäder. Da gibt es die Heiligendammer und die Sylter Straße, in Neu-Schmargendorf, dem Siedlungsbereich um den Hohenzollerndamm, die Marienbader und die Teplitzer Straße u. v. a.

In dieser Zeit war in die Villa Waldfriede in der Hundekehlestraße 11 in der Landgemeinde Schmargendorf, am Hang des Teltower Platteaus und an den Gattern des kaiserlichen Jagdreviers Grunewald gelegen, der Iranistik-Professor Friedrich Carl Andreas und seine russischstämmige Frau, die berühmte Schriftstellerin Lou Andreas-Salomé, eingezogen, die nicht nur durch ihre Veröffentlichungen bekannt geworden war, sondern auch durch ihre platonische intensive Freundschaft mit Friedrich Nietzsche, dem größten Philosophen seiner Zeit, der nicht nur mit seinem Buch „Also sprach Zarathustra" Furore machte, sondern auch durch solche Sprüche wie *Gott ist tot! Gott bleibt tot! Und wir haben ihn getötet! Wie trösten wir uns, die Mörder aller Mörder? Das Heiligste und Mächtigste, was die Welt bisher besaß, es ist unter unseren Messern verblutet.* („Fröhliche Wissenschaft", 1882 erschienen).

1885 wurde unter dem Pseudonym Henri Lou das erste Buch von Lou Andreas-Salomè, der Roman „Im Kampf um Gott", Thema: *Was geschieht, wenn der Mensch seinen Glauben verliert?* veröffentlicht. Auch hier zeigt sich, wie ich an anderer Stelle ausführlich referieren werde, dass es Frauen angeraten ist, unter einem männlichen Namen zu veröffentlichen, es wirkt glaubwürdiger.

Bei ihrem Besuch in München verliebt sich der junge Poet René Maria Rilke in die fünfzehn Jahre ältere und verheiratete Frau und folgt ihr nach Berlin, sie wird ihn umtaufen in Rainer Maria Rilke, weil das männlicher klingt. Lou Andreas-Salomè schreibt in ihrem „Lebensrückblick" über ihre gemeinsame Zeit in ihrer Schmargendorfer Wohnung, in der auch der Ehemann wohnt:

Rilke teilte ganz unsere sehr bescheidene Existenz am Schmargendorfer Waldrande bei Berlin, wo in wenigen Minuten der Wald in die Richtung Paulsborn führte, vorbei an zutraulichen Rehen, die uns in die Manteltasche schnupperten, während wir uns barfuß ergingen – was mein Mann uns gelehrt hatte. In der kleinen Wohnung, wo die Küche den einzigen wohnzimmerlichen Raum außer meines Mannes Bibliothek darstellte, assistierte Rainer mir nicht selten beim Kochen, insbesondere, wenn es sein Leibgericht russische Topfgrütze oder auch Borschtsch gab. In seinem blauen Russenhemd mit rotem Achselschluß half er mir mit Holz zerkleinern oder Geschirr abtrocknen, während wir dabei ungestört bei unseren verschiedenen Studien verblieben. Es war die Zeit der Lebensreform- und Zurück-zur-Natur-Bewegungen. Lou nahm Rilke zweimal mit in ihre Heimat Russland, dort trafen sie Tolstoi und Pasternak.

Wir folgen unbemerkt den beiden in den Wald, heute allerdings nicht in Richtung Westen, wo sich bei dem Forsthaus ein Wirtshaus Paulsborn befindet, genannt nach dem Gründer namens Paul, sondern in Richtung Süden. Der Wald in der Hundekehlestraße gegenüber der Villa Waldfriede wird begrenzt von einem undurchlässigen Jägerzaun, denn das Jagdgebiet Grunewald gehört noch dem Kaiser und ist nur an drei Stellen durch Gattertore begehbar. Am Wilder Eber, am Roseneck und am Hagenplatz. Am Roseneck nimmt ein selbsternannter Aufpasser einen Sechser Eintritt, was von der Obrigkeit der Ordnung halber geduldet wird.

Zum Glück gibt es jetzt auch einen Zugang am Ende der Dorfstraße, sodass sie nicht den Eingang Wilder Eber benutzen und die Warnemünder Straße entlanggehen müssen; besonders an den Wochenenden kann man hier kaum Ruhe finden, denn seit Ende der 1880er-Jahre verkehrt durch dieses vormals entlegene stille Dorf die Dampfstraßenbahn von Wilmersdorf kommend bis zum Roseneck und bringt in kurzen Takten erholungssüchtige Großstädter mit, die in den sechs in der Warnemünder Straße existierenden Lokalen Einkehr halten. Hier kann Muttern nicht nur Kaffeekochen, sondern Vattern auch seine Molle trinken, wobei es bekanntlich nicht leise zugeht. Endlich gelangen wir in den Wald, nur von Ferne hören wir den Lärm. Die Amseln singen, die Finken schlagen und ... die Liebe ist so schön. Nach einem langen Spaziergang durch Wald und Flur, die sich bei der Domäne Dahlem weitet, die Schmetterlinge auf den Blüten flattern wie jene in ihrem Bauch, kehren die beiden Verliebten in den Alten Krug auf dem Dorfanger in Dahlem ein, in dem schon König Friedrich Wilhelm III. Gast war. Dort ist es ruhiger als in Schmargendorf, weil hier keine Bahn verkehrt. Sie trinken einen köstlichen Wein zu einem bekömmlichen Mahl, das es heute noch dort gibt.

Die Gasthäuser in der Warnemünder Straße sind mittlerweile alle verschwunden, nachdem das letzte, das Forsthaus, vor Jahren abgerissen und Aldi einen Neubau dort errichten ließ.

Die Enge in der Wohnung und der Krach durch die Wochenendler der Dampfstraßenbahn lässt Rilke in die Misdroyer Straße 1 ziehen. In einer einzigen Nacht hatte er schon vorher die Erstfassung der Erzählung *Die Weise von Liebe und Tod des Cornets Christoph Rilke* geschrieben. Dieses Buch wird in vielen Tornistern der Soldaten sein, die freiwillig und mit fliegenden Fahnen in den Ersten Weltkrieg ziehen. Aber so weit sind wir noch nicht. Lou und Rainer, auch wenn sie sich jetzt weniger sehen, kämpfen noch um ihre Liebe. Er beginnt sein Buch *Geschichten vom lieben Gott,* dazu hat Lou ihn noch anregen können, das als Band 1 der Inselbücherei erscheinen wird ...

Die gemeinsame Zeit ist endgültig vorbei. Er zieht nach Worpswede und wird dort die Freundin von Paula Modersohn-Becker, die Bildhauerin Clara Westhoff, heiraten und mit ihr die Tochter Ruth zeugen – aber auch Clara wird er verlassen und als Sekretär zu dem Bildhauer Auguste Rodin nach Paris gehen. Ein Mann wie Rilke kann nicht bleiben, er ist ein Leben lang ein Suchender. Die innere Vereinigung zwischen Lou und Rainer jedoch existiert bis zu seinem Tod 1926. Er hat über sie gedichtet:

Warst mir die mütterlichste der Frauen,
ein Freund warst du, wie Männer sind,
ein Weib, so warst du anzuschauen,
und öfter noch warst du ein Kind.
Du warst das Zarteste, das mir begegnet,
das Härteste warst du, damit ich rang.
Du warst das Hohe, das mich gesegnet –
Und wurdest der Abgrund, der mich verschlang.

Nach seinem Tod hat sie begonnen, ein Buch über Rilke zu schreiben, das 1928 veröffentlicht wird.

1903 zieht Lou Andreas-Salomé mit ihrem Mann, der eine Anstellung an der Universität bekommen hat, nach Göttingen. Sie fährt nach Wien und belegt Seminare bei

Sigmund Freud. Ab 1915 hat sie bis zu ihrem Tod 1937 eine eigene psychoanalytische Praxis in Göttingen, sie ist damit eine der ersten Frauen in diesem Fach.
An diese Jahrhundertfrau erinnert keine Gedenktafel in Berlin.

Im Jrunewald, im Jrunewald ist Holzaktion …

war ein Gassenhauer, den Franz Meißner, ein Rheinländer, komponiert hatte und der schon in den 1890er-Jahren gespielt wurde, just in der Zeit, als die Sägen dem Grunewald die ausschließlich königliche Nutzbarkeit als Jagdrevier nahmen, Eisenbahntrassen hineingefräst, Wanderwege für jedermann und Villen gebaut wurden. Das Renaissanceschloss, das Joachim II. bauen ließ, blieb unangetastet – bis heute, ist der älteste Schlossbau auf Berliner Gebiet und beherbergt neben zahlreichen Gemälden von Lucas Cranach d. Ä. und seinem Sohn Werke der niederländischen und deutschen Malerei des 15.-19. Jahrhunderts. Das ist also der erste und oberste Ort, wo Kunst präsentiert wird, aber nicht der einzige. Am südlichen Rand, im Haus am Waldsee in der Argentinischen Allee 30 wird moderne Kunst präsentiert. Das in den Jahren 1922/1923 für den Fabrikanten Hermann Knobloch nach Entwürfen des Architekten Max Werner erbaute Gebäude – im Muthesius-Stil – hat eine lebhafte Geschichte, wie viele Gebäude der Gegend. 1926 wurde die Villa verkauft und wechselte danach mehrfach den Eigentümer, bis 1942 die Allgemeine Film-Treuhand (AFT) der UFA das Anwesen erwarb.

1945 wurde im Haus eine Erfassungsstelle des Bezirksamtes für in Zehlendorf ansässige Künstler eingerichtet, am 6. Januar 1946 mit einer Ausstellung von Käthe Kollwitz' Werken die noch heutige Nutzung als Ausstellungsgebäude besiegelt. Eine exklusive Stätte, heutiger Träger ist ein Verein, mit einem Skulpturenpark und einer wunderschönen Caféhausterrasse am See.
Ein neuer Kunst-Nachbar ist seit zwei Jahren an der Clayallee/Taylorstraße hinzugekommen, die Bastian-Galerie des Kunsthändlers und Beuys-Sekretärs Heiner Bastian und seines Sohnes Anäis Bastian, Experten für Anselm Kiefer u. a.
Der Vater von Heiner Bastian, ein Ingenieur, war einer von den tausenden von Adenauer 1956 von der Sowjetunion „freigekauften" Gefangenen, wofür Adenauer auch von Nicht-Anhängern großes Lob bekam, zum Beispiel von meinem Vater, der Gewerkschaftler und SPD-Anhänger war und Adenauer verurteilt hatte, weil er in der Hitler-Zeit sich bei den Mönchen, auch spezielle „Freunde" meines Vaters als Protestant, in Maria Laach verkrochen hatte, wie er schimpfte.[33]
Am Grunewald-Rand versteckt ist das Arno-Breker-Atelier mit der Bernhard-Heiliger-Stiftung und dem Kunsthaus Dahlem und daneben dem Brücke Museum, initiiert von Karl Schmidt-Rottluff, 1967 eröffnet, eine ausgezeichnete Architektur von Werner Düttmann, der auch die Akademie der Künste im Hansaviertel erschaffen hat und das geliebte Verkehrshäuschen am Kranzler-Eck, das uns Demonstranten der 1960er als Treffpunkt diente.

In dem Park zwischen beiden Gebäuden, umgeben von den Plastiken von Bernhard Heiliger, sitzt es sich mit einem Kaffee oder einem sommerlichen Erfrischungsgetränk wie im Urlaub.
Weiter am Grunewald entlang landen wir am Roseneck am Kiosk Platzhirsch, wo Freiluftausstellungen sind, und die Hagenstraße weiter in Richtung S-Bahnhof Grunewald in der GruneArt-Galerie, die aber nur noch virtuell existiert, deren Räume denkmalgeschützt sind, da sie zu dem Ensemble des Studentenwerks Eichkamp gehören, von dem Architekten Peter Lehrecke, einem führenden Kirchenbau-Architekten der Nachkriegszeit, errichtet.
Durch den Grunewald in Richtung Norden erreichen wir die Heerstraße am gleichnamigen S-Bahnhof und sehen das Hinweisschild auf das Georg-Kolbe-Museum, in dem hauptsächlich skulpturale Kunst ausgestellt wird und das im Ateliergebäude von Georg Kolbe ein vorzügliches Café beheimatet.

Der Grunewald inspiriert ihn ...
Ein Atelierbesuch bei dem Berliner Maler Rainer Weidmann

Das erste Mal begegnete ich den Bildern des Malers Rainer Weidmann in der Galerie am Rande des Grunewalds mit dem bezeichnenden Namen GruneArt, die seine Tochter Antonia Weidmann 2020 eröffnet hat. Allerdings nur in der digitalen Form, denn Antonia Weidmann bietet die Originale ihrer ausgestellten Künstler auch für die digitale Nutzung an.

Das erste Bild von Rainer Weidmann, das ich sah, stellte einen Wald dar, vereinzelt Birken, wie wir das auch aus unserem Grunewald kennen. Es strahlte eine Ruhe aus, dieses vielschichtige Grün des Waldes. Versteckt saß im Gestrüpp ein Hase, ein Reh huschte vorbei.

Umso überraschter war ich, als ich seine meist großvolumigen, sehr bewegten Ölgemälde in seiner Ausstellung im Frühjahr 2022 *Visionen – gesternübermorgen* in der GruneArt Galerie sah. Apokalyptische Visionen, Zitate aus den Jahrhunderten der europäischen Kunst, Visionen des Grauens, z. B. der Zug, der ins Leere fährt, in dem alle Menschen ausgelöscht sind, was sofort die Assoziation Auschwitz nahelegt ...

Als Nachkriegskind, das mit fünfzehn Jahren, 1958, das erste Mal Anne Franks Tagebuch und über das Schicksal der europäischen Juden las, begann ich mich für den Menschen Rainer Weidmann zu interessieren.

Ebenfalls im Krieg, 1942 in Berlin, geboren, auf der östlichen Seite der Stadt aufgewachsen, und wie fast alle, später künstlerisch in der DDR tätigen Menschen, erst mal bürgerliche Tätigkeiten und Berufe: Decksmann auf einem Fischerei-Trawler, Straßenbauarbeiter, Physikstudium, Promotion.

Als Externer absolvierte er ein Gast-Studium an der Kunsthochschule Berlin-Weißensee, wurde Schüler des spanischen Malers Joseph Renau. Der Lebenslauf Renaus ist ganz der Geschichte Spaniens im 20. Jahrhundert geschuldet. Als Kommunist beteiligte er sich an dem Spanischen Bürgerkrieg. Bei der Belagerung von Madrid gelang es ihm, bedeutende Werke des Prado nach Valencia zu evakuieren, bevor dieser am 16. November 1936 auf

Anweisung Francos von der deutschen und italienischen Luftwaffe bombardiert wurde. 1937 organisierte Renau den Pavillon der Spanischen Republik auf der Weltausstellung in Paris und bestellte bei Pablo Picasso hierfür das Bild *Guernica*.

Es gelang Renau über Frankreich die Flucht nach Mexiko, wo er bis in die Fünfzigerjahre lebte, dann siedelte er auf Einladung der DDR-Regierung in die DDR, er arbeitete für die Zeitschrift „Eulenspiegel“ und malte viele Wandgemälde, u. a. in Halle und Erfurt, wo 2008 das gigantische Wandmosaik *Beziehung des Menschen zu Natur und Technik* an der Fassade des Kulturzentrums unter Denkmalschutz gestellt, entfernt, weil das Gebäude abgerissen, aber am Neubau wieder montiert wurde. Nach Franco zog er wieder nach Spanien, verstarb aber 1982 bei einem Besuch in Berlin (Ost).

Joseph Renau hat den Kunststudenten tief beeindruckt. Rainer Weidmann ist seit 1986 als freiberuflicher Maler tätig. Das ist eine in der DDR hochlebendige Zeit. Er wird Wirtschaftssprecher der Bürgerbewegung „Neues Forum“ und stellvertretender Minister für Bildung in der letzten DDR-Regierung, danach Managementtätigkeit in der Treuhandanstalt.

Endlich kann er sich seit 2000 wieder ganz als freiberuflicher Maler betätigen, ist Mitglied der Hallenser Künstlervereinigung. Er hat ein Atelier in Sachsen-Anhalt und in Berlin. In letzterem besuche ich ihn, nahe am Grunewald gelegen. „Sie sind sehr naturnah, Sie haben auch einen Vierseitenhof im ländlichen Sachsen-Anhalt. Natur pur, wie in den meisten ihrer Bilder. Was veranlasste Sie, die Apokalypse zu malen?“

„Ich meine, beides passt zusammen, die apokalyptischen Visionen und meine naturnahen Arbeiten, sie bedingen sich."

„Die, wie Sie es nennen ‚apokalyptischen Visionen' sind da, man muss sie nur wahrnehmen. Schaut man in das Heute genauer hin, so werden die apokalyptischen Visionen eines Dürer oder Goya aus dem finsteren Mittelalter wieder lebendig, nur in einem modernen Kleid versteckt. Statt feudaler Selbstherrlichkeit, begleitet von Seuchen und Kriegen, erleben wir heute kapitalistisch befeuerte Gier, verkleistert von Scheinmoral und beflügelt von neuen Pandemien. Gleichzeitig lässt ein entfesselter Konsum die Grenzen des Wachstums erkennen. Es ist 12 Uhr. Man ruft nach Umkehr und benennt es Transformation. Das Instrument der Digitalisierung wird zur Bildung neuer Beherrschungsformen benutzt, in denen alles objektiv und wissenschaftlich begründet erscheint:

Der Konsum wird umweltgerechten Bedürfnissen angepasst, die Bildung wird auf digitales Wissen und das notwendig Erforderliche begrenzt, die Kultur wird zur Bespaßungsmaschine, die Gesellschaft in Superreiche, Systemrelevante und Sonstiges geteilt. Menschliche Vernunft scheint trotz zweier Weltkriege und Auschwitz gestorben zu sein. Es tut mir leid, aber das ist Feudalismus in neuem Kleid."

„Sie haben Recht, das sind tatsächlich apokalyptische Visionen, auch aber schlicht und einfach gemachte Lebenserfahrung. Sie aus meinen Bildern zu verbannen, ist mir nicht möglich. Kunst um ihrer selbst willen geht nicht mehr, weil es keinen Sinn macht.

Meine naturnahen Landschafts- und Traumbilder sind wahrscheinlich Erholung und gleichzeitig Flucht vor diesen apokalyptischen Visionen. Gerade deswegen haben sie für mich einen hohen Stellenwert in meiner Arbeit.
In naher Zukunft möchte ich allein diese Arbeiten ausstellen, um mir selbst und interessierten Betrachtern Mut zu machen. Noch ist es nicht zu spät!
Mein Berliner Atelier „ruht" für etwa ein Jahr, da ich auf dem benannten Vierseitenhof in Döcklitz in Sachsen-Anhalt an einem Kunstprojekt „Kunst am Denkmal" zusammen mit Künstlern aus Halle arbeite. Dort werde ich auch einen Querschnitt meiner Arbeit aus vielen Jahren zeigen. Am 11. September (Tag des Denkmals) wird dann das ganze Projekt der Öffentlichkeit vorgestellt."
„Ich danke Ihnen, Herr Weidmann, vielleicht komme ich Sie dort besuchen. Schon wegen der Nebra-Scheibe bin ich ein Fan von Sachsen-Anhalt, die nicht nur die große handwerkliche Meisterschaft der Menschen von damals zeigt, sondern auch wie man diese Naturphänomene Sonne, Mond und Sterne und ihre Konstellation zueinander künstlerisch umgesetzt hat."

Die Winklerstraße hat es in sich ...

Vom S-Bahnhof Grunewald kommend macht sie einen Bogen in Richtung Nordosten und wird die bevorzugte Straße, deren Häuser auf der rechten Seite Wassergrundstücke am Dianasee sind, ihr letztes Stück ab dem Hasensprung läuft sie am Koenigssee entlang und endet an der Baraschstraße. Diese relativ kurze Straße ist ein sehr teures Pflaster.

Die vier Seen Hubertussee, Herthasee, Koenigssee und Dianasee sind Teil der glazialen Rinne der Grunewaldseenkette und mussten erst ausgehoben und bewässert werden. Sie waren notwendig bei der Planung der Gemeinde Grunewald, denn Wassergrundstücke waren sehr begehrt und als erste verkauft.

Die Winklerstraße hat den Vorteil, dass sie neben der Trabener Straße die höchst gelegene Straße von Grunewald ist, deren Wassergrundstücke alle eine südöstliche abschüssige Garten- und Parklandschaft zum See haben.

Das erste Haus mit Wassergrundstück beim Bogen ist die Winklerstraße 22, gar nicht so auffällig dieses Mehrfamilienhaus, kein Prunk, kein besonderer Baustil. In eine Vierzimmerwohnung zieht hier 1966 eine der größten deutschen Nachkriegsschauspielerinnen, Romy Schneider, mit dem 14 Jahre älteren Harry Meyen ein, eigentlich nur dem Westberliner Boulevardtheaterpublikum bekannt. Ende des Jahres gebiert sie den gemeinsamen Sohn David-Christopher, der später tödlich verunglücken wird. Nachbarn haben mir erzählt, dass sie sich erinnern, wie glücklich Romy Schneider wirkte, einfach nur als normale Mutter mit Kinderwagen durch Grunewald zu spazieren. Allerdings hielt die Ehe noch nicht mal zehn Jahre, am 18. Dezember 1975 heiratet sie ihren Privatsekretär Daniel Biasini. Da trägt Romy schon die gemeinsame Tochter Sarah unter dem Herzen.

Vor ihrem Berliner Zwischenspiel war sie seit 1958 mit dem französischen Schauspieler Alan Delon liiert, der

einfach fantastisch aussah und ein großer Star in Frankreich wurde. Aber sie auch.
Wir junge Leute der frühen Sechzigerjahre waren frankophil, der französische Film, die französische Musik, die französische Literatur und Philosophie, es war einfach klasse, was alles aus Frankreich kam. Meine erste Auslandsfahrt war nach Frankreich. Auf den Stufen der Kathedrale sitzen und ein Baguette verputzen war Glück pur.
Viele junge Mädchen aus Deutschland gingen für ein Jahr als Au-pair nach Paris. Insofern war dieses deutsch-österreichisch-französische Paar Delon-Schneider einfach ein Traumpaar, und dann das. Während sie in Hollywood dreht, hat er in Frankreich eine andere. Ihr bricht das Herz.
Das musste ich mir damals immer vorbeten, um zu verstehen, dass sie Meyen geheiratet und in diesem relativ biederen Grunewaldhaus gelebt hat.
Von 1962 bis 1974 habe ich am Kudamm gearbeitet und alles am Kudamm erlebt, was ein junger Mensch braucht, Kultur, Café, Tanz, Kino, Liebschaften, auch Demonstrationen, um sich abzugrenzen von den Fehlern der vorangegangenen Generation.
Vor allem auch das Beobachten vom Kranzler bzw. Zuntz-Café nebenan aus war von großer Beliebtheit. Da sah man sie, die Stars, auch außerhalb der Filmfestspiele, Romy, Hildchen, Hotte, Harry, die Berliner, aber auch die ausländischen, Gina Lollobrigida, Sofia Loren, dann die Französischen Filme *Außer Atem, Jules e Jim, Die Geschichte der Nana S., (*oh, wie liebte ich Anna Karina),

Alphaville – Lemmy Caution gegen Alpha 60, ein Knüller, gewann den Bären.
Der Kudamm heute kann das alles nicht mehr bieten, nur noch Konsum. Ab Juli 2023 ist dann auch das beliebte Café und Restaurant im ehemaligen Kempinski, heute Bristol, geschlossen, das letzte gemütliche Café am Kudamm. Über den Kudamm werde ich in diesem Buch immer wieder erzählen.
Eine andere bedeutende Frau in der Winklerstraße, nachdem wir die Residenz des Botschafters der Vereinigten Arabischen Emirate passiert haben, wohnte nebenan in der modernen Terrassenhaus-Anlage, Prof. Dr. Margherita von Brentano, in der Nachbarwohnung ihr Ehepartner Prof. Dr. Jacob Taubes, beide Philosophen an der Freien Universität Berlin, beide Chefs von mir zu unterschiedlichen Zeiten, als ich dort am Institut arbeitete.
Von Bretano ist Namensgeberin des Zentrums für Geschlechterforschung. Seit 1995 trägt der Preis, mit dem die Freie Universität Berlin besondere Leistungen in der Förderung von Frauen und der Geschlechterforschung würdigt, den Namen Margherita von Brentanos.
1922 geboren, stammte sie aus einer honorigen deutschen katholischen adligen Familie. Ihr Vater war Botschafter im Vatikan, sie wurde von dem späteren Papst Pius XII. getauft, trat aber später aus der Kirche aus. Dieser Papst war in der Nazizeit Nuntius in Berlin und wohnte in der nach ihm benannten Pacelliallee in Dahlem, die wie viele Straßennamen in Berlin aus begründetem oder unbegründetem Anlass zur Disposition stehen – oftmals die historische Notwendigkeit missverstehend. Dieser Papst bildet die Grundlage für Rolf Hochhuths Drama

„Der Stellvertreter", im März 1963 im Kudamm-Theater welturaufgeführt. Es war ein großer Skandal.
Brentano hatte 1948 bei Heidegger über Aristoteles promoviert und war seit 1971 Professorin für Philosophie an der Freien Universität, damals war eine Professorin noch eine Rarität, sie war die erste Professorin, die ich kennenlernte, die auch, obwohl Spezialistin für antike Philosophie, in den 60er-Jahren bereits über die Situation der Frauen in der Bildung forschte, was dann in den 70er-Jahren so richtig erst in Bewegung kam. Sie war die erste Vizepräsidentin der Universität. Seit 1967 war sie mit Jacob Taubes verheiratet, zwischendurch auch mal geschieden, sie lebten aber meist in getrennten Wohnungen, in den Ferien war er manchmal in ihrem Haus im Schwarzwald, dann rief er mich an und jammerte, ich bin doch kein Reh.
Gegen Ende seines Lebens nahm Jacob Taubes hier in der Winklerstraße neben von Brentano eine Zweizimmerwohnung mit Ausblick auf den Dianasee. In seiner Todesnacht zum 21. März 1987 rief sie mich an sein Sterbebett, ich solle noch Post für den Wissenschaftssenator erledigen. Er gab mir eine Blankounterschrift. Ich war zu diesem Zeitpunkt nicht mehr bei ihm beschäftigt, hatte aber über die Jahre einen intensiven Briefkontakt mit ihm, wenn er im Ausland war, so tat ich ihm den Gefallen.
Es gibt in der Winklerstraße Baustile des Historismus, aber auch ein Haus von dem Architekten Muthesius, der ein eigenes Kapitel hier in dem Buch hat.
Auffallend ist das Haus Winklerstraße 10, an dessen Wand eine Fabrikhallenuhr in irgendeiner Zeit stehen-

geblieben ist, wie das gesamte Gebäude, das unter Denkmalschutz steht und 1901/02 von den Architekten Hermann Solfs und Franz Wichards als Werksteinbau mit Stilelementen der deutschen Renaissance errichtet wurde. Das dazugehörige Grundstück war ursprünglich 9.000 qm groß. Der Bauherr war der Stahlbauunternehmer und Kommerzienrat Ernst Noelle. Er war 1854 in Mülheim an der Ruhr geboren und wuchs im Ruhrgebiet auf. Über den Stahlhandel bei Thyssen kam er nach Berlin und gründete hier mit seinem Freund Steffen die Stahlhandelsfirma Steffen und Noelle. Die Firma hat unter anderem den Stahl für den Bau des Funkturms geliefert.

Ernst Noelle zog 1901 mit seiner Frau und seinen fünf Kindern ein. Er spendierte die Kirchenfenster für die Evangelische Grunewaldkirche und den jährlichen Tannenbaum für die Weihnachtsgottesdienste. Er starb 1916. Sein ältester Sohn hat später die Tobis-Filmgesellschaft gegründet, und dessen Tochter ist die bekannte Meinungsforscherin Elisabeth Noelle-Neumann. Sie wurde die „Pythia vom Bodensee“, manchmal auch Kassandra genannt. Bis vor kurzem war ihr Name Noelle-Neumann noch blass an der Klingel zu lesen.

Elisabeth Noelle legte 1935 in Göttingen das Abitur ab und studierte anschließend Philosophie, Geschichte, Zeitungswissenschaft und Amerikanistik in Berlin, Königsberg und in den USA. 1937/38 lernte sie in den USA die neuesten Demoskopie-Methoden kennen. In ihrer Dissertation mit dem Titel „Meinungs- und Massenforschung in USA“ beschrieb sie Deutschlands schlechtes

Ansehen in der Welt vor allem aus der Darstellung der Medien in den USA und machte den Einfluss der amerikanischen Juden dafür verantwortlich. Goebbels berief sie aufgrund ihrer Arbeiten 1942 zur Adjutantin. Eine längere Erkrankung hinderte sie jedoch daran, dieses Amt anzutreten. Seit 1946 war sie mit dem Journalisten Erich Peter Neumann verheiratet, der 1973 starb.
1947 hatte sie ihr „Institut für Demoskopie Allensbach", das erste Institut für Meinungsforschung in Deutschland, gegründet. Seither galt sie als Pionierin der Umfragen und Meinungsforschung in Deutschland. Besonders bei den Wahlen in der Bundesrepublik wurde ihr Name und ihr Institut in Allensbach am Bodensee häufig genannt.
Eine Pionierin auf ihrem Gebiet, aber auch ein Beweis, dass es Frauen damals auch durchaus schaffen konnten, meinungsbildend zu sein. 2010 starb sie in Allensbach.
Das Haus in der Winklerstraße 10 steht unter Denkmalschutz und ist ruinös, weil es ungeklärte Besitzverhältnisse gibt, die eine Sanierung stocken lassen. Das Grundstück ging ursprünglich bis an den Hasensprung, der die Winklerstraße über den Steg mit den Hasen, bei dem Dianasee und Koenigssee zusammentreffen, mit der Koenigsallee im Tal verbindet. Koenigs war ein Investor der Kolonie Grunewald.
Sie, von der Koenigsallee, wo sie wohnte, er von der Trabener Straße, wo er wohnte, über die Winklerstraße kommend, trafen sich hier am Steg, die Dichterin Ingeborg Bachmann (1926-1973) und der Komponist Hans Werner Henze (1926-2012), in der Mitte der Sechzigerjahre. Sie besprachen ihre Werke, sie schufen Werke

zusammen, es war eine fruchtbare Beziehung, zeitweise lebten sie auch zusammen, er war homosexuell.
Sie kannten sich seit den Fünfzigerjahren. Bachmann schrieb für ihn die Libretti zu seinen Opern *Der Prinz von Homburg* (1958; nach Heinrich von Kleist), die am 22. Mai 1960 in der Hamburgischen Staatsoper uraufgeführt wird und Henze die Musik zu ihrem Hörspiel *Die Zikaden* (1954).
Gemeinsam schufen sie *Nachtstücke und Arien* (1957) und ebenfalls gemeinsam die Textfassung für die Ballettpantomime *Der Idiot, die* am 8. Januar 1960 im Titania-Palast Berlin zur Premiere kam. Hier in Berlin schrieb sie das Libretti zu der Henze Oper *Der junge Lord* (1964, nach Wilhelm Hauff), die am 7. April 1965 an der Deutschen Oper in Berlin uraufgeführt wird.
Gemeinsam schufen sie *Lieder von einer Insel* (1964), Chorfantasien auf Gedichte von Ingeborg Bachmann für Kammerchor, Posaune, zwei Violoncelli, Kontrabass, Portativ, Schlagwerk und Pauken, die am 23. Januar 1967 ihre Uraufführung hatten unter der musikalischen Leitung von Hans Werner Henze mit dem RIAS-Kammerchor und Mitgliedern des Berliner Philharmonischen Orchesters.
Bachmann fährt im Januar 1964 von Berlin nach Prag und schreibt das Gedicht *Prag Jänner 64* und ihr berühmtestes Gedicht *Böhmen am Meer.*
Am 17. Oktober 1964 wird ihr in Darmstadt der renommierteste deutsche Literaturpreis verliehen: der Georg-Büchner-Preis durch die Deutsche Akademie für Sprache und Dichtung.

Jacob Taubes schrieb mir mit Datum 19. August 1985 aus Paris, dass er mit Ingeborg einmal nach Prag gefahren sei und den ganzen Tag damit verbracht hat, das Grab Kafkas zu finden, auf das Ingeborg eine Rose legen konnte. Er schreibt leider nicht dazu, wann es war. Bachmann ist seit Frühjahr 1963 in Berlin, sie bekam ein einjähriges Stipendium der Ford-Foundation. Ab 1965 lebt sie in Rom.

Taubes war zu dieser Zeit auch in Berlin, er hatte wechselnde Adressen.

Jahre später wird er hier in der Nähe sterben, wo Bachmann lebte und er sie besuchte.

Ich habe zwischendurch erwähnt, dass immer wieder Straßen umbenannt werden, was in der Bevölkerung relativ unbeliebt ist.

Die Umbenennung der Wissmannstraße in Baraschstraße am Ende der Winklerstraße war aber ziemlich Konsens. Wissmann war Befehlshaber der deutschen Kolonialtruppen in Ostafrika und an der gewaltsamen Kolonialisierung der Region beteiligt.

Der neue Name erinnert an die jüdischen Eheleute Irene und Arthur Barasch. Die Familie Barasch war einst in der Wissmannstraße 11 zu Hause. Der Kaufmann Barasch wurde 1942 Auschwitz ermordet, seine Frau floh ins Ausland. Auf den Namen Baraschstraße hatte sich eine Jury aus Vertretern der Bezirksverordnetenversammlung Charlottenburg-Wilmersdorf, Anwohnern und Mitgliedern des Bündnisses „Decolonize Berlin“ geeinigt.

In der Baraschstraße 6 ist eine landeseigene Villa mit einer abenteuerlichen Geschichte, wie sie viele Villen in

Grunewald vorweisen können. Seit den 60er-Jahren lebte hier bis zu seinem Tod 2002 der bekannte Bildhauer Rainer Kriester (1935-2002). Im Garten ist eine Auswahl seiner Skulpturen aufgestellt. Zwei Skulpturen-Köpfe von Rainer Kriester stehen seit 1989 auf dem Theodor-Heuss-Platz zwischen Kaiserdamm und Masurenallee.
Er war 40 Jahre mit der Schauspielerin Christiane Kriester (1936-2020), die Anna Magnani ähnlich gewesen sein soll, verheiratet, die hier bis 2020 lebte. Sie war seine Managerin und ein Original. Sie war es nämlich, die zu Beginn der 60er-Jahre die Villa entdeckt hatte, unbewohnt wie damals so viele Häuser in Grunewald. Ich sage bei meinen Führungen immer, man hätte damals für 'nen Appel und 'n Ei eine Villa haben können, weil die Reichen nach dem Mauerbau aus Berlin weggezogen sind und auch schon vorher durch die aggressive Politik der Nazis viele Villenbesitzer vertrieben oder ermordet worden waren. Aber eben auch 'nen Appel und 'n Ei ist Geld, das viele, wie ich, Anfang der 60er-Jahre nicht hatten.
Die Villa gehört bis heute dem Land Berlin. Tagelang soll Christiane Kriester damals das Bezirksamt belagert haben, ohne Erfolg. Bis sie eines Abends Willy Brandt aus einer Kneipe in der Lietzenburger Straße kommen sah. Sie sprach ihn an, sie suche ein Atelierhaus für ihre Freunde, alles Künstler und Schauspieler, sie bräuchten die Villa, unbedingt. Der regierende Bürgermeister verschaffte ihr und den Freunden das Haus. Er soll dann auch ein paar Mal zu Gast gewesen sein. Einen der vielen Hunde, die Christiane Kriester im Lauf des Lebens hatte, nannte sie dann auch Willy. Einen Schäferhund-

mischling, so erzählt man. In der Villa ist heute eine Kultureinrichtung.
Um die Ecke in der Erdener Straße 8 ist die Villa des Verlegers S. Fischer. Hier wuchs seine Tochter, Tutti genannt, auf. Gerhard Hauptmann nannte sie Onkel und viele andere weltberühmte Autoren/innen des S. Fischers Verlags verkehrten hier. Ihre Memoiren sind unter dem Titel Brigitte B. Fischer, „Sie schreiben mir", bei dtv erschienen. Sie wuchs in einem Haus auf, in dem Liebermanns „Reiter am Meer" hängt, Stillleben von Cezanne, „Die Kastanien" von van Gogh und andere, bis sie in der Nazizeit aus Deutschland fliehen und alles zurücklassen müssen. Aber auch noch nach dem Krieg hält sie Kontakt. In dem Band ist ihr intensiver Briefverkehr enthalten, u. a. mit Hermann Hesse und vielen anderen wie Thomas Mann und Ilse Aichinger.
Der ganze Grunewald ist voll von solchen Geschichten. Korrekt müsste es heißen, die Gemeinde Grunewald ist voll von diesen Geschichten, denn im Grunewald wohnten die Waldeule und der Kuckuck, im Grunewald wohnten Menschen, großartige Menschen. Heute ist leider dieser Glanz erloschen.

Bildung ist ein hohes Gut – Helene Lange und Gertrud Bäumer

Helene Lange lebte von 1906 bis 1916 in der Kunz-Buntschuh-Straße 7 in Grunewald nahe dem S-Bahnhof Halensee, mit Gertrud Bäumer zusammen, wo eine KPM-Gedenktafel angebracht ist.

Helene Lange wurde 1848 als Tochter einer liberalen Oldenburger Kaufmannsfamilie geboren. Sie verlor früh ihre Eltern und arbeitete seit 1866 als Erzieherin, oftmals die einzige Verdienstmöglichkeit gebildeter Frauen in dieser Zeit.

1871 ging sie nach Berlin, um hier das Lehrerinnenseminar zu besuchen. Interessant ist, dass gut ein Drittel der angehenden Lehrerinnen ihren Vater verloren hatten, sie also einen Beruf ergreifen mussten. Frauen waren vom Gymnasium ebenso wie vom Studium ausgeschlossen, und bürgerliche Berufe, z. B. in Kontoren, gab es für Frauen auch noch nicht.

Helene Lange nahm den Kampf auf. Sie forderte die Verwissenschaftlichung des Lehrerinnenberufs und eine größere Beteiligung von Frauen am Unterricht in den höheren Mädchenschulen, den bis dahin fast ausschließlich Männer bestritten.

Sie wurde Gründerin und Vorsitzende des „Allgemeinen Deutschen Lehrerinnenvereins“ (ADLV), ab 1893 auch Vorsitzende des „Allgemeinen Deutschen Frauenvereins“ (ADF) und Herausgeberin des Zentralorgans der bürgerlichen Frauenbewegung, der Zeitschrift „Die Frau“. 1889 richtete Helene Lange an der Charlottenburger Charlottenschule die ersten Realkurse für Mädchen ein. Die Ausbildung zur Lehrerin war die Grundlage für die weitere Bildung der Frauen. Als ab 1896 die ersten Frauen in deutschen Hörsälen als Gasthörerinnen zugelassen wurden, waren diese fast ausnahmslos Lehrerinnen. Die ersten Ärztinnen, die zur Jahrhundertwende als Einzelfälle und nur mit Ausnahmegenehmigungen ihr

Examen ablegen durften, hatten zuvor ein Lehrerinnenseminar besucht.[34]

1901 zog Helene Lange mit ihrer Lebensgefährtin, der 25 Jahre jüngeren Studentin Gertrud Bäumer, in eine Dachgeschosswohnung in der damaligen Gillstraße 9, heute Kunz-Buntschuh-Straße 7. Hier erarbeiteten sie das fünfbändige „Handbuch der Frauenbewegung". 1916 zogen sie nach Hamburg. Lange wurde Abgeordnete der neuen Demokratischen Partei (DDP) und Alterspräsidentin der Hamburger Bürgerschaft. Sie eröffnete 1919 die konstituierende Sitzung mit den legendären Worten: „Sehr geehrte Herren und Damen!"

Noch nie zuvor wurden in einer öffentlichen Ansprache die Damen angesprochen. Ich habe noch Konrad Adenauer erlebt, wie er stets die Sitzungen und Reden begann mit „Sehr geehrte Herren".

1920 kehrten sie nach Berlin zurück. Gertrud Bäumer war zur gleichen Zeit Mitglied der verfassungsgebenden Nationalversammlung in Weimar, wurde Reichstagsabgeordnete und 1922 die erste deutsche Ministerialrätin im Reichsinnenministerium. Auch sie hatte ihre Karriere zur Jahrhundertwende als Lehrerin an einer „Höheren Töchterschule" begonnen.

Helene Lange stirbt 1930. Sie liegt auf dem Friedhof Heerstraße in Charlottenburg begraben.

Gertrud Bäumer (Jahrgang 1873) hatte als Jüngere das Glück, dass sie die beginnenden Reformen nutzen und ein Studium an der Berliner Universität beginnen konnte, sie belegte Theologie, Germanistik, Philologie und Nationalökonomie. Akademische Lehrer waren der Kirchenhistoriker Adolf von Harnack und der Philosoph Wilhelm Dilthey.

Sie promovierte dort 1904 über Goethes *Satyros*.

Im Jahr 1919 gründete Bäumer gemeinsam mit Friedrich Naumann und anderen die Deutsche Demokratische Partei (DDP), deren stellvertretende Vorsitzende sie von 1920 bis 1930 war. Von 1919 bis 1932 war sie Mitglied des Reichstags. Zudem war sie von 1926 bis 1933 Delegierte der Reichsregierung beim Völkerbund in Genf.

1933 wurde sie von den Nationalsozialisten ihrer politischen Ämter enthoben. Sie hatte sich schon früh gegen die Nationalisten positioniert, ihr wurde aber später Opportunismus vorgeworfen. Sie schrieb Bücher. Trotz des 1939 gegen sie ergangenen Redeverbots hielt sie weiter Vorträge, vor allem in evangelischen Kreisen. Ihr Heim wurde Treffpunkt für Freunde und Zufluchtsstätte für Verfolgte. Nach dem Krieg war sie im Gründerkreis der Christlich-Sozialen Union (CSU) aktiv. Bäumer hielt noch einige Vorträge insbesondere zu theologischen und historischen Themen.

Gertrud Bäumer stirbt am 25. März 1954 in Gadderbaum, Kreis Bielefeld.

Am Beispiel dieser beiden Frauen lässt sich sehr gut sehen, bei allen Widersprüchlichkeiten, die ihr Leben und ihre Tätigkeiten begleiten, welch einen Sprung diese Generation von Frauen gewagt hat – aus fast mittelalterlichen Zuständen, die der Frau überhaupt keine öffentliche Beteiligung an der Gesellschaft erlaubten, bis zur Teilnahme am Parlamentarismus und der Gestaltung der Gesellschaft einschließlich der Möglichkeit zu promovieren und an Universitäten zu lehren – Chapeau!

Künstlerkolonie und Künstlerfriedhof – Vom Ludwig-Barnay-Platz nach Friedenau

Die Künstlerkolonie ist nicht nur durch die Bühnengenossenschaft unter ihrem Präsidenten Gustav Rickelt geschaffen worden, der 1927 den Grundstein gelegt hatte in einer Gegend von der Wiesbadener Straße bis Breitenbachplatz, die noch unbebaut war, die gut Bürgerlichen vom Rüdesheimer Platz, der noch vor dem 1. Weltkrieg geschaffen worden war, schauten quasi noch auf Felder und Gärten. Auch der Schutzverband deutscher Schriftsteller (SDS), 1909 gegründet, ab 1933 nur noch als Schutzverband deutscher Schriftsteller im Ausland, war an der Gründung beteiligt.

Die drei Blöcke um den Barnay-Platz waren die demokratische Bastion gegen den aufkommenden Nationalsozialismus, und nach der Machtergreifung 1933 wurde bereits am 15. März durch eine Großrazzia der Nazihorden ein Teil der meist linken Bevölkerung der Künstlerkolonie verhaftet, Lastwagen voller Akten wurden beschlagnahmt; die sich retten konnten, flohen ins Ausland. Die Liste der Bewohner ist lang: Ernst Bloch, Peter Huchel, Alfred Kantorowicz, Ernst Busch, Walter Hasenclever. (Alle haben eine Gedenktafel, aber nicht alle eine KPM-Berliner Gedenktafel. Wer welche Tafel bekommt, ist mir nicht so richtig klar.) Steffie Spira, Gedenktafel, aber nicht KPM, Schauspielerin in der DDR, noch präsent von ihrer großen Rede am 4. November 1989 auf dem Alexanderplatz, und last but not least, eine kleine Gedenktafel (nicht KPM) hat Helene Jacobs (1906-1993) auch in der Bonner Straße. Sie war eine christliche Widerstandskämpferin, die Menschen versteckt hat. Ich gehe auf das Problem auch bei Ruth Andreas-Friedrich am Fichtenberg ein.

Viele sind nach dem Krieg in die Ostzone bzw. DDR gegangen in der Hoffnung, dort einen Sozialismus mit menschlichem Antlitz, wie es später heißen wird, vorzufinden. Spätestens 1953 beim Aufstand am 17. Juni war Schluss damit, Ernst Bloch geht nach Tübingen, Peter Huchel wird folgen u. v. m.

Im Osten gab es einige Schriftstellerverbände, so den Schutzverband der Autoren bis 1951, und ab 1950 den Deutschen Schriftstellerverband, der ab 1973 dann *Schriftstellerverband der DDR hieß,* wirklich frei waren sie nicht. Eine besondere Rolle spielte die Literaturzeitschrift *Sinn und Form,* deren Herausgeber Peter Huchel war. Johannes R. Becher, in den Zwanzigern auch ein Dichter, Schöpfer der DDR-Hymne *Auferstanden aus Ruinen,* war bis zu seinem Tod 1956 Kulturminister, wohnte als junger Dichter auch in der Künstlerkolonie, hat aber in Pankow-Niederschönhausen eine Gedenktafel, wo er als Minister wohnte. Er konzipierte die Zeitschrift *Sinn und Form* zum einen als Verständigungsorgan für Intellektuelle, zum anderen als kulturelles Aushängeschild der DDR nach außen. Es konnten auch nicht DDR-konforme junge Autoren veröffentlichen. Die Zeitschrift gibt es noch heute.

Die Geschichte der Künstlerkolonie und die Vielfalt ihrer Bewohner werden noch viele Generationen beschäftigen.

Entdeckungen beim Staubwischen

Manchmal krame ich … das ist meist eine staubige Beschäftigung …, weil ich hinter den Büchern kaum Staub wische, sie liegen eng beieinander, es sind zu viele, wobei es nie zu viele sein könnten, wenn Platz da wär.
Als ich noch in den Sechziger-/Siebzigerjahren Buchhändlerin und Antiquarin war, habe ich sie in Westberlin erstanden, ins Regal gestellt und irgendwann vergessen.
Horst Lommer ist so einer, ein winziges, aber hochinteressantes, ein sich fast auflösendes Bändchen, „Das Tausendjährige Reich", gerade in diesem Jahr, 90 Jahre seit der Bücherverbrennung, seit vierzig versteckt zwischen Nikolaus Lenau und Lyrische Signaturen, auch diese alten, sehr alten Ausgaben soeben wiederentdeckt …
Das Bändchen ist nicht nur vom Inhalt her sehr interessant, auch als verlegerische Leistung, und zeigt sehr eindringlich, wie stark das Bedürfnis war zu lesen, aufzuklären. Es ist 1946 im Aufbau Verlag in Berlin erschienen, ein Jahr nach Kriegsende, als mal gerade das Gröbste der Trümmer weggeräumt war, und da auch schon in der 2. Auflage, 70.000, das schafft heute noch nicht mal ein Gedichtband von Günter Grass.
In seinem Gedicht „Geniale Außenpolitik" benennt Lommer die Verträge und Vertragsbrüche …

…
1936
Hetzten wir im Rheinland fleißig;
Unsre Wehrmacht spülte wie keck
Die neutrale Zone weg.

1937
Hetzten wir in Spanien fleißig;
Jeder, der nicht rot empfand,
kämpfte schwarz am Ebrostrand.
1938
Hetzten wir besonders fleißig
Und besetzten kurzerhand
Ostmark nebst Sudetenland.

1939
Hetzten wir in Prag sehr fleißig;
Eins, zwei, drei, schon war's vorbei
Mit der Tschechoslowakei.

Plötzlich Ende 39
Wird die Welt verrückt, was weiß ich!
Niemand gönnt, man glaubt es kaum,
Polen uns als Lebensraum.

Was wir tun seit 33,
das verbietet man jetzt fleißig.

Was geht denn den Englischmann
Unser Pakt mit Polen an?

Immer schon seit 33
Schlossen wir Verträge fleißig:
Polen, Frankreich, Österreich –
Manche für zehn Jahre gleich.

Andere, wie den von München,
ach, nur für ein Viertelstündchen ...

Dieses Gedicht aus dem satirischen Gedichtzyklus „Tausendjähriges Reich“ war natürlich in der Nazizeit verboten. Als Horst Lommer die Verfolgung drohte, lernte er es auswendig und rettete es so. Nach Schließung aller Theater im Sommer 1944 tauchte er unter. Das Überleben bis zum Kriegsende verdankte er seinem Freund, dem Lyriker und Hörspielautor Peter Huchel, nicht vom Schweige-Verdikt betroffen, der ihn bis Kriegsende im Haus einer Freundin versteckte. Kaum war der Krieg zu Ende, brachte er es im Juni 1945 erstmals in Berlin zur Aufführung.
Horst Lommer ist 1904 in Berlin geboren, wo er auch 1969 verstarb. Der spätere kritische Publizist Sebastian Haffner war sein Schulfreund.

Hier sind nur drei genannt, die sich auf ihre Weise retten konnten und die deutsche Nachkriegskultur mitprägten und leider heute dem Vergessen anheimfallen.
Die Nazis hatten 1933 auch versucht, mit ihrer Bücherverbrennung eine ganze kritische Generation von Schriftstellern und Denkern der Weimarer auszulöschen. Aber stille Chronisten wie Richard Drews und Alfred Kantorowicz haben vieles versteckt, sodass sie 1947 schon in einer Auflage von 60.000 Exemplaren das berühmte Buch „verboten und verbrannt“ herausbringen konnten, das auch bei meiner Kramerei zum Vorschein kam. Große Denker wie Ernst Bloch und Sigmund Freud sind in dem vergilbten Band versammelt, die Schriftsteller Bertolt Brecht, Lion Feuchtwanger, Else Lasker-Schüler, Arthur Schnitzler, Heinrich und

Thomas Mann, Robert Musil, Carl Sternheim und viele weniger bekannte, die dem Vergessen entrissen worden waren. Zum Beispiel begegnete mir erstmals als junge Buchhändlerin und Lyrikerin in den frühen Sechzigerjahren Else Lasker-Schüler mit dem dtv-Bändchen *Helles Schlafen, dunkles Wachen*. Ich war begeistert. Keiner in meinem Umfeld kannte die Lyrikerin, noch nicht einmal meine jungen Lehrer.

Ein Teil der Emigranten war nach dem Krieg in die Ostzone bzw. DDR gegangen wie Bertold Brecht, Ernst Bloch, Peter Huchel u. a., dem Versprechen glaubend, dass dort ein antifaschistisches, sozialistisches und gerechtes Deutschland aufgebaut wird. Die meisten jedoch erkannten die erneute drohende Gefahr für einen freien Geist und sind schnell gen Westen gereist.

Solche Spuren, die ich hier gefunden habe, sind von unschätzbarem Wert für uns Nachgeborene, ohne sie wäre eine ganze Epoche – wie von den Nazis erhofft – für immer verschwunden! Wir haben es ihnen nicht erlaubt ...

Dinah Nelken und ihre *Einundeinhalbzimmer*

**16. Mai 1900 in Charlottenburg als Bernhardine Katharina Anna Schneider, †14. Januar 1989 in Berlin*

Der Friedhof in Friedenau in der Stubenrauchstraße Ecke Südwestkorso ist ein besonderer, wie auch Friedenau etwas Besonderes ist, ich denke mal die erfolgreichste Gemeinde, die 1920 nach Groß-Berlin eingemeindet wurde. Sie ist auch eine der jüngsten, da erst nach dem Sieg über Frankreich 1870/71, nach dem Friedensvertrag, entstanden, weshalb sie auch den Namen hat: ein friedliches Au, erfunden von der Gattin Auguste des Hermann Hähnel (1830-1894), Maurermeister, Architekt und Direktor des *Landerwerb- und Bauvereins auf Actien*, der ab 1871 die Kolonie und spätere Gemeinde Friedenau anlegte. Es wurden Landhäuser gebaut mit den Gärtchen drum herum, von denen viele noch existieren, in der zweiten Bebauungsphase um 1900 wurden dann die prächtigen mehrstöckigen Gründerzeithäuser so eng errichtet, was dazu führte, dass Friedenau zum am dichtesten besiedelten Ort in Berlin geworden ist. Es wurde aber so umsichtig und auch grün gebaut mit kleinen Vorgärtchen, dass keiner das Gefühl hat, in der Enge zu wohnen. Man konnte also auch in der Kaiserzeit menschengerecht bauen und nicht nur enge, dunkle Hinterhöfe.

Das Areal des Friedhofs wurde schon bald in die Planung einbezogen, der zunächst als Schmuckplatz entworfene Hamburger Platz fallengelassen. Es zeigte sich aber, dass es für diese prosperierende Gemeinde zu klein war.
Der Baumeister Hans Altmann (1871-1965), Architekt und Gemeindebaurat, der auch das Rathaus Friedenau (1913-1917) und andere öffentliche Gebäude und Schulen in Friedenau gebaut hatte, löste das Problem des zu kleinen Friedhofs mit einem 1916 nach seinen Plänen lang gestreckten Hallenbau, Columbarium (lat., deutsch: Taubenschlag) genannt.
Das Columbarium ist einzigartig in Berlin.
Hier befinden sich 2.000 Urnen, in dem unteren Stockwerk u. a. die Urne der Malerin Jeanne Mammen, die ein eigenes Kapitel in dem Buch hat. Allerdings wurde diese Urne

Anfang 2023 umgebettet in ein Erdgrab auf dem Friedhof, das der Stadt Berlin gehört.
Erdgräber haben Marlene Dietrich, Helmut Newton u. a., die eigentlich keine Friedenauer waren, aber auf dem Friedhof beerdigt sein wollten. Hat der Friedhof doch einen Ruf als Künstlerfriedhof (Westberlins).
So auch Bernhardine Schneider, die 1918 den 17 Jahre älteren evangelischen, jüdischstämmigen Chemiker Dr. Fritz Nelken heiratete, sie selbst entstammt mütterlicherseits den Hugenotten, die wegen der Religionskriege in Frankreich nach dem Edikt von Potsdam 1685 vermehrt nach Berlin-Brandenburg siedelten, meist gehobene Schichten, Kaufleute, Handwerker, was also hieß, dass man sich der besonderen Herkunft bewusst war. Auch Theodor Fontane war stolz auf diese Abstammung.
Dinah Nelken, wie sie sich später nennen wird, erzählt sehr farbig die Unterschiede in einer berlinisch-hugenottischen Familie in ihrem bedeutendsten Roman *Fleur Lafontaine,* der zwar auch im Westen erschien, aber wegen der Verfilmung in der DDR, in der Hauptrolle mit Angelika Domröse, dort um ein Vielfaches bekannter ist. Sie erzählt ein halbes Jahrhundert Berliner Geschichte von 1900, ihrem Geburtsjahr, bis in die Fünfzigerjahre, als sie wieder in West-Berlin wohnt. Obwohl sie Westbürgerin bleibt, ist sie wegen ihrer antifaschistischen Vergangenheit für das Geschichtsbild der DDR akzeptabel.
Bereits als 17-Jährige veröffentlicht sie Kurzgeschichten und Feuilletons in Berliner Zeitungen; 1928 gründet sie zusammen mit ihrem Bruder Rolf Gero Schneider das Kabarett „Die Unmöglichen"; Ende der Zwanzigerjahre zieht sie mit vielen linken Schriftstellerkollegen und Künstlern in

die Künstlerkolonie am Breitenbachplatz. Sie schreibt 1932 ihren berühmt gewordenen Roman „Eineinhalb Zimmer Wohnung“ unter ihrem Mädchennamen Bernhardine Schneider. Der Roman handelt von ihrer Wohnung in der Künstlerkolonie, anderthalb Zimmer ist dort die häufigste Art der Wohnungen, sämtliche Wohnungen haben jeweils ein zusätzliches halbes Zimmer für den Besuch, und so haben denn auch viele für bestimmte Zeit in den Wohnungen zur Untermiete gewohnt, denn Wohnungen waren nach wie vor knapp und eine eigene Wohnung zu besitzen ein Privileg. Die geschilderten Personen sind reale Personen, tragen aber andere Namen. *An diesem Abend*, schreibt sie, *waren fast alle, die das neue Haus bewohnten, bei Trude versammelt. Sie hatten sich gefunden kraft einer Verwandtschaft des Geistes, die sie in die gleiche, schwer zu erlebende, leicht lebende Zeit stellte. Sie waren nicht viele, die ersten, denen das große Haus Heimat und Familie ersetzen sollte, vorwiegend Frauen, und die Männer so kindlich jung, dass sie sich mit den Frauen verständigten wie mit ihresgleichen und gemäß den besonderen Gesetzen ihrer neuen, unbedenklichen Kameradschaftlichkeit.*

1936 erscheint ihr heiter-ernster Brief-Roman *Ich an Dich*, ein *Roman in Briefen mit ihrer Geschichte und ihrer Moral für Liebende und solche, die es werden wollen*. Nach dem 2. Weltkrieg (1952) folgt quasi als Fortsetzung das Tagebuch *Ich an mich.*

Gerade solche Bücher wie *Ich an Dich* scheinen bei jungen Lesern wieder gefragt zu sein, finden sich doch Internet-Eintragungen wie: *Ich liebe solch persönlich gestaltete Bücher! Echt schade, dass es nicht mehr verlegt wird. Dabei habe ich das Gefühl, dass solche Art Bücher eigentlich ge-*

rade wieder „in" sind. Na ja, vielleicht finde ich es ja irgendwann mal auf dem Flohmarkt oder so ...
1936 emigriert sie nach Wien, wo sie Filmdrehbücher schreibt. Als die Nazis in Wien einmarschieren, flieht sie auf die Insel Korčula, später nach Italien. 1950 nach West-Berlin zurückgekehrt, schreibt sie Werke wie *Spring über deinen Schatten, spring (1954*), in denen sie sich mit dem Faschismus auseinandersetzt.
Alle Stationen ihres Lebens berührt die Textsammlung *Die ganze Zeit meines Lebens – Geschichten, Gedichte, Berichte.* Der letzte Text lautet:
Ein einzig Leben? Wär es nicht zum Lachen,
da es doch Jahre braucht, nicht Monde, Wochen,
um nachzuholen, was wir hier versäumt,
um zu erfüllen, was wir uns erträumt,
und, Schuld erkennend, wieder gutzumachen,
was wir an andern und uns selbst verbrochen.
Sie stirbt am 14. Januar 1989, ihr letzter Wohnort ist in der Westfälischen Straße 72, in Wilmersdorf. Den Mauerfall hat sie nicht mehr erleben können.

Der Berliner Bär hat ein Ehrengrab auf dem Dahlemer Waldfriedhof – Erinnerung an die Bildhauerin Renée Sintenis

**20. März 1888 in Glatz, Landkreis Glatz, †22. April 1965 in Berlin*

Sie liebte Pferde. Welches Mädchen nicht. Ob sie gerne geritten ist, ist nicht überliefert, denn sie war sehr groß, ausgewachsen 1,80 Meter, in der Schule wurde sie deshalb gehänselt. Aber gezeichnet hat sie Pferde, auch andere Tiere. Berühmt geworden ist ihr Berliner Bär, der einen begrüßte, wenn man von Westen kommend die DDR passierte und wieder im Westen gelandet ist, nämlich am Grenzübergang Dreilinden in Westberlin. Auch heute noch stehen an Grenzmarkungen ihre bekannten Bären. Obwohl sie auch den Berliner Filmbären geschaffen, der jedes Jahr in Gold, Silber und Glas an die Filmschaffenden aus aller Welt verliehen wird, ist sie selbst ziemlich unbekannt. Das ist oft das Schicksal von Künstlerinnen, dass sie eher in Vergessenheit geraten als ihre männlichen Kollegen.

Geboren wurde Renate Alice Sintenis am 20. März 1888 in Glatz. Ihr Vater war Justizrat, die Familie hugenottischer Herkunft. Ihre Jugend verbrachte sie in Neuruppin und Stuttgart. An der Oberschule in Stuttgart bekam sie den ersten Zeichenunterricht. Von 1907 bis 1910 studierte sie Dekorative Plastik an der Unterrichtsanstalt des Kunstgewerbemuseums Berlin. Sie musste ihr Studium abbrechen, um beim Vater als Sekretärin zu arbeiten. Deshalb entfloh sie ihrem Elternhaus und zog mit einer Freundin zusammen.

Ab 1913 hatte Renée Sintenis mit ersten kleinformatigen plastischen Arbeiten Erfolg und war auch bald in den Ausstellungen der Berliner Secession vertreten, der heute am Gebäude des Kurfürstendamm-Theater mit einer Gedenktafel gedacht wird (leider augenblicklich eine große Baustelle, man muss darauf achten, dass die Tafel nach Herstellung des Ensembles wieder angebracht wird).

Im Umfeld des Kurfürstendamms hatten vor dem 1. Weltkrieg und in den Zwanzigern eine Unmenge von Literarischen Cafés und Kabaretts ihr Zuhause, allem voran das Café des Westens und das Romanische Café. Hier verkehrte Renée Sintenis, hier traf sie berühmte Leute. Eine lebenslange Freundschaft mit Ringelnatz beginnt hier. Sie lernten sich 1922 auf einem Künstlerball kennen. Ihr Mann, der Maler und Grafiker Emil Rudolf Weiß, und sie förderten Ringelnatz, den sie auch portraitierte. In der renommierten Galerie Flechtheim ermöglichten sie Ausstellungen seiner skurrilen Zeichnungen. Renée Sintenis hat 1934 die Grabplatte auf Ringelnatz' Grab in Charlottenburg aus „Muschelkalk", wie er seine Frau Leonharda Pieper genannt hatte, gestaltet. „Mein richtiges Herz/Das ist anderwärts, irgendwo/Im Muschelkalk" (Gedicht von Ringelnatz)

1921 stirbt der Schmargendorfer Bildhauer August Gaul, der seit 1898 zu den Gründungsmitgliedern der Berliner Secession gehört, seit 1908 Professor an der Akademie der Künste ist und 1919 in die Ankaufskommission der Berliner Nationalgalerie berufen wird. Gaul war der erste Bildhauer, der eine autonome Tierplastik etablierte. Vorher waren Tiere nur schmückende Attribute.
Inhaltlich wird Sintenis seine Nachfolgerin, ihre Tiere jedoch sind fast immer in Bewegung, dynamisch, während Gauls Tiere eher beschaulich verharren.
In Böhmen wird es zeitgleich ebenfalls einen Bildhauer geben, Emil Schwantner (ein Onkel von meiner Mutter Anni Schwantner), der in Prag bei Myslbek ausgebildet wurde, vor dem 1. Weltkrieg ein Jahr bei Franz Metzner

am Völkerschlachtdenkmal in Leipzig und in Berlin gearbeitet hat, den man den Böhmischen Gaul nennen wird. Er hat Gaul in Berlin kennengelernt. Auch er hat wie Gaul die Tiere im Zoo beobachtet und ist wie Renée Sintenis fasziniert von der Bewegung der Tiere, als habe das dynamische Jahrzehnt der Roaring Twenties auch die Tiere erfasst.

Ihr Kunsthändler Alfred Flechtheim präsentiert ihre Arbeiten unter anderem in Paris und New York. 1931 wird sie als erste Bildhauerin Mitglied in der Berliner Akademie der Künste. Sie macht meist kleinformatige Skulpturen, besonders gern auch Sportler, bei denen sie ähnlich wie bei den Tierplastiken ihre Begeisterung für die Bewegung zeigen kann.

Wie fast allen Kunstschaffenden ihrer Epoche setzt die Nazizeit Beschränkungen oder ein Ende. Obwohl sie 1934 wegen der Herkunft ihrer Mutter aus rassischen Gründen aus der Akademie der Künste ausgeschlossen wurde, konnte sie als „Vierteljüdin" Mitglied der Reichskulturkammer bleiben und somit weiterarbeiten.

1942 stirbt ihr Mann, 1945 wird ihre Wohnung zerstört und sie verliert einen Großteil ihrer Werke.

Ab 1947 arbeitet sie als Professorin an der Berliner Hochschule für Bildende Künste. 1955 wird sie in die neu gegründete Akademie der Künste von Westberlin aufgenommen. Im Jahr 1957 wird die Statue des Berliner Bären als lebensgroße Bronzeplastik auf dem Mittelstreifen der heutigen Bundesautobahn 115 zwischen Dreilinden und dem Autobahnkreuz Zehlendorf aufgestellt. Ein weiteres Exemplar hatte der damalige Regierende Bürgermeister von Berlin, Willy Brandt, 1960 auf der Berliner

Allee in Düsseldorf eingeweiht. Ferner wird 1962 das Bronzedenkmal des Berliner Bären von Sintenis auf dem Mittelstreifen der Bundesautobahn 9 auf Höhe der heutigen Anschlussstelle München Fröttmaning-Süd enthüllt. Auch US-Präsident John F. Kennedy erhält bei seinem Berlinbesuch am 26. Juni 1963 diese kleine Bärenstatuette von Willy Brandt überreicht.
In Berlin-Friedenau, wo alle ihre Bronzefiguren bei Noack gegossen wurden, der aber jetzt in Charlottenburg arbeitet, gibt es einen Renée-Sintenis-Platz, in dessen Mitte ihr anmutiges grasendes Fohlen aus Bronze steht, das sehr beliebt ist. Es wird sommers wie winters von den Kindern der Nachbarschaft mit frischem Gras oder Heu versorgt.

Renée Sintenis stirbt am 22. April 1965; am Haus ihrer letzten Wohnung in Berlin-Schöneberg, Innsbrucker Straße 23a, befindet sich eine Gedenktafel, auf dem Waldfriedhof in Berlin-Dahlem hat sie ein Ehrengrab des Landes Berlin.
Auch Renée Sintenis, wenn ich bei meinen Führungen ihrem Werk begegne, ist – trotz des berühmten Bären – als Künstlerin recht unbekannt.
Die Ausstellung 2013/14 im Georg Kolbe Museum in Charlottenburg zu ihrem 125. Geburtstag trug dazu bei, sie bekannter zu machen, und es zeigte wieder mal, welche Schätze besonders an Frauen-Kunst wir in Berlin noch in Depots haben, die auf Ausstellungen gehören.

Friedenau, das Kulturviertel

Zu den vielen Besonderheiten von Friedenau gehört, dass zu bestimmten Zeiten bestimmte Berufsgruppen angezogen wurden und hier lebten oder arbeiteten oder beides.

Vor dem 1. Weltkrieg waren es vor allem die expressionistischen Künstler, die in Dresden 1905 die Künstlergruppe „Die Brücke" gegründet hatten und die nach Berlin bzw. in die Gemeinden im Landkreis Teltow zogen. Die fünf Brücke-Künstler, die in Berlin landeten, sind:

– Ernst Ludwig Kirchner, hatte von 1911-1913 ein Atelier in der Durlacher Straße 14 in Wilmersdorf, KPM-Gedenktafel. Die Durlacher Straße grenzt an die Gemeinde Friedenau.

– Schmidt-Rottluff, hatte in der Niedstraße 14 in Friedenau ein Atelier, am Hauseingang befindet sich eine inoffizielle Gedenktafel. In Zehlendorf in der Schützalle 136 lebte er von 1947-1976. Das Brücke-Museum in Dahlem, eröffnet am 15. September 1967, im Bussardsteig 9, geht auf seine und Erich Heckels Initiative zurück. Sie hatten dem Museum Werke überlassen quasi als Grundlage für das Museum.

Zu dieser Zeit war ich im Buch- und Kunsthandel am Kurfürstendamm tätig und habe das Ereignis noch im Gedächtnis. Ich hatte ihn noch in unserer Galerie kennenlernen dürfen. Schmidt-Rottluff wurde 1976 auf dem Waldfriedhof Dahlem in Berlin-Dahlem in einem Ehrengrab beigesetzt.

Allerdings waren die Preise für die Brücke-Künstler und andere der figürlichen Kunst zugehörige Werke in dieser

Zeit noch äußerst gering im Vergleich zu heute. In der westlichen Nachkriegskunst herrschte die Abstraktion vor, die 1950/60er-Jahre waren voller Fluxus, Informel, Pop- und Op-Art.

– Max Pechstein war der einzige akademisch ausgebildete Maler der Brücke-Gruppe, er war von 1906 an Mitglied, kam 1908 nach Berlin und wurde 1912 ausgeschlossen, weil er an der Berliner Sezession beteiligt war. Ebenfalls in der Durlacher Straße 14 hatte er Atelier und Wohnung. Er hat auf dem Friedhof Alt-Schmargendorf neben dem Bildhauer Richard Scheibe ein Ehrengrab.

– Erich Heckel gehörte ebenfalls zur „Brücke" und bekam eine KPM-Gedenktafel in der Markelstraße 60 in Steglitz, unweit von Friedenau, wo er 1911 bis 1919 ein Atelier hatte.

Der Bildhauer Wilhelm Lehmbruck war an der Kunstgewerbeschule in Düsseldorf ausgebildet worden. Er ging nach Paris und zog kurz vor Ausbruch des 1. Weltkriegs über Köln nach Berlin, wo er eine Wohnung mit angrenzendem Atelier in der Fehlerstraße 1 in Friedenau fand, unweit der Bronzegießerei Noack. Diese Bronzegießerei hat über hundert Jahre die Berliner Skulpturen-Kunst geprägt.

Wegen Schwerhörigkeit musste Lehmbruck nicht in den Kriegsdienst, war aber Kriegsmaler in Straßburg. Von 1916 bis Anfang 1919 lebte er mit seiner Familie in der Schweiz, kam nach Berlin zurück, wo er an einem Portraitauftrag arbeitete. Er litt an Depressionen. Seine Leiche wurde am 25. März 1919 in seiner Wohnung in der Fehlerstraße 1 gefunden. Man nimmt an, er hat sich selbst getötet. Er ist in Duisburg beerdigt, wo es auch ein hervorragendes Lehmbruck-Museum gibt.

Franz Metzner, mit Lehmbruck befreundet und auch in seinem späteren Skulpturenwerk von ihm beeinflusst, lebte in Friedenau in der Goßlerstraße 24 in den Jahren von 1896 bis 1904. Über ihn gibt es ein eigenes Kapitel in diesem Buch.

Wie Franz Metzner ist auch Ludwig Meidner relativ unbekannt. Ein Meister der neomanieristischen Malerei, geschult an Bildern El Grecos, wie eine Ausstellung 2012 in Düsseldorf zeigte. Meidner studierte an der Breslauer Kunstakademie und zog 1905 nach Berlin.

Er wohnte in der Rheinstraße 55 und hatte sein Atelier in der Wilhelmshöher Straße 21. Von 1906 bis 1907 besuchte er die Académie Julian in Paris und befreundete sich mit Amedeo Modigliani. Über seine Malweise schreibt er:

Malen wir das Naheliegende, unsere Stadt-Welt! die tumultuarischen Straßen, die Eleganz eiserner Hängebrücken, die Gasometer, welche in weißen Wolkengebirgen hängen, die brüllende Koloristik der Autobusse und Schnellzuglokomotiven, die wogenden Telefondrähte (sind sie nicht wie Gesang?), die Harlekinaden der Litfaß-Säulen, und dann die Nacht ... die Großstadt-Nacht ...[35]

Schon vor dem 1. Weltkrieg ahnt er in seinen Bildern die Apokalypse, die der Krieg bieten wird. Nach dem Krieg widmet er sich religiösen Themen, malt jüdische Propheten, Themen des Jüngsten Gerichts. Ab Mitte der 1920er-Jahre richtet Meidner sein Leben streng nach den religiösen Vorschriften des Judentums aus. Zwischen 1927 und 1932 schreibt er meist Feuilletons. Im

Nazireich erhält er Mal- und Ausstellungverbot, geht 1939 nach London. Nach dem Krieg kommt er aber zurück. Er schreibt an einen Freund: *„Ich weiß nicht, ob Deutschland noch der Ort sein kann, wo Juden in größerer Zahl existieren und mitarbeiten können. Aber ich selber kann nur leben, wo man deutsch spricht und schreibt; noch immer liebe ich das, da ist nichts zu machen.*[36] Nach Jahren in Frankfurt/Main verbringt er seine letzten Jahre in Darmstadt, er wurde dort auf dem Jüdischen Friedhof bestattet. Sein künstlerischer Nachlass wird im Ludwig Meidner-Archiv im Jüdischen Museum Frankfurt betreut, das auch die künstlerischen Urheberrechte Meidners verwaltet.

Nach den bildenden Künstlern in der Zeit um den 1. Weltkrieg waren in den Zwanziger-, Dreißigerjahren z. B. international bekannte Sänger wie die Comedian Harmonists tätig in den berühmten Friedenauer Dachstuben, fast an der Ecke Südwestkorso gegenüber dem Friedhof, wo noch heute ein anderer bekannter Liedermacher, Beppo Pohlmann, wohnt, der Schöpfer von „Kreuzberger Nächte sind lang ...".

In den 1960ern folgen die Dichter und Schriftsteller, die von Friedenau angezogen werden.
Günter Grass hatte schon in den 1950ern Berlin-Erfahrung, er wohnte in der Karlsbader Straße in Schmargendorf. Er gehörte zur Gruppe 47, die auch in Berlin getagt hatte. Grass hatte in Düsseldorf Grafik und Bildhauerei studiert, das Studium setzte er von 1953 bis 1956 an der Hochschule für Bildende Künste in Berlin als Schüler des

Bildhauers Karl Hartung fort. Danach ging er nach Paris. Gleichzeitig schrieb er Gedichte, Kurzprosa, Dramen. 1959 hatte er seinen Durchbruch mit dem Roman *Die Blechtrommel.* Es wurde der größte literarische Erfolg der jungen Bundesrepublik. Seit 1961 habe ich im Buchhandel gearbeitet, wir mussten die *Blechtrommel* teils unter dem Tisch verkaufen, weil sie als skandalös galt. Ein gleiches Schicksal ereilte auch Millers *Im Wendekreis des Krebses,* aber nicht nur in Deutschland, sondern auch in den USA und Großbritannien. Erst im Laufe der Sechzigerjahre wurde die sogenannte Moral lockerer.

1959 war Uwe Johnson nach West-Berlin gezogen – im selben Jahr, in dem sein Debütroman *Mutmassungen über Jakob* im Suhrkamp Verlag erschien. Er wohnte in der Stierstraße 3 in Friedenau und hatte in der Niedstraße 14 eine kleine Dachwohnung/Atelier. Er machte Günter Grass, der wieder nach Berlin wollte, darauf aufmerksam, dass nebenan in der Niedstraße 13 ein kleines Landhaus, wie es typisch war für die erste Bebauungsphase der 1880er-Jahre in Friedenau, frei sei. Grass kaufte es. Heute lebt die Familie eines seiner Söhne dort.

Gebaut hatte es der kaiserliche Marinemaler Hans Bordt (1857-1945). Wilhelm II. soll ihn hier persönlich besucht und die Bilder ausgesucht haben.

In dem Atelier von Uwe Johnson, in dem Ulrich Enzensberger, der Bruder von Magnus, wohnte, als Johnson in den USA war, lebten 1967 Studenten und Studentinnen, meist aus Bayern, sie nannten sich Kommune 1.

Als Humphrey, der Vizepräsident der USA, im April 1967 in Westberlin weilte, es hatten schon Demonstrationen gegen den Vietnamkrieg stattgefunden, planten diese

Kommunarden in diesem Johnson-Atelier das sogenannte Puddingattentat, eine Idee von Dieter Kunzelmann, indem sie Schokoladenpudding in Plastikbeutel füllten und den Vize bei seiner Fahrt auf dem Kudamm damit attackieren wollten. Es flog auf und führte zu einer aufgeregten Berichterstattung über ein geplantes Attentat, die bis in die USA gelangte und darauf Johnson seinen Freund und Nachbarn Grass ermächtige, die Wohnung von der Polizei räumen zu lassen. Es ist übrigens das gleiche Atelier, in dem Schmidt-Rottluff von 1911 bis 1933 gelebt und gearbeitet hatte, Uwe Johnson immerhin von 1959 bis 1968.

Günter Grass lebte bis 1986 in der Niedstraße 13. Die weltberühmte Terrasse existiert noch, auf der sie saßen und diskutierten und die Düfte von Grass' hervorragender Kochkunst, wie mir Nachbarn erzählten, besonders Knoblauch- und Fischsuppen-Gerüche die Niedstraße entlangzogen. Seit den 1970er-Jahren zählten auch Max und Marianne Frisch zu den Gästen, die sich in der Sarrazinstraße um die Ecke eingemietet hatten.

Eine Karikatur zeigt sie alle, die Grass auf dieser heute leider etwas heruntergekommenen Terrasse beköstigte; neben den genannten Schriftstellern auch Willy Brandt und Egon Bahr und wer noch alles damals Rang und Namen hatte in dem Westberlin von Willy Brandt, für den Grass eigens eine Wahlzeitung ESPEDE kreiert hatte.

In der Niedstraße 25 ist ein privates Erinnerungsschild an Günter Weisenborn, der hier von 1964 bis 1969 gelebt hat. Er war Dramaturg an der Berliner Volksbühne, er schrieb Theaterstücke und Romane, seine Bücher wurden im Nazireich verboten.

Nach kurzer Emigration in die USA 1936 kehrte er Ende 1937 nach Deutschland zurück und führte dort ein Doppelleben: Einerseits war er Teil des nationalsozialistischen Kulturbetrieb (seit 1941 Dramaturg am Schillertheater), andererseits unterstützte er die Widerstandsorganisation Rote Kapelle um Harro Schulze-Boysen.
Im September 1942 wird er von der Gestapo in der Prinz-Albrecht-Straße inhaftiert und 1943 vom Reichskriegsgericht wegen Hochverrats zum Tode verurteilt. Das Urteil wurde schließlich in eine Zuchthausstrafe abgemildert. Im April 1945 befreite die Rote Armee Weisenborn aus dem Zuchthaus Luckau.
Nach dem Krieg wirkte er zunächst am Hebbel-Theater in Kreuzberg und an den Hamburger Kammerspielen.
Maßgeblich war er in den Jahren bis zu seinem Tod 1969 an der Aufarbeitung des Widerstands gegen das Nazireich beteiligt. In dem Dokumentationszentrum „Topographie des Terrors" wird in der Dauerausstellung an Weisenborns Berliner Haftzeit erinnert.
In der Wilhelmshöher Straße 18 in Friedenau erinnert eine Gedenktafel an:
ADAM KUCKHOFF 30.8.1887 - 5.8.1943
Publizist und Dramaturg, Regisseur an den
preußischen Staatstheatern in Berlin.
Wegen seiner Mitwirkung in der Widerstandsgruppe
um Harro Schulze-Boysen (Rote Kapelle)
wurde er am 5. August 1943 in
Plötzensee hingerichtet.

Denkmalsmeile Wiesbadener Straße – Von Friedenau bis nach Schmargendorf

Zuerst wurde 1902 in Friedenau und dann 1909 in Wilmersdorf die Schmargendorfer in Wiesbadener Straße umbenannt. Wiesbaden war bereits seit der römischen Zeit besiedelt und war seit 1744 die Residenz des Fürstentums Nassau-Usingen, seit 1806 Herzogtum Nassau, 1866 von Preußen annektiert und 1868 in die preußische Provinz Hessen-Nassau eingegliedert.
Wiesbaden ist seit 1233 wegen der vorhandenen Thermalquellen ein Badeort und ein exklusiver Kurort. Dass es auch Landeshauptstadt wurde, geschah in einer späteren Zeit, was für die Benennung unserer Straße nicht relevant ist, denn gerade die Exklusivität des Kur- und Erholungsortes Wiesbaden war der Indikator für die Benennung.
Die Straßen in der Gartenstadt Wilmersdorf-Friedenau, teilweise auf dem ehemaligen Rittergut entstanden, sind nach den wohlklingenden Namen im Rheingau benannt, es sollte bei den Neubewohnern ein gesundes und grünes Umfeld und die Fröhlichkeit der Weingegend assoziiert werden: Ahrweiler, Rüdesheimer, Binger Straße, um nur einige zu nennen.
Im angrenzenden Schmargendorf, wo auf den Feldern der ehemaligen Bauern gebaut wurde, hatte man sich für die Kurorte an der Ost-See entschieden: Heiligendammer, Zoppoter, Misdrower Straße, oder der Nordsee: Sylter, Wangerooger, Helgolandstraße.

Nicht zuletzt aufgrund dieser Siedlungsgeschichte existiert in der zu drei Stadtteilen bzw. zwei Bezirken gehörenden Wiesbadener Straße, die ostwestlich verläuft, im Osten Friedenau/Schöneberg, in der Mitte Rüdesheimer Platz/Wilmersdorf und im Westen Schmargendorf/Wilmersdorf, auf zweitausend Metern auch für Berliner Verhältnisse eine aufregende Architektur, gut hundert Jahre Geschichte des Planens und Bauens par excellence.

Während im Friedenauer Teil, beginnend am Friedrich-Wilhelm-Platz, noch die denkmalgeschützten Landhäuser mit ihren Gärten der 1880er-Jahre, der ersten Bauphase, stehen, als Friedenau auf dem Reißbrett entstanden war und nicht wie andere Orte im Südwesten Berlins einen mittelalterlichen Kern besitzt, folgen bis zum Südwestkorso die gründerzeitlichen Wohnhäuser meist mit Berliner Traufhöhe (22 Meter bis zur Dachrinne), bei denen, auch typisch für diese Zeit und Bauweise, oft die Hinterhäuser und Seitenflügel verschattet sind.

Der Wilmersdorfer Teil der Wiesbadener Straße ist ein Kind der Moderne.

Selbst der Rüdesheimer Platz, der vor dem Ersten Weltkrieg entstand, ist der Moderne verpflichtet, die sich weiterzuentwickeln zunächst erst mal vom Krieg unterbrochen worden war.

Das englische Landhauswesen, durch eine Monografie von Hermann Muthesius bekanntgeworden, galt als das Nonplusultra der aufgelockerten, lichten Bauweise. Die Wohnsiedlung am Rüdesheimer Platz ist eine vorbildliche Frühform dieser aufgelockerten Bauweise im Grünen. So prägen die um 1910 im englischen Landhausstil

errichteten Wohnhäuser den gesamten Stadtplatz durch ihre Fassaden, Giebel und die Vorgärten, die sogenannten „Gartenterrassen“, und machen das Viertel unverwechselbar.
Auf einem nicht bebauten Teil der ehemaligen Kleingartenanlage an der Wiesbadener/Ahrweiler Straße entstand vor gut dreißig Jahren eine ebenfalls bemerkenswerte Wohnanlage, das „Internationale Begegnungszentrum“ (IBZ) von dem Münchner Architekten Otto Steidle.
Entsprechend dem Credo „nicht das Haus bestimmt die Stadt, sondern die Stadt bestimmt das Haus“ entwickelte Otto Steidle den Bau des IBZ aus dem Kontext der Umgebung des Rüdesheimer Platzes und des zu Beginn des 20. Jahrhunderts entstandenen Rheinischen Viertels. Damit verfolgte er die Intention, dass das Haus verbindend in das gewachsene Stadtquartier hineinwirken soll, ohne jedoch auf den gestalterischen Anspruch zu verzichten, Räume zu schaffen, die gänzlich neu definiert sind.
Urbanität lässt sich als Wechselwirkung zwischen Öffentlichkeit und Privatheit definieren. Für diese Wechselwirkung kommt den Grenzbereichen, den Übergangsbereichen vom eigenen Raum zum allgemeinen Raum, vom Individuellen zum Kollektiven besondere Bedeutung zu. Damit ist sicherlich ein zeittypisches Postulat angesprochen, besonders im Berlin der Siebziger-/Achtzigerjahre, als verschiedene Wohn- und Lebensformen ausprobiert wurden.
Dieses Ensemble ist 2023 als Denkmalschutz deklariert worden.

Vom Rüdesheimer Platz in Richtung Westen befinden sich an der viel befahrenen Wiesbadener Straße die für Berlin typischen Kleingartensiedlungen, die dem Spaziergänger Luft zum Atmen geben, bevor sich ab der Johannisberger Straße wieder die Straßenzüge verdichten und sich die typische Blockrandbesiedlung der Zwanziger-/Dreißigerjahre, als die sozialen Probleme groß und genossenschaftliches Bauen angesagt war, über die Binger Straße bis zur Schlangenbader Straße durchsetzt.
In der Schlangenbader Straße wurde in den Siebziger-/Achtzigerjahren des 20. Jh. ein Wohnkomplex gebaut, „Schlange“ genannt, der sich eigentlich zum Wahrzeichen West-Berlins eignet. In dem beengten West-Berlin schuf man mit der „Schlange“ eine Autobahnüberbauung für 1758 Wohneinheiten.
Das Ensemble hat sowohl futuristische Züge als auch begrünte kuschelige Winkel, die die Gigantomanie vergessen lassen. Das Gesamtwerk, hauptsächlich in der Planung durch die Architekten Georg Heinrichs, Gerhard Krebs und Klaus Krebs entstanden, wurde 2002 mit dem *Renault Traffic Design Award* für fortschrittliche Verkehrsarchitektur in der Kategorie ‚Historischer Award‘ ausgezeichnet.
Der „Schlange“ weichen mussten Kleingärten und die Garten- und Baumschulanlage der Gärtnerei Molly, die 1919 gegründet wurde und – allerdings nunmehr auf begrenztem Raum Wiesbadener/Ecke Schlangebader Straße – ihr Hundertjähriges hinter sich hat. Diese Reduzierung von Grün hatte seinerzeit zu dem Beschluss des Bezirks geführt, weiterhin die Grünflächen in der Gegend zu schonen und zu schützen.

Die Schlangenbader Autobahnüberbauung erhielt 2017 den Denkmalschutz-Status.
Westlich der „Schlange" ist noch eine kleinere Genossenschaftssiedlung in der Art der Blockrandbebauung, bis dann die Ideenwelt der „Interbau" (1957) mit der typischen Nachkriegsbauweise zwischen Sodener Straße und Franz-Cornelsen-Weg bis vor Kurzem die Bebauung der Wiesbadener Straße beschließt.
Nach dem verheerenden 2. Weltkrieg, der Berlin in Trümmern hinterließ, zeigte sich mit dem städtebaulichen Wettbewerb 1953, der 1957 in der „Interbau" kulminierte, dass sich die Nachkriegsarchitekten dem „Neuen Bauen" verpflichtet fühlten. Die aufgelockerte Mischbebauung von Hoch- und Flachbauten wurde seit der „Charta von Athen" (1933) in vielen europäischen Städten vorherrschend.
Die Blockrandbebauung der 20/30er-Jahre, wie sie in dem Siedlungskomplex Johannisberger/Binger/Schlangenberger Straße unter Denkmalschutz gestellt, durchgeführt worden war, wollte man unter dem Einfluss der „Interbau" auf dem Gelände Wiesbadener/Sodener/DillenburgerStraße und Franz-Cornelsen-Weg nicht wieder aufnehmen. Der Architekt der Anlage, Wilhelm Vormeier aus Westend, hat sich bewusst in die Tradition der Bauhaus-Architekten und der „Charta von Athen" gestellt und ist damit auch Repräsentant der Avantgarde.
Er hatte das im Krieg beschädigte Max-Taut-Gebäude in Kreuzberg, am Oranienplatz 4, das Max Taut und Franz Hoffmann im Stil der Neuen Sachlichkeit 1931-1933 als Warenhaus der Konsumgenossenschaft gebaut hatten, wiederaufgebaut. Das Warenhaus gliedert sich in einen

neungeschossigen Turmbau, dem sich ein L-förmiges siebengeschossiges Gebäude anschließt.
Vormeier kannte also die Ideenwelt der Tautschen Bauweise. Er hat an der Wiesbadener Straße ein lichtes, aufgelockertes Ensemble geschaffen, hell und begrünt und ohne Verschattung, das damit eine einmalige Wohnanlage in Schmargendorf darstellt und aufgrund der Baugeschichte der Wiesbadener Straße und dieser Stadt unter Denkmalschutz gehört wie ja schon die gegenüberliegende Blockrandsiedlung von 1928 von Eduard Jobst Siedler in der Sodener Straße Nr. 24-40.
Westlich begrenzt wird die Wohnanlage des Architekten Wilhelm Vormeier von einer naturbelassenen öffentlich nutzbaren Wiese und Grünanlage am Franz-Cornelsen-Weg – in den 60iger-Jahren an die Baugenehmigung gekoppelt und als öffentliche Grün- und Naherholungsanlage nach dem Gesetz von 1997 geschützt, zumindest besagte das das Schild, das noch bis 2017 am Anfang und am Ende der Wiese stand.
Das lichte Wohnensemble aus den frühen Sechzigerjahren sowie die öffentliche Grünanlage ist jetzt durch die Berlin beherrschende Nachverdichtung beendet worden, wobei es sich hier nicht um eine Nach-, sondern um Verdichtung in toto handelt.
Es lief bis vor Kurzem ein Bebauungsverfahren, das gesamte Umfeld der Wohnanlage beidseitig der Wiesbadener Straße zu verdichten, die Erholungsanlage zu bebauen und die Freiflächen mit Tiefgaragen zu versiegeln.
Nicht nur die grüne Lunge und die einzige öffentliche Grünanlage der Gegend, die zudem an einen viel benutzten und beliebten Kinderspielplatz grenzt, wäre weg,

auch der demokratische Geist der lichten Bebauung des „Neuen Bauen“ würde zerstört, denn einige der bestehenden Häuser würden wieder wie in den Gründerjahren des späten 19. Jh. zu verschatteten Hinterhäusern, in denen frische Luft und Sonne keinen Wert hatten und Menschen, besonders Kinder, krank werden ließen.
Seit 2022 ist der fast zehn Jahre dauernde Kampf der Bewohner verloren, die Japankirschen-Allee des Franz-Cornelsen-Weges ist abgehackt, wie auch die 60- bis 70-jährigen Bäume auf den Parkplatzen der Vormeier-Häuser. Es wird gebaut, nachverdichtet, wie es heißt, obwohl hier nie eine Vor-Verdichtung, die das Wort „Nach“ ja voraussetzt, vorhanden war.
Ähnlich erging es den angrenzenden Kleingärten, auch die sind verschwunden, ein sechsstöckiges Eigentumswohngebäude ragt in den Himmel und soll noch um zwei weitere Gebäude vergrößert werden.
Das Zusammenspiel von freier Wiesenfläche mit blühenden Wildblumen und Kleingärten als ein einzigartiges Biotop, in der sich eine seltene Flora und Fauna entwickelte, in denen auf der Roten Liste stehende Vögel wie der Gartenrotschwanz, das Braunkelchen, Feldlerchen u. a. lebten, ist verschwunden.
Die Wiesbadener Straße wird auch im Bereich Schlangenbader/Mecklenburgische eine verdichtete Wohngegend, durch die der Verkehr fließen wird, denn die Autobahnbrücke auf dem Breitenbachplatz wird abgerissen werden, ein Verkehrskonzept gibt es nicht, auch nicht für die entstehende Großgewerbeanlage an der Mecklenburgischen Straße, dem ehemaligen Reemtsma-Gelände, in dem noch nicht mal eine Wohnbebauung

vorgesehen ist, obwohl es der Investor beantragt hatte, was sicherlich ökologischer gewesen wäre, weil die Fläche schon versiegelt war, als Grünanlagen und Kleingärten abzuschaffen.
Eine ganze Gegend wird grundlegend verändert, bau- und verkehrsmäßig verändert, aber es gibt kein Gesamtkonzept, bei jeder Baustelle wird individuell herumgewurschtelt. Im Frühjahr 2023 wurde aus Sicherheitsgründen der Autobahntunnel der „Schlange" geschlossen. Völlig orientierungslos hasten die Autofahrer durch die angrenzende Wohngegend. Der Tunnel wird wahrscheinlich geschlossen bleiben, da 2024 der Abbau der Autobahnbrücke auf dem Breitenbachplatz geplant ist, die ja bei der Sperrung des Tunnels obsolet geworden ist. Auch hierfür gab es bisher keine Planung.
Wenn man bedenkt, was im späten Kaiserreich mit dem hervorragenden Bauensemble Rüdesheimer Platz und seinem Schmuckplatz inmitten märkischer Felder geleistet wurde, welche hervorragenden Baukonzepte die Carstenn-Figuren geschaffen haben, die sowohl urban als auch gartenstadtähnlich angelegt sind, kann man einfach nur in die Vergangenheit flüchten.
Um es mit einem altehrwürdigen Rechtswerk, dem Sachsenspiegel, circa 1230, zu formulieren:
„Uebrigens aber kann jeder in der Regel auf seinem Grunde und Boden so nahe an der Gränze und so hoch bauen, als er es für gut findet. Sind jedoch die Fenster des Nachbars, vor welchen gebaut werden soll, schon seit zehn Jahren oder länger vorhanden, und die Behältnisse, wo sie sich befinden, haben nur von dieser Seite her Licht, so muss der neue Bau so weit zurücktreten,

dass der Nachbar noch aus den ungeöffneten Fenstern des untern Stockwerkes den Himmel erblicken könne."
Eine geschriebene Bauordnung gab es in Preußen erst ab 1794 mit dem Allgemeinen Landrecht, das bis 1900 galt, als es durch das Bürgerliche Gesetzbuch abgelöst wurde. Die Regeln zur Nachbarbebauung waren ähnlich ungenau formuliert wie im Sachsenspiegel. Also selbst in der alten Zeit sollten die Parterre-Menschen den Himmel erblicken ...
Das wird aber nicht mehr sein, wenn die neuen Bebauungspläne durchgesetzt werden, denn vielerorts sind in Hinterhöfen Nachverdichtungen vorgenommen worden, ein Rückschritt sondergleichen.
Die wenigen vorhandenen Kleingärten an der Wiesbadener Straße werden in Bälde auch obsolet sein und der Rest der noch existierenden symptomatischen „Berliner Mischung" in einer einzigen Straße in ihrer Einmaligkeit wird bis 2030 endgültig verschwunden sein.
Das Grün, das auf die Neubauten gepflanzt wird, kann keine Bäume ersetzen, keine blühenden Obstbäume mit Bienengesumm, die Erdschicht auf den Tiefgaragen beträgt nur 90 cm, da wachsen keine Bäume in den Himmel.

Die Lee(h)re der Hässlichkeit: Der Fehrbelliner Platz

Am 30. Dezember 1961 kam ich am Bahnhof Zoo an mit einem Köfferchen, in dem eine kleine Reiseschreibmaschine war, und einer großen Umhängetasche, in der sich die beiden Manuskripte befanden, jeweils circa 200

Seiten meiner ersten beiden Romane, die ich mit 16 und 18 Jahren geschrieben habe und die später im Kachelofen verschwanden, weil zu viele Fehler drin waren und ich mich ihrer schämte. Ich ärgere mich noch heute darüber, dass ich meine ersten Werke so schändlich behandelt habe.

Vor dem Bahnhof war der alte Schnee schmutzig, die Luft stickig, die Gesichter der West-Berliner traumatisiert von dem Mauerbau, der sie eingepfercht hatte. Aber sie hatten 1948 die Blockade überlebt, da würden sie die neue Situation auch meistern. Dazu brauchten sie aber junge Arbeitskräfte aus Westdeutschland, weil die Arbeitskräfte aus Ostberlin über Nacht weggesperrt worden waren.

Ich war angeworben worden und hatte mich verpflichtet, für ein Jahr hier zu arbeiten. Ich war eine der ersten von circa 500 jungen Leuten in diesen Monaten nach dem Mauerbau, wo noch wenige sich so recht trauten zu kommen.

Ich hatte nichts, weder Unterkunft noch Arbeit. Einzig über einen Leserbrief im Kölner Stadtanzeiger hatte ich zu einem Herrn Hermann Kontakt bekommen, weil ich seiner Einschätzung, dass uns Westdeutschen nichts an Westberlin lag, widersprach. Ich würde kommen, schrieb ich ihm. Und da war ich. Er wohnte in Wilmersdorf, ich fuhr mit der Straßenbahn, kam am Fehrbelliner Platz vorbei und gruselte mich ob der Kälte, der gähnenden Leere und Unpersönlichkeit des Platzes.

Obwohl hier das Rathaus des Bezirks stand, gab es nichts Lebendiges wie bei anderen Rathäusern. Später erfuhr ich, dass das übrig gebliebene Nazibauten waren. Die

Angst verließ mich nie, besonders als ich dann später auch in der Dunkelheit über den Platz musste, ich war all die Jahre Fußgängerin, die U-Bahn gab es damals noch nicht.

Herr Hermann und seine Frau hatten auch keine Ahnung, wo ich unterkommen konnte, aber an der Ecke war eine Art Maklerbüro im Zeitungsladen, mir wurde eine Witwe in der Gieselerstraße genannt, ich bekam das dunkle Berliner Zimmer, das ich selbst heizen musste, aber mit dem Kachelofen kam ich nicht klar, es stank und es wurde nicht richtig warm. Und dann, als ich eine Stelle an der Wilmersdorfer Ecke Kudamm annahm, später Ecke Leibnizstraße, und in der Brandenburgischen Straße wohnte ... über den Fehrbelliner Platz musste ich jeden Tag, zweimal, morgens und abends, und das bis 1970.

Für die Familie Hermann fuhr ich mit meinem westdeutschen Pass im ersten Jahr meines Hierseins zu deren Verwandten nach Karlshorst und schleppte Westprodukte dorthin, da sie im Westen gearbeitet und ein Bankkonto hatten. Später besorgten sich Herr und Frau Hermann in Westdeutschland selbst einen Pass und fuhren nach Karlshorst.

Bei diesen Fahrten in den Osten entdeckte ich dann einen noch hässlicheren Platz, und das ist er bis heute geblieben: den Alexanderplatz. Obwohl anders als am Fehrbelliner Platz dort immer ein Menschengewusele ist, wird er dadurch nicht schöner.

Auch den erst nach der Mauer entstandenen Potsdamer Platz würde ich in die Triade aufnehmen und an die zweite Stelle der Hässlichkeit setzen, denn mittlerweile

ist der Fehrbelliner Platz durch das Parkcafé und den Markt und ein paar Geschäfte aufgeschönt und hat Atmosphäre bekommen, aber die Nazigebäude sind nach wie vor zum Weglaufen.
Die Einschätzung dieser Triade teile ich übrigens mit vielen meiner Gäste. Bis heute habe ich noch keine gefunden, die den Potsdamer Platz schön finden. Was ist da wie so oft in Berlin für eine Chance vertan worden, was hätte da für ein lebendiger Stadtteil mit Schmuckplatz für Wohnen, Erholen, Arbeiten und Flanieren entstehen können.

Valeria Geritzen – Gastbeitrag
Gedanken zur Erde ... Alexanderplatz

Die kleinen Sojapflanzen recken sich, stehen aufrecht, dem Licht zugewandt, saftig in grün. Mitte Juni, mitten in Deutschland bei Kassel, seit drei Wochen hat es nicht geregnet, die Pflänzchen wachsen nicht mehr. Plötzlich: Ein Tornado bringt Wassermassen. Das gesamte Feld, 25 Hektar Soja, ertrinken. Deutschland zwischen Dürre, Donner und Demut vor den Naturkräften.
Im Angesicht weltweiter Katastrophen, in der Gluthitze menschlichen Empfindens treffen wir uns. 16 Uhr am Alexanderplatz, Mitte Juni, mitten in Berlin: Hitze, sommerschwül im Angesicht des Brutalismus. „Die Betonwüste sozialistischer Moderne wurde in den 1970er Jahren verbrochen."
Wir begehen sie als Monument zivilisatorischer Entwicklung, als Einzigartigkeit und als Artefakt menschlichen

Versagens: In welche Richtung wir uns auch bewegen und wohin das Auge reicht. Nirgendwo Bäume. Ein menschengemachtes, naturloses Szenario, in dem die Temperatur grundsätzlich immer höher sein wird als an Orten mit Vegetation. „Naturfeindlicher Brutalismus in Reinform." Während wir den Platz begehen, benennen die Worte der Stadtführerin ohne Umschweife den Frevel. Und der rächt sich im Angesicht des Klimawandels. „Der Alexanderplatz mit Rekordhitzewerten ist im Sommer zu meiden." Der Gang über einen der bekanntesten Plätze der Welt, gemarkert mit einer überdimensionalen Stecknadel, dem Fernsehturm: Ein Schaustück für die Sünden an der Natur.
Eine Stadtführung kann zum Lehrstück werden. Was am Alexanderplatz klar wird: Man muss heutzutage die Augen weit aufmachen und ohne Scheu die Verbrechen an der Natur benennen, wo sie begangen worden sind. Anderswo sind Sünden an der Natur im Verzug, begangen zu werden, hier fehlt es an Vorstellungskraft ob der Auswirkungen. Geleistetes menschliches Tun gegen die Natur hat jeder als Ausdruck menschlichen Versagens überall in Deutschland ständig vor Augen.
Die Kunst ist es, beim täglichen Durch-die-Welt-Gehen, zu sehen, was wahr ist: Zu sehen, was einen wirklich umgibt. Dem eigenen Geist Durchblick im Dickicht der Ablenkungen zu gewähren ist der erste Schritt, der drängenden Wahrheit Tribut zu zollen, und selbst einen weiteren Schritt zu machen, ist dann der zweite Schritt, der, auf den es ankommt. Das Vorangehen und, was allerorts gebraucht wird, im Sinne der Natur entscheiden. Welche Spuren oder welche Furche hinterlässt der

Gang eines Lebenswandels? Schlenderst Du verträumt und wenig wach, berieselt vom Bunt der Scheinwelt? Oder gehst Du bewusst und kämpfst Dich durch ein Tal der selbst auferlegten Taten, die die Welt verändern können?

Wenn der Bauer vor dem Acker steht und weint, ist es zu spät. Wie soll es weitergehen? Singulär macht sich der Landwirt Gedanken über individuelle Maßnahmen zur Klimafolgenanpassung. Was pflanzen? Mit welcher Pflanze sind noch sichere Erträge zu erwirtschaften?

Wenn der Tourist in Massen über den Alexanderplatz geht und die Auswirkungen menschlicher Taten versteht, gibt es Hoffnung. Man muss es den Massen an diesem Ort klar sagen. Dann verstehen sie.

Die Kunst des Gehens und des Sehens sind zweifelsfrei ein unscheidbares Paar. Der Knackpunkt ist der Mensch, der sich auf den Weg macht. Der Einzelne, der sich auf den bewussten Gang durch ein ihm geschenktes Leben aktiv gestaltend einlässt. Bereit sein ist alles.

Achtung: Um an den Punkt zu kommen, bereit sein zu können, muss einiges erfüllt sein. Der Mensch muss ohne existentielle Sorge sein. Der Mensch darf nicht falschen Göttern glauben.

setz'
den einen
fuß
bin ich setzend?
vor
den anderen

komm an
wohin
kenn ich den Weg?
du
gehst

dort
ist
wer ist mein Gott?
Himmel
oder
Hölle

Was mich stärkt, ist Dein ruhender, verständiger, aufmerksamer, liebevoller Blick. Dein Blick, während ich spreche und von meinen Gefühlen auf dem Alexanderplatz, vom Potential, die Welt zu retten, das von diesem Platz ausgeht, erzähle. Um einen Weg der Taten zu gehen, braucht es Verbündete. Zehn Menschen mit jeweils 11 Verbündeten machen 111 Verbündete. Machen 1.111 Verbündete. Machen 11.110 Verbündete. Machen 111.111 Verbündete. Machen 1.111.111 Verbündete für Arbeit für Zukunft. Es kann ganz schnell gehen.

Valeria Geritzen
Berlin und Warburg-Erd Charta Stadt[37]

Die Punkerin vom Fehrbelliner Platz – Die Bildhauerin Ludmila Seefried-Matějková

Die „Sterbenden Krieger" von Andreas Schlüter im Berliner Zeughaus als Schlusssteine über den Fenster- und Torbögen des Erdgeschosses zeigen seine Meisterschaft als Barocker Bildhauer. Hier präsentieren sich die Herren der Schöpfung nicht als protzende Kämpfer, hier sehen wir in die Stille des Sterbens, jeder für sich allein, den Schmerzschrei erstickend, das Leiden aushaltend, indem sich der Sterbende auf die Lippen beißt bis zu dem Augenblick der Erlösung, die Züge entspannen sich, friedlich wendet er sich ab von dieser Welt.
Diese Bilder verbündeten sich in mir mit jenen, die Ludmila Seefried-Matějková dem Sterben ihrer Mutter widmete. Ihre Reliefs wirken sanfter, in sich ruhender, sie zeigen Ludmilas Ehrfurcht vor ihrer Mutter, die sie zu siezen pflegte. Da die Mutter im kommunistischen Tschechien starb, durfte die Tochter sie nicht in ihren Tod begleiten. Man wollte die Dissidentin abstrafen, die ihren tschechischen Pass abgegeben, in den Westen gegangen und dort ihre Kunst in freiheitlicher Atmosphäre schaffen und präsentieren wollte.
In dem Atelier der Künstlerin in der Nähe des Bahnhofs Südkreuz in Berlin-Schöneberg, der Berggruen Holdings mittlerweile gehörend, stehen, sitzen oder liegen Schicksale. Man sieht den meist aus Ton gestalteten Plastiken ihr Leben an: „Homo homini lupus", welche sie gleich zweimal gestaltet hat. Der Mensch ist dem anderen ein Wolf, raffgierig, blutrünstig, hinterhältig.

Dass dieses Bild des Wolfs, das uns Thomas Hobbes überliefert hat, nicht der biologischen Wirklichkeit des Wolfs entspricht, spielt keine Rolle. Es geht Ludmila um den Archetypus des Hinterhältigen, die Feinde kommen von hinten, sind im „Lupus II“ vermummt, alles Ausdruck der hinterhältigen Feigheit, der wir heute auch immer noch aufs Neue begegnen.
Oder ihr Bildwerk „Schrei“. Der brustfreie Mann, sein Gesicht hässlich verzerrt, die Hände groß wie Pranken und doch hilflos, bitte helft mir, warum hört mich keiner. Er steht im Käfig, wer kann ihm da noch helfen, hinter Gittern ist Schreien hoffnungslos. Der, der ihn hören könnte, den Schrei des Verzweifelten, ist der Wärter, Mitglied des Systems, das ihn hier einsperrt. Man möchte mit der Drahtzange kommen und dem armen Mann helfen ... aber wir hatten das System, das solche Bilder auch in unsere Gegenwart lieferte, in Berlin vor der Haustür und wissen, wie oft dieser Versuch auszubrechen tödlich endete.
Außenseiter sind ihr Sujet, „Die Bettlerin“, „Obdachlos“, die alte Frau, die einfach „Vor der Tür“ liegengelassen wird, mit aufgerissenen Augen, keiner, der sich um sie kümmert, der nachschaut, ob sie sturzbesoffen oder tot ist, eine extreme Gefühlskälte geht von dieser Figur aus – trotz ihre existenzbedrohende Hilflosigkeit.
Aber auch die schönen Gesichter sind beeindruckend und charakterstark: Frida Kahlo und Ludmilas Selbstbildnis mit Vaters Hut.
Ludmila Seefried-Matějková, geboren 1938, hatte in der ČSSR studiert und kam 1967 an die Hochschule der Künste (HdK) nach West-Berlin und wurde Meisterschü-

lerin von Joseph Henry Lonas (1925-2011), einem amerikanischen Bildhauer, der seine dreidimensionalen Werke in organischen, geometrischen und architektonischen Formen gestaltete, nicht figural wie seine Schülerin, die er aber in ihrem Gestalten unterstützte. Es gibt einige wenige Werke von ihr, die sich an Jo Lonas' Stil anpassen. Jo Lonas gehörte auch zu meinem Freundeskreis, da meine Freundin einen Amerikaner geheiratet hatte.
Ludmila Seefried-Matějkovás Werke stehen in Berlin auch im öffentlichen Raum: An der Wand im Pförtnerbereich des Kriminalgerichts Moabit befindet sich die Installation „Justitia“, eine überlebensgroße Hand in der oberen zweiten Ebene hält ein Seil, an dem zwei Käfige befestigt sind. Ein leerer, in dem zweiten steht ein geschnürter Mensch, beide haben das gleiche spezifische Gewicht, die Waage neigt sich nicht. Da jedoch hier in dem Gericht Justitia Gerechtigkeit walten lässt, tritt im Parterre der nunmehr nicht mehr gefesselte Mann in die Freiheit.
In der Spandauer Polizeidirektion windet sich ein halb nackter Mann aus der Polizeimaschine, diese Plastik hat etwas Martialisches, obwohl der antik Gewandete einen Arm und das Gros seines Körpers der Polizeimaschine entwunden hat, ist nicht sicher, ob nicht doch das mehrarmige in Ritterrüstung steckende und mit einem Visier unkenntlich gemachte Maschinenwesen am Ende siegen wird.
Im Wedding auf dem Nettelbeckplatz steht seit 1988 von Ludmila Seefried-Matějkovás der Brunnen „Tanz auf dem Vulkan“. Aus einem Kraterkegel sprudeln die frischen Wasser, keine Lava. Die Menschen, die auf dem

Kraterrand tanzen, eine Sängerin und zwei sich die Hände reichende Paare, sie wollen sich aneinander festhalten, nicht abstürzen, sie sind fröhlich, sind sich nicht der Gefahr bewusst, der sie ausgesetzt sein könnten, wenn der Vulkan statt des Wassers Feuer spie. Am Fuße sitzt der Klavierspieler, ein Satyr, der die Tänzer anheizt. Bei einbrechender Dunkelheit werden Fontänen und Klavierspieler durch weiße, und der Vulkankrater durch rote Niedervoltscheinwerfer ins rechte Licht gesetzt, und es bietet sich dem Besucher ein stimmungsvolles Bild.
Am bekanntesten ihrer Werke ist der 1985 geschaffene „Doppelgängeradmiral" in Berlin-Kreuzberg, eine 7,40 m hohe Bronzeskulptur mit Bezug auf den Namensgeber der Straße Adalbert Heinrich Wilhelm, Prinz von Preußen (1811-1873), der Admiral war, Sohn des jüngsten Bruders Wilhelm von König Friedrich Wilhelm III. Der doppelte Admiral verfolgt mit seinem Fernrohr die Admiralstraße, die in 1970ern durch Abriss und Neubau verschwand. Am Fuße der Sanduhr, Symbol für Vergänglichkeit, auf der der Doppeladmiral steht, der sitzende Mundharmonikaspieler und die Punkerin, Walkman hörend.

Während der Sitzungen mit dem Modell der Punkerin entwickelte sich eine Freundschaft zwischen ihr und der Bildhauerin. Ludmila Seefried-Matějkovás machte eine zweite Bronze von dem Modell. Jetzt sitzt sie auch in Wilmersdorf auf den Stufen zu dem Theater Coupé, am Julius-Morgenroth-Platz, benannt nach einem jüdischen Arzt, in unmittelbarer Nähe zur Kommunalen Galerie am Hohenzollerndamm.

Der seinerzeitige Leiter der Galerie, Udo Christoffel, hatte vor, die Leerfläche des kleinen Platzes zu einem Skulpturenpark auszubauen. Ludmila Seefried-Matějkovás war sofort bereit, drei Skulpturen zur Verfügung zu stellen, erst mal für ein halbes Jahr: „Der Gedanken eines Mimen", die „Punkerin" und die liegende „Punkerin", die im Stufenschatten meist übersehen wird. Da wie bei vielen schönen Projekten in Berlin das Geld fehlt, wurde der Skulpturenpark nur halb ausgeführt.
Mittlerweile sind 20 Jahre ins Land gegangen, und die Menschen haben die Skulpturen, die Ludmila vor Ort gelassen hat, lieb gewonnen. Das Bürgeramt befindet sich auch in dem Haus, das viele Leute besuchen und im Vorübergehen der Punkerin über die Mähne streicheln. Bezahlt ist von den Figuren nur der Mime. Über den weiteren Verbleib der Punkerinnen muss verhandelt werden, denn Ludmila Seefried-Matějkovás verlässt nicht nur wegen der enorm hohen Kosten wie der Miete für ihr Atelier nächstes Jahr Berlin. Sie wird in ihre Heimat Tschechien zurückgehen.
Ihre Werke werden künftig zu sehen sein in einem Kloster in der Nähe von Pilzen.
Ludmila hat leider Berlin verlassen, es gab keine Lösung für die Plastiken.
Weder die namens „Walkman", die Musik per Kopfhörer hörende Punkerin, noch die „Schlafende", die eine junge Frau auf dem Boden liegend zeigt, konnten bleiben, sie wurden vom Bezirksamt nicht bezahlt, also sind sie mit Ludmila nach Tschechien gegangen.
Geblieben ist die Schauspieler-Skulptur „Der Mime" – da konnte man sich finanziell einigen. Aber Berlin muss

nicht ganz auf die Punkerin, die sehr beliebt war, verzichten. Denn die Punkerin aus einem der drei Wettbewerbe, die Ludmila in den 1980er-Jahren gewonnen hatte, darunter den für die Kreuzberger Admiralstraße, flankiert den sogenannten „Doppelgängeradmiral“ zu seinem Fuße, allerdings nicht in Wilmersdorf.

Böhmisches Viertel und Marina Zwetajewa

Die abgelegten Schuhe vom Titelbild in dem Fenster neben dem Haus mit der Gedenktafel für Marina Zwetajewa, die an der Trautenaustraße 9 von Privatleuten 2006 angebracht wurde, standen da auf dem Fensterbrett, wie aus einer anderen Zeit stammend, von einer Frau, die nicht mehr so weiterlaufen wollte oder konnte, weil sie Blasen an den Füßen hatte.

Manchmal ist Barfußlaufen komfortabler. Ich bat einen Mann namens Günter, das Foto zu machen. Mehr weiß ich davon nicht.

Marina ist bei uns fast unbekannt, dabei ist sie nach Anna Achmatowa die bedeutendste Lyrikerin Russlands. Sie ist am 26. September[jul.] / 8. Oktober 1892[greg.] In Moskau geboren, am 31. August 1941 in Jelabuga, Sowjetunion, gestorben.

In der Folge der Oktoberrevolution flohen viele Intellektuelle, in Berlin sollen in den Zwanzigerjahren 300.000 Russen gelebt haben, die meisten in Charlottenburg, das deshalb Charlottengrad hieß, aber auch Wilmersdorf als Nachbarbezirk beheimatete viele Russen, vor allem in dem Viertel um den Prager Platz, weil hier das Café

Prager Diele war, wo Ilja Ehrenburg einen Stammtisch hatte und die Exilrussen verkehrten, eben auch Marina Zwetajewa.

In Ehrenburgs erstem Roman, dessen barocker Titel so beginnt: *Die ungewöhnlichen Abenteuer des Julio Jurenito* [...], verarbeitet er seine Erfahrungen mit Krieg und Revolution und setzte sich mit seiner beißenden Satire auf alle kriegführenden Mächte und Völker, aber auch auf die Bolschewiki, zwischen alle Stühle. Das Buch wurde 1922 in Berlin gedruckt und konnte Anfang 1923 mit einer Einführung Bucharins auch in Moskau erscheinen; bald wurde es in mehrere Sprachen übersetzt. Er verbrachte in Berlin gut zwei Jahre und war äußerst produktiv.

Das Viertel um den Prager Platz ist in den 1870er-Jahren entstanden, als J. A. W. von Carstenn, Stadtentwickler des Südwestens, die Felder des Ritterguts Wilmersdorf bebauen ließ. Die beiden Neubaugebiete Wilmersdorf und Friedenau gehören stadtplanerisch zusammen und sind mit der Kaiserallee, heute Bundesallee, verbunden, nur dass Friedenau eine selbstständige Gemeinde im Landkreis Teltow wurde mit einem eigenen stolzen Rathaus, das allerdings erst im Ersten Weltkrieg fertiggestellt wurde.

Die sogenannte Carstenn-Figur hatte für Wilmersdorf vier Schmuckplätze vorgesehen, den Prager, den Nikolsburger, den Fasanen- und den Nürnberger Platz, der letzte ist kaum noch zu erkennen.

Die Gegend ist hauptsächlich nach böhmischen Orten benannt, die mit dem 1866er-Krieg der Preußen gegen Österreich und Böhmen zu tun haben, der für die Preu-

ßen siegreich ausging, lediglich in Trautenau erlitten sie Verluste, dennoch wurde eine Straße nach der Stadt im Riesengebirge genannt, in der ich geboren wurde und in der Marina Zwetajewa 1922 lebte.
Der Nikolsburger Platz ist noch gut erhalten, der Prager Platz rekonstruiert, Cafés wie in der Weimarer Zeit gibt es hier, aber nicht die historischen. Wo jetzt die Bio Company ist, war das Café Josty, da ließ Kästner den Dieb aus *Emil und die Detektive* frühstücken.
Die Litfaßsäule ist an der Ecke Trautenaustraße/Bundesallee noch erhalten (leider nicht mehr die originale). Kästner selbst wohnte in der Prager Straße und kannte die Ecke sehr gut. Ob zu seiner Zeit, Ende der Zwanzigerjahre, noch immer so viele Russen hier wohnten, ist nicht verbürgt, denn viele, wie Zwetajewa, zogen weg. Auch Vladimir Nabokov, der Verfasser der *Lolita,* die er aber erst in den USA schrieb, der im gleichen Haus in der Trautenaustraße 9 wohnte, allerdings einige Jahre später als Zwetajewa, er zog in die Nestorstraße, wo er mit einer KPM-Gedenktafel geehrt wird.
Marina Zwetajewa kam aus einem gebildeten Haus und wuchs kosmopolitisch auf, studierte an der Sorbonne Literaturgeschichte und begann in der Blütezeit des Symbolismus zu dichten. Sie heiratete 1912 Sergei Jakowlewitsch Efron, einen Offizierskadetten, sie war 19, er 18 Jahre alt. Sie hatte aber auch Liebschaften mit anderen, u. a. mit Ossip Mandelstam, dem sie eine Gedichtsammlung mit dem Titel *Meilensteine* (1916) widmete. Eine stürmische Beziehung (1914-1916) hatte sie auch zu der Dichterin Sofia Parnok, was sie in dem Ge-

dichtzyklus *Die Freundin* bzw. *Der Fehler* (1920) behandelte.
Sie hatte mit Efron zwei Töchter, wovon eine als Kleinkind starb, und einen Sohn. Efron war im Krieg und schloss sich dann der Gegenrevolution in der Weißen Armee an. Erst 1922 traf sie Efron in Berlin wieder. Nach dieser Berliner Zeit zogen sie nach Prag, wo sie ein Stipendium vom tschechischen Staat bekam und er Politikwissenschaft studierte. 1925 übersiedelten sie für die nächsten 14 Jahre nach Paris. Efron und die Tochter kehrten in die Sowjetunion zurück, sie hatten vor, sich mit dem Regime zu arrangieren.
Zwetajewa bekam Schwierigkeiten bei den Exilanten in Paris, auch sie kehrte 1939 mit ihrem in Paris geborenen Sohn in die Sowjetunion zurück, hatte aber den Stalin-Terror unterschätzt, zudem war der Zweite Weltkrieg ausgebrochen.
Sie war all die Jahre mit Pasternak befreundet, der in der Sowjetunion geblieben war. Er verschaffte ihr Übersetzungen, aber auch hier war sie geächtet. Ihr Mann und ihre Tochter wurden inhaftiert, Efron 1941 erschossen, sie und ihr Sohn nach Jelaburga in die Tatarische autonome Republik evakuiert, am 31. August erhängte sie sich.
Das sind so äußere Lebensdaten eines der vielen Leben im 20. Jahrhundert, die ohne diese politischen Katastrophen und Kriege anders verlaufen wären.
Aufgrund ihrer Herkunft, Bildung und Fähigkeiten hätte sie ein geordnetes Leben und Erfolg wie vielleicht Tolstoi haben können, der das Glück hatte, vor der Revolution gelebt zu haben, den sie wie viele Große der Zeit in jungen Jahren persönlich kannte.

Marina Zwetajewa hat trotz der Zerrissenheit ihrer Zeit ein beachtliches Werk, auch ins Deutsche übersetzt und meist bei Suhrkamp erschienen, hinterlassen.
Ihr Gedicht:

An Berlin

Der Regen wiegt den Schmerz ein.
Unter dem Fluten herabgelassener Läden
Schlafe ich. Über den erzitternden Asphalt
Hufe – wie Beifallklatschen.
Eine Weile lebte sich's gut, jetzt verschwimmt es.
In meiner golden erglänzenden Verlassenheit
Habt ihr euch, Kasernen, erbarmt
Der märchenhaftesten aller Verwaistheiten!

Sie hatte eine intensive Brieffreundschaft mit Rainer Maria Rilke, obwohl sie sich nie begegnet sind. Die Korrespondenz dauerte nur vier Monate im Jahre 1926, Rilke ist todkrank, er ist 51, sie 34. Sie führt das Gespräch nach seinem Ableben fort. Sie wird sagen: *Rilke war mein letztes Deutsch – wie ich sein letztes Russland war.*
Rilke war durch seine Freundschaft mit Lou Andreas-Salome, mit der er in Schmargendorf gelebt hat und die russischstämmig war, russophil, er lief im Russenhemd rum und aß für sein Leben gern Borschtschsuppe.
So trifft es sich gut, dass auf dem Prager Platz von der Prager Rilke Gesellschaft eine Stele aufgestellt wurde mit der letzten Strophe der 9. Duineser Elegie von Rainer Maria Rilke:
Siehe, ich lebe. Woraus? Weder Kindheit noch Zukunft werden weniger ... Überzähliges Dasein entspringt mir im Herzen.

Sie ist auch in Tschechisch an der Stele angebracht, obwohl er – wie Kafka auch – nicht in Tschechisch dichtete.

Lotte Laserstein zum 125. Geburtstag

**28. November 1898 in Preußisch Holland im ostpreußischen Oberland – †21. Januar 1993 in Kalmar/Schweden*

DAS VERBORGENE MUSEUM existierte von 1987 bis 31.12.2021 in der Schlüterstraße 70 als Frauenmuseum, in dem besonders vergessene Künstlerinnen des 20. Jahrhunderts ausgestellt wurden. Dieses Museum wurde wesentlich initiiert von der Künstlerin und Feministin Gisela Breitling (1939-2018).
Sie kuratierten in den Räumen des Ephraim Palais, Berlin, vom 07.11.2003 - 01.02.2004 als erste eigenständige Ausstellung in Deutschland nach dem Krieg die Ausstellung „Lotte Laserstein – Meine einzige Wirklichkeit". Das war schon eine kleine Sensation.
Dann fand 2018/2019 im Städel-Museum, Frankfurt/Main, die Ausstellung statt: Lotte Laserstein – Von Angesicht zu Angesicht. Die Ausstellung wurde im Frühling/Sommer 2019 unter demselben Titel und mit Porträts, Landschaftsbildern, Spätwerken und Bildern aus ihrem künstlerischen Umfeld der 1920/30er-Jahre erweitert auch in der Berlinischen Galerie, Berlin, sowie zum Jahreswechsel 2019/2020 in der Kunsthalle Kiel gezeigt.
Auch wenn diesen Ausstellungen kleinere internationale Präsentationen vorangegangen waren, wurde nunmehr klar, jahrzehntelang wurde nach dem Krieg eine große Berliner Malerin der Zwanziger einfach vergessen. Das

war mit vielen Künstlern geschehen, die von den Nazis unter dem Verdikt „Entartete Kunst“ entsorgt worden waren. Aber die männlichen Künstler wurden nach dem Ende des Terrorregimes doch wieder schneller der Vergessenheit entrissen, wenn es auch z. B. mit den Brücke-Künstlern etwa 10 Jahre dauerte, bis sie schließlich auf der ersten Dokumenta 1955 in Kassel gezeigt wurden.

In der Liste der 148 teilnehmenden Künstlerinnen und Künstler wurden unter den wenigen Frauen Paula Modersohn-Becker und Gabriele Münter genannt, noch nicht mal Käthe Kollwitz. Lotte Laserstein gilt mittlerweile als bedeutendste Vertreterin der Gegenständlichen Malerei der Weimarer Republik.

Lotte Laserstein wurde am 28. November 1898 in Preußisch Holland im ostpreußischen Oberland geboren. Sie war die Tochter des Apothekers Hugo Laserstein und dessen Frau Meta. Nach dem frühen Tod des Vaters zog Meta Laserstein mit ihren beiden Töchtern zu ihrer Mutter Ida und deren alleinstehenden Schwester Elisabeth Birnbaum nach Danzig.

Birnbaum betrieb eine private Malschule, sodass Lotte Laserstein früh im Fach Malerei unterrichtet wurde. 1912 zog die Familie von Danzig nach Berlin. Lotte Laserstein absolvierte ihr Abitur an der Chamisso-Schule in Berlin-Schöneberg, einer höheren Mädchenschule, wo die Möglichkeit bestand, die Hochschulreife zu erwerben. Frauen hatten in Deutschland erst ab 1919 die Erlaubnis erhalten, an einer Akademie zu studieren.

Als Meisterschülerin von Erich Wolfsfeld spezialisierte sie sich auf die Porträtmalerei. Als eine der ersten Absolventinnen der Hochschule für die Bildenden Künste

schloss sie ihr Studium der Malerei im Zeitraum von 1921 bis 1927 mit Auszeichnungen ab. Ihre – meist – Porträtbilder zählen zur Neuen Sachlichkeit, der wesentliche Malstil der Zwanzigerjahre, zeitkritisch wie George Grosz oder Otto Dix.
1927 bezieht sie erstes eigenes Atelier in der Friedrichsruher Straße 33 a, Berlin-Wilmersdorf, in dem sie auch eine private Malschule einrichtet. Dann 1930 Umzug in die Nachodstraße 15 in Berlin-Wilmersdorf. Um diese Zeit findet ein Stilwechsel statt. Laserstein gibt den konturbetont flächigen Stil zugunsten eines locker gelösten Duktus auf. 1925 hatte sie ihre langjährige Freundin Traute Rose kennengelernt, die sie in zahlreichen Bildern porträtierte. Darunter waren auch weibliche Akte, was Laserstein zu einer der ersten Malerinnen macht, die sich dieses Sujets annahmen, da bis zur Weimarer Republik den Frauen verboten war, Akte zu malen. Käthe Kollwitz konnte dem privat entgehen, indem sie aus der Arztpraxis ihres Mannes manchmal Akte „entlieh".
Als die Nazis an die Macht kommen, muss Laserstein 1935 ihr private Malschule schließen, sie wurde zur „Dreivierteljüdin" erklärt, da ihre Mutter Meta Jüdin war. Sie hatte diese Schule betrieben, um Kunststudentinnen auf das Akademiestudium vorzubereiteten.
Sie nimmt eine Tätigkeit als Kunstlehrerin an der jüdischen Privatschule von Helene Zickel an. Umzug in die Jenaer Straße 3, nahe Prager Platz. Hier ist seit Kurzem eine KPM-Gedenktafel angebracht, nach wie vor eine der wenigen, die weiblicher Persönlichkeiten gedenkt.
Schätzungsweise 10.000 Arbeiten umfasst das Gesamtwerk Lotte Lasersteins. Darunter sind für die Berliner

Jahre etwa 300 Gemälde und 100 Zeichnungen nachgewiesen.
Verbunden mit einer Ausstellung ihrer Werke in der Stockholmer Galerie Moderne nutzte sie die Gelegenheit, Deutschland mit dem Großteil ihrer Bilder zu verlassen. Im Dezember 1937 emigrierte Laserstein nach Schweden. Um die schwedische Staatsbürgerschaft zu erhalten, ging sie 1938 eine Scheinehe ein.
Die getaufte und assimilierte Jüdin lebte seitdem überwiegend von Auftragsporträts. Sie malte bis zu ihrem Tod Porträts und Landschaften.
Während des Zweiten Weltkriegs bemühte Laserstein sich vergeblich, auch ihre Mutter sowie ihre Schwester Käthe und deren Lebensgefährtin Rose Ollendorf nach Schweden zu retten. Die Mutter wurde 1943 im KZ Ravensbrück ermordet. Der Schwester gelang es im August 1946, zu ihr nach Schweden zu kommen. Lotte Laserstein verstarb am 21. Januar 1993 in Kalmar, Schweden.
Den Durchbruch zur allmählichen internationalen künstlerischen Anerkennung brachte erst eine Reihe von Ausstellungen, die in der Royal Academy of Arts (London) unter dem Titel „German Art in the 20th Century" im Herbst 1985 begann. Die Schau war dann im Frühling 1986 auch in der Staatsgalerie Stuttgart zu sehen.
Eine Wanderausstellung über deutsche emigrierte Künstler wurde 1986 unter anderem in London und Berlin gezeigt. Die Londoner Hayward Gallery zeigte im gleichen Jahr unter dem Titel „Dreams of a Summer Night" Künstler aus Skandinavien, bevor 1987 eine Einzelausstellung zu Lasersteins Werken von den beiden Londo-

ner Galerien Agnews und The Belgrave gemeinsam gezeigt wurde, bei der die betagte Malerin mit Traute Rose, die sie immer wieder porträtiert hatte, zugegen war. Diese Ausstellung erst leitete die allmähliche „Wiederentdeckung“ Lotte Lasersteins ein. Noch mit 92 Jahren war Lotte Laserstein künstlerisch tätig. Sie starb 1993 im schwedischen Kalmar kurz vor ihrem fünfundneunzigsten Geburtstag.

Vom Schönen Berg zum Böhmerberg zum Kleistpark

Das Dorf wurde urkundlich erstmals am 3. November 1264 erwähnt, als Markgraf Otto III. dem Nonnenkloster zu Spandau fünf Hufen Land im Dorf Schöneberg („villa sconenberch“) schenkte. Ein Dorf, am schönen Berg gelegen, auch wenn es ein Wunschname gewesen sein soll, zeigen die Veduten die Kirche auf einem schönen Hügel, den die Reisenden von Berlin nach Potsdam und umgekehrt passieren mussten, erfuhr wie so manch anderes Dorf unter Friedrich II. eine Erweiterung durch Exulanten. Im hiesigen Falle wieder mal mit böhmischen Webern ab den 1750er-Jahren, denen kleine Parzellen an der heutigen Hauptstraße zur Verfügung gestellt wurden, und zwar in dem Abschnitt zwischen Kleistpark und Kaiser-Wilhelm-Platz, seit Kurzem Richard-von-Weizsäcker-Platz, wo auch das erste Rathaus von Schöneberg stand. Hier ist genau der Abhang vom Teltower Hochplateau zum Berlin-Warschauer-Urstromtal, den wir auch in den anderen Dörfern haben (Wilmersdorf, Schmargendorf, aber auch vom Tempelhofer Feld hinunter nach

Kreuzberg), und der Berg heißt bezeichnenderweise seitdem Böhmerberg, was aber heute nicht mehr in Gebrauch ist, er könnte eher Türkenberg heißen, denn hier gibt es viele türkische Läden und Cafés.
Gehen wir die Hauptstraße weiter in Richtung Süden bis zur Kirche, dann finden sich noch einige Villen, die hier an der verkehrsreichen B1, die die Hauptstraße ja auch ist, deplatziert wirken, aber in der Zeit ihrer Entstehung war es hier noch dem Namen gemäß schön und die berühmten Millionenbauern von Schöneberg konnten sie sich leisten, denn über ihre Felder führten zwei Eisenbahntrassen, und Bodenspekulation lernt auch ein Bauer sehr schnell, während Madame und Mademoiselle sich in Mieder zwängen und Französisch lernen, denn es war angezeigt, einen verarmten Adligen zu ehelichen, sehr schön beschrieben in dem Roman von Max Kretzer „Der Millionenbauer". Hier gegenüber der Kirche ist auch noch die ursprünglich böhmische Familie, die Draht- und Hanf-Seile-Herstellerfirma Günther Lusche, ansässig.
Aber wieder zurück zum Kleistpark, was hat Kleist hier zu suchen, den wir lebend um den Gendarmenmarkt und begraben in Wannsee wissen?
Die Selbsttötung von Heinrich von Kleist und seiner Gefährtin Henriette Vogel 1811 hatte noch eine Weile in den Salons um den Gendarmenmarkt Gesprächsstoff geliefert, doch dann sind Kleist und sein Werk in der Versenkung verschwunden. 1828 wird eine bearbeitete Form des „Prinzen von Homburg" in Berlin gezeigt, nach drei Aufführungen im Juli 1828 wird sie auf Befehl von Friedrich Wilhelm III. abgesetzt. *Des Königs Majestät haben befohlen, dass das gestern aufgeführte Stück*

„Prinz von Homburg“ niemals wieder gegeben werden soll und ich beeile mich daher, dies Ew. Hochwürden-Hochgeborenen ganz ergebenst anzuzeigen.
Dies Verbot bleibt bis zum Tod des Königs in Kraft, erst ab 1841 wird der Prinz hin und wieder aufgeführt, aber erst 1861, zu Kleists 50. Todestag, kommt die Grabstätte am Wannsee in Erinnerung, indem der Dichter Max Ring berichtet, dass Kühe das Grab zertreten hätten. Daraufhin wurde 1862/63 ein Gitter um die Ruhestätte gezogen und ein Grabstein aufgestellt. 1868 verfasste Max Ring für den verstorbenen Kleist den Vers „Er lebte, sang und litt in trüber, schwerer Zeit. Er suchte hier den Tod und fand Unsterblichkeit“. Auch Fontane war an der Grabstätte und schrieb in seinen Fünf Schlössern darüber.
Da Max Ring Jude war, wurde sein Spruch 1941 entfernt und der Satz des Prinzen von Homburg angebracht: *Nun. O Unsterblichkeit jetzt bist du ganz mein.* Das war auch so in meiner Zeit, als ich die Stätte kennenlernte und ich werde es so in Erinnerung behalten, denn ich habe Bruno Ganz in der Rolle des Prinzen von Homburg in der Schaubühne gesehen, zwei Unsterbliche auf der Bühne vereint, Stückeschreiber und Schauspieler, das ist unvergesslich, da werden die politischen Bestimmtheiten Marginalien.
Zurück zum Kleist-Park. 1911 war wieder so ein Jahr, sich an Kleist zu erinnern, der hundertste Todestag.
In Berlin war baumäßig der Teufel los. Der althergebrachte Alexanderplatz wurde mit seinem neuen Bahnhof ins 20. Jahrhundert katapultiert, dazu musste das

Königstor verschwinden mit seinen Rokoko-Kolonnaden von 1777-1780 nach Plänen Carl von Gontard.
Schöneberg war eine eigene reiche Gemeinde vor den Toren Berlins und 1861 von Wilhelm I. gegen ihren Protest des Lands beraubt worden, das zwischen Landwehrkanal und Kleistpark lag, wozu auch das Gelände des St.-Matthäus-Kirchhofs in der Großgörschenstraße und des (alten) Botanischen Gartens an der Potsdamer Straße gehörte. 1898 erlangte Schöneberg endlich seine Stadtrechte. Trotz der Beschneidung, die zunächst mal Einwohner kostete, wuchs Schöneberg bis zur Jahrhundertwende auf nahezu 100.000 Einwohner an.
Der Botanische Garten, über den der Dichter Chamisso Zweiter Kustos war, lag in der Mulde des Böhmerbergs und war umweltmäßig obsolet geworden. Er wurde an die Südseite des Fichtenbergs in die frische Luft verlegt mit der Maßgabe, dass die großen Bäume in Schöneberg blieben (ich fand einen Maulbeerbaum) und nun mit den von Berlin herbeigeschafften Kolonnaden einen neuen Park bildete, in dem das Kammergericht seinen Platz haben sollte, der Kleist-Park genannt wurde in Erinnerung an die „Preußische Fackel", wie Kleist nunmehr genannt, was er aber nicht war, und als solche im Ersten Weltkrieg missbraucht wurde. Dass viele andere Schriftsteller und Künstler, sehr feinsinnige Menschen, sich von diesem Kriegswahn missbrauchen ließen, erwähne ich an anderer Stelle.
Ferner dass in diesem Gericht in der Nazizeit der unsägliche Volksgerichtshof tagte und auch der Schauprozess gegen die Attentäter vom 20. Juli 1944 stattfand, möchte ich am liebsten verschweigen.

Über Schöneberg gäbe es noch vieles zu berichten, es ist einer der interessantesten und in seinen Kiezen unterschiedlichsten Berliner Bezirke. Ich hatte meine Führung seinerzeit vom Kleistpark mit Seitenstraßen bis zum sehr interessanten Alten Kirchhof an der Dorfkirche und bis zum Rathaus Schöneberg gemacht. Diese dreistündige Führung stieß von allen meinen Führungen am wenigsten auf Interesse. Möglicherweise weil hier kaum Gedenktafeln zu finden sind. Eines Tages wird aber, hoffe ich, in der an den Kleistpark angrenzenden Elßholzstraße eine Gedenktafel zu finden sein für: Aldona Gustas, die ich kennenlernen durfte als eine für ihr Alter unkonventionelle und quirlige Künstlerin und Schriftstellerin.

Meine Seele ist litauisch, aber mein Verstand ist deutsch … – Zum Tod der Malerpoetin Aldona Gustas

*2. März 1932 in Karceviškiai, Rajongemeinde Šilutė, Litauen, †8. Dezember 2022 in Berlin[38]

Auch wenn sie kein Litauisch mehr spricht, war sie doch noch mal als 85-Jährige in Vilnius, um ihre Ausstellung „Mundfrauen" in der Nationalbibliothek zu eröffnen. Sie gesteht: *Meine Seele ist litauisch, aber mein Verstand ist deutsch …*

Sie hat sehr schöne Erinnerungen an die Kindheit in ihrer gemischt litauisch-deutschen Familie, erzählt sie, aber als Litauen 1940 von der Sowjetunion besetzt wird, wird ihr Vater – ein Litauer – nach Sibirien deportiert, die Mutter zieht zunächst nach Rostock und dann nach Berlin, wo Aldona seit 1945 lebt.

Viele Frauen erleiden das Trauma durch die Vergewaltigungen der sowjetischen Soldaten ... all diese Verwerfungen der europäischen Geschichte hat sie in ihrem Werk – Literatur wie auch in ihrer Kunst – verarbeitet.
Aber trotzdem ist sie bis ins hohe Alter das frische Mädchen geblieben, das auf ihren Bildern oft nur mit wenigen Strichen skizziert ist. Es ist eine Lebendigkeit in ihrem Werk – und eine prickelnde Erotik.
Dieses Gedicht kann sie als Einziges auch noch auf Litauisch, ansonsten hat sie die Sprache verlernt:

Ich bin ein kleines Mädchen,
wie die schönen Rauten,
ich drehe mich hin, ich drehe mich her
und kann sonst nicht mehr.

1962 erscheint ihr erster Gedichtband „Nachtstraßen“ in der Eremitenpresse von Victor Otto Stomps. Hans Sünderhauf illustrierte den Band mit seinen Holzschnitten. Seitdem erschien die Mehrzahl ihrer zahlreichen Gedichtbände in den Verlagen Eremitenpresse und Corvinus Presse, vielfach mit eigenen Zeichnungen und Grafiken.
1972 gehörte Aldona Gustas zu den Gründungsmitgliedern der Berliner *Malerpoeten*, als einzige Frau zwischen Günter Grass, Wolfdietrich Schnurre, Günter Bruno Fuchs und Kurt Mühlenhaupt sich zu behaupten, ist schon eine Leistung an sich. Für diese Künstlervereinigung organisierte sie Ausstellungen im In- und Ausland und gab Kataloge heraus.
1952 lernte sie den Schriftsteller und Journalisten Georg Holmsten (1913-2010) kennen, der nach dem Attentat auf Hitler einer der wenigen daran Beteiligten war, die

der Hinrichtung im Berliner Bendlerblock entkommen konnten. Sie heirateten, sie sagte von ihm, er habe sie zwar nicht zur Dichterin gemacht, aber werden lassen.
So dichtet sie in einem Gedicht:
„Ich war lange 1932 / ich war lange 1945 / ich war lange 1952 / ich war lange 1962 / ich war lange 1972 / in den Jahren dazwischen / lebte ich kurz.“ Das sind die wichtigsten Jahresdaten ihres Lebens.
In der GEDOK-Galerie in Berlin, in der sie seit 1964 Mitglied war, hatte sie 2022 zum 90. Geburtstag eine Einzelausstellung mit Werken aus der Sammlung der Corvinus Presse. Sie war auch Mitglied in der Künstlergilde Esslingen e. V.

Mit dem letzten Buch *Kas Naujo Aldona (Was Neues, Aldona).* Bildband, deutsch/litauisch. Raudondvaris, Kauno 2019, schließt sich ihr Lebenskreis, der 1932 in Šilutė, Litauen, begann.

In Rixdorf ist nicht nur Ostersonntag Musike

Böhmisch-Rixdorf zählt neben Nowawes und Friedrichhagen zu meinen ersten Führungen überhaupt, der Gund liegt nahe: Die Böhmen, sie sind allerdings schon vom Soldatenkönig angesiedelt worden, nicht erst von seinem Sohn Friedrich II., sie sind also die ältesten Böhmen in Berlin. Und welch ein Wunder in dieser Stadt und in diesem Bezirk Neukölln, wo ein Bewahren scheinbar wenig gefragt, weil so viel Neues tagtäglich kommt, es sind noch Nachfahren der ehemals aus dem Königreich

Böhmen Geflüchteten ansässig, das sieht man an den Namen der Klingeln der Einfamilienhäuser, die im Umfeld der Richardstraße noch vorhanden sind, die gleichen Namen wie auf dem historischen böhmischen Gottesacker nahe Karl-Marx-Straße. Die Schrifttafeln der ersten Generation, die dort begraben sind, ab 1760, sind noch in Tschechisch, eine Generation später mischte sich schon Deutsch in die Schriftbilder, ab 1800 wird nur noch Deutsch geschrieben, ein frühes Beispiel für Integration. Aber in den Familien soll sich das Tschechische bis Anfang des 20. Jahrhunderts gerettet haben.

Es gibt drei Kirchen im Umfeld dieses böhmischen Dorfes, die eine auf dem Richardplatz, lutherisch orientiert, ist die alte aus dem 15. Jh. stammende Dorfkirche von Richardsdorf, das später Rieksdorf und dann Rixdorf genannt wurde.

Lutherisch waren aber die ersten Geflüchteten des 18. Jahrhunderts nicht, sie waren meist Reformierte, also die strengere Richtung, die keine Bilder duldeten und auch mal Bildersturm machten, wenn ihr eine alte, aus der katholischen Zeit überlieferte, mit Bildern geschmückte Kirche überlassen wurde. So sieht man auch in der Kirchgasse in dem Gotteshaus der Brüdergemeine sogenannte Herrnhuter, nur weiße Wände, keinen Altar, nur einen Tisch mit weißem Tischtuch und der aufgeschlagenen Bibel darauf, dem Wort Gottes. Sie nennen sich Gemeine nach dem alten Wort Gemeine, jemand aus dem Volk, gemein als eine Eigenschaft, die mehrere Menschen gemeinsam besaßen, also nicht die heutige negative Konnotation.

Diese Gemeine gehen trompetenblasend am Ostersonntagmorgen um 6 Uhr zum böhmischen Gottesacker und feiern lautstark die Auferstehung Jesu. Ob daher das Lied stammt *In Rixdorf ist Musike ...*?, komponiert von Eugen Philippi (Musik) und Oskar Klein (Text) im Jahr 1895 nach der Vorlage einer böhmischen Polka.

Im Mittelalter gehörte der Flecken den Templern, die sich in Tempelhof angesiedelt hatten. Papst Clemens V. löste den Templerorden 1312 auf und übertrug den Besitz auf den Johanniterorden. Dieser beschloss 1360, den Hof des Johanniterordens im Bereich des späteren Richardsdorf in ein Dorf umzuwandeln.
1435 verkauften die Johanniter Richardsdorf zusammen mit Tempelhof, Mariendorf und Marienfelde an die Städte Berlin und Cölln, 1543 wurde es alleiniger Besitz von Cölln. Im Dreißigjährigen Krieg 1618-1648 wurde das Dorf bis auf acht Bauern- und Kossätenfamilien entvölkert und die Kirche brannte bis auf die Außenmauern nieder.
1709 verfügt König Friedrich I. die Vereinigung der fünf Städte Berlin, Cölln, Friedrichswerder, Dorotheenstadt und Friedrichstadt zur Haupt- und Residenzstadt Berlin. Die vereinigte Stadt hat 55.000 Einwohner.
Durch diese Fusion wird die Stadt Berlin Eigentümer des Dorfes, das sich ab 1737 Deutsch-Rixdorf nannte. Daneben wurde Böhmisch-Rixdorf durch König Friedrich Wilhelm I. (Soldatenkönig) für aus Böhmen eingewanderte Protestanten gegründet. 1867 lag die Einwohnerzahl von Deutsch-Rixdorf bei 5.000, die von Böhmisch-Rixdorf bei 1.500. Nach dem Sieg der Deutschen über die Franzosen

wurde 1871 Berlin deutsche Hauptstadt und ein Boom sondergleichen setzte ein.
Am 1. Januar 1874 wurden beide Dörfer durch königlichen Erlass vom 11. Juli 1873 zur Gemeinde Rixdorf vereinigt. 1875 war Rixdorf mit über 15.000 Einwohnern die größte Landgemeinde (Dorf) des Kreises Teltow und bekam am 1. April 1899 das Stadtrecht (Einwohnerzahl über 80.000, was z. B. der Gemeinde Steglitz versagt geblieben ist, nach der Stadternennung von Rixdorf wurde Steglitz größtes Dorf im Kreis Teltow, ist an anderer Stelle des Buches beschrieben) und nannte sich seit 1912 Neukölln nach dem ehemaligen Stadtteil Cölln, wo es ab dem 18. Jh. auch einen Ort NeuKölln am Wasser gab auf der südlichen Spreeseite gegenüber der Fischerinsel.
Der Name Rixdorf war obsolet geworden, weil zwischen Hasenheide und Richardplatz circa 150 Amüsieretablissements und unzählige Spelunken entstanden waren, das Bier in Strömen floss und man es mit der Moral nicht so ernst nahm, und das im biederen sittenstrengen Kaiserreich. Man erhoffte sich durch die Umbenennung in Neukölln auch einen Anstieg der Grundstückpreise und dass Finanzstärkere hinzuziehen würden, heute nennt man das Gentrifizierung.
So wie damals den Einheimischen das Tschechische fremd war, ist es heute das Türkisch-Arabische. Und Musik ist auch noch zu hören, und sei es aus den aufgemotzten Karossen, die mit donnerndem Motoren- und Musikboxengeknatter über die Karl-Marx-Straße düsen. Eigentlich hat sich nicht viel verändert in Rixdorf-Neukölln, der Mensch will feiern, jeder auf seine Art.

2. Teil
Charlottenburg, Kudamm, Berlin-Mitte und der Norden

Den Kudamm rauf und runter – Halensee und die preußische Geschichte

Nach zehn Jahren Wannsee zog es mich im Winter 1986/87 wieder an den Kudamm in seinen westlichen Teil, den ich kaum kannte, außer der Ecke Joachim-Friedrich-Straße, wo die Ruine des SDS (Sozialistischer Deutscher Studentenverband) war, in der wir uns während der Studentenunruhen trafen und wo auch Rudi Dutschke mit seiner Frau Gretchen und den kleinen Hosea Che wohnten wie andere linke Paare auch, denen ich in den sehr unterschiedlichen Etappen meines Lebens immer wieder begegnet bin. Hier befindet sich auch die Gedenktafel, in den Bürgersteig eingelassen, wo Rudi Dutschke angeschossen wurde am Gründonnerstag 1968; danach war die Studentenbewegung eine andere.
Der obere westliche Kudamm war lange noch mit Bauzäunen geschmückt, denn ab der Wilmersdorfer Straße in Richtung Grunewald hatten noch viele Häuser Kriegsschäden, weil der Bahnhof Halensee in der Nähe war und Berlin an den Bahntrassen im Krieg besonders zerstört worden war.
Die Gegend war entsprechend preiswert, ich hatte eine große Dreizimmerwohnung mit Ofenheizung eine Minute vom Kudamm weg in der Katharinenstraße, gleich

neben der KPM-Erinnerungstafel für Else Lasker-Schüler und Herwarth Walden, denen ich ein eigenes Kapitel widme.

Der Kurfürstendamm und seine Nebenstraßen in diesem Abschnitt, der zu dem Ortsteil Halensee gehört, ist nach den Kurfürsten der Mark Brandenburg genannt, davon nur zwei nach Kurfürstinnen: Katharina von Brandenburg-Küstrin (*10. August 1549 in Küstrin, †30. September 1602 in Cölln) war eine Prinzessin von Brandenburg-Küstrin und durch Heirat Kurfürstin von Brandenburg. Sie heiratete am 8. Januar 1570 in Küstrin ihren Neffen zweiten Grades, den späteren Kurfürsten Joachim Friedrich von Brandenburg (1546-1608), nach dem die Joachim-Friedrich-Straße benannt ist. Sie kümmerte sich um die Versorgung von Armen und Notleidenden, legte im Wedding in Berlin eine Molkerei an, ließ deren Produkte am Berliner Molkenmarkt verkaufen und gründete aus dem Ertrag die Schlossapotheke, wo sie unentgeltlich Medikamente an Bedürftige abgab.

Die Nächste, nach der der Henriettenplatz benannt wurde, ist schon etwas bekannter: Luise Henriette von Oranien-Nassau (*7. Dezember 1627 in Den Haag, † 18. Juni 1667 in Cölln). Sie war verheiratet mit Friedrich Wilhelm von Brandenburg, als Großer Kurfürst in die Geschichte eingegangen. Nach ihr ist Oranienburg benannt.

Sie brachte das Geld nach Brandenburg, nachdem dieses Kurfürstentum durch den Dreißigjährigen Krieg besonders ausgepowert war und auch noch den schwedischen Angriff, die „Schlacht bei Fehrbellin“, 1675, der Heinrich von Kleist seinen „Prinzen von Homburg“ entlehnte, sieg-

reich abwehren musste, weshalb dem Kurfürsten dieser Ehrentitel „Großer Kurfürst“ zukam. Ich hatte viele Jahre nur drei Zahlen aus der preußischen Geschichte auswendig gelernt:
1640, Thronbesteigung des Großen Kurfürsten, 1740, Thronbesteigung des Großen Friedrich II. und 1840 die Thronbesteigung des „Romantikers auf dem Thron“, Friedrich Wilhelm IV., in dem sich wieder alle preußischen Namen verewigten, Friedrich – Wilhelm, und der leider 1848 die Republik verhinderte bzw. eine liberale Monarchie.
Der Große Kurfürst war auch derjenige, der das Edikt von Potsdam (1675) erließ, das bei meinen Führungen auch immer wieder eine Rolle spielt.
1685 hob Ludwig XIV. das Edikt von Nantes auf, das die Hugenotten geschützt hatte. Durch das Potsdamer Edikt vom 6. November 1685 ermöglichte der Große Kurfürst 15.000 calvinistischen Protestanten aus Frankreich die Ansiedlung in seinen Staaten. Dies führte zu einem Aufschwung der Industrie, besonders auch der von mir immer erwähnten Seidenproduktion, die ja das Nonplusultra für das barocke Zeitalter war, wo selbst Männer in Seide gekleidet sein wollten, die Tapeten und Stoffbezüge der Polstermöbel, die künstlichen Blumen aus Seide waren. Der Film „Die gefährlichen Liebschaften“ von 1988 mit dem großartigen John Malkovich zeigt die Eitelkeiten und Intrigen im adligen Frankreich des 18. Jahrhunderts, vor der Französischen Revolution, alles in Seide gehüllt, vom parfümtrunkenen Seidentuch bis zu den changierenden Seidenstrümpfen, von der flim-

mernden Bettwäsche bis zum durchgesessenen Seidenbrokatchaiselongue.
Zu der preußischen Geschichte von Halensee gehört auch die Entstehung des Kurfürstendamm, der am Bahnhof Halensee 15 Meter höher liegt als an der Gedächtniskirche, auch dies ist dem Teltower Hochplateau zu verdanken, das ja auch ein Lieblingsthema von mir ist, weil es der Landschaft die spezifische Struktur verleiht.
Bismarck, sonst nicht mein Liebling, hat hier was Großartiges vollbracht gegen den Willen von Wilhelm I., den er in Paris 1871 in Schloss Versailles zum Deutschen Kaiser machte, was nicht das Gleiche ist wie Kaiser von Deutschland, das war der feine Bismarck'sche Trick, er wurde das Staatsoberhaupt des Deutschen Reiches, das von 1871 – 1918 bestand.
Während die Habsburger ab Maximilian I. (ab 1508) bis zu Napoleons Zeiten den Kaiser des Heiligen Römischen Reichs Deutscher Nation stellten, hieß der Kaiser ab 1806 nur noch Kaiser von Österreich/ab 1867 kam Ungarn dazu/und die deutschen Länder inkl. Preußen und Österreich, u. a. Deutscher Bund. Ich kann mich noch an meinen Volksschulunterricht des einzigen älteren Nachkriegslehrer in der protestantischen Brühler Schule erinnern, wie er mit strengem Blick vorne stand, den Rohrstock in der einen Hand, an seinen Hosenträgern flitschend mit der anderen Hand. War es richtig, Österreich auszuschließen bei der Gründung des Deutschen Kaiserreichs?
Wehe, es wäre jemandem in den Sinn gekommen, nein zu sagen. Er war Bismarckanhänger im Gegensatz zu den übrigen Rheinländern, die im Karneval noch bis heute

wegen des Ehrverlusts durch die preußische Besetzung des Rheinlands und Bismarcks Kulturkampf das Stippefötsche haben und den Elferrat bzw. überhaupt die Liebe zu der Zahl Elf, 11.11. 11 Uhr 11.

E - Egalité

L - Liberité

F - Fraternité

Die Losung der Französischen Revolution und die Vorliebe der Rheinländer für Frankreich, Paris ist näher als Berlin, und die Mentalität, rheinischer Frohsinn, Leben und Lebenlassen, eher dem Französischen verwandt.

Trotz der preußischen Liebe dieses Lehrers, ein protestantischer aus Ostpreußen, ist mir Bismarck unsympathisch. Und dennoch, und da sind wir wieder am Ausgangspunkt unseres Geschichtsexkurses, Bismarck, stolz steht er mit Dogge am Bismarckplatz nahe Halensee, ist der Begründer des Kurfürstendamms und der Villengemeinde Grunewald, die eine großartige städtebauliche Leistung ist gegen den Willen seines Herrschers, der nichts von seinem Jagdrevier Grunewald verkaufen wollte für die großstädtischen Pläne seines Kanzlers, die er sich in Paris abgeguckt hat bei dem dortigen Städteplaner Georges-Eugène Baron Haussmann (*27. März 1809 in Paris, † 11. Januar 1891 ebenda). Vorbild für die neue Prachtallee Kurfürstendamm war die *Avenue des Champs Élysées.*

Zur 750-Jahrfeier Berlins 1987 bekam der Kurfürstendamm endlich auch einen Obelisken, nämlich am Henriettenplatz. Die Einweihung habe ich miterlebt wie überhaupt die vielen Festivitäten am Kurfürstendamm. Gleichzeitig fanden auch in Ostberlin Feierlichkeiten statt, worüber Bemerkenswertes zu berichten ist, dass nämlich die DDR-Architektur jetzt auch wieder Zitate zulässt wie Säulen mit Architrav und Pilaster und in Retrobauweise Stadtviertel erschafft wie das Nikolaiviertel oder die Sophienstraße. Das hatte ich mir aber nicht angetan zu besichtigen, stammte ich doch aus einer echten barock-rokkoko-gestylten Stadt mit Welterbe-Status. Da fand ich den Palast der Republik attraktiver, weil der was Eigenes war, was ja nichts mit Schönheit zu tun haben muss. Ich bin auch der Meinung, dass zumindest Teile des Palasts in das neue Schloss hätten integriert werden müssen, aus baulichen und politischen Gründen.

Der Kurfürstendamm ist ein Erfolgsmodell des späten 19. Jahrhunderts, er wird von 1880 an gebaut, die Straßenbahn, mit Dampf noch angetrieben, fährt ab 1886, Fontane lässt den alten Treibel von den Spargelfeldern an der Georg-Wilhlem-Straße erzählen, an der heutigen Halenseestraße an den Hängen zum Halensee entsteht La Luna, ein großer Vergnügungspark mit allen Frivolitäten und Belustigungen der Zeit einschließlich Wellenbad und Belustigungen aus aller Welt, die unsere heutige Jugend entsetzen würden (zu Recht) wie die Menschenschauen etc.
Der Bau des Kurfürstendamm dauerte eine ganze Generation, angefangen beim Tiergarten, die heute Budapester Straße heißt, war der Kurfürstendamm 4,5 km lang, ab den Zwanzigerjahren beginnt er erst an der Gedächtniskirche und ist nur noch 3 km lang. Alle Bürgerhäuser hatten kleine Vorgärtchen, in denen oftmals kleine Cafés waren, viele literarische Cafés und Varietés,

in den Zwanzigerjahren kamen die Filmhäuser dazu. Josephine Baker trat 1926 im Nelson-Theater am Kurfürstendamm, Ecke Fasanenstraße auf mit entblößter Brust und roten und blauen Federn, sodass die Kritiker das Tier in ihr assoziierten: *Adolf Stein verglich sie mit einer Ente, ein Journalist der „Berliner Börsenzeitung" mit einem Känguru und Fred Hildenbrandt, Feuilletonchef des „Berliner Tageblatts", mit einem „dunkelhäutigen Kolibri". Andere Autoren beschrieben sie als Schlange, Giraffe oder Affe.*[39] Solche Vergleiche wären heute unvorstellbar. Aber damals standen die Schlangen vor dem Theater und warteten auf Einlass.

Die Nazis hassten den Kudamm, gerade wegen seiner Pluralität und Internationalität. Schon in den Zwanzigerjahren versuchten sie Veranstaltungen und Läden, die jüdisch waren, aufzumischen.

Als ich Anfang der Sechzigerjahre ankam, war noch viel Zerstörung, aber die Kinos und Cafés waren voll und lebendig, und die Berliner Durchreise lockte Modebesessene. Doch die Modebranche war nach dem Mauerbau in Gefahr und verschwand ganz im Laufe der Sechzigerjahre.

Allein das Konfektionsgewerbe, das am Westberliner Produktionsaufkommen mit elf Prozent beteiligt ist, hat 7900 Ostberliner Arbeitskräfte verloren. Die Berliner Bekleidungs-Industrie stellte bisher nahezu jedes dritte in Westdeutschland verkaufte Kleid her. Um die Grenzgänger zu ersetzen, füllen die Firmen seit dem 13. August ganze Spalten im Anzeigenteil der Westberliner Zeitungen.

Arbeitssenator Exner hatte während Adenauers Stippvisite Gelegenheit, detaillierte Maßnahmen vorzutragen, die nicht nur verhindern, dass ängstlich gewordenen Fachkräfte westwärts wandern, sondern darüber hinaus sogar Bundesbürger bewegen sollen, sich in Berlin zu verdingen.[40]
Auch wenn ich nicht aus der Textilbranche war, wurde ich bei einem Besuch im Oktober 1961 mit einer politischen Jugendgruppe aus Köln hängeringend gebeten, zum Arbeiten nach Berlin zu kommen.

Die Filmfestspiele hatte Oscar Martay, ursprünglicher US-Filmoffizier, 1951 initiiert, im Titania-Palast Steglitz zunächst, weil die Kinos am Kudamm noch kaputt waren. Sie wurden zu einem Weltereignis. Als ich Anfang der Sechzigerjahre ankam, war dieser internationale Flair voll zu spüren, trotz Mauerbau. Wir jungen Frauen machten uns schick und stöckelten in High Heels den Kudamm rauf und runter mit Blasen an den Versen und so nicht nur manchen Star hautnah sahen, sondern ihm auch ähnelten – vielleicht würde man uns entdecken (soll passiert sein).
Ich habe von 1962 bis 1994 am Kudamm im Buch- und Kunsthandel gearbeitet, der Kurfürstendamm war ein Kudamm, Abkürzung für Kulturdamm. Kennedy fuhr entlang, die Queen, Martin Luther King war am Kudamm, an der Mauer, aber auch in Ostberlin.
1963 trauerten wir um Kennedy in einem langen Marsch mit Fackeln am Kudamm, es war meine erste Demo.
Ab 1966 finden die meisten Demonstrationen der 68er, meist gegen den Vietnamkrieg, am Kudamm statt, es

war immer was los, ein Treffpunkt für Jung und Alt am Kranzler Eck. Es gab noch kein Handy, man lauschte den Buschtrommeln am Verkehrshäuschen.
Dieses Flair hat er heute verloren. Aber 1989 war noch was Besonderes los, am Kudamm.

Schlaftief – 1989

Ich hatte ein Helfersyndrom und ließ mich nach dem Mauerbau darauf ein, ein Jahr in Westberlin zu arbeiten, weil junge Arbeitskräfte fehlten. Zwei Freiflüge nach Hause und die ersten drei Monate ein Überbrückungsgeld von 50 Mark, weil man in Westdeutschland mehr verdiente als in Westberlin, waren der Dank.
Ich verließ in Köln meine geliebte Stelle bei der Bücherstube am Dom, wo ich mehr verdiente als in Berlin, und es dauerte zwei Jahre, bis ich eine adäquate Stelle gefunden hatte, die Stellen davor waren Verlegenheitsstellen. Weil ich mittlerweile die Aufnahmeprüfung für das Abendgymnasium bestanden hatte und das Abi nachmachen wollte, blieb ich.
Immer wieder gelockt durch Angebote ins Ausland, u. a. auch nach China, denn ich hatte mittlerweile Sinologie studiert. Aber der Jahrhundertwinter 1978/79 machte einen Strich durch die Rechnung, ich verunglückte schwer und war für Jahre bewegungsunfähig.
Also blieb ich.
Auch Heinrich von Kleist, bei dem ich draußen in Wannsee wohnte, hielt mich hier. Ich bekam eine leidliche

Stelle an der Uni und versorgte die Studenten mit Informationen über das Funktionieren unseres Faches.
Es war mitten im Semester, die Türklinke kam nicht zur Ruhe, wo ist das Zimmer von Prof. Soundso, können Sie mir sagen, wo mein Seminarschein liegt, das Telefon klingelt. Frau Schon, können Sie mein Seminar noch in das Vorlesungsverzeichnis aufnehmen ...
Abends im Seminar, das ich über Zhuangzi und Mengzi anbot, beklagen sich Studentinnen, dass zu wenig Feminismus vorkommt, das sei doch in der Seminarankündigung der Grund gewesen, an dem Seminar teilzunehmen. Was ist Feminismus bei Mengzi zum Beispiel, er sieht in dem Menschen das Gute, ist es das? Mehr noch, die Menschen verlieren ihre angeborene Güte, wenn sie sie nicht ständig anwenden und trainieren. Das tut die Mutter jeden Tag dem Kind gegenüber.
Auch erhält der Mensch eine gewisse moralische Erfrischung durch den Schlaf, das kam mir sehr gelegen, ich fiel jeden Tag erschöpft ins Bett.
Morgen muss ich die Vorlesungsverzeichnisse tippen, das dauert 14 Tage, bis alles gebacken ist, dann muss es in die Fachbereichsverwaltung, dann in die Druckerei, dann ist Weihnachten ... sind die letzten Gedanken vor dem Einschlafen.
So läuft jedes Semester mein Kopfkino ab, im Sommersemester ist Pfingsten die Zäsur, das ist aber noch schwieriger, weil Pfingsten jedes Jahr anders ist, aber jetzt erst mal ...
Ich muss ganz tief geschlafen haben, denn der Wecker zeigt eine unangenehme Verspätung, ich muss hetzen. Also fahr ich mit dem Auto, obwohl ich das aus Umwelt-

gründen eigentlich nicht mehr will. Ich wohne in Halensee, eine Minute vom Kudamm weg, und könnte bequem den Bus nehmen.
Ach, Scheiße, die drehen schon wieder am Kudamm einen Film, da stehen überall Trabbis auf dem Bürgersteig und ein Gewusele von Menschen.
Wahrscheinlich ein Hollywood-Krimi, 007 im Anflug auf den Osten, den Gorbatschow entführen, der macht ja sowieso eine sowjetfeindliche Politik und ist wahrscheinlich in dem Film Doppelagent ...
Ich komme auf Umwegen und verspätet im Institut an.
Mein Gott, war der Kudamm wieder verstopft, komischerweise diesmal von Trabbis, sage ich. Warum trinkt ihr denn Sekt, hab ich einen Geburtstag übersehen?
Sag mal, bist du vom Mond, kommt Kollege Wiesental auf mich zu, Prost, Kolleschin, berlinert er. Uff de Jenossen vom Osten.
Bist du schon blau oder was?, frage ich, lehne den Drink ab, ich hab zu tun.
Also jetzt arbeiten ist konterrevolutionär, Jenossin.
Du weißt, dass ich kein SPD-Mitglied bin.
Du warst aber doch mal Maoistin, der Osten ist rot, haste jesunjen, und jetzt isser frei.
Wie, frei?
Ick glob et nit, jault er, die weeß nich, dat de Mauer offen ist.
Ich muss ja auch mal schlafen, protestiere ich und verziehe mich in mein Zimmer. Mach das Radio an, ja, da ist der Teufel los, die feiern auch. Reden mit Ossis und das beim SFB. Dann muss es stimmen, die Mauer ist offen, und dann waren die Trabbis echt.

Ich zittere. Oh Gott, denke ich, wenn jetzt die Armee durchdreht, die Russen kommen, hieß es immer ...
Erst im Frühjahr trau ich mich ans Brandenburger Tor, trinke meinen Sekt, neben mir sitzt ein Mädel aus Australien, die war in Polen mit der Taizé-Bewegung.
Sie sucht einen Schlafplatz. Ich nehm sie mit in meine Wohnung. Sie glaubt daran, dass der liebe Gott mich gerade an diesem Tag an diesen Ort geführt hat, um ihr einen Schlafplatz zu schenken. Sie bleibt drei Tage und lädt mich nach Australien ein, sie würde mir auch behilflich sein, falls ich ganz bleiben wollte.
Das wär doch eine Option, statt Brandenburger Tor Australien ... An meine amerikanischen Verwandten schicke ich in Glas eingelassene Mauerstücke, auch hier hätte ich eine Option, wenn doch noch einer durchknallen würde ...
Nun, wie man sieht, ich bin nicht ausgewandert.

Ein Mann namens Rudi

Schön war er nicht, oft unrasiert, damals war der Fünftagebart noch nicht chefetagenreif, dadurch finster, sprach mit hartem Akzent, war klein und drahtig (Zehnkämpfer, wollte in der DDR Sportjournalistik studieren, wurde aber nicht zugelassen), für die *Bildzeitung* war er der Bürgerschreck schlechthin, für die Taxifahrer am Kudamm einer, der von drüben bezahlt wird, wie wir alle, die wir am Kudamm demonstrierten: *Jeht doch rüber, woher ihr kommt ...*

Rudi kam von drüben, er studierte Soziologie und Philosophie an der Freien Universität Berlin, die 1948 von Dozenten und Studenten der Humboldt-Universität, die diese aus Protest gegen die Einflussnahme der Kommunisten verließen, gegründet worden war.
Rudi war Wehrdienstverweigerer und hatte sich damit die Berechtigung zum Studieren im Osten verbaut. Die jungen Männer aus Westdeutschland waren oftmals auch Wehrdienstverweigerer, sie zogen nach Westberlin, weil der besondere Status der Stadt keinen Dienst an der Waffe zuließ, die Bundeswehr hatte hier nichts suchen. Die Mädchen waren eine Minderheit, denn nur 10 Prozent der jungen Leute, die aus dem Westen kamen, waren weiblich. Eltern wollten Töchter nicht in das Sündenbabel Berlin lassen, und damals waren die jungen Leute erst mit 21 Jahren volljährig. Tendenziell hatten die Mädchen eine große Auswahl an tendenziell pazifistischen jungen Männern. Rudi heiratete 1966 die amerikanische Theologiestudentin Gretchen Klotz. Und um zu zeigen, dass man sich durchaus eine Symbiose zwischen Christentum und Kommunismus vorstellen konnte, nannten die beiden ihren ersten, 1968 geborenen Sohn Hosea Che nach dem biblischen Propheten und dem Revolutionär Che Guevara.
Es war nämlich keineswegs so, dass die aus dem Osten geflohenen jungen Leute wie Rudi Dutschke der Idee des Kommunismus den Rücken gekehrt hatten, sie wollten nur einen mit menschlichem Antlitz. Ende März 1968 reiste das Ehepaar Dutschke nach Prag, wo es den Prager Frühling begrüßte.
Bei allen Widersprüchlichkeiten in der Linken Bewegung – man kann schon sagen in ganz Europa und den USA –, in

einem waren wir uns alle einig: Wir demonstrierten gegen den Vietnamkrieg der Amerikaner, was in Westberlin ganz besonders prekär war, weil sie ja als Beschützer der Stadt galten und die amerikanischen Präsidenten (Kennedy 1963 und Vizepräsident Humphrey 1967) Westberlin Besuche abstatteten, was von dem Großteil der Bevölkerung mit großem Beifall bedacht wurde. Und selbst der Hollywood-Schauspieler, der 40. Präsident der USA, Ronald Reagan, leistete Beachtliches in Westberlin, indem er in einer Rede am 12. Juni 1987 an der Mauer am Brandenburger Tor in Richtung Osten an Gorbatschow appellierte: *Wir begrüßen Veränderungen und Offenheit; denn wir glauben, dass Freiheit und Sicherheit zusammengehören, dass der Fortschritt der menschlichen Freiheit die Sache des Weltfriedens nur stärken kann. Es gibt ein Zeichen, das die Sowjets machen können, das unmissverständlich wäre, das die Sache der Freiheit und des Friedens dramatisch voranbringen würde.*
Generalsekretär Gorbatschow, wenn Sie Frieden suchen, wenn Sie Wohlstand für die Sowjetunion und Osteuropa suchen, wenn Sie Liberalisierung suchen, kommen Sie hierher zu diesem Tor. Herr Gorbatschow, öffnen Sie dieses Tor. Herr Gorbatschow, reißen Sie diese Mauer ein!
Wenn Rudi Dutschke auch nicht everybody's darling war, er fesselte, wenn er im vollbesetzten Audimax sprach, obwohl die wenigsten ihn verstanden, weil die meisten von uns nicht Marx gelesen hatten wie er im Osten oder die Soziologen der Frankfurter Schule, deren Bücher allmählich erst, da in den Nazi-Zeiten verboten und verbannt, nachgedruckt, geraubdruckt werden mussten. Im Februar 1968 war an der Technischen Universi-

tät in Berlin ein internationaler Vietnamkongress. Im Vietnamkrieg sah Dutschke den Beginn einer revolutionären Entwicklung, die auch auf andere Dritte-Welt-Länder übergreifen könne. Das liest sich bei ihm folgendermaßen: *Dieser revolutionäre Krieg ist furchtbar, aber furchtbarer würden die Leiden der Völker sein, wenn nicht durch den bewaffneten Kampf der Krieg überhaupt von den Menschen abgeschafft wird.*

Herbert Marcuse, einer der großen Soziologen, der 1933 in die Schweiz und dann in die USA emigriert war, war wiederholt seit 1965 als Gastdozent an der Freien Universität, auch an seinen Lippen hingen wir, wenngleich sein 1967 in Deutsch erschienenes Hauptwerk *Der eindimensionale Mensch* schwere Kost war. Herbert Marcuse setzte sich kritisch mit dem Sowjet-Marxismus auseinander, in der Zeit des *Prager Frühlings* dringend notwendig, denn die SED hatte auch in Westberlin einen Setzling mit Namen SEW, der selbstverständlich gegen den Vietnamkrieg war, aber ansonsten die Repressionen der SU sich nicht zu kritisieren traute.

Rudi Dutschke sieht eigentlich in der Aufklärung die Lösung, aber an Marcuses Sprache geschult, liest sich das so: *Wenn wir es schaffen, den Transformationsprozess – einen langwierigen Prozess – als Prozess der Bewusstwerdung der an der Bewegung Beteiligten zu strukturieren, werden die bewusstseinsmäßigen Voraussetzungen geschaffen, die es verunmöglichen, dass die Eliten uns manipulieren ...*

(Rudi Dutschke im Interview mit Günter Gaus, 3. Dezember 1967)

Am 21. Februar 1968 trugen bei einer vom Berliner Senat mitorganisierten *Pro-Amerika-Demonstration* Teilnehmer Plakate mit der Aufschrift *Volksfeind Nr. 1: Rudi Dutschke*. Ein Passant wurde mit Dutschke verwechselt, Demonstrationsteilnehmer drohten ihn totzuschlagen.

Die Springer-Presse, vor allem die *Bildzeitung,* tat ein Übriges, um den Hass auf Rudi als das Sinnbild des Protests zu schüren.

Das Ehepaar Dutschke wohnte in dem Haus Kurfürstendamm 141, Ecke Joachim-Friedrich-Straße, in dem auch die SDS-Zentrale war, wo wir die Flugblätter auf Matrizen schrieben und dann mit einem Handapparat abzogen, immer jeweils maximal 500 Blätter, und am Kudamm und an den Universitäten verteilten.

Am Gründonnerstag 1968, dem 11. April, schoss der junge rechtslastige Hilfsarbeiter Josef Bachmann vor dem SDS-Büro dreimal auf Dutschke. Er traf ihn zweimal in den Kopf, einmal in die linke Schulter. Dutschke erlitt lebensgefährliche Gehirnverletzungen und überlebte nur knapp nach einer mehrstündigen Operation. Elf Jahre später, am 24. Dezember 1979, starb er an den Spätfolgen.

An der Stelle, an der er angeschossen wurde, heute eine sehr frequentierte Bushaltestelle, befindet sich – von den Passanten fast unbemerkt – eine in den Bürgersteig eingelassene, am 23.12.1990 enthüllte Bronzetafel zu seinem Gedenken.

Dr. Rudi Dutschke hat auf dem St. Annen Friedhof in Dahlem ein Ehrengrab in der Nähe seines Förderers und Freundes, des Theologieprofessors Helmut Gollwitzer. Im schneereichen Januar 1980 nahm ich mit einem

Gipsbein, das ich mir beim Schlittschuhlaufen geholt hatte, an der Beerdigung teil. Unvergesslich bei seinem Grab: mein Gipsabdruck im Schnee, der dicke Zeh guckte raus. Ich schickte eine Rose mit auf die Reise.[41]

Kudamm 140 – 55 Jahre danach

Der Filmemacher Gerd Conradt lud wieder mal Weggefährten ein, Rudi zu gedenken. Diesmal war es der 55. Jahrestag. Ich hab früher mit ihm politisch gearbeitet, besonders in der Zeit, in der ich in China war, was ihn sehr interessierte, weil damals kaum einer in dieses Land konnte. Später hat Gerd über China, Korea und viele andere Themen Filme gedreht.
Ich ging also an den Kurfürstendamm 140 und fand nur ein kleines Grüppchen um ihn geschart, unter anderem seine Tochter, die damals in den ersten politischen Kinderladen ging, und ihr Freundeskreis von relativ jungen Menschen, die sich sehr interessiert zeigten. Sie hatten Blumen niedergelegt auf die Bronzetafel für Rudi Dutschke an der Stelle, wo das Attentat geschehen war und auf Zeitungsfotos sein liegendes Fahrrad zu sehen ist, wovon er gestürzt war, und seine Schuhe, ein berührendes Bild, Schuhe eines Menschen, der einem Mordanschlag entgangen war, Schuhe von Kreidestrichen des polizeilichen Ermittlungsdienstes umrandet.
Zu unserer Runde gesellte sich ein bekannter Bürstenmacher aus Kreuzberg, der Rudi aus der Diskussion um die KPD/ML kannte, die sich nach dem Verfall der Bewegung und nach der Auflösung des SDS 1969/70 zu konsti-

tuieren versuchte und in den 70er-Jahren eine politische Größe wurde, die an den Abgeordnetenwahlen teilnehmen wollte (auch ich hatte unterschrieben, dass sie zugelassen werden sollte, und war deshalb aus der Gewerkschaft ÖTV geflogen) und die tatsächlich 0,7 Prozent der Stimmen erwarb. Diese Wahl stand unter dem Druck, den die Peter-Lorenz-Entführung durch die anarchistische Gruppe „Bewegung 2. Juni" (was sich auf den Anschlag auf Benno Ohnesorg bezieht) ausübte. Peter Lorenz war der CDU-Kandidat in der Stadt, die CDU bekam auch tatsächlich die meisten Stimmen, es blieb aber Klaus Schütz, SPD, Bürgermeister.

Unsere Runde an der Erinnerungstafel für Rudi Dutschke endete mit der Anregung der Jungen, man möge sich zu einem Gesprächskreis treffen, um über diese damalige Zeit zu reden. Das macht Hoffnung. Die Grünen allerdings, die früher an dem Gedenktag auch teilgenommen hatten, fehlten diesmal. Das macht weniger Hoffnung.

Giesebrechtstraße Nr. 20 – *Die Kommune 2*

Die Wohnung war riesengroß und wurde vom Sommer 1967 bis Sommer 1968 von der Kommune 2 bewohnt. Die große Krise, die nach dem Attentat auf Rudi Dutschke, Gründonnerstag, am 11. April 1968, bei der gesamten linken Bevölkerung ausbrach, erschütterte auch die Kommune 2.

Man hatte ursprünglich zusammen mit den Leuten der Kommune 1 getagt, die sich schon Anfang des Jahres 1967 zusammengetan hatten, sie wurden durch ihre

Aktionen berühmt, vor allem durch das sogenannte Puddingattentat auf den Vizepräsidenten Amerikas, Lyndon B. Johnson, der im April 1967 Westberlin besuchte. Die Kommune 2 wollte eine Theorie-Kommune sein. Es wurden psychoanalytische Sitzungen veranstaltet und auch veröffentlicht unter dem Titel: *Kommune 2, Versuch der Revolutionierung des bürgerlichen Individuums,* Berlin: Oberbaumverlag, 1969.

Den Kampf konnten sie nur verlieren – Es waren gefährliche Bürgersöhnchenspiele ...

Ich war verdammt nah dran – und freue mich, dass der Betonklotz in Stammheim bald abgerissen wird, auch wenn dort eine Jugendliebe begraben wurde ...
Ich lernte ihn kennen während der Vietnamdemonstrationen. Er trug immer einen Regenschirm bei sich. Er gefiel mir sehr, er erinnerte mich an James Dean, die Zartheit, aber auch Entschlossenheit in seinen blauen Augen. James Dean war der Schwarm meiner Halbstarkenjahre, neben Elvis Presley, ich war ein Arbeiterkind im Raum Köln und ging mit 14 Jahren in die Lehre und in Köln auf die Berufsschule. 1956 sah ich dort den Film „Rock Around The Clock", wir wurden verrückt vor Glück, Original-USA-Rock zu sehen, wir tobten, bundesweit, sogar in anderen europäischen Ländern gab es Krawalle, warum weiß keiner so genau. Aber sie zählen zu den ersten Jugendprotesten gegen die Autorität der Väter, die fast alle einen Weltkrieg hinter sich hatten, zumindest in Deutschland. Es war mein erster Protest.

Mein geliebter Opa, als Invalide kein Krieger, weder 1. noch 2. Weltkrieg, ein Friedensmensch, der Konflikte scheute, mit dem ich in die Pfifferlinge und Blaubeeren in Bonn ging, war entsetzt, dass in „unserem" Wald auf der Hardthöhe ein Kriegsministerium entstand. Wir waren bei den ersten Protestierenden dabei.
Als ich ausgelernt hatte, trat ich 1960 den Jungdemokraten bei, um bei den Wahlen 1961 den Alten aus Rhöndorf zu stürzen. Unter Erich Mende schafften wir es fast. Es kam aber die Berliner Mauer dazwischen. Wir fuhren vom Kreisverband Köln-Bonn im Oktober 1961 nach Westberlin, um die Mauer einzureißen. Ein junger Jungdemokrat aus meinem Ortsverband wurde später ein berühmter Politiker, ich traf ihn in Berlin wieder.
Da ich ausgelernt hatte, wurde ich nämlich geworben, nach Berlin arbeiten zu gehen, die jungen Arbeitskräfte fehlten, besonders die aus dem Osten.
Ich ging und arbeitete am Kurfürstendamm als Buchhändlerin und Buchhalterin, ich hatte beides gelernt.
Im Herbst 1962 veranstaltete der ASTA der TU Berlin einen Protest auf dem Steinplatz gegen Franz Josef Strauß wegen des Spiegelskandals. Der Spiegel-Artikel beschrieb, gestützt auf die Einschätzung des Nato-Oberkommandos, die Bundeswehr aufgrund ihrer mangelhaften Ausstattung als untauglich zur Vorwärtsverteidigung und kritisierte damit Bundesverteidigungsminister Franz Josef Strauß.
Wie aktuell! Man witterte Landesverrat. Ob es heute auch wieder so weit kommen könnte?
Jedenfalls lernte ich da schon kritische Leute in Westberlin kennen. Ich ging auf die Abendschule, um das Abitur

nachzumachen, und wurde Mitglied im Argument-Club, einem linken Theorieclub, wo wir Sartre und Marx' Frühschriften lasen.

Da ich am Kurfürstendamm arbeitete und in der Nähe lebte, kriegte ich fast alles mit. Am Verkehrshäuschen, bei Kranzler, wo die Älteren, und im Zuntz-Café, wo die Jüngeren verkehrten, konnte man Neuigkeiten erfahren, Handy gab es noch nicht, die Flugblätter wurden noch auf der Matrize geschrieben und handabgezogen.

Mein Vater war IG-Metaller, die kämpften stark gegen die Notstandsgesetzgebung, aber auch die FDP war in der vorgelegten Form dagegen, und besonders in der Studentenschaft wuchsen Widerstand und Gegendemonstrationen. Die Große Koalition 1966 gab den Rest an Staatsverdruss.

Ich machte mit einem Bekannten eine Zeitung, wir polemisierten dagegen, auch der § 218 stand am Pranger. Diese Zeitschrift „Mensch“ finanzierten wir durch ein Ehestandsdarlehen (Scheidung erfolgte 2 Jahre drauf). Wir verkauften sie als Individuen, wir waren berufstätig und keine Studenten, nach Feierabend am Kranzlereck und förderten als Individuen die Diskussion darüber.

Ab 1966 begannen die Vietnamdemonstrationen, 1967 gründete sich in der Wielandstraße der Republikanische Club, da traf sich die Linke von Westberlin und erfuhr die Neuigkeiten aus aller Welt.

Auch dort sah ich hin und wieder seine blauen Augen (obwohl ich eigentlich eher auf braune Augen stehe), meinen James Dean, auch bei der Demonstration gegen den Schah-Besuch im Juni 1967 sehen wir uns, wir waren in der Krummen Straße, wo Benno Ohnesorg erschossen

wurde. Auch in Hannover bei der Großdemonstration zu Bennos Beerdigung sah ich ihn, immer mit dem Regenschirm. (Ob das schon Träume von einer Kalaschnikow waren?)
Die Jugend war aufgewühlt in diesem Sommer 1967, trotzdem meldete ich mich beim gewerkschaftlichen Studentenverband an, ich komme ja aus einer Arbeiterfamilie, um nach London zu fliegen, dort gab es Bertram Russell und den Vietnamkongress.
Fliegen mit Charter war damals ziemlich unkomfortabel. Eh man so sitzt, immerhin eine Jugendgruppe von circa 20 Leuten, vergeht viel Zeit, kaum ist die Maschine oben, fängt die Frau vor mir an zu weinen, ihr ist schlecht. Ich geh aufs Klo, das heißt, ich will aufs Klo. Es ist verschlossen. Ich bleibe stehen und warte. Die Tür öffnet sich, und ich werde ohnmächtig, fast, ich falle ihm in die Arme, weil die Maschine ruckelt.
Na ja, den Rest kann man sich denken. Dass die große Liebe so viele Probleme macht, so unendlich schmerzt, ehe man sich kriegt. Ein Bekannter aus der Gruppe, der sah, wie wir aneinander würgten, stieß unsere Köpfe zusammen und sagte, nun küsst euch doch endlich.
Na ja, und dann ... blieben wir die Tage in London zusammen, ich kiffte das erste Mal, weil wir eine Kommune besuchten, wir besuchten die West-India-Docks, offizielle Jugend- und Sozialeinrichtungen etc. Nur schlafen konnten wir nicht miteinander, weil die Frauen in einem Gruppenraum schliefen und die Männer in einem anderen. Nur die Verheirateten hatten entsprechende Zimmer, die zu fragen, ob man mal da ... noch waren die Zeiten denn doch nicht revolutionär genug.

Mein James Dean lebte in Westberlin in einer Kommune, wo es Psychositzungen gab, die auch damals in eine Veröffentlichung flossen. Er benennt darin seine Schwierigkeiten mit Frauen. Aber ansonsten war er ein liebenswerter junger Mann, der auch mit den Kindern der Kommune gut auskam. Wenn er eigene Kinder gehabt hätte, wäre er sicher ein liebevoller Vater geworden, Stammheim hat es verhindert.

Wir quälten uns mit unserer Leidenschaft, ich war ihm zu heftig, er jammerte beim Sex. Ich ging auf die Abendschule, musste fürs Abitur lernen und auch noch arbeiten gehen, weil das Stipendium klein war.

Er kam aus Ostberlin, ursprünglich, aus gutbürgerlicher Familie, mangels Männern durch Kriegsverluste wurde er von Frauen, Tanten, wie er sagte, erzogen. Es ist immer wieder zu beobachten, wie er doch eigentlich lieber mit Männern zusammen ist. In der Kommune gab es auch jemanden, dem er nahe sein wollte.

Er war SDS-Mitglied, ich war SDS-Mitglied. Auch in der SDS-Zentrale am Kurfürstendamm trafen wir uns, aber er schien sich mir immer mehr zu entfremden. Wir feierten noch Weihnachten zusammen in der Kommune, der Kinder wegen wurde ein Baum aufgestellt, aber darüber diskutiert, dass das sehr bürgerlich ist ...

Ich hab mein Abitur gemacht und studiert und seit 1968 mit zwei anderen linken Buchhändlerinnen den Buchladen „Das Politische Buch" betrieben.

Da stand er eines Tages Hand in Hand mit einer anderen Frau vor mir und wollte ein Buch, hab vor Schreck vergessen welches. Ich dachte gleich, die passen besser zusammen.

Ich hatte immer verneint, als er mich fragte, ob ich mit in die Kommune ziehen wolle. Mit dieser Frau zog er nach einer Weile in die WG einer unserer Kolleginnen. Über die Familie ihres Freundes verkehrte hier auch Ulrike Meinhof, aber auch seine Freundin soll Ulrike gekannt haben.
Am 14. Mai 1970 ist Ulrike Meinhof durchgeknallt und hat sich bei der Baader-Befreiung in Dahlem der später sogenannten RAF angeschlossen. Auch mein James Dean war mit seiner Freundin verschwunden, die sich aber bald schon von der RAF trennte.
Ich studierte Sinologie und machte in der Buchhandlung auch die Buchführung, ich hatte reichlich zu tun. Dann bekam ich aufgrund einer Anfrage bei Tschou En-lai, dem chinesischen Außenminister, ein Visum, das Traum-Land der linken Revolutionäre zu besuchen, was zu dieser Zeit 1971/72 eine absolute Einmaligkeit war, wir hatten keine diplomatischen Beziehungen, ich musste mein Visum in Bern/Schweiz abholen.
Ich war zeitweilig der Star der (maoistischen) Szene. Ich veröffentlichte ein Buch über meine China-Reise. In der Zeit 1972/73 war ich damit beschäftigt, das Buch zu verfassen, ich studierte und arbeitete auch noch. Wann ich geschlafen habe, weiß ich nicht mehr, und ob ich in dieser Zeit einen Freund in Berlin hatte, auch nicht, eher nein. Aber in der Lüneburger Heide, quasi einem Vorort von Westberlin damals, war ich fündig geworden, ich konnte auf einem Hof das Manuskript meines Buches beginnen und mich erholen. Hier erlebte ich auch später den Kampf um Gorleben und die Endlagerung, die Freie Republik Wendland ...

Als mein James Dean am 1. Juni 1972 zusammen mit Andreas Baader und Holger Meins in Frankfurt am Main verhaftet wurde, war ich in der revolutionären Volksrepublik China, die zu meiner Zeit aber schon von den Rotarmisten befreit war.
Wer mein James Dean ist, werden Sie sicher jetzt erraten haben.
Als ich dann in den Medien miterleben musste, wie böse er geworden war, wie rachsüchtig, welche aggressiven Wutausbrüche er vor Gericht hatte, wie er dem Obertyrannen Baader huldigte, ihn umwarb, kam mir der Gedanke, er sucht einen Vater, egal welchen, vielleicht sogar einen Führer.
Er tat mir auch leid. Manchmal wurde ich von ehemaligen Genossen, die uns damals kannten und mit in London gewesen waren, gefragt, ob ich wisse, warum er so geworden ist. Ich konnte immer nur sagen, ich weiß es nicht, ich vermute ...
Als die Stammheim-Prozesse am 21. Mai 1975 begannen, war ich in Griechenland, die Junta war endlich besiegt, auf den Spuren der antiken Frauen. Es war das Jahr der Frau, von der UNO ausgerufen, und es taten sich neue Entwicklungen der Frauenbewegung auf. Ich begann auch über Frauen in China zu forschen und machte meine Magisterarbeit darüber, die erste in der Bundesrepublik, die sich mit diesem Thema befasste.
Stammheim war für mich kein Thema mehr, den deutschen Herbst erlebte ich in Portugal, auch dort waren schon die roten Nelken verblüht.

Ich bin häufiger im Stuttgarter Raum, den Friedhof, wo sie liegen, werd' ich nicht besuchen. Ich möchte eine erloschene Liebe nicht mit Füßen treten ...

Ich dachte mich männlich –
Zur Erinnerung an das Verborgene Museum (1986-2021) in Charlottenburg, Schlüterstraße 70, und
Gisela Breitling zum 5. Todestag
(27. Mai 1939 in Berlin - 12. März 2018 in Berlin)

Ich stehe vor dem Urinal und möchte, was Männer tun, kann ich aber nicht, ich bin eine Frau und hab eine andere Anatomie.
Was macht das mit mir. Notfalls in die Hose. Aber innerlich? Bin ich neidisch. Hab ich eine angeknackste Identität? Früher hat frau ein Pissoir auch gar nicht zu sehen bekommen, erst heute durch die Uni-sex-Klos könnte ich probieren, wenn ich es denn könnte...
In meinen jungen Jahren dachte ich mich männlich, obwohl ich mich hinhockte. Ich stand vor Bildern in Museen und nehme nicht nur die Position des Malers ein, es wurden fast ausschließlich männliche Maler ausgestellt, ich versuche mich auch in seiner Gedankenwelt einzunisten, ich betrachte das weibliche Akt-Modell mit männlichen Augen. Ich spüre die kraftvolle Männlichkeit von Picassos Minotaurus, ich teile seine Lust, wenn er als Stier Europa entführt und verführt. Ich nehme nicht die Position von Dora Maar ein, wenn der prächtige Stier Picasso über sie herfällt. Ich weiß, der Minotaurus kann auch leiden. Ob Dora Maar in dieser Position gelitten

hat, interessiert mich in dem Augenblick des Betrachtens nicht. Damals kannte ich ihren Namen nur als Modell, nicht als kreative Künstlerin. Ich lebte also in dem Zeitgeist, dem auch Picasso ausgesetzt war. Der Kunsthistoriker Werner Spies nennt dieses Phänomen von Picassos rastlosem Schaffen sehr treffend als „Dilemma, ausweglos in einer Zeit verankert zu sein, jedoch zu einer Aussage gelangen zu wollen, die verschiedene historische Möglichkeiten des Ausdrucks umfasst."[42]

Diesen Zeitbezug stellt die Malerin Gisela Breitling, mit der ich mich in diesem Essay hauptsächlich beschäftige, noch deutlicher dar: *Wenn ich sage: „Ich bin Malerin", so ist das nicht dasselbe, wie wenn ein Mann sagt: „Ich bin ein Maler." Wollte er dasselbe sagen, so müsste er sagen: „Ich bin ein malender Mann." Wenn ich sage: „Ich bin Malerin", liegt die Bedeutung meiner Aussage nicht in erster Linie darin, dass ich dann meine Tätigkeit beschreibe, sondern darin, dass ich diese Tätigkeit als Frau ausübe. Mit dem Satz „Ich bin Malerin" grenze ich mich ab und werde abgegrenzt gegen Männer, die Maler sind. Die Sprache, die ich spreche, verweist mich in den ausschließenden Zusammenhang mit Frauen, die die Malerei betreiben. Das bewirkt, dass auch meine Kunst in erster Linie in diesem besonderen begrenzten Zusammenhang gesehen wird. Die Sprache führt Frauen in gesonderte Räume, erlaubt ihnen keine allgemeingültige Aussage, die sie zu allen Menschen in Beziehung setzt. Dies ist einem Ich nur möglich, wenn es seine Weiblichkeit unterschlägt und eine Formulierung wählt, die geschlechtsübergreifend zu sein vorgibt, tatsächlich aber nur als männlich gedacht werden kann, wenn also das weibliche Ich in einem „männlichen" untergeht*[43].

Noch deutlicher wird meine männliche Betrachtungsweise bei Gauguin.

Nie im Leben habe ich daran gedacht, wenn ich seine traurigen Südseeschönheiten betrachtete, dass das irgendwas mit Kolonialismus zu tun haben könnte, dass ich als weiße Frau eine Kolonialistin und Ausbeuterin sein könnte. Trotzdem näherte ich mich den Frauen mit Männerblick, fand sie anziehend und geheimnisvoll, freute mich an den Farben und den Früchten, die sie ernteten, freute mich an ihren Brüsten. Mitleid mit ihnen hatte ich keins. Ich war der Voyeur, der genoss. Diese Betrachtungsweise hatte nichts mit queer zu tun. Das war nur ein intellektuelles Nebenthema damals, es hatte noch nicht die gesellschaftliche Wucht, die es heute hat. Man wusste, wer im Bekanntenkreis schwul oder lesbisch war, das war aber kein öffentliches Thema. Es wurde zwar gegen den § 175 in den Sechzigerjahren gekämpft, aber Schwule und Lesben lebten eher im Verborgenen. In Berlin gab es die Bar und das Travestietheater Chez Nous. Romy Haag machte dann in den Siebzigerjahren ihr eigenes Chez Romy Haag, in der Folge der Achtundsechzigerjahre war alles öffentlicher geworden.

Das waren abgegrenzte Bereiche, in den Fünfziger-, Sechzigerjahren, geduldet, wie das Zitat von Konrad Adenauer zeigt: Auf seinen Bundesaußenminister Heinrich von Brentano (1904 – 1964) angesprochen, dass sein Minister homosexuell sei, soll er geantwortet haben: „Dat ist mir ejal, solange er mich nit anpackt."

Ein interessanter Aspekt von Gleichberechtigung ist für mich die Klage einer Frau in Berlin, die wegen nacktem Oberkörper an einer Plansche einen Platzverweis durch Ordnungskräfte bekam, dagegen klagte und gewann. Es wurde mit dem Berliner Landes-Antidiskriminierungsgesetz begründet, das im Juni 2020 verabschiedet worden war. Mit dem Gesetz werden europäische Vorgaben umgesetzt. Konkret sieht es vor, dass niemand im Rahmen öffentlich-rechtlichen Handelns aufgrund des Geschlechts, der ethnischen Herkunft, der Religion und Weltanschauung, einer Behinderung und einer Reihe weiterer Merkmale diskriminiert werden darf. Eins der Argumente: wenn es den Männern erlaubt ist, mit nackten Oberkörper rumzulaufen, darf es den Frauen nicht verwehrt werden. Die Frau sagte dazu: „Ich will meine Brüste nicht sexualisieren." Das ist eine neue Begründung für die Neutralität und Gleichwertigkeit des männlichen und weiblichen Körpers. Es tut sich auch hier was in der Gesellschaft.

Auch Anträge auf Geschlechtsumwandlung haben enorm zugenommen und zu heftigen Diskussionen geführt. Dass man als Trans eine Seele hat, die ein anderes Geschlecht hat als der Körper, ist heute Allgemeingut. Die Tendenz jedoch: es wollen mehr Frauen Männer werden als umgekehrt.[44] In München z. B. wollen der Statistik zufolge acht Mal mehr Mädchen ein Junge sein als umgekehrt. Das neue Selbstbestimmungsgesetz, das die Ampelregierung in diesem Jahr beschlossen hat, kommt diesem Wunsch weit entgegen. Alice Schwarzer, die weiterhin von einem biologischen Geschlecht ausgeht, hat dazu in ihrem Buch *Transsexualität* gesagt, dass diese

Tatsache, dass so viele Mädchen Jungen sein wollen, es sich doch um ein Unwohlsein der Geschlechterrolle handelt und nicht so sehr am Unbehagen am Geschlecht selbst.[45] Das hat heftige Proteste innerhalb des Feminismus ausgelöst.
Grundsätzlich ist eine erneute Änderung des Geschlechtseintrags möglich. In den Eckpunkten ist eine Sperrfrist von einem Jahr für eine erneute Änderung vorgesehen,[46] lautet das Gesetz, an dem viele Generationen gearbeitet haben. Das auch die Bedenken groß sind, liegt in der problematischen Angelegenheit. Es geht um Identitäten. Welche habe ich, wie viele habe ich, wie oft kann ich sie wechseln. Es geht hierbei aber tatsächlich nicht um das Patriarchat an sich, das ja nicht nur Frauen eine bestimmte Rolle diktiert hat sondern auch Männern. Milva hatte schon in den Siebzigerjahren den sensationellen Chanson *„Ganz Frau* und trotzdem frei zu *sein"* gesungen, was ja besagt, dass ich bei mir und meinem Geschlecht bleiben kann.
Was die Gründe sind, warum Mädchen lieber Jungen sein wollen, ist unklar. In meinem Fall war es klar, mein Vater bevorzugte seinen Sohn, auch deshalb, weil er durch die späte Geburt des Sohnes endlich bei seinen Kumpels anerkannt war. Er brauchte für sein gesellschaftliches Wohlergehen einen Sohn.
Ganz neue Untersuchungen /Mitte Febr. 23/ aus Warschau in einigen europäischen Ländern bestätigt durch den Kölner Soziologen Karsten Hank zeigen die Änderung der Söhne-Präferenz zugunsten der Töchter. Das geht so weit, dass man sich mit einer Tochter begnügt,

wenn aber das erste Kind ein Sohn ist, viele dann noch ein zweites, ein weibliches Kind wollen.
Also genau das Gegenteil von dem, was in meiner Nachkriegsgeneration und früher und außerhalb von Europa noch üblich ist.
Als Grund wird sehr häufig die Fürsorge der Töchter angegeben.
Das wurde sicher jetzt noch bestärkt durch die Corona-Pandemie.
Es wird hauptsächlich von den Müttern angegeben, aber auch Männer beginnen, Mädchen zu präferieren.[47]

Das hat mein Leben grundlegend geprägt. Ich habe mich gerne männlich gedacht, ich hatte gelernt, das ist komfortabel.
Auch z. B. die Bildhauerin Louise Bourgeois (* 25. Dezember 1911 in Paris; † 31. Mai 2010 in New York City) haderte mit ihrem Frausein. Auch ihr Vater wollte einen Sohn. Das ist extra in ihrer Vita erwähnt. Sie ist bis zum 23.10.2022 im Gropius Bau Berlin zu sehen. Dass Familien, Väter einen Sohn wollen, ist heute noch weltweit vorherrschend, wo Geburtenregulierung stattfindet, hat diese Präferenz zu einem Männerüberschuss geführt mit teilweise katastrophalen Folgen. In Europa allerdings, so Evolutionsbiologen (laut MDR vom 11.8.2020), wollen heutzutage Eltern Mädchen und Jungen gleichermaßen, das sei aber ein neuer Trend.

Doch zurück zu den Sechzigerjahren. Was mich aber noch mehr prägte, war der Mangel an weiblichen Vorbildern, die Position des Mannes war, wie gesagt, einfach komfortabler, präsenter. Ich machte 1965 einen Linolschnitt mit dem Titel „Einsamer Wanderer", er entsprach meinen Gefühlen im Jahr 1964, wo ich das erste Mal den Olymp der Kunst erklommen hatte, aber von den Erinnyen verfolgt, zu Boden gedrückt nach der langen Reise dieses einen Jahres.

Das Gedicht von 1964 dazu.

Einsamer Wanderer

Einsamer Wanderer, Mensch
Wortlos, schweigend ziehst du
Deines wirren Weges
Graue Felder, schwarze Leiber
Schwirren wie endlose Fäden
Vorbei an deinen Augen

Droben Himmel und Verderben
Keine Gnade und kein Regen
Drunten Erde und das Jammern
Um verlorne Zeit
Nicht ein Fluß zu lösen deine Pein
Keinen Frieden wirst du gründen

Weiter, immer vorwärts führt dein Schritt
Und gleich einem Krebs
Setzt der Weg dich doch zurück
Einsam bist du – in dir Friede
Draußen wie ein sumpfger Wall
Breitet sich um dich die Welt

Und du wanderst viele Straßen
Durch die Leiden dieser Zeit
Mädchen hälst du warm in deinen Armen
Bist doch selber Eis und Bein
Vorwärts plagt dich dein Gewissen
In das Unermeßliche hinein

Zeitenlos bist du nun schon gegangen
Deine Füße werden müd
Moos wächst auf den alten Beinen
Wölfe heulen aus dem Wald
Tief sinkst du im torfigen Gefilde
Wandrer, wo wirst du zu Hause sein

Was war passiert. Ich hatte das erste Mal bedeutende Liebschaften, Männer, die mich förderten und meine geistige Arbeit anerkannten: Einen Lehrer, der meine Gedichte lobte und der mich nach Griechenland auf den Spuren der Antike einlud, einen Architekturstudenten, der Nacktfotos von mir machte (war damals schick, aber unter Umständen strafbar, es gab noch Sittlichkeitsgesetze; dass überhaupt Männer bei mir übernachteten, hätte meiner Wirtin gemäß Kuppeleiparagraphen eine Strafe einbringen können); ich hatte noch einen weiteren Architekturstudenten, der auch Maler war, mit dem ich 1964 auf der Documenta in Kassel war, der mich in den Sommerferien aber allein ließ und ich aus Wut einem Verrückten in die Hände fiel, den ich dann auch noch heiratete, aber wie vereinbart, nur pro forma, weil wir das Ehestandsdarlehn brauchten, um eine Zeitschrift herausbringen zu können mit dem viel versprechenden Titel „Mensch". Für dieses Heft machte ich den Linolschnitt, auch das Gedicht wurde veröffentlicht.
Am meisten beflügelt hatte mich der Architekturmaler, der der Erste war, mit dem ich nicht nur schlief, sondern mit dem ich gemeinsam schöpferisch arbeitete, malte. Expressionistische Gedichte schrieb, die er schätzte, der

mich „mein Dichter“, nannte, auch seine Liebesbriefe begannen mit „Mein geliebter Dichter“.
Das ehrte mich, in den Dichterolymp eingereiht zu werden, es gab ja keine Dichterinnen, Droste-Hülshoff ausgenommen, deren Gedicht „Am Turme“ mich nachdenklich gemacht und deren Interpretation mir auf dem Abendgymnasium eine Eins, meine erste Eins in Deutsch, einbrachte.

Wär' ich ein Jäger auf freier Flur,
Ein Stück nur von einem Soldaten,
Wär' ich ein Mann doch mindestens nur,
So würde der Himmel mir raten;
Nun muß ich sitzen so fein und klar,
Gleich einem artigen Kinde,
Und darf nur heimlich lösen mein Haar,
Und lassen es flattern im Winde!

Und dann gab es noch Else Lasker-Schüler, die hatte ich gerade in dem Antiquariat entdeckt, in dem ich arbeitete, die war aber vollkommen unbekannt und es waren Gedichte, die sie für den „Sturm“, eine expressionistische Zeitschrift der Zwanzigerjahre, schrieb, den wir im Antiquariat verkauften. Heute eine begehrte Rarität, weil sie Originalgraphiken von Franz Marc, Ernst Ludwig Kirchner, Karl Schmidt-Rottluff und anderen Expressionisten enthielt.
Else Lasker-Schüler war eine Überraschung für mich, denn sie war die Erste, von der ich bewusst wahrnahm, sie schreibt als Frau. Aber sie war wie gesagt zu dem

Zeitpunkt noch völlig unbekannt und ich konnte mich deshalb auch nicht mit ihr schmücken.
Ähnlich erging es Gisela Breitling. *Daß es Literatur von Frauen gab, wusste ich.* schreibt sie. *Wie weit war sie zurück verfolgbar, nur wenige Jahrzehnte oder über Jahrhunderte hinweg?*
Die Suche war ermüdend, wenig fand ich und das Wenige befriedigte mich kaum. Einige Gedichte begann ich zu lieben, Droste-Hülshoff, Else Lasker-Schüler, Ingeborg Bachmann. Einsame Gedichte waren das, in mehrerlei Hinsicht. Sie waren so wenige unter den vielen von Männern, ältere als die von der Droste fand ich damals nicht – noch gab es keinen Frauen-Buchmarkt, Anfang der 60er Jahre.[48]
Ingeborg Bachmann lernte ich in dieser Zeit in unserem Antiquariat persönlich kennen, hatte aber bisher nur Prosa von ihr gelesen. Einsame Gedichte schrieb auch ich, mein *Einsamer Wanderer* ist ein Beispiel dafür.
Ich blieb also der Dichter, der Mensch, der einsame Wanderer, der wie auf meinem Linolschnitt sich einsam durchs Leben schleppt und vor lauter Problemen zusammenbricht.
Ich lebte in einem Patriarchat, das ganze Bildungssystem war fast ausschließlich männlich, die Maler, die Dichter, die Denker, die Physiker … selbst die Köche im Fernsehen waren Männer, Politikerinnen gab es wenige und Nachrichtensprecherinnen waren verboten. Die Frauenstimme eignet sich nicht für nüchterne Weltnachrichten, sie ist zu gefühlvoll. Der Internationale Frühschoppen war ein Männerverein.

Das ist die Welt, in der ich und Gisela Breitling groß geworden sind.

Frauen benutzten in der Literatur oft einen Decknamen, was nicht gleichbedeutend ist mit einem Pseudonym, wo das Geschlecht selten gewechselt wird. Aurore Dupin alias George Sand und George Eliot alias Marian Evans hatten es vorgezogen, dass ihr Publikum einen Mann am Werk wähnte. Man glaube indessen nicht, dass Pseudonyme nur ersonnen wurden, um etwa einem Roman durch den Anschein männlicher Urheberschaft besseren Absatz zu sichern. Der Hauptgrund für die vielen verschleierten Frauen, die seit Beginn der Moderne durch die Gärten der Literatur geistern, war – die Moral! Es schickte sich einfach nicht für eine Frau, als Schriftstellerin in der Öffentlichkeit zu erscheinen. Was heute jedem Menschen, egal ob Mann oder Frau, zur Ehre gereicht: ein Buch geschrieben zu haben, das war seinerzeit für Frauen fast so etwas wie eine Schande, so Barbara Sichtermann. [49]

Eine der berühmtesten war George Sand, Pseudonym und Künstlername von Amantine Aurore Lucile Dupin de Francueil (* 1. Juli 1804 in Paris; † 8. Juni 1876 in Nohant, Département Indre), ihr wurde nachgesagt: *Sie schreiben wie ein Mann, Madame*. Unter diesem Titel hat Norgard Kohlhagen Ähnliches vollbracht wie Gisela Breitling für die Malerei, ein Buch über die verschwiegene, schreibende Frau zu veröffentlichen. [50]

Um wieder von den Künstlerinnen zu sprechen, ebenfalls als eine der Ersten hat die Kunsthistorikerin Lina Nochlin in den 1970er-Jahren die Frage gestellt, warum es keine bedeutenden Künstlerinnen gibt. Ihr 1971 erschienener

Essay „Why have there been no great women artists" gilt heute als Gründungsliteratur der feministischen Kunstwissenschaft.
Die Arbeiten von Künstlerinnen spielten bis Ende des 19. Jahrhunderts häufig nur eine Nebenrolle. Jedoch gab es auch schon früher Frauen, die sich mit ihrem künstlerischen Können und ihrer kreativen Ausdrucksweise im Patriarchat durchsetzen konnten. In einem Interview mit der Frankfurter Allgemeinen Zeitung spricht Nochlin darüber, dass Frauen immer schon künstlerisch aktiv waren und diese Gabe auch in Malereien und Zeichnungen auslebten; allerdings bildeten die wenigen Frauen, denen der Zugang zur Kunst ermöglicht wurde, die Ausnahme der Regel, so waren bis 1919 keine Frauen an deutschen Akademien zugelassen. Unsere größten deutschen Malerinnen der klassischen Moderne, Käthe Kollwitz und Paula Modersohn-Becker, mussten nach Paris gehen, um an Aktstudien teilzunehmen zu können. Überhaupt war das OEuvre der Künstlerinnen eingeschränkt, Stillleben und Portraits, vornehmlich von Kindern, ließ man ihnen als Motive.
Eine dieser frühen Frauen wurde im Sommer 2022 im Städel in Frankfurt/Main ausgestellt: Die Malerin Ottilie W. Roederstein (* 22. April 1859 in Enge, damals Kanton Zürich; † 26. November 1937 in Hofheim am Taunus); auch sie malt überwiegend Portraits. Während bei Modersohn-Becker und Kollwitz der frühe Erfolg ausblieb, hatte Roederstein diesen erstaunlich früh. Ein französischer Kritiker bescheinigte ihr *das männlichste Talent in diesem Pinsel einer Frau*, das war als höchstes denkbares Kompliment für eine Malerin gemeint.

In den 1920er-Jahren hatte in der Kunst ein Umdenken stattgefunden. Kunstströmungen wie der Surrealismus und die Neue Sachlichkeit trugen zu einer Veränderung des Frauenbildes in der Kunst bei. Während sich die Surrealistinnen in ihrer Kunst mit der problematischen Übernahme der Freudschen Psychoanalyse, die Frauen oft als monströs darstellte, auseinandersetzten, präsentierte sich die Frau der Neuen Sachlichkeit selbstbewusst mit kessem Bubikopf, eng anliegendem Hut, Hosen und Zylinder. Die Vielfalt von Kunst und Kultur, sowie die damit gewonnene Offenheit, nahm mit der Machtergreifung der Nationalsozialisten ein abruptes Ende, die meisten Kulturschaffenden bekamen Berufsverbot bzw. Veröffentlichungsverbot.[51]

Diesem Verdikt sind auch immer noch viele Künstlerinnen zum Opfer gefallen, bis heute. Bei meinen Führungen im Berliner Südwesten präsentiere ich u. a. eine der wenigen Bildhauerinnen, Renée Sintenis, die mit starken Einschränkungen den Nationalsozialismus überlebte, und obwohl sie vor Jahren eine große Ausstellung im Kolbe-Museum hatte: den meisten unbekannt ist. Dabei ist sie die Schöpferin des Berliner Bären z. B. der Filmfestspiele. Oder Jeanne Mammen, in den 1920er-Jahren als Karikaturistin bekannt und mit Ringelnatz befreundet, in der Nazizeit in der inneren Emigration, 1948 zeichnete sie Marlene Dietrich, in deren Nähe sie in Friedenau begraben ist, sie hatte noch bis in die 1970er ein Atelier am Kurfürstendamm, das auch noch heute besichtigt werden kann: Auch sie fast unbekannt, obwohl in der Berlinischen Galerie 2017/18 eine große Ausstellung ihres Werks war.

Doch noch einmal zurück zu Gisela Breitling und ihren Studien der 1960er-, 1970er-Jahre. Damals hatten wir ja noch nicht die Kenntnis von heute, wo viele Museen in ihre Depots schauen und erstaunliche Werke von Künstlerinnen vergangner Epochen zeigen, wie: Kampf um Sichtbarkeit-
Künstlerinnen der Nationalgalerie vor 1919, die dort vom 11.10.2019 bis 08.03.2020 ausgestellt waren. Allerdings sind nach wie vor Frauen in der Sammlung der Nationalgalerie bisher mit nur 9% vertreten.
Doch einmal losgetreten, suchen auch andere Museen nach weiblichen Spuren. So das Kupferstichkabinett am Matthäikirchplatz, von März bis Juni 2022 zeigt es *Muse oder Macherin*? *Frauen in der italienischen Kunstwelt 1400-1800.* Jetzt auf einmal weiß man*: In Renaissance und Barock stellten sie mit ihrer Kunst ihre Väter, Brüder und Männer in den Schatten, schufen und sammelten Werke, die in ganz Europa begehrt waren, wussten, sich zu vermarkten und Netzwerke aufzubauen.*[52]

Als Breitling 1980 ihr Buch „Die Spuren des Schiffs in den Wellen" veröffentlichte, war davon noch wenig bekannt, obwohl offensichtlich die Museen Künstlerinnen in ihren Beständen hatten.
Breitling stellt in ihrem Buch Sätze der Schriftstellerin Anna Maria von Schuurmann, die im 17.Jhd. lebte, voran: *Denn es ist so weit gekommen, dass uns weder die Hoffnung gelassen wurde, uns an Ehre und Würde zu freuen, noch die auf Anerkennung unserer Verdienste, die doch die Seele zu höherem Fliegen verlockt.*

Vergebens ist unser Stolz auf den Adelstitel, den wir unserer Abstammung verdanken, wenn wir selbst für immer im Dunkel schmachten müssen. Daher wird es geschehen, dass in späteren Zeiten der Leser der Geschichte während einer langen Epoche nicht mehr Erinnerung an unsere Namen findet, als ein Schiff Spuren hinterlässt auf unserem Weg durch die Wellen.

Diese unsichtbaren Spuren der Frauen der Kunst macht Breitling in dem Buch sichtbar. Wenn ich aber ehrlich bin, anders als in der Literatur vermisste ich in der Malerei die Künstlerinnen nicht. Ich kannte Käthe Kollwitz und Paula Modersohn-Becker, schätzte sie auch, aber beide malten Mütter mit kleinen Kindern, das war nicht mein Thema. Gegen dieses Frauenbild hatte ich mich schon in den frühen 1960er Jahren entschieden. Ich hatte schon (1963) illegal abgetrieben und gegen den § 218 gekämpft, und die Medien waren voll mit Berichten über die Überbevölkerung, was neben der Parole „Mein Bauch gehört mir" eine unserer Begründungen für die Abtreibung war.

Breitling findet allerdings in allen Jahrhunderten Malerinnen auch mit anderen Themen, u. a. eine Abbildung aus der Handschrift von Hildegard von Bingen, damals noch nicht so bekannt wie heute, Artemisia Gentileschi aus Italien, mit dem beeindruckenden Gemälde der Judith, die den Holofernes enthauptet, das gar in den Uffizien in Florenz ausgestellt ist.

Breitling wird besonders in den Malerhochkulturen Italien und Niederlande fündig, aber auch in Frankreich im 18. Jhd. wie das großartige Selbstportrait der Adélaide Labille-Guiard oder Marie Guilhelmine Benoist, die eine

Schwarze mit freier Brust malt oder Constance Marie Charpentier, die die entzückende Mademoiselle Charlotte malt, die vor einem Zeichenblock sitzt. Aber auch das Zeitalter des Impressionismus hat Malerinnen hervorgebracht, wie Suzanne Valadon (1865-1938), von der Edgar Degas (1834-1917) bekannte: „Ja, sie ist eine von uns!" Sie ist die Mutter des Malers Maurice Utrillo.

Und das von einem Maler, der, obwohl viele Frauen und Akte in seinem Oeuvre sind, kein wirklicher Frauenfreund war. *Degas behandelte seine Modelle nicht gerade mit Samthandschuhen. Sie mussten stundenlang in den unbequemsten und unnatürlichsten Haltungen ausharren und sich anschreien lassen, wenn sie sich bewegten. „Ich habe die Frau vielleicht zu sehr als Tier betrachtet", erklärte Degas die Sichtweise auf sein Motiv. Dabei ist der Satz nicht wörtlich zu nehmen. Degas wollte damit zum Ausdruck bringen, dass er die Frau nicht als Frau betrachte, sondern als Objekt so wie eine Vase, klärt der Kurator auf.*[53]

Aus dem deutschsprachigem Raum nennt Breitling nur Angelica Kauffmann. Die großartige Berliner Malerin Anna Dorothea Therbusch (1721-1782), die sich selbstbewusst mit einem Einglas (Monokel) malt und auch von Friedrich II. als Portraitistin bestellt wurde, scheint Breitling nicht zu kennen. In der Neuzeit fehlen bei ihr Mammen und Sintenis, aber Gabriele Münter, Marianne von Werefkin, Clara Westhoff, Käthe Kollwitz, Paula Modersohn-Becker und einige andere mehr werden aus der Vergessenheit geholt.

Breitling schreibt in ihrem Buch: *Was der Frau bei der Betrachtung der Kunst zugemutet wird, ist doppelbödig: Sie ist ausgeschlossen von der Möglichkeit und dem Genuß, ihr Bild im Medium Kunst zu betrachten, sich in ihm zu reflektieren, sich dort zu begegnen, wodurch erst sie sich wahrnehmen, sich zurückgewinnen könnte. Sie bleibt sich selbst unkenntlich. Ihre Identitätslosigkeit verschärft sich durch den Zwang, die Rede der Männer, die über sie geführt wird, in sich fortzusetzen und in einer stummen Antwort ihr zu entsprechen, d.h. sich selber zu dem geforderten und erforderlichen Objekt zu machen, das allein ihre Existenz legitimiert, also gemäß dem Muster und Bild zu erscheinen, das die Phantasie der Männer über sie verhängt hat. Die Frau als Wandelbare, Veränderliche, die „donna mobile" folgt mit dieser Wandlung der Verpflichtung, die die Bilder ihr auferlegen. Sie ist nicht eine sich selbst Verwandelnde, sondern eine, die anverwandelt wird.*
Das zeigt Breitling in ihrem späteren, 1990 erschienenen Buch über den verborgenen Eros.[54]
Hier geht es auch sehr stark um das Motiv, das Frauen zu malen zugestanden wird. *Nicht weil die Frau und ihre Erotik so besonders bedrohlich wären, – diese Vorstellung gehört zu den Mythen des 20. Jahrhunderts, die in der Realität keine Entsprechung haben –, sondern weil weibliche Autonomie (auch in der Erotik) männlicher Machtverlust bedeutet. Autonome weibliche Erotik bedroht jedoch nicht die Männer, sondern das Patriarchat, wo ja Liebe zwischen den Geschlechtern auf Feindberührung bzw. Kollaboration hinausläuft ... Auf der Macht über die Frau gründet sich die männliche Identität im*

Patriarchat. „Macht bedeutet jede Chance, innerhalb einer sozialen Beziehung den eigenen Willen auch gegen Widerstreben durchzusetzen, gleichviel, worauf diese Chance beruht. (Max Weber). Mehr noch: „Macht ist die Fähigkeit, sich nicht anpassen zu müssen." (Ernst Otto Czempiel).[55]

Trotzdem frage ich mich, was ist passiert, dass sich offensichtlich (altmodisch formuliert) matriarchale Strukturen in der frühen Kunst der Menschheit so ändern könnten. Sehr früh begann der Mensch sich und das Wichtigste, das er begehrte oder besaß, Vieh, darzustellen. Die Darstellungen waren frauenfreundlich, das heißt die Fruchtbarkeit der Frau verehrend, wie auch die Fruchtbarkeit der Tiere verehrend dargestellt wurde. Die Jahrtausende alten Höhlenmalereien bezeugen das. Interessant ist dabei, dass die Forscher davon ausgingen, es handle sich um Maler, also Männer, die mit ihren Händen in die Farben griffen und sie auf die Felswand brachten und zu Figuren formten. Nie war von einer Malerin die Rede, man sagt, weil so viele Jagdszenen dargestellt seien, bis man irgendwann eine Frauenhand fand, die ebenfalls Farbe auftrug und sich verewigt hat.

75 Prozent der Handabdrücke auf den ersten Kunstwerken der Menschheit stammen von Frauen, fand ein US-Anthropologe.[56] Nur zehn Prozent der steinzeitlichen Handabdrücke auf den Höhlenwänden stammten von erwachsenen Männern. 15 Prozent waren von Jugendlichen hinterlassen worden. Die Chauvet-Höhle in Südfrankreich ist einer der bekanntesten und ältesten Orte mit steinzeitlicher Höhlenmalerei. Die erst 1994 entdeckte Höhle enthält mehr als 470 Tier- und Symboldar-

stellungen, die die Wände von vier großen Grotten bedecken. Die mit Holzkohle und Ocker gemalten Bilder stammen aus der Zeit vor 32.000 bis 35.000 Jahren. Neben Abbildungen von Mammuts, Wildpferden und anderen Wildtieren finden sich in dieser Höhle auch auffallend viele Handabdrücke und Handnegative. Auch in andern Höhlen Südfrankreichs und Nordspaniens finden sich solche Handabdrücke.

Auch hier gibt es neue Veröffentlichungen z. B. von Maryléne Patou-Mathis.[57] *Wie Frauen die Geschichte prägten - und warum wir nichts davon wissen*, schreibt der Verlag. *Ein feministischer Blick auf die Urgeschichte. Über weite Strecken der Geschichte sind Frauen unsichtbar - erst recht in der Ur- und Frühgeschichte. Es sind Männer, die jagten, die Werkzeuge und Waffen erfanden, die Höhlenmalereien hinterließen und als Erfinder zivilisatorischer Errungenschaften gelten. Frauen, so das gängige Bild, hielten sich im Heim auf und damit: im Hintergrund. Marylène Patou-Mathis rückt dieses Bild gerade und zeigt: Es gibt keine Fakten, die diese Annahmen stützen. Neue archäologische Funde haben ergeben, dass prähistorische Frauen mitnichten das unterworfene Geschlecht waren, zu dem männliche Wissenschaftler der Neuzeit sie gemacht haben. Eine überfällige Analyse der weiblichen Unsichtbarkeit, die den Frauen zu ihrem rechtmäßigen Platz in der Geschichte verhilft.*

Warum ist man nicht von Anfang an davon ausgegangen, beide Geschlechter waren bei der Geburt der Kunst beteiligt? Die Jagdszenen waren sicherlich nicht der einzige Grund der männlichen Dominanz.

Natürlich entstand das in einem langen Prozess der Transformation. Erklärt ist er noch lange nicht.
Um zu Breitling zurückzukommen, sie erörtert den Fakt, dass bestimmte Mechanismen nicht in eine Frauenrolle passen, am Beispiel der Erzählung „Das dreißigste Jahr" von Ingeborg Bachmann, eine der größten deutschsprachigen Dichterinnen des 20. Jahrhunderts. *„Die Dichterin Ingeborg Bachmann, hatte in der Wiener Nationalbibliothek alle Dinge zuende gedacht. – Sie, eine Frau, lag über den Büchern wie eine Ertrinkende. Sie war es, die dachte – Doch die Erfahrung, die eine Frau mit dem Denken macht, muß in eine männliche Figur verkleidet werden, weil sie durch eine weibliche nicht mitgeteilt werden kann, da sie dann keine allgemeine bleibt, sondern zur weiblichen Erfahrung wird, weil eine weibliche Figur nicht an die Grenzen des Denkens schlechthin stößt, sondern an die weiblichen Grenzen oder die Grenzen des weiblichen Denkens.*[58]
Das ist offensichtlich genau die Erfahrung, die ich in den frühen Sechzigerjahren als junger Mensch mit meinem „Einsamen Wanderer" gemacht hatte, der durfte, um authentisch zu sein, auf keinen Fall weiblich sein, auch wenn es meine Erfahrungen waren, die ich da verarbeitet habe.
Auch heute noch sind die meisten Titel auf der Spiegel-Bestseller-Liste von Männern geschrieben oder handeln aus dem männlichen Umfeld, die auch von Frauen gelesen werden. Männer greifen kaum zu Büchern von Autorinnen und ihren Welten. Bei einer Umfrage, die ich gefunden habe, wird als Autorin, die auch Männer lesen,

die von Harry Potter genannt, den Namen der Autorin erwähnen sie nicht.[59]

Es wurde immer wieder angezweifelt, dass Frauen Literatur machen können. Z. B. in der Sammlung Göschen wurde im Jahre 1912 von Prof. Karl Borinski ein Band ‚Deutsche Poetik' herausgegeben. In diesem Band schrieb der Münchener Professor über die Dichtkunst, ihren Stil, Metrik und Gattung u. v. a. m. Ein Segment im Kapitel ‚Die Dichtung als Anlage' widmete er in Absatz 9 dem Thema ‚Grenzen der weiblichen Dichtung': ‚... Den klassischen männlichen Liebesdichtungen – Tristan und Isolde, Romeo und Julia, Werther – ist nichts auch nur entfernt gleich Wirksames von Frauen an die Seite gesetzt worden. (...) Die Frau wird dabei mehr zum natürlichen Gegenstand der Poesie als zu ihrem Sprecher, zum Dichter. Ihr scheint vor allem jenes Maß der Erhebung über sich selbst (Selbstobjektivierung) versagt, durch welches dem Manne die Aussprache seines Inneren, gleichsam von sich selber losgelöst, zur allgemeinen Angelegenheit zu machen wohl ansteht ...'[60]

Es hat sie aber gegeben, die Autorinnen, weltweit, das zeigen immer wieder neue Forschungen und Veröffentlichungen. So ist soeben im Manesse Verlag ein fast tausend Seiten starker Band erschienen „Prosasische Passionen", in dem der Verlag schreibt: *Die erste globale Prosasammlung von Autorinnen um und nach 1900 zeigt: Die literarische Moderne war ganz wesentlich weiblich. Nicht nur in Europa und den USA überall auf der Welt veränderte sich das künstlerische Selbstverständnis der Frauen von Grund auf. Sie eroberten sich kreative Freiräume, machten weibliches Denken und Fühlen literatur-*

fähig, vor allem jedoch schufen sie – aus dem Stand, beinahe traditonslos – große Erzählkunst.[61]

Traditionslos stimmt nicht, denn z. B. in der frühen japanischen Literatur, die vor mehr als tausend Jahren begann, waren es vor allem Frauen, die schrieben: *Die japanische Literatur besitzt eine Vielzahl eigener Formen und spezifischen Themata, die mit der Ideen- und Kulturgeschichte einhergehen. So gab und gibt es beispielsweise eine ausgeprägte, wenngleich nicht immer kontinuierliche Tradition einflussreicher schreibender Frauen.*[62]

Oder noch weiter zurück: Der erste schriftstellernde Mensch, den wir mit Namen kennen, war eine Frau. Sie starb vor mehr als 4000 Jahren.

Das Einfachste wäre, einen der Texte von En-hedu-anna hier einfach abzudrucken. Jede Leserin, jeder Leser könnte sich eine eigene Meinung bilden. Aber wer ist En-hedu-anna? Sie lebte vor weit mehr als viertausend Jahren, eine sumerische Prinzessin, Tochter des Dynastiegründers Sargon von Akkad und unter anderem Priesterin der Göttin Inanna und Hohepriesterin des Mondgottes Nanna in Ur und damit auch dessen hochoffizielle Gemahlin. Vor allem aber war sie der erste namentlich bekannte Autor.[63] Und weiter: *Das erste Ich, das zu uns spricht, ist das einer Frau. Die männlichen Ichs ihrer Zeit erzählen von ihren Eroberungen, von ihren Siegen in festen Formeln in lange überlieferten Redensarten. Mit anderen Worten: Sie sprechen nicht als ich.*

Aber auch das europäische Mittelalter verfügt über eine Reihe schreibender Frauen, neben Hildegard von Bingen, Marguerite Porete, Christine de Pizan, Margery Kempe, um nur einige zu nennen.

Seit die neueren Forschungen den „weiblichen Blick" haben, ist sicherlich noch einiges Überraschende zu erwarten

***

Gisela Breitling dürfte höchst erfreut haben, auf der documenta 12, 2007, den Frauenanteil der Ausstellenden auf 50% zu stemmen. Aber nach wie vor ist der Anteil der ausgestellten Frauen auf allen Ausstellungen nur ein Drittel oder weniger. Das bestätigt auch die Ausstellung Kunst und Leben, 1918 bis 1955, die bis zum 16. April 2023 im Lenbachhaus München gezeigt wird. In einem Artikel in der FAZ schreibt Brita Sachs: *Von 39 gezeigten Künstlern sind immerhin 13 weiblich.* Dazu zählt Käte Hoch, Schöpferin so exzellenter neusachlicher Gemälde wie das Selbstbildnis mit Ballonmütze und kritisch fragendem Blick, das den Titel des ausgezeichneten, breite Hintergrundinformationen liefernden Katalogs schmückt. Die links orientierte Käte Hoch starb wenige Wochen, nachdem die SA 1933 Wohnung und Atelier der Künstlerin stürmte und viele Werke zerstörte.
Gisela Breitling stirbt 2018, sie hinterlässt 700 Werke und das Verborgene Museum, das sie 1986 in Berlin mitbegründete, das seither gerade diese in Vergessenheit geratenen europäischen Künstlerinnen vorgestellt hat, die um die Wende vom 19. zum 20. Jahrhundert geboren und als erste zu öffentlichen Ausbildungsstätten zugelassen wurden, sowie an Akademien und Kunstschulen wirkten. Weltweit war es das einzige Museum,

das sich ausschließlich Werken vergessener Künstlerinnen des letzten Jahrhunderts widmet.
Bereits 1987 macht sie zusammen mit der Neuen Gesellschaft für Bildende Kunst im Rahmen der 750-Jahrfeier in der Akademie des Künste im Hansaviertel eine Ausstellung „Das verborgene Museum“, zu dem es einen umfangreichen Katalog gibt mit der ersten „Dokumentation der Kunst von Frauen in Berliner öffentlichen Sammlungen“.[64]
Zum 1. Januar 2022 wurde es geschlossen, und die Bestände werden nun in der Berlinischen Galerie betreut und gezeigt. Es ist zu beobachten, ob dies auch geschieht. Auf meine Nachfrage Anfang Januar 2023 wird mir mitgeteilt: *Aktuell wird das Archiv des VMBs so aufgearbeitet und strukturiert, dass das Schriftgedächtnis dieser Impuls gebenden Institution für die Forschung bereitstehen wird.*
Breitling war maßgeblich daran beteiligt, dass Lotte Laserstein (28. November 1898 geboren in Preußisch Holland im ostpreußischen Oberland; gestorben am 21. Januar 1993 in Kalmar, Schweden) wieder entdeckt wird. Laserstein, eine bedeutende Malerin in den Zwanziger jahren und nach dem Krieg in Schweden, hat mittlerweile eine Berliner Gedenktafel in der Jenaer Straße 3, eine der wenigen von doch mittlerweile zahllosen Gedenktafeln im Berliner Raum, die einer Frau gedenkt.
2018/2019 fand im Städel-Museum, Frankfurt/Main, die Ausstellung statt *Lotte Laserstein – Von Angesicht zu Angesicht.* Die Ausstellung war im Frühling/Sommer 2019 unter demselben Titel und mit Porträts, Landschaftsbildern, Spätwerken und Bildern aus ihrem künst-

lerischen Umfeld der 1920/30er Jahre erweitert auch in der Berlinischen Galerie, Berlin, sowie zum Jahreswechsel 2019/2020 in der Kunsthalle Kiel gezeigt worden. Vom 07.11.2003 – 01.02.2004 hatte DAS VERBORGENE MUSEUM in den Räumen des Ephraim Palais, Berlin, als erste Ausstellung in Deutschland nach dem Krieg die Ausstellung „Lotte Laserstein – Meine einzige Wirklichkeit“ gezeigt.

Zusammenfassend ist festzustellen, dass sich seit Breitlings Ausführungen in dem Buch „Die Spuren des Schiffs in den Wellen“ von 1980 sehr viel getan hat. Die Frauen sind nicht mehr unsichtbar. Aber ihre Kunst ist immer noch zehnmal weniger wert als die der Männer. Georg Baselitz hatte 2015 dem *Guardian* das so erklärt: ... dass *Frauen nicht sehr gut malen. Es ist eine Tatsache. Der Markt lügt nicht.*[65]

Und das, obwohl seit einiger Zeit 70 % der Studierenden an Kunsthochschulen Frauen sind, die immerhin aufgrund ihrer Verdienste ausgewählt und aufgenommen werden.[66]

Frances Morris, Direktorin der Tate Modern, nennt einen anderen Grund: *Künstlerinnen haben sehr schlecht abgeschnitten, weil es eine unbewusste Absprache zwischen dem Markt, der Kunstgeschichte und den Institutionen gegeben hat. Allen fehlt das Selbstvertrauen, alle suchen nach Bestätigung. Es gab also eine Art Bestätigungsgeschichte, die man den Kanon nennen könnte. Und natürlich wurden Konvention und Geschichte vom Patriarchat umrahmt.*[67]

Der Kudamm und das Café Leon – *Emils Ziehvater Walter Trier*
(1890-1951)

Nachdem Kästner in der Prager Straße zu einem Erfolgsschriftsteller herangereift war, zog er in Kudammnähe, in die Roscherstraße am Lehniner Platz. Zu dieser Zeit hatte der moderne Architekt Erich Mendelsohn das Ensemble um die heutige Schaubühne geschaffen, damals war ein Kino in dem Gebäude, nebenan das berühmte KaDeKo, Kabarett der Komiker, in dem viele berühmte Kabarettisten auftraten, auch noch –was ungewöhnlich war – in der Nazizeit. Es traten auf: Lale Andersen, Comedian Harmonists, Heinz Erhardt, Peter Frankenfeld, Brigitte Mira, Karl Valentin und viele andere mehr.
In dem gleichen Gebäude war das Café Leon, das Wohnzimmer von Erich Kästner, wie man sagte.
Kästner hatte schon am Prager Platz den Prager Zeichner Walter Trier für sein erstes Buch *Emil und die Detektive* (1929) gewinnen können, hier im Leon bastelten die beiden die nächsten Welterfolge: *Pünktchen und Anton* (1931) und *Das fliegende Klassenzimmer* (1933).
Kästner hatte im Mai 1933 zusehen müssen, wie die Nazis auch seine Bücher verbrannten. Aber er blieb, auch seiner Mutter zuliebe, in Deutschland, hatte aber Publikationsverbot. Seine Sekretärin seit 1928, Elfriede Mechnig, die in der Niedstraße in Friedenau wohnte, hielt ihm 45 Jahre lang die Treue.

Max Brod, Prager Schriftsteller und Biograf von Franz Kafka, war begeistert über die Erziehungsmethoden in der Familie Trier, die in der Langen Gasse in der Josefstadt in Prag in einem großräumigen Patrizierhaus wohnte. Er war mit den Trier-Kindern befreundet, es war ein Paradies im Gegensatz zu seinem strengen kleinkarierten Elternhaus.

Im Stempelhaus der Langen Gasse wohnte die Familie Orlik. Der 1870 geborene Sohn Emil war 1891 zum Kunststudium nach München gegangen und ab 1904 am Königlichen Gewerbe-Museum in Berlin Professor, der auch wie später Walter Trier böhmisches Spielzeug sammelte. Franz Kafka wohnte von 1915-1917 im Haus zum Goldenen Hecht, auch in der Langen Gasse.

Dieses völlig andere Umfeld faszinierte Max Brod. In seinen 1969 veröffentlichten Memoiren beschreibt er die Zustände im Trierschen Haus. Wenn sie vom Fußballspiel nach Hause kamen, ging die Tollerei dort weiter. Bis auf zwei Zimmer, Eltern- und Schwesterschlafzimmer, konnten sie alle Räume benutzen, in denen es vor Unordnung starrte. Sie jagten wie wilde Tartaren durchs Haus oder spielten Theater, wozu die Möbel verrückt und noch weitere Kinder eingeladen wurden. Alles Neue wurde ausprobiert, ob aus der Technik oder dem Sport.

„Dies geschah“, schreibt Brod, „ohne jede Prätention, ohne Ehrgeiz und Pedanterie. Es ging wie alles, was in diesem Hause stattfand, im Sturmwind, im Lachen vor sich.“

Besonders auffällig für die Zeit um 1900 war, dass die Trier-Kinder ihre Eltern beim Vornamen riefen. Eine Umgangsform, die Max Brod vorher noch nie kennengelernt hatte, die viele Jahrzehnte später in der antiautoritären Erziehung der Achtundsechziger-Bewegung, wie vieles der Trierschen Erziehungsmethoden, ihre Entsprechung fand. Für Max Brod war das alles „wie auf einem anderen Planeten!".

Walter Trier ist das jüngste von sieben Kindern des Handschuhmachers und Fabrikbesitzers Heinrich Trier und seiner Ehefrau Luzie geb. Schack.

Da er den Adel belieferte, war er begütert und verkehrte in der illustren Gesellschaft Prags, die aber gegen Ende des 19. Jahrhunderts auch schon moderne, aufklärerische Züge trug. Ohne diese unbeschwerte Kindheit wird man die Leichtigkeit und auch den Spott in den späteren Zeichnungen von Walter Trier nicht verstehen können.

Walter Trier studiert zunächst in Prag Kunst, doch der akademische Naturalismus, der an der Prager Kunstakademie gelehrt wird, liegt ihm nicht, er geht wie Orlik nach München. Um sich jedoch überhaupt in der Münchner Akademie zu immatrikulieren, wo pro Semester circa vierhundert Bewerber auf Zulassung warten, muss er eine Mappe anfertigen, für die er ein Jahr auf Privatschulen ging, um dann mit Erfolg am 14. Oktober 1908 in der begehrten Klasse von Franz von Stuck aufgenommen zu werden.

Schon während des Studiums fielen seine „höllisch scharf gesehenen Charakterköpfe" auf. Er hatte – 1909 kaum das Studium abgeschlossen – schon Aufträge für die in München erscheinende führende deutsche Satirezeitschrift „Simplicissimus". Ab 1910 veröffentlichte auch Deutschlands wichtigste Kunstzeitschrift „Jugend", nach der die ganze Epoche „Jugendstil" benannt ist, Zeichnungen von Walter Trier.

Hermann Ullstein, der Großverleger aus Berlin, wurde auf Trier aufmerksam und wollte ihn abwerben. Er versprach ihm einen Fünfjahresvertrag mit einem doppelt so hohen Anfangsgehalt wie in München. Darauf kabelte Trier zurück, dreimal so hoch. Doch Dr. Otto Eysler, der Herausgeber der „Lustigen Blätter", legte noch was drauf, sodass der zwanzig Jahre junge Zeichner bei ihm ein damals unglaubliches tausend Mark hohes Monatsgehalt als Pressezeichner verdiente.
Seit April 1910 lebt und arbeitet Walter Trier in Berlin. 1912 heiratet er Helene Mathews, eine aus Polen stammende Jüdin. Ihre erste Wohnung nehmen sie in Friedenau, in der Elsastraße 2, wo sie von 1912 bis 1916 wohnen. Friedenau ist zu dieser Zeit noch eine eigene Gemeinde im Landkreis Teltow, ist aber durch die S-Bahn mit Berlin verbunden.
Die Ehefrau, Lene genannt, dient fortan als Modell, die er mit oder ohne Gretchenfrisur karikiert. Auch die 1914 geborene Tochter Margarete, Gretl genannt, wird in den Zwanzigerjahren als Modell, allerdings eines modernen Großstadtmädchens, dienen, mit frecher Ponyfrisur. Gerne hätte er weitere Kinder, was dem Paar aber versagt bleibt. Trier beginnt Spielzeug zu sammeln.
Die Familie zieht in die Denkstraße 5 in der Nähe von Südende in Steglitz, wo sie bis Sommer 1925 bleiben wird. Trier verdient gut, er kommt aus wohlhabendem Haus und macht wahrscheinlich eine Erbschaft, denn am 30. September 1925 findet sich im Baupolizeiamt Steglitz die Eintragung: Landhaus Oboussier, jetzt im Besitz des Herrn Walter Tier, Kunstmaler.

Der Komponist und Musikschriftsteller Robert Oboussier hat das Haus in der Herwarthstraße 10 in Berlin-Lichterfelde von dem Architekten Otto Rudolf Salvisberg, der ein Freund von Trier ist, 1922 entwerfen lassen. Da er jedoch in Florenz Karriere macht, veräußert er das Haus. Die zehn Jahre, die die Familie bis zu ihrer Flucht vor den Nazis hier leben werden, sind die glücklichsten im Leben der Triers.

In den Zwanzigerjahren ist Berlin die Hochburg des Kabaretts. Trier karikiert für das Kabarett der Komiker am Kurfürstendamm, eins der führenden Kabaretts Deutschlands der Zwanziger-, Dreißigerjahre, wo von Karl Valentin bis Claire Waldorf alle auftreten, die bis in die Fünfzigerjahre deutsche Kabarettgeschichte schreiben werden. Nebenan ist das Café Leon, quasi das Wohnzimmer von Erich Kästner, der gegenüber in der Roscherstraße bis zur Bombardierung im 2. Weltkrieg wohnt, der auch für das Kabarett der Komiker arbeitet.

Die Jahrhundertbeziehung für die deutsche Literatur hatte schon begonnen, als Kästner noch in der Prager Straße wohnte, wird aber hier fortgesetzt: Walter Trier illustriert nach „Emil und die Detektive“ auch die weiteren Werke Kästners. Das Erstlingswerk der beiden war ein Verkaufsschlager und schließlich ein Welterfolg. Es ist der Beginn einer Beziehung über die Zeit des Exils von Trier hinaus. Ende 1936 flieht er mit seiner Familie über Paris nach London. 1947 wandert er nach Kanada aus, wo seine Tochter Gretl mit Familie lebt.

Kästner schreibt anlässlich des plötzlichen Todes von Walter Trier 1951: „Walter Trier ist unersetzlich ... Ich empfand es während des Vierteljahrhunderts unserer

Zusammenarbeit stets von neuem und in steigendem Maße." 1933 erscheint das letzte von Trier und Kästner gemeinsam hergestellte Buch „Das fliegende Klassenzimmer".
Während in Deutschland seit 1933 die Nazis Triers Arbeit immer mehr einschränken, veröffentlicht er von 1934 bis 1938 Zeichnungen im „Prager Tageblatt". Im November 1934 organisiert er eine Ausstellung in der Prager Galerie André, nimmt an der 1. Internationalen Karikaturisten-Ausstellung in Prag teil. 1935 folgt die Eröffnung der Ausstellung „Humor in der Malerei und Keramik: Walter Trier" in Brünn. 1936 illustriert er tschechische Kinderbücher. 1938, vor Einmarsch der Nazis auch in Tschechien, veröffentlicht das „Prager Tagblatt" die letzten Illustrationen von Walter Trier. Emils, Pünktchen und Antons und anderer Kinder Ziehvater hatte fliehen müssen ...

Halensee und das reine Vergnügen

Da muss man erst mal drauf kommen. Bismarck, angeregt durch seinen Pariser Aufenthalt anlässlich der Krönung Wilhelm I. am 18. Januar 1871, will in der Nähe von Berlin einen repräsentativen Boulevard wie den Champs-Élysées. Es kostete große Überredungskünste, den Hohenzollern das Land und den Grunewald, ihr Jagdgebiet, abzuluchsen.
Ein Erfolgsmodell sondergleichen, aber das wusste damals noch keiner. Es war wirklich gewagt, und Bismarck steht zu Recht am Bismarckplatz mit seiner Dogge – als

Privatmann in Bronze gegossen. Der Bildhauer Max Klein hat ihn ganz gut hingekriegt.
Max Kleins Vita ist auch interessant, er heiratet eine Tochter der Frauenrechtlerin Hedwig Dohm, Eva, die die Freundin von Fontanes Tochter Mete war. Und nicht nur das, die Schwester von Eva, auch Hedwig genannt wie die Mutter, heiratet den Mathematiker Alfred Pringsheim, sie haben fünf Kinder, eins ist Katja, sie wird die Ehefrau von Thomas Mann.
Die Bronzefigur von Bismarck wurde im Zweiten Weltkrieg eingeschmolzen. Eine Nachschöpfung von Harald Haacke wurde auf Initiative des Heimatvereins Wilmersdorf 1996 auf dem erhalten gebliebenen Granitsockel an der gleichen Stelle aufgestellt.
Für Bismarcks Bautätigkeiten – was den Kudamm betrifft – war also Paris Vorbild. Die Kolonie Grunewald, die sich direkt an den Boulevard anschließt, die sogenannte Millionärskolonie Grunewald, war wegen der Westlage geeignet, die Reichen Berlins in guter Luft und gesundem Umfeld ihre Villen bauen zu lassen. Die Grundstücke durften nur minimal bebaut werden.
Um die Sümpfe wegen Gesundheitsgefährdung zu beseitigen, wurden künstliche Seen geschaffen, die über artesische Brunnen mit Wasser gefüllt wurden. So entstanden attraktive Seegrundstücke, die am ehesten verkauft waren. In großer Zahl wählten Unternehmer, Bankiers, Akademiker und Künstler, oft jüdischer Religion, das attraktive Gelände zum Wohngebiet.
Und zwischen diesem noblen Viertel und dem Ende des Kudamms am heutigen Rathenowplatz entwickelt sich

nach 1900 ein Lustpark à la Coney Island und man nennt ihn Luna-Park wie den 1903 in New York eröffneten.
Schon 1882 eröffnete am Halensee das *Wirtshaus am Halensee.* Man erlebte bei seiner Molle die Bauerei der Grunewaldvillen und am Kudamm, der vorher nur ein befestigter Waldweg bzw. Jagdweg zum Schloss Grunewald gewesen war. Wenn der Weg durch Sumpf führt, nennt man das in Norddeutschland Damm. Der Bahnhof Grunewald war in der Nähe, der ab 1884 Halensee hieß, er war Teil der Ringbahn, die bis 1928 mit Dampf fuhr. Über den Kudamm kam ab 5. Mai 1886 von Osten, von Schöneberg her, die Dampfstraßenbahn, ab Bismarckplatz dann die Verlängerung zum Jagdschloss Grunewald, aber die Endstadion war ein großes Stück vom Schloss entfernt, sie fuhr über die Koenigsallee, Hagenstraße bis nahe Roseneck, da kam auch die Wilmersdorf-Schmargendorfer Straßenbahn an.
Es gab also schon in der frühen Kaiserzeit eine Menge Möglichkeiten, innet Jrüne zu kommen, wie der Berliner so sagt. Und so ein Ausflug macht durstig, also entstanden überall Ausflugslokale.
Der Wirt vom Wirtshaus Halensee hatte zur Belustigung Karussells aufgestellt, es gab Schieß- und Würfelbuden und eine Wasserrutschbahn.
Da war also viel los am Wochenende nach dem Motto: „Hier können Familien Kaffee kochen. Wo einer ist, ist ein zweiter nicht verkehrt." Der berühmte Gastronom August Aschinger eröffnete am 14. Mai 1904 zusammen mit dem ehemaligen Küchenchef des Kempinski, Bernd Hoffmann, die *Terrassen am Halensee,* die 1909 in *Luna-Park* umbenannt wurden. Es war ein moderner Mär-

chenpalast mit beeindruckenden Türmen und einer großen Freitreppe zum Halensee hinunter. Die große Attraktion waren die Wasserrutsche und ein Wellenbad, Nuttenaquarium genannt, in dem die Damen ihre neueste Bademode zeigten, während in Wannsee gegen das Badeverbot gekämpft wurde und Landrat von Stubenrauch ab 1907 einen zweihundert Meter breiten Streifen zum Baden freigab, auf dem später das Strandbad Wannsee gebaut wurde.

In Halensee jagte eine Attraktion die nächste: Völkerschauen, jede Nacht ein großes Feuerwerk, Theater, Revuen, Jazzmusik, Kabarett, aber auch Tanzturniere und Boxkämpfe wurden hier geboten. 1926 gewann der junge Max Schmeling hier seinen ersten Titelkampf. 50.000 Besucher täglich waren keine Seltenheit.

Im Ersten Weltkrieg waren Vergnügungen verboten, in der Inflationszeit hatte man andere Sorgen. 1929 wird der Luna-Park nach einer großen Erneuerung ein zweites Mal eröffnet. Aber nicht lange und die Nazis haben andere Pläne. 1935 wird die ganze Anlage abgerissen. Man braucht das Gelände für den Bau der Halenseestraße, die zu den Olympischen Sommerspielen 1936 eröffnet wird und eine Verbindung zur Avus herstellt.

Hatte noch der alte Treibel in Fontanes Roman *Frau Jenny Treibel* während der Dampfstraßenbahnfahrt sich über die Spargelfelder in Höhe des Henriettenplatzes gewundert, wird jetzt eine Autobahn gebaut, so schnelllebig sind offenbar alle Zeiten gewesen und innerhalb einer Generation verändert sich die Welt vollkommen.

Helles Schlafen – dunkles Wachen …
Else Lasker-Schüler (1869-1945)

Else Lasker-Schüler wohnte in den Gründungsjahren des Luna-Parks in Halensee, sie muss die Feuerwerke gesehen und die Musik gehört haben, wenn sie von der Katharinenstraße in Richtung Gedächtniskirche ging oder fuhr, zu ihrer Zeit war die Straßenbahn schon elektrifiziert, wenigstens der Lärm und Gestank der Dampfstraßenbahn war nicht mehr.
Als ich Anfang der Sechziger ein Buch in die Hand nahm in dem Antiquariat am Kudamm, wo ich arbeitete, fiel mir sofort der Titel auf: Helles Schlafen – dunkles Wachen. Ein Antagonismus. Ich dichtete auch seit meinem 12. Lebensjahr und war begierig auf ausgefallene Sprachbilder.
Else Lasker-Schüler – noch nie gehört. In der Grundschule nicht, auf der Berufsschule für Buchhandel, die damals in der Joachim-Friedrich-Straße in Halensee war (um die Ecke, wo Else Lasker-Schüler von 1909-1911 wohnte), nicht, auf dem Abendgymnasium nicht, das ich nach Abschluss meiner Lehre besuchte.
Aber ich konnte mit ihr punkten, dass ich sie kannte, jüdische Schriftstellerin, durch die Bücherverbrennung der Nazis aus unserem kollektiven Gedächtnis gelöscht, jetzt langsam wie die anderen Expressionisten wieder entdeckt.
Ich konnte ihre Freunde streicheln. Denn wir hatten auch ihre expressionistischen Freunde in unserer Galerie: Franz Marc, den sie „Mein lieber blauer Reiter“ oder „Ruben“ nennt. Wir hatten einige signierte Tierholz-

schnitte von ihm, die damals noch erschwinglich waren, sodass ich mir auch einen kaufte und lange liebkosen durfte, bis ich ihn, als ich in eine chaotische WG der Studentenbewegung einzog, wieder (aus Sorge um ihn) verkaufte, ohne finanziellen Gewinn.

Oder „Der Sturm“, die expressionistische Zeitschrift schlechthin, von Elses Mann Herwarth Walden seit 1910 herausgegeben, der in Wirklichkeit Georg Levin hieß, den sie aber wie fast alle umtaufte und der unter ihrem Fantasienamen berühmt wurde.

Im „Sturm“ veröffentlichte Else auch die „Briefe nach Norwegen“, wohin ihr Mann gefahren war, seine Schwester, dort verheiratet, zu besuchen. Die Briefe werden im Café des Westens, wo Else quasi ihre Schreibstube hatte, nicht nur von ihr geschrieben, sondern auch von den anderen neugierig beäugt und – kaum erschienen – im Sturm erobert.

Da sie immer in Geldnot war, ging sie wahrscheinlich zu Fuß zu ihrem Arbeitsplatz ins Café am östlichen Ende des Kudamms. Den Kudamm rauf und den Kudamm runter, der damals 4,5 Kilometer lang war, die heutige Budapester Straße war damals auch noch Kudamm.

Else und Herwarth wohnten in der Katharinenstraße 5, ein Neubaugebiet damals, Gartenhaus, Parterre. Als Walden aus Norwegen zurückgekehrt war, gab er die Gemeinsamkeit auf. Er hatte eine Schwedin mitgebracht und Else nahm es einfach nicht zur Kenntnis und schrieb weiter im Café des Westens, als wär Walden noch bei den Seinen in Norwegen.

Liebe Jungens! schreibt sie. *Ich habe vor, regierender Prinz zu werden. Müßten mir nicht alle Menschen Tribut zahlen*? Sie nennt sich Prinz von Theben. Jussuf.
Walden heiratet seine blonde Schwedin Nell Roslund, die Wohnung in der Katharinenstraße wird aufgelöst. Else Lasker-Schüler, die einen in der Malerei begabten Sohn Paul hat, niemand weiß bis heute, wer der Vater ist, wird danach nur noch in Provisorien leben.
Ich werde Jahrzehnte später für 15 Jahre ihre Nachbarin in der Katharinenstraße. Ich hatte die Wohnung ausgesucht, um in ihrer Nähe, dem genius loci, zu sein.

Else Lasker-Schüler, am 11.2.1869 in Elberfeld geboren; ihr Vater, der Bankier Aaron Schüler, wird die Hauptfigur für ihr Schauspiel *Die Wupper*, 1909 veröffentlicht, aber erst nach dem 1. Weltkrieg im Deutschen Theater Berlin, 1919, uraufgeführt.
1894 Heirat mit dem Arzt Dr. Jonathan Berthold Lasker, Umzug nach Berlin, 1899 Geburt ihres Sohnes Paul, dessen Tod, 1927, sie in eine große Krise stürzt. 1903 Scheidung, Heirat mit Georg Lewin (Herwath Walden), dem Herausgeber der expressionistischen Zeitschrift „Der Sturm“, 1912 Scheidung von Walden.
1902 erscheint ihr erster Gedichtband *Styx*. 1906, nach dem Tod des Schriftstellers Peter Hille, das erste Prosawerk *Das Peter-Hille-Buch,* 1907 die Prosasammlung *Die Nächte der Tino von Bagdad.* Mit dem Gedichtband *Meine Wunder,* 1911, wird sie die führende deutsche Expressionistin.
Ihre kreativste Zeit ist vor dem 1. Weltkrieg. Intensive Freundschaften mit Karl Kraus, Peter Hille, Gottfried

Benn, Franz Marc. Zunehmend wird auch das zeichnerische Werk von Else Lasker-Schüler gewürdigt, so 2011 im Hamburger Bahnhof Berlin die im *Sturm* veröffentlichten Zeichnungen.
1933, nach tätlichen Angriffen und angesichts der Bedrohung ihres Lebens, emigrierte sie nach Zürich, 1934 und 1937 machte sie zwei Reisen nach Palästina, ihrem bedichteten *Hebräerland*. 1939 reiste sie zum dritten Mal nach Palästina. Der Kriegsausbruch hinderte sie an einer Rückkehr in die Schweiz. Zudem hatten ihr die Schweizer Behörden das Rückreisevisum verweigert.
Nach einem Herzanfall starb Else Lasker-Schüler am 22. Januar 1945. Sie wurde auf dem Ölberg in Jerusalem begraben.

Eins ihrer liebsten Gedichte:
Weltende
Es ist ein Weinen in der Welt,
Als ob der liebe Gott gestorben wär,
Und der bleierne Schatten, der niederfällt,
Lastet grabesschwer.

Kudamm 29 – Jeanne Mammen
**21. November 1890 in Berlin, †22. April 1976 ebenda*

Die KPM-Gedenktafel am Kurfürstendamm 29 für Jeanne Mammen wurde am 11.3.1995 enthüllt. Diese Art von Gedenktafeln sind eine Neuheit, sie wurden zur 750-Jahrfeier 1987 in Westberlin eingeführt und sind eine äußerst wichtige Orientierungshilfe bei der Spurensuche

der Stadtgeschichte und eine große Unterstützung für uns Stadtführer/innen.
Die Jeanne-Mammen-Stiftung in der Stiftung Stadtmuseum Berlin betreut das noch fast im Original existierende Atelier, in dem Mammen mehrere Jahrzehnte gelebt, gearbeitet und ihre Freunde in guten und in schlechten Zeiten eingeladen hatte. Dr. Martina Weinland, die das sehr ausführliche Buch über die Kriegerdenkmäler in Berlin-Brandenburg geschrieben hat, bietet einmal im Monat im Auftrag des Stadtmuseums eine Führung in dem Atelier an, die sehr empfehlenswert ist. Auf der Webseite des Museums findet sich auch eine sehr interessante Audiothek über Mammens Leben in Briefen und von Zeitzeugen.
Der Berliner sagt ja vornehm Gartenhaus, aber es ist und bleibt ein Hinterhaus, auch wenn es am vornehmen Kurfürstendamm ist, ihr Atelier, vierter Stock, in das sie bis in ihr hohes Alter hinaufstiefelte.
Besonders nach dem 2. Weltkrieg wurde es fürchterlich kalt in den Eiswintern 1946/47, wo sie selbst ihre Keilrahmen verbrannte, um es ein wenig warm zu haben. In diesen Nachkriegsjahren widmete sie sich dem Theater, sie war Mitbegründerin des Kabaretts „Badewanne" in der Nürnberger Straße.
In den Fünfzigerjahren hatten es Künstlerinnen besonders schwer, auch Jeanne Mammen, die ihr Leben lang gegenständliche Kunst schuf. Nach dem Krieg herrschte aber die abstrakte Kunst vor.
Auch ihr Seelenverwandter George Grosz, der vor den Nazis nach Amerika geflohen war und 1957 nach Berlin zurückkehrte, wo er 1959 starb, war ein anderer geworden. Seine späten Kunstwerke haben nicht mehr den Biss, den

sie in den Zwanzigerjahren hatten, bei Jeanne Mammen ist es ähnlich. Dieses „Goldene“ Jahrzehnt muss eine Faszination gehabt haben, die in allen Künsten zu beobachten ist.
Eine ganz neue Nachricht ist, dass Mammens Urne aus dem Columbarium auf dem Friedhof in Friedenau entfernt und im Beisein der beiden Großnichten am 26. Januar 2023 auf dem gleichen Friedhof in der Grabreihe 34 neu beigesetzt wurde. Seit 2018 ist dies ein Ehrengrab des Landes Berlin. Die Umbettung erfolgte auf Initiative des Stadtmuseums Berlin.
Bei meiner Führung habe ich eine Kopie einer Federzeichnung von ihr dabei. Ihr Strich ist genial. Hingeworfen und doch exakt. Das Porträt von Marlene Dietrich, das sie 1948 machte, arrogant, herausfordernd der Blick von Marlene, wie wir sie kennen, aus „Zeugin der Anklage“, 1957 gedreht, zum Beispiel. Marlene, die hier 1992 beerdigt wurde und Verehrer/innen aus aller Welt anzieht, hat eine Erdbegräbnisstätte in der Nähe, wohingegen Jeanne Mammen kaum jemand kennt, obwohl vor einigen Jahren in der Berlinischen Galerie eine großartige Ausstellung mit ihrem Lebenswerk, soweit vorhanden, war.

Kudamm 37 – Ada Hecht

Ada Hecht, Diseuse und Kabarettistin u. a. bei Valeska Gert im *Ziegenstall* in Kampen/Sylt, wohnte am Kurfürstendamm Nr. 37.
Leider ist mein Antrag, hier eine Gedenktafel für sie anzubringen, abgelehnt worden.

Ada Hecht hatte vor allem Chansons der 1920er-Jahre, beispielsweise von Brecht/Weill, vorgetragen. In dem Nachkriegslokal *Bei Valeska* in Berlin, auch unter dem Namen *Berliner Opernkeller* bekannt, trat Ada noch unter dem Namen Ada Neumayer auf.
Adelheid Sophie Neumayer, seit der Kindheit Ada genannt, wurde am 4. März 1912 in Kimpolung im Herzogtum Bukowina geboren. Im Alter von sechs Jahren erhielt Ada den ersten Klavierunterricht.
Ihr Vater starb im Krieg, die Mutter heiratete 1921 den Lehrer Josef Schwarz, der ein Förderer ihrer musikalischen Begabungen wurde.
Bei Hausmusikabenden und Aufführungen des Musikvereins kam Ada mit Theaterstücken und Operetten in Kontakt.
Als Sechzehnjährige wurde Ada Gesellschafterin einer adligen Tochter, 1930 wechselte sie als Kinderbetreuerin zur Großkaufmannsfamilie Cloppenburg nach Berlin und blieb in dieser Stellung vier Jahre.
In Berlin konnte sie sich den Gesangsunterricht finanzieren. Ab 1937 arbeitete sie bei verschiedenen amerikanischen Diplomaten und bei Kriegsanbruch bei verschiedenen Firmen als Köchin. Sie sang der Opernsängerin Paula Buchner vor und fand durch deren Vermittlung eine Stelle als Haushälterin bei der Opernsängerin Barbara Kemp von Schillings, bei der sie ihre Gesangsausbildung fortsetzen konnte.
Ada Neumayer wurde mit einer weiteren Sängerin und einer Tänzerin für eine Wehrmachtstournee verpflichtet. Im Frühjahr 1942 starteten sie nach Russland, dann führte sie die Tournee über Finnland nach Norwegen, Paris,

ans französische Mittelmeer und die Atlantikküste. Erst Mitte 1944 endete die Tournee, und sie wurde zur Arbeit in einer Berliner Schraubenfabrik dienstverpflichtet. Als sie nach dem Krieg einer Gesangslehrerin neben Arien scherzhaft auch ein Lied von Zarah Leander vortrug, erkannte diese Adas eigentliche Stimmlage (tiefer Alt) und bildete sie diesbezüglich aus.
1949 wurde sie in einem Café und bald darauf auch durch Zeitungsberichte auf Valeska Gert aufmerksam. Als diese im Herbst des Jahres den *Opernkeller* in Berlin übernahm und als Kabarettlokal *Bei Valeska* neu eröffnete, stellte sich Ada vor und wurde von ihr als Sängerin und Köchin engagiert. Vor allem für ihre Songs aus der Dreigroschenoper und ihre Gulaschsuppe erhielt sie viel Anerkennung.
Ab 1950 eröffnete Valeska Gert in der Paulsborner Straße nahe Kurfürstendamm ihre *Hexenküche* und Ada gehörte fest zum Personal.
Hier trat auch 1952 der junge Klaus Kinski auf und Ada lieh ihm einen Gedichtband mit Gedichten von Villon und Rimbaud. Mit diesen Gedichten habe ich ihn in Erinnerung, vor allem durch seine unnachahmliche Darbietung des Gedichts *Ich bin so wild nach deinem Erdbeermund*.
Es ist ein 1930 von dem expressionistischen Dichter Paul Zech verfasstes Gedicht, es ist Teil von Zechs Büchlein *Die lasterhaften Lieder und Balladen des François Villon* (E. Lichtenstein, Weimar 1931 bzw. dtv, München 1962 und öfter), Letzteres besitze ich. Paul Zech ist auf dem Friedenauer Friedhof neben seinem Sohn Rudolf Zech begraben.

In der Sommersaison 1951 eröffnete Valeska Gert eine Dependance in Kampen auf Sylt, den *Ziegenstall*, Ada gehörte sieben Jahre lang fest zum Personal. 1957 heiratete sie Georg Hecht, sie trennte sich von Valeska Gert, trat aber weiterhin auf, u. a. im *Silberkeller* in Westerland bei einem ehemaligen Kollegen aus dem *Ziegenstall*, der in Mannheim die *Joe-Luga-Bar* eröffnet hatte, oder im *Lido* in Berlin.

Sie war Mitbegründerin und Mitglied des Berliner Kabaretts *Klimperkasten*, mit dessen Ensemble sie auch unzählige Gastspiele gab. Auch in dem für seine Transvestiten-Shows bekannten Nachtlokal *Lützower Lampe* trat sie häufig auf.

Von 1973 bis 1977 war Ada – Georg Hecht war 1972 verstorben – erneut unter Valeska Gerts Leitung im Sommer im *Ziegenstall* in Kampen. 1976 habe ich sie, Valeska Gert und andere im *Ziegenstall* gesehen.

Ada Hecht wurde vor allem durch den *Klimperkasten* und dessen Gastspielreisen bekannt, trat aber auch im *Berliner Gasthaus* oder auch in Theateraufführungen wie Pirandellos *Sechs Personen suchen einen Autor* in der *Freien Volksbühne Berlin* auf. Die Reisen mit dem *Klimperkasten* führten sie auch ins Ausland: nach Moskau, Kiew, St. Petersburg, Rom, Brüssel, Graz, Budapest, Kairo, Assuan, Istanbul, Marmara. Und in Marokko wurden dem Leiter des *Klimperkastens*, Jerry Roschak, vierzig Kamele im Tausch für Ada Hecht angeboten ...

Der *Klimperkasten* war im Ratskeller im Rathaus Charlottenburg beheimatet, der leider geschlossen ist. Im *Klimperkasten* war auch meine Freundin Elisabeth Bacia engagiert, die mit Ada Hecht befreundet war. Es waren

unvergessliche Auftritte in dem alten ehrwürdigen Rathaus, die an keiner Stelle gewürdigt werden, noch nicht mal durch eine Erinnerungstafel. Ich kann sie wenigstens in diesem Buch würdigen.
Bereits über 70 Jahre alt, gab Ada Hecht in der Berliner *Urania* – wie angekündigt – als „Die letzte große Diseuse Berlins" zwei erfolgreiche Chanson-Abende mit Werken von Kästner, Tucholsky, Brecht/Weill und Brecht/Eisler. Sie trat in Sendungen wie *Schaukelstuhl* und *Bios Bahnhof* im Fernsehen auf und hatte am 16. Februar 1990 einen Soloabend in der Berliner Philharmonie.
Es folgte u. a. ein Soloabend der 78-Jährigen im *Brecht-Theater* des *Berliner Ensembles*. Ein Schlaganfall im November dieses Jahres beendete ihr künstlerisches und pädagogisches Wirken abrupt. Sie begann zu malen, fuhr mit dem Rollstuhl und war immer guter Laune. So hab ich sie in Erinnerung. Ada Hecht verstarb am 28. März 2001 in Berlin im Alter von 89 Jahren.[68]

Fasanen und andere Vögel **– Die Fasanenstraße, die Charlottenburg und Wilmersdorf verbindet …**

Die Fasanenstraße kreuzt den Kudamm und ist in diesem Bereich höchst attraktiv. Sie hat aber fast eine Länge von zwei Kilometern und kann unterschiedlicher nicht sein in ihrem nördlichen und ihrem südlichen Teil. Sie ist eine eigene Führung wert.
Zu den Vögeln: Tatsächlich war hier eine Fasanerie. Den Hauptweg der Fasanerie bildeten die heutige Hertzallee und deren Verlängerung auf den TU-Campus. Georg

Wenzeslaus von Knobelsdorff (immerhin Erbauer von Teilen des Charlottenburger Schlosses) hatte 1742 für Friedrich II. eine Fasanerie angelegt, die sternförmig mit Wegen durchkreuzt war. Hundert Jahre später schuf 1846/1847 Peter Joseph Lenné anstelle der Fasanerie ein Hippodrom, das die Fläche zwischen Fasanenstraße, Hertzallee und Müller-Breslau-Straße einnahm. Im Osten reichte der Reitplatz bis in das heutige Zoogelände hinein. Lennés Gestaltung wurde 1875 durch den Bau der Berliner Stadtbahn beeinträchtigt, die das östliche Drittel abtrennte.
Südlich der Hertzallee auf der westlichen Straßenseite befindet sich der 1902 fertiggestellte Altbau der ehemaligen Hochschule für Musik (heute Teil der Universität der Künste Berlin, UdK); Architekten: Heinrich Kayser und Karl von Großheim. Davor an der Hardenbergstraße steht der zwischen 1952 und 1954 errichtete Konzertsaal der UdK. Architekt: Paul Gotthilf Reinhold Baumgarten. Der unter Denkmalschutz stehende Saal mit seinen 1360 Plätzen und bemerkenswerter Akustik war einer der ersten größeren Nachkriegsbauten in West-Berlin. Am Abend des 28. April 1986 war ich hier in einem Konzert. Als ich rauskam, regnete es. Die Gerüchte aus der Ukraine hatten sich bewahrheitet, als ich die Nachrichten am nächsten Morgen hörte: In der Nacht des 26. April 1986 um 01:23 Uhr hatte es im Reaktor-Block 4 des Kernkraftwerks Tschernobyl nahe der 1970 gegründeten ukrainischen Stadt Prypjat einen Störfall gegeben. Ich hatte wahrscheinlich radioaktiven Regen abbekommen. Das Leben war nicht mehr wie vorher. Man achtete jetzt auf die Lebensmittel, woher sie kamen, wann und wo sie

gepflanzt, bearbeitet, abgepackt worden waren. Viele Gerichte, wie die mit Pilzen, waren obsolet geworden.
Die Bebauung der Fasanenstraße wird immer dichter. In dem Gebäude der Industrie- und Handelskammer an der gegenüberliegenden Seite, entworfen 1954/1955 von den Architekten Franz Heinrich Sobotka und Gustav Müller, die beide auch das Audimax der Freien Universität errichtet hatten, habe ich 1966 meine Buchhändlerprüfung abgelegt. Es wird jetzt ergänzt durch das Gürteltier, wie der Neubau aus den 1990er-Jahren genannt wird, das Ludwig-Erhardt-Haus, in dem sich auch die Börse befindet.
Zur Kantstraße zu schließt sich der Delphi-Palast an, 1928 von Bernhard Sehring entworfen, der auch 1895-1896 das Theater des Westens – welches er anfangs sogar selbst betrieb zusammen mit seinem Kompagnon Paul Blumenreich als *Theater des Westens GmbH,* der Versuch blieb jedoch finanziell erfolglos –, das Lukas-Haus in der Fasanenstraße, in dem er zeitweise wohnte, und das Löwenpalais in Grunewald in der Koenigsallee entworfen hat. Ein Architekt, der mit spielerischen, fast märchenhaften Bauten, teils neobarock, aufgefallen ist. Der Delphi-Palast wurde als Tanzlokal eröffnet, nach dem Krieg zum Kino umgebaut. Auf dem Gelände zum Theater des Westens hin ist seit 1949 auch die Vagantenbühne ansässig, die seit 1956 kontinuierlich Wolfgang Borcherts ergreifendes Anti-Kriegsstück „Draußen vor der Tür" im Programm hat, aber auch Stücke des Existenzialismus, und sich auch immer stark auf die Jugend ausrichtete mit Gegenwartsstücken, besonders mit sozialer Problematik. Hier spielten im Laufe der Jahre

Berliner Urgestalten wie Horst Buchholz, Harald Juhnke und Diddi Hallervorden.

Auf dem späteren Delphi-Gelände an der Kantstraße 12 wurde auch Kunstgeschichte geschrieben. Die Künstlerbewegung Berliner Secession um Max Liebermann, Max Slevogt, Lesser Ury und Lovis Corinth wurde 1899 in dem von dem Architekten Hans Grisebach errichteten ersten Ausstellungshaus gegründet. Dort wurden von der Eröffnung am 20. Mai 1899 bis zum Umzug zum Kurfürstendamm 208/209 im Jahr 1905 Werke damals umstrittener Künstler gezeigt.

In diesen ehemaligen Räumen der *Berliner Sezession* wurde am 8. Oktober 1921 das Theater am Kurfürstendamm eröffnet. Die Pläne für den Umbau stammten vom Theaterarchitekten Oskar Kaufmann, der in Berlin auch das Hebbeltheater, die Volksbühne am Rosa-Luxemburg-Platz, die Krolloper, die Komödie am Kurfürstendamm sowie das Renaissance-Theater entwarf. 1928 übernahm Max Reinhard das Kurfürstendamm-Theater. 1931 fand hier die Berliner Erstaufführung der Oper *Aufstieg und Fall der Stadt Mahagonny* von Bertolt Brecht und Kurt Weill statt. Gegenwärtig ist die Fläche von einem gigantischen Neubauvorhaben belegt, auf dem auch wieder ein Theater eröffnet werden soll.

Zurück zur Fasanenstraße. In dem Nr. 9-10 befindlichen, 1929 von Heinrich Straumer errichteten Hotel Savoy verkehrten Thomas Mann und zu Mauerzeiten galt es als Agententreffpunkt, berühmt war auch die Havannabar. Wenn wir die Kantstraße überqueren, ist rechter Hand noch vor der Bahnüberführung das schon erwähnte Künstlerhaus St. Lukas, 1889/90 errichtet von dem er-

wähnten Architekten Sehring als Wohn- und Atelierhaus. Die berühmte Galerie Springer befand sich auch in diesem Haus. Es fällt besonders auf, wenn man aus dem S-Bahn-Abteil aufschaut, der Zug fährt dicht an den Häusern zwischen Savignyplatz und Bahnhof Zoo vorbei, viele Türmchen, teils von Efeu bewachsen, es hat einen märchenhaften Charme wie viele Bauten von Sehring.
Auf dem kleinen Stück bis zum Kudamm ist linkerhand das neu errichtete Jüdische Gemeindezentrum. Hier war die erste liberale Synagoge außerhalb von Alt-Berlin mit 1.720 Plätzen errichtet, am 26. August 1912 eingeweiht und in der Pogromnacht 1938 zerstört worden.
Das Eingangsportal im neuen Gebäude befindet sich im rechten Gebäudeteil und ist über die vorgelagerte breite Freitreppe zu erreichen. Es wird von den Resten der Portalbekrönung der alten Synagoge dominiert.
Als ich mal vor zwei, drei Jahren am Abend des 11. November da war, wurden bei Kerzenschein den ganzen Abend die Namen der Holocaust-Opfer vorgelesen, bei dem Buchstaben L bin ich gegangen, es war 10 Uhr abends und nicht mehr zu ertragen, wie viele Buchstaben, also Menschennamen, noch folgen würden.
Gegenüber bis zum Kudamm und als Eckgrundstück am Kudamm strahlt das Kempinksi, die Nr. Eins der Berliner Hotels, in dem zu Westberliner Zeiten alle Weltstars einkehrten, als am Kudamm noch die Filmfestspiele und Welturaufführungen stattfanden, das war meine Zeit als junge Frau in Westberlin. Und da das Café in dem heute Bristol genannten Hotel am 30. Juni 2023 schließen wird – ohne Ersatz –, sitze ich manchmal da und rede über die vergangenen Zeiten mit dem Kellner, der dort schon 48

Jahre gearbeitet hat und eigentlich vorhatte, die 50, sein Berufsjubiläum, voll zu machen. Ich habe ja auch nicht ganz meine 25 Jahre an der Freien Universität geschafft. Das ist halt so im Leben ...

Schillerndste aller Vögel, die die Fasanenstraße zierten: 1926 trat Josephine Baker (1906-1975), bekleidet mit einem luftigen Federröckchen, im Nelson-Theater an der Ecke Kudamm 217, wo früher das Astor Kino war, auf, und wo jetzt total langweilig einer der vielen Klamottenläden drin ist, die sich in allen Metropolen der Welt gleichen. Heute – keine Spur dieser Weltsensation Josephine Baker, ich kann mich noch erinnern, dass in den Fünfziger-/Sechzigerjahren die Gazetten voll waren von ihren vielfältigen Aktivitäten ...
Josephine war 20 Jahre alt, farbige USA-Bürgerin, tanzte nach Jazz-Rhythmen und war genau zur richtigen Zeit am richtigen Ort: Kudamm/Fasanenstraße. Sie schreibt in ihren Memoiren: *Berlin, das ist schon toll. Ein Triumphzug. Man trägt mich auf Händen. In keiner anderen Stadt habe ich so viele Liebesbriefe bekommen, so viele Blumen und Geschenke.*
Die Vorstellungen waren ausverkauft, es standen lange Schlangen vor dem Nelson-Theater. In der Presse verglich Adolf Stein ... *sie mit einer Ente, ein Journalist der „Berliner Börsenzeitung" mit einem Känguru und Fred Hildenbrandt, Feuilletonchef des „Berliner Tageblatts", mit einem „dunkelhäutigen Kolibri".*
Sie kam noch mal wieder, diesmal in ihrem berühmten Bananenröckchen, in das Theater des Westens in die Kantstraße im Jahr 1929. Da gab es allerdings schon

nicht mehr nur Applaus, sondern auch Anfeindungen aus der rechten Ecke. Nazi-Blätter beschimpften sie als „Halbaffen", nach drei Wochen reiste sie überstürzt wieder ab.
Im 2. Weltkrieg – mittlerweile mit einem französischen Juden verheiratet – unterstützte sie den Widerstand von Charles de Gaulle. 1963 war sie mit Martin Luther King beim „Walk on Washington" dabei. Sie adoptierte 12 Kinder aus unterschiedlichen Kulturen, um zu zeigen, dass ein friedliches Miteinander möglich ist.
In der Bundeskunsthalle in Bonn ist vom 18. Mai bis 24. September 2023 eine große Ausstellung über sie: *Josephine Baker: Freiheit – Gleichheit – Menschlichkeit*.
Das imposante Eckgebäude Kurfürstendamm 217/Fasanenstraße 74 wurde 1895/1896 von den Architekten Heinrich Mittag und Heinrich Seeling errichtet. Es wurde zum Wohnsitz des damals berühmten Violinvirtuosen und -komponisten und Gründers der Berliner Hochschule für Musik, Joseph Joachim, nach dem in Grunewald der Joseph-Joachim-Platz benannt ist. Im Erdgeschoss des Gebäudes befand sich ursprünglich das Restaurant *Sanssouci* mit angeschlossener Kleinkunst-Bühne. Von 1921 bis 1928 betrieb dort der Komponist und Pianist Rudolf Nelson das bekannte *Nelson-Theater*, in dem Revuen aufgeführt wurden. Nelson hat eine Gedenktafel am Haus Kurfürstendamm 186, wo er von 1922 bis 1932 wohnte.

In dem südlich des Kudamms gelegenen Teils der Fasanenstraße – leider gibt weder Wikipedia noch KI mir eine genaue Antwort, wo die Grenze zwischen Charlotten-

burg und Wilmersdorf verläuft, ich gehe davon aus, es ist die Lietzenburger Straße –, also in dem Teil zwischen Kudamm und Lietzenburger Straße hat sich viel Kunst und Literatur angesiedelt.
Man hatte doch tatsächlich vor, die Fasanenstraße zu zerstören, denn hier sollte nach dem Bebauungsplan von 1960 gemäß der autogerechten Stadt die Fluchtlinie, also alles, was an Bürgerbauten der schreckliche Krieg übrig gelassen hatte, nun dem Autoverkehr geopfert werden als Verbindung zwischen der Straße zum 17. Juni und der Lietzenburger Straße, die schon zur Südtangente ausgebaut worden war.[69]
Dazu waren am Kudamm, nahe Olivaer Platz, Bürgerhäuser verschwunden, jetzt steht ein hässliches Hochhaus da und in einem Dreieckstück ist ein wunderbarer Staudengarten angelegt, eine blühende, von Insekten angeflogene Oase, auf drei Seiten mit tosendem Verkehr des Kudamms, der Lietzenburger und der Konstanzer Straße, ein Wunderwerk der Natur, bitte eine Minute innehalten und die Blütenvielfalt beobachten, die zu jeder Jahreszeit eine andere ist, wie es Staudengärten an sich haben. Im positiven Sinn Unfassbares erwartet Sie hier an diesem oft übersehenen Dreieck zwischen Wilmersdorf und Charlottenburg. Ich bin oft dort. Mein früherer Buch- und Kunsthandels-Chef hatte hier seinen Nachkriegsladen bis Anfang der Sechzigerjahre, bevor er rüberwechselte Ecke Leibnizstraße, wo ich ab Frühjahr 1963 im Antiquariat und in der Buchhandlung arbeitete, aber auch die Buchführung machte.
1965 hatten wir eine kleine Galerie eröffnet. Wir hatten auch viele Kunstbücher. Hier signierte Marie Françoise

Gilot ihr Buch „Mein Leben mit Picasso“, das 1965 in Deutsch erschienen war, und ich assistierte ihr. Sie war eine französische Malerin und Grafikerin der Nouvelle École de Paris und eine erfolgreiche Buchautorin. Bekannt wurde sie 1964 mit dieser Autobiografie, deren Erscheinen Picasso massiv bekämpfte. Sie beschreibt ihren Lebensabschnitt von 1943 bis 1953 an der Seite des spanischen Malers. Mit 101 Jahren ist sie am 6. Juni 2023 in Manhattan verstorben. Sie war die einzige von Picassos Frauen, die ihn verlassen hat und nicht umgekehrt.

Mein Chef war ein in den Zwanziger-/Dreißigerjahren ausgebildeter Maler und Käthe-Kollwitz-Fan, er wollte nicht, dass der Osten aus der bürgerlichen Käthe eine Kommunistin machte, er sah in ihr die Künstlerin, die wie keine zweite das Leid der Kinder malte, aber mit Muttergefühlen und nicht als Kommunistin. Ab 1965 hatten wir kleine Ausstellungen in unserem grafischen Kabinett mit Werken, meist Grafiken, von den Expressionisten, zu denen auch Käthe zählt. Ich habe mit meinem Chef für die Grafiken Passepartouts geschnitten und in Wechselrahmen eingefügt. Manche Grafik hat meine Fingerabdrücke, sicher auch welche, die im Käthe-Kollwitz-Museum hängen, das sich jetzt im Schlosstheaterbau in Charlottenburg befindet.

Das seit 1986 bestehende Käthe-Kollwitz-Museum in der Fasanenstraße war aus dieser privaten Sammlung des 1993 verstorbenen Malers, Galeristen und Kunstsammlers Hans Pels-Leusden hervorgegangen.

Das Käthe-Kollwitz-Museum Berlin befand sich 36 Jahre in einer 1871 als erstes Wohnhaus in der Fasanenstraße errichteten Stadtvilla, die bereits 1897 zu einem Palais im spätklassizistischen Stil umgestaltet wurde. Das nach dem Zweiten Weltkrieg halb verfallene Gebäude wurde erst in den 1980er-Jahren grundlegend restauriert und als Museum eingerichtet. Das Gebäude gehört zum Wintergartenensemble, gemeinsam mit dem benachbarten Literaturhaus Berlin, ehemals Villa Hildebrand, 1890, und der Villa Grisebach, 1892, wo der Architekt Hans Grisebach selbst drin wohnte, und das jetzt als Auktionshaus benutzt wird. Dieses Wintergartenensemble steht unter Denkmalschutz. Wenn man sich mal vorstellt, dass die Idee der Sechzigerjahre noch darin bestand, das alles abzureißen und dafür den Verkehr fließen zu lassen ... der Mensch ist offensichtlich doch lernfähig.

Im ehemaligen Kollwitz-Musuem befindet sich jetzt das Koordinationsbüro des künftigen Exilmuseums, das am Anhalter Bahnhof entstehen wird, eine gute Idee, dieses neue Museum, das maßgeblich auch von der Exulantin und Nobelpreisträgerin Herta Müller getragen wird.

Diesem Ensemble in der Fasanenstraße angepasst haben sich in den letzten Jahren auch die übrigen Geschäfte. Wo vordem exklusive Boutiquen waren, derer es auf dem Kudamm zuhauf gibt, sind jetzt Galerien aus aller Welt eingezogen. Ich war bei der letzten Galery Weekend zugegen, dieser Teil der Fasanenstraße war ein Gesamtkunstwerk, man stand vor jeder Galerie auf der Straße, trank seinen Sekt, redete, rauchte, ging wieder in die Galerie und kam mit neuen Anregungen heraus. Die ganze Straße eine Vernissage.

In der näheren Umgebung sind folgende Gedenktafeln anzumerken:
Fasanenstraße 69, hier lebte von 1931 bis 1937 die dänische Schauspielerin Asta Nielsen, in deren ehemaliger Wohnung sich heute eine Pension befindet.
Von 1931 bis 1993 wirkte die Choreografin Tatjana Gsovski in ihrer Ballettschule in der Fasanenstraße 68.
Eine Gedenktafel in der Fasanenstraße 28 hat Ulrich von Hassell, Widerstandskämpfer in der Zeit des Nationalsozialismus.
In der Fasanenstraße 61 lebte nur kurz, aber mit Gedenktafel erwähnt: Heinrich Mann von 1932 bis 1933.
Um die Ecke Kurfürstendamm 217 schrieb Robert Musil von 1931 bis 1933 an seinem Roman *Mann ohne Eigenschaften*, von dem Marcel Reich-Ranicki sagte, er kenne niemanden, der den Roman ausgelesen hat, ganze 1632 Seiten Dünndruck, engst geschrieben in der Rowohlt-Ausgabe von 1960, die ich besitze, und wo noch immer das Lesezeichen eher im vorderen Bereich steckt.
In der nächsten Kudamm-Seitenstraße, Meinekestraße 6, wurde die Schriftstellerin und Freundin von Joseph Roth Irmgard Keun geboren. Ihr *Kunstseidenes Mädchen* spielt um 1930 und wurde in der Frauenbewegung der 1970er-Jahre wieder sehr populär.
In der seinerzeit berühmten und beliebten *Mampes gute Stube*, die auch noch zu meiner Zeit am Kudamm 14/15 (Ecke Joachimsthaler Straße) existierte, ist die Gedenktafel für Joseph Roth, der hier im Jahre 1932 den Roman *Radetzkymarsch schrieb*, angebracht.

Der Gang weiter in der Fasanenstraße Richtung Süden und nach Wilmersdorf, 1906 zur Stadt erklärt (hatte wie Schöneberg eine Menge der sogenannten Millionenbauern), bedarf der Passage dieser schrecklichen autobahnähnlichen Lietzenburger Straße, deren Verkehr den Kudamm entlasten soll und entlastet, wenn man von Westen in Richtung Tiergarten und Mitte will.

In der Fasanenstraße 37 war von 1955 bis 2005 die von Anja Bremer gegründete *Galerie Bremer* – ab 1985 unter der Leitung ihres Lebensgefährten, des Galeristen und Barkeepers Rudolf van der Lak – ein kultureller Treffpunkt, in dem fünf Jahrzehnte lang West-Berliner Kunstgeschichte geschrieben wurde. Hier hingen Bilder der „Brücke"-Künstler, aber auch von Nachkriegskünstlern wie Bernd Heiliger, Hans Uhlmann etc. Sie hatte wesentlich dazu beigetragen, schon direkt nach dem Krieg noch in ihrer privaten Wohnung im Südwestkorso, die als entartet Deklassierten zu zeigen.

Sie schaffte es, die Galerie Bremer mit ihrer Cocktailbar zum Szenetreff zu machen mit bald internationalem Ruf und im Gästebuch standen Namen von Weltstars wie Tony Curtis, Ella Fitzgerald, Lionel Hampton, Romy Schneider, Hildegard Knef, Billy Wilder, aber auch Willy Brandt und Joseph Beuys waren Gäste und natürlich Klaus Kinski durfte auch nicht fehlen und für Zoff sorgen.

Eine Besonderheit war die von dem Architekten und damaligen Stadtbaudirektor Hans Scharoun 1955 entworfene Bar, die irgendwo eingelagert sein soll. In die Räume an der Fasanenstraße 37 zog die Galerie Udo Walz ein, gab aber bald auf. Die Galerie F 37, geleitet

von Barbara Petermann, ist Nachfolgerin und stellt gegenwärtige Kunst aus.
Es finden auch Lesungen statt.
Der Fasanenplatz zeigt endlich Grün, er ist Teil der Carstenn-Figur, die ich beim Prager Platz schon vorgestellt habe.
In der Nähe, in der Schaperstraße 24, ist die ehemalige Freie Volksbühne (heute: Haus der Berliner Festspiele), 1962/1963 vom Architekten Fritz Bornemann entworfen. Der Name erinnert an die Volksbühne, die nach der Teilung unzugänglich im Osten der Stadt war, und 1913 am Rosa-Luxemburg-Platz, damals Bülowplatz, eröffnet worden war. 1890 wurde ein Verein Freie Volksbühne in Berlin gegründet. Dieser wollte einfachen Bevölkerungsschichten Theaterbesuche zu niedrigen Eintrittspreisen ermöglichen. Die Sitzplätze für die Vorstellungen wurden jeweils ausgelost. Gezeigt wurden sozialkritische Theaterstücke, zum Beispiel von Gerhart Hauptmann, die so nur in geschlossenen Veranstaltungen gezeigt werden durften, wie z. B. seine „Weber“. Diese Volksbühnenbewegung gab es auch in anderen Städten wie z. B. in Wien.
Max Reinhardt übernahm 1915 als erster Direktor der Freien Volksbühne Berlin das Theater. 1924 kam Erwin Piscator als Oberspielleiter fest an die Volksbühne, deren Anspruch darin bestand, der Berliner Arbeiterschaft unter dem Leitgedanken „Die Kunst dem Volke“ Zugang zum bürgerlichen Bildungsgut zu verschaffen. Piscator griff den Gedanken auf, er wollte ein Theater schaffen, das einen gemeinschaftlichen Willen zur Veränderung der Welt zeigt. Piscators Inszenierungen waren durch die

Verwendung modernster technischer Mittel zukunftweisend.
1927 kam es zum Zerwürfnis mit dem Verein, Piscator gründete sein eigenes Theater am Nollendorfplatz mit der Inszenierung von Ernst Tollers Zeitstück *Hoppla, wir leben!* Er gründete noch weitere Piscator-Bühnen, die zum Inbegriff für das Avantgardetheater der Zwanzigerjahre wurden. Zwischen 1927 und 1931 gehörten zu seinem Ensemble: Ernst Busch, Ernst Deutsch, Tilla Durieux, George Grosz, John Heartfield, Erich Mühsam, Helene Weigel, Bertolt Brecht, Walter Mehring und Ernst Toller u. a.
Wir sind nun wieder am Fasanenplatz und in der Schaperstraße: Erwin Piscator übernimmt am 1. Mai 1963 das Theater der Freien Volksbühne. Nach seiner Flucht vor den Nationalsozialisten ins amerikanische Exil und den sich anschließenden Jahren der Gastregie in diversen europäischen Ländern gewinnt ihn in Westberlin Günther Abendroth, Vorsitzender des Volksbühnenvereins, als Intendant und zieht damit einen Strich unter das Zerwürfnis in den 1920er-Jahren. Mit der Inszenierung der Uraufführung von Hochhuths *Stellvertreter* (im März 1963 noch im Theater am Kurfürstendamm) lieferte Piscator eine der umstrittensten Theaterarbeiten der 1960er-Jahre. Ich hab sie gesehen, es fanden heftige Diskussionen statt. Ich sah auch die folgenden Inszenierungen von Piscator in der Freien Volksbühne:
Peter Weiss' Theaterstück zum Auschwitz-Prozess *Die Ermittlung* (Uraufführung am 19. Oktober 1965) und von Heinar Kipphardt *In der Sache J. Robert Oppenheimer*, 1964 in West-Berlin von Erwin Piscator und in München

von Paul Verhoeven uraufgeführt. Das waren noch Theater-Inszenierungen, die die Welt erschüttern konnten.

Meine Freundin Elisabeth Bacia, der ich u. a. dieses Buch gewidmet habe, machte 1965 bei Piscator ihre Schauspielerprüfung. Er hat mit ihr in der Abschlussprüfung an dem großen Monolog *Heraus in eure Schatten edle Wipfel des alten heil'gen dicht belaubten Haines* ... der *Iphigenie auf Tauris* von Goethe szenisch gearbeitet.

Leider gab es keine Aufführung, er starb am 30. März 1966. Piscators Ehrengrab befindet sich auf dem Waldfriedhof Zehlendorf in der Abt. XX-W-688/690.

In dem Theater, in dem Theatergeschichte geschrieben wurde, ist heute keine Freie Volksbühne mehr.

Im April 2001 wurde das Theatergebäude als „Haus der Berliner Festspiele" eröffnet und mit Veranstaltungen verschiedener Festivals ganzjährig bespielt. Leider hat man aber in der letzten Zeit wenig davon gesehen, auch das Literaturfestival, das mich immer angezogen hat, ist nur noch selten dort. In unserem Westberliner Schillertheater in der Bismarckstraße, auch mit hervorragenden Inszenierungen in den Sechzigerjahren, die ich gesehen habe, die Zeit des Absurden Theaters z. B., hervorgetreten, steht ja auch der reguläre Theaterbetrieb still, es dient nur noch als Aushilfsbühne!

Letztendlich gibt es im ehemaligen Westberlin außer der Schaubühne kein großes Theater mehr, das Kurfürstendamm-Theater, das Schlosspark-Theater, die Vagantenbühne und das architektonisch beeindruckende, einzige Art-déco-Theater Europas des Architekten Oskar Kaufmann, das Renaissance-Theater, sind Privatbühnen.

In der Schaperstraße 24 befindet sich als Kabarett- und Varieté-Spielstätte noch die *Bar jeder Vernunft*.
Aber hier ist die Fasanenstraße immer noch nicht zu Ende, sie führt durch das gutbürgerliche Wilmersdorf bis zum Hohenzollerndamm, wo sich der Hohenzollernplatz befindet mit der mächtigen und beeindruckenden Kirche von 1931/1932 im Stil des Expressionismus der Architekten Fritz Höger und Ossip Klarwein.

Charlottenburg, die Wissenschaft und die Künste

Charlottenburg wurde 1705 als Stadt gegründet und nach der ersten preußischen Königin Sophie-Charlotte genannt, die eine Hannoveranerin und mit Leibniz, dem Universalgelehrten, befreundet war. Der Vorgängerort war Lietzow, liegt hinter dem heutigen Rathaus in der Otto-Suhr-Allee, versteckt mit einem kleinen Dorfanger, und war ein Fischerdorf mit einem slawischen Namen.
Um den heutigen Gierkeplatz, mittig mit der Luisenkirche, für die der erste König in Preußen, Friedrich I., am 11. Juli 1712, an seinem 55. Geburtstag, den Grundstein legte, entwickelte sich ein Handwerker- und Händlerviertel und ist heute noch mit teils historischen Bauten ein Kleinod für die Geschichte und die Menschen von Charlottenburg. Eosander von Göthe wird 1706 vom König beauftragt, einen Typenentwurf für die Bürgerhäuser zu entwickeln. Dies ist in Teilen noch erhalten und sehenswert.
Vor vielen Jahren wurde das Bürgerhaus, in dem das heutige Keramikmuseum in der Schusterusstraße 13 seinen Sitz hat, ich hatte hier auch meinen Malkurs, aus

den Fängen eines raffgierigen Besitzers gerettet, der es Weihnachten 1983 abreißen lassen wollte, obwohl es denkmalgeschützt war. Es ist nach meiner Kenntnis das einzige Haus in Westberlin gewesen, das rechtmäßig enteignet wurde. Es ist absolut sehenswert, sowohl als Museum als auch als historisches Gebäude mit seinem verwunschenen Ruinengarten.
Auf das Schloss ausgerichtet ist die Schlossstraße, in der auf dem begrünten Mittelstreifen sommers fast wie in Südfrankreich Boule gespielt wird.
Durch die Industriebebauung in Charlottenburg-Nord und eine umtriebige Unternehmer- und Händlerschaft am Kurfürstendamm und in den Seitenstraßen entsteht eine Bürgerstadt, wie sie einmalig ist für den Großraum Berlin.
Charlottenburg wollte selbstständig bleiben und könnte es noch heute, mittlerweile eigentlich mehr als Berlin-Mitte, der Kern von Berlin, wo z. B. nicht so ein exklusives Bürgerviertel existiert wie der Kurfürstendamm und seine Nebenstraßen, wo keine Industrie mehr erhalten ist.
Charlottenburg hat alles, was eine gediegene und gewachsene deutsche Kultur- und Industrie-Großstadt haben muss: Geschäftsviertel, Industrieviertel, bürgerliche Wohnviertel und Arbeiterviertel in Nord-Charlottenburg. Es hat einen Villenvorort: Westend; es hat eine Oper, mehrere Theater, Universitäten und Kunsteinrichtungen, Galerien, Literaturhäuser und eine Menge Museen, auch wenn bedeutende wie das Ägyptische Museum mit der Nofretete nach Berlin-Mitte gegangen wurden. Der Kunstmäzen, der die Nofretete-Büste 1920 den staatlichen Museen stiftete, lebte von 1927-1932 in der Kaiserallee, später Bundesallee in Wilmersdorf.

Wilmersdorf, auch eine reiche eigenständige Stadt bis 1920, mit dem Ortsteil Grunewald das größte und reichste Villenviertel und den Großteil des Grunewaldes besitzend, wurde 2001 mit Charlottenburg fusioniert, beide zusammen sind eine Großstadt mit 350.000 Einwohnern, und nach Zehlendorf mit Dahlem etc. der zweitreichste Bezirk.
Aber das reiche Zehlendorf hat nicht die großstädtische Infrastruktur von Charlottenburg-Wilmersdorf mit seinen Theatern, Universitäten und seiner multiplen Wohnbevölkerung.
Bei all den Problemen, die Großberlin hat, auch dadurch, dass Berlin als Hauptstadt großflächige teure Gebäude, Einrichtungen für die gesamte Bundesrepublik beherbergt, besonders in Berlin-Mitte, wäre die Frage, und vielleicht kommt sie eines Tages, nach einer Trennung in eine politische Hauptstadt und eine erneute Selbstständigkeit als Bürgerstadt eventuell sinnvoll, zumindest als Frage mit entsprechenden Untersuchungen für eine Problemlösung. Die gegenwärtige Situation: Bundeshauptstadt, Landeshauptstadt und 12 Bezirks-Verwaltungen, die fast alle 300.000 und mehr Einwohner zu vertreten haben, überfordert offensichtlich die hiesige Communitas. Als Beispiel die Niederlande: hat die politische Hauptstadt Den Haag und die Bürgerhauptstadt Amsterdam; ebenso die USA: Washington – New York; Brasilien: Brasilia – Rio de Janeiro usw.
Zum Beispiel verlagerte sich seit Ende des 19. Jahrhunderts und ganz besonders in den Zwanzigerjahren die Kultur von Berlin nach Charlottenburg in die Gegend des Kudamms. Auch die selbstständigen und angrenzenden

Städte Schöneberg und Wilmersdorf profitierten von dem Boom, den die Gründung des Kudamms mit sich gebracht hatte. Die City West, wie es jetzt genannt wird, ist also nicht erst durch die Teilung der Stadt nach dem 2. Weltkrieg entstanden.
Die Königliche Akademische Hochschule für die Bildenden Künste hatte ab 1902 ein eigens für sie errichtetes, noch heute genutztes Gebäude am Steinplatz in Charlottenburg, Hardenbergstraße 33, bezogen. Hierhin verlagerte sich der Schwerpunkt der künstlerischen Ausbildung von Berlin nach Charlottenburg, eine selbstständige Stadt, und die reichste Preußens ohnehin.
Die Vorgängerinstitution befand sich anfangs noch in beengten räumlichen Verhältnissen im Akademiegebäude Unter den Linden 38, dem Alten Marstall. Der Historienmaler Anton von Werner wurde 1875 als „Akademiedirektor", das heißt als Hochschuldirektor, berufen. Als Künstler wurde er durch sein Gemälde „Proklamierung des Deutschen Kaiserreiches" in Versailles, welches in Schulbücher einging, bekannt.
1892 schloss er eine gerade erst eröffnete Ausstellung von Edvard Munch in Berlin und löste dadurch die Munch-Affäre aus. Drei Lehrer, unter ihnen Franz Skarbina, verließen die Hochschule infolge dieser Vorgänge. Die Konflikte verschärften sich, dass 1898 die Gründung der Sezession vollzogen wurde, der solche bedeutenden Künstler wie Max Liebermann, Walter Lestikow u. a. als Mitglieder angehörten. Sein Grunewald-Bild war von der Jury der Großen Berliner Kunstausstellung 1898, die unter dem Einfluss von Wilhelm II. und seiner konservativen Kunstauffassung stand, abgelehnt worden: *Der hat*

mir den janzen Jrunewald versaut, soll er gesagt haben, was die Gründung der Sezession zur Folge hatte. Sie fanden auch bald eigene Räume in der Nähe. Liebermann hatte die Kunsthändler Bruno und Paul Cassirer gewonnen und bot ihnen an, geschäftsführende Sekretäre der Sezession zu werden. Sie traten 1899 der neuen Vereinigung bei und hatten zusammen einen Sitz im Vorstand, jedoch ohne Stimmrecht. Ihnen oblag die Planung und Ausführung des Gebäudes, das nach Plänen von Hans Grisebach an der Kantstraße 12 (Ecke Fasanenstraße) tatsächlich in kurzer Zeit errichtet wurde (nicht zu verwechseln mit der Grisebach-Villa in der südlichen Fasanenstraße/nahe Lietzenburger Straße).

Die Akademische Hochschule für Bildende Künste konnte sich nicht ewig der Moderne verschließen. Nach Anton von Werners Tod übernahm der Maler Arthur Kampf die Direktion. In die Zeit des Ersten Weltkriegs (1914-1918) und die Jahre danach fällt der endgültige Niedergang des inzwischen veralteten Unterrichtskonzepts. 1924 wurde die Hochschule mit der Unterrichtsanstalt des Kunstgewerbemuseums zusammengelegt. In der Weimarer Republik hatten zu allen Hochschulen auch endlich Frauen Zutritt.

Nebenan war bereits seit 1879 die Technische Hochschule tätig. Das Motto war unter anderem: Studieren an der frischen Luft, der Tiergarten war vor der Haustür, der Landwehrkanal in der Nähe und die Spree, nicht nur ein Berliner, sondern auch ein Charlottenburger Fluss, war auch nicht weit.

Käthe Kollwitz (1867-1945), eine der größten deutschen Künstlerinnen

Sie war eine der wenigen Künstlerinnen, die sich schon früh den Ruf der sogenannten „Malweiber" des 19. Jahrhunderts abschütteln konnte und als vollwertige Künstlerin, trotz Ehefrau und Mutter, anerkannt wurde. Ihren ersten Unterricht gab sie im Bezirk Tiergarten, im Hansaviertel hatte sie ihr erstes Atelier und unterrichtete in Charlottenburg ihre erste Meisterklasse für Grafik an der Akademischen Hochschule für die Bildenden Künste am Steinplatz.

Auch wenn Kollwitz das den Frauen zugesprochene Sujet, nämlich Porträt, besonders Kinderporträt und das Mutter- und Kind-Thema noch bedient hat, ist aber ihr Hauptwerk sensationell; Arbeiterszenen wie in „Die Weber", Aktstudien, und vor allem auch Skulpturen.

Bereits bevor sie nach Paris ging, wo sie Paula Modersohn-Becker und andere traf, um eben auch Aktstudien zu betreiben, was in Preußen für Frauen verboten war, hatte sie schon aus der Praxis ihres Mannes, der Arzt in Prenzlauer Berg war, damals ein Arbeiterbezirk, Modelle „entliehen".

Wie das Patriarchat darauf kommen kann, Frauen, die Menschen gebären, zu verbieten, Menschen zu malen, ist eins der vielen Absonderlichkeiten und eben auch Unnatürlichkeiten, die eine Gesellschaft produziert, die unter Zwängen leidet.

Käthe Kollwitz hat viel Elend gesehen und erlebt. Ihr jüngster Sohn Peter stirbt im Ersten Weltkrieg. Sie ist Zeitzeugin der großen Hungersnot und Inflation der

Zwanzigerjahre und dem Aufkommen erneuter militärischer Machtkämpfe.
1933 wurde sie zum Austritt aus der Preußischen Akademie der Künste gezwungen und ihres Amtes als Leiterin der Meisterklasse für Grafik enthoben, da sie zu den Unterzeichnern des *Dringenden Appells* zum Aufbau einer einheitlichen Arbeiterfront gegen den Nationalsozialismus gehört hatte. Ab 1934 bezog Kollwitz den Atelierraum Nr. 210 in der Klosterstraße 75. 1936 ließ der Preußische Kulturminister Bernhard Rust die Exponate der Künstlerin aus der „Zweiten Jubiläums-Ausstellung aus Anlass des 150-jährigen Bestehens der akademischen Ausstellungen Berliner Bildhauer von Schlüter bis zur Gegenwart" entfernen, was einem offiziellen Ausstellungsverbot gleichkam. Dennoch konnte sie an ihrem Alterswerk weiterarbeiten, wurde aber immer schwächer. Als dann der Bombenkrieg losbrach, ging sie nach Moritzburg/Sachsen, wo sie eine Wohnung gegenüber dem Schloss hatte. Sie starb am 22. April 1945, wenige Tage vor dem Ende des Krieges und des Naziregimes, in dieser Wohnung. Sie liegt mit einem selbst geschaffenen Grabrelief in der Familiengruft, neben ihrem Mann, auf dem Zentralfriedhof in Berlin-Friedrichsfelde.

Emil Orlik – Böhmischer Maler und Grafiker
Zum 150. Geburtstag
**21. Juli 1870 Prag, †28. September 1932*

Gegen Ende des 19. Jahrhunderts war die Akademie der Bildenden Künste München eine der bedeutendsten Ausbildungsbildungsstätten, wo Franz von Stuck und andere lehrten und Lovis Corinth, Otto Mueller, Wassily Kandinsky, Alfred Kubin, Paul Klee, Franz Marc, Giorgio De Chirico u. a. studierten. Hier studierte auch der Schneidersohn aus Prag, Emil Orlik.

Ab 1897 etablierte er sich in Prag mit einem eigenen Atelier. Bemerkenswert für diese Zeit ist seine Japanreise von 1900-1901.

Auch van Gogh hatte in seiner Zeit den japanischen Holzschnitt entdeckt, beispielsweise von Katsushika Hokusai, und für seinen Stil verwandt.

Orliks Radierungen und Holzschnitte zeigen den starken Einfluss, den die japanische Kunst auf ihn gemacht hat. Er publizierte u. a. *Anmerkungen über den Farbholzschnitt in Japan* (in: Graphische Künste, 1902).

Im Hamburger Museum für Kunst und Gewerbe fand vom 12.10.2012-14.4.2013 eine Ausstellung zu dem Thema statt: *Wie ein Traum! Emil Orlik in Japan.*

Von 1899 bis 1905 war Orlik Mitglied der Wiener Secession, die am 3. April 1897 von Gustav Klimt u. a. gegründet worden war. Orlik veröffentlichte in der Secessions-Zeitschrift *Ver Sacrum (Heiliger Frühling),* die ähnlich wie die von Georg Hirth Ende 1895 in München gegründete illustrierte Kulturzeitschrift *Jugend,* das Neue, Junge implizieren soll in Abgrenzung zu dem vorherrschenden Historismus und als Epoche *Jugendstil* genannt werden wird.

Während dieser Zeit war auch ein anderer Böhme in Wien: Franz Metzner, aus Wscherau in Westböhmen stammend, der in Berlin an der Königlichen Porzellanmanufaktur gearbeitet und auf der Pariser Weltausstel-

lung prämiert worden war. 1903 bekam er eine Professur für die Modellierklasse an der Wiener Kunstgewerbeschule. Auch er arbeitete mit Künstlern der Wiener Secession zusammen. Der Wiener Jugendstil wurde auch der Sezessionsstil genannt.
1905 erhielt Emil Orlik einen Ruf als Professor an die Staatliche Lehranstalt des Berliner Kunstgewerbemuseums, die sich in Charlottenburg befand, das zu der Zeit noch nicht nach Berlin eingemeindet war und eine technische Hochschule in der Nähe der Lehranstalt besaß und die Akademische Hochschule für die Bildenden Künste.
Auch Metzner kam zurück nach Berlin und schuf die Figuren für das Leipziger Völkerschlachtdenkmal, dessen Architekt Bruno Schmitz war. Die Figuren zählen noch heute zu dem bedeutendsten Bildschmuck des Jugendstils in Deutschland. Das Denkmal wurde unter großem Aufsehen 1913 eingeweiht. Ein Jahr später werden viele Künstler in den Krieg ziehen und fallen, u. a. Franz Marc und August Macke.
Zu den Schülern in Orliks Grafik-Klasse zählen George Grosz, Hannah Höch, Siegward Sprotte u. a. Ab 1906 war Orlik Mitglied der Berliner Secession und beteiligte sich an deren Ausstellungen.
Ab 1915 befanden sich Orliks Wohnung und sein Atelier in Berlin-Tiergarten. Berlin blieb bis zu seinem Tod sein Wohnort, von dort aus unternahm er fast jährlich Reisen nach Südeuropa, Frankreich, in die Schweiz, aber auch nach Russland, Ägypten und zu anderen Orten Afrikas. 1912 hatte er eine zweite ausgedehnte Asienreise unternommen, die durch China, Korea und Japan führte.

1914 schuf er die Wandmalereien für die Deutsche Werkbundausstellung in Köln, 1918 nahm er als Pressezeichner an der deutsch-russischen Friedenskonferenz in Brest-Litowsk teil. 1924 besuchte Orlik Nordamerika. Die Reiselust der Künstler früherer Zeiten nach Italien war gegen Ende des 19. Jahrhunderts der Lust der Künstler an Weltreisen gewichen.
Orlik sammelte Kunstwerke aus dem Fernen Osten und war 1909 Leihgeber zur Ausstellung „Japan und Ostasien in der Kunst“ in München. Einer seiner Freunde aus der Prager Zeit war Rainer Maria Rilke, der im Ver Sacrum Heft 7, 1900, über ihn schrieb: *Ein Prager Künstler*.
Obwohl Orlik einer der weitgereisten Künstler seiner Zeit war, verschloss er sich den neueren expressionistischen, abstrakten oder neusachlichen Tendenzen. Als 1919 das Bauhaus in Weimar gegründet wurde, verlor er viele seiner Schüler an die neue Richtung und ließ sich schließlich im Juni 1932 vorzeitig pensionieren.
Kurze Zeit später, am 28. September 1932, starb Emil Orlik im katholischen Franziskus-Krankenhaus Berlin-Charlottenburg, in dem später der Enkel von Käthe Kollwitz arbeiten wird.

...sie spricht deutsch, schreibt in 中文 und malt und ...
Ein Besuch bei Wang Lan
Lancini-Galerie in Charlottenburg, Seelingstraße 29

Wang Lan stammt aus der chinesischen Provinz Guizhou und ist in der Kultur der Miao verwurzelt, einer ethnischen Minderheit, die im Süden Chinas beheimat ist und

sich durch eine farbenfrohe Kleidung hervortut. Der Sinologe Klaas Ruitenbeek, schreibt im Vorwort ihres Gedicht-Buches:
„Wenn man das Oeuvre von Wang Lan betrachtet, erscheint es fast chamäleontisch in seiner betörenden Vielfalt: klassische Chinesische Tuschemalerei und Kalligrafie; Ölmalerei; Stickereien und textile Applikationen in schillernden Farben; feine Stiftzeichnungen; verwegene Werke in unkonventionellen Materialien wie Styropor; Keramik und Skulptur; Videokunst. Und nicht zu vergessen: Dichtung – Poesie und Prosa in chinesischer Sprache. Wang Lans unglaubliche Kreativität und Vielfältigkeit nährt sich aus unterschiedlichen Quellen, davon ihre Kindheits- und Jugendjahre und anfängliche künstlerische Ausbildung in China sicher die tiefsten sind. Ihr späteres Studium an der Kunsthochschule Kassel und ihre über zwanzigjährige berufliche und künstlerische Tätigkeit in Deutschland haben sich damit eng verbunden, wie ein Pfropfreis auf altem Stamm könnte man sagen, und außerordentliche Blüten getrieben."
Die Lancini-Kunstgalerie und das Modeatelier, das Wang Lan in der Nähe vom Schloß Charlottenburg betreibt, ist ein Ort, wo viel Kreatives passiert. Wang Lan verkauft dort selbst entworfene Strickmode, in China nach ihren Vorgaben aus feinstem Kaschmir, Yakwolle, Seide und Leinen angefertigt, und auch in kleinem Umfang selbst genähte Stoffmode. Sie gibt dort aber auch Kurse und Privatunterricht in chinesischer Tuschemalerei, Kalligrafie und Stickerei (sie lehrt auch an verschiedenen Akademien, Schulen und Volkshochschulen). Als Künstlerin ist Wang Lan auf diesen Gebieten spezialisiert.

Mehrmals im Jahr werden in ihrer Galerie Kunstausstellungen unterschiedlicher Art gezeigt. Einzel- und Gruppenausstellungen mit bekannten chinesischen und Berliner Künstlern und Künstlerinnen, aber manchmal auch mit guten Werken von Laien. Die Vernissagen mit den Künstlern und dem Freundeskreis um Wang Lan, sind immer sehr spannend und lebendig. Dasselbe gilt für die Lesungen zu vielerlei Themen mit interessanten Vortragenden. Die Lancini-Kunstgalerie und Modeatelier ist ein kultureller Mittelpunkt im Klausenerkiez in Charlottenburg geworden.

Lancini Galerie Charlottenburg, Seelingstraße 29

Wang Lan studierte zunächst traditionelle, klassische chinesische Tuschemalerei an der Kunsthochschule des Nationalitäten-Instituts der Provinz Guizhou und der Kunstakademie Shanghai. Sie lebt seit Ende der 1990er Jahre in Deutschland und schloss 2003 ihr Diplomstudium Textil- und Modedesign an der Kunsthochschule Kassel ab. Wang Lans Kunst wurde in China und Deutschland in zahlreichen Gruppen- und Einzelausstellungen präsentiert, z.B. 1993 Einzelausstellung an der Kunsthalle Shanghai. 2018 Soloausstellung Kulturhaus – Galerie Karlshorst, Berlin; 2021 Gruppenausstellung „New Normal“, Kommunale Galerie Wilmersdorf Hohenzollerndamm. Sie ist als Gastprofessorin an mehreren chinesischen Kunsthochschulen tätig, ist Mitglied im Berufsverband für Bildende Künstlerinnen und Künstler in Berlin.
Wang Lan wuchs in der Kleinstadt Tongren in der südwestlichen Provinz Guizhou auf. Ihre Eltern - der Vater Journalist und Autor von Theaterstücken, die Mutter Ärztin - gehörten zur intellektuellen Oberschicht, wo klassische literarische Bildung eine Selbstverständlichkeit war. Sie ist beeinflusst von Gedichten aus der Tang- und Song-Zeit. Ihre Gedichte und Kurzprosa, die sie in den letzten Jahren auf Chinesisch schrieb, sind von erfrischender Originalität und Schönheit. Nun hat sie auch einen Band in chinesisch und deutsch veröffentlich.
In China ist seit altersher Tuschemalerei mit Poesie verbunden, poetische Inschriften in schöner Kalligrafie ist ein integraler Bestandteil der Malerei. Die Stadt Tongren ist aber nicht nur ein altes Zentrum Han-Chinesischer Kultur, sondern liegt inmitten von Minderheitsvölkern

bewohntem Gebiet, an erster Stelle der Miao. Wan Lang ist mit der Miao-Kultur seit frühester Jugend vertraut. Farbenprächtige Trachten, in liebevoller Hausarbeit gesponnen, gewebt, gefärbt, genäht, plissiert und bestickt sind ein Hauptmerkmal dieser Kultur, und die Farbenfreudigkeit nicht nur der Textilarbeiten, sondern generell in Wang Lans Kunst hat hier sicher ihren Ursprung. Die klassische Tuschemalerei, wie sie auch meisterlich von Wang Lan praktiziert wird, ist in farblicher Hinsicht eher spröde. Mit dieser klassischen Tuschemalerei begann sie aber ihre fachliche Ausbildung an der Kunsthochschule der Universität der Minoritätsvölker in Guiyang, der Hauptstadt der Provinz Guizhou. Nach ihrem Abschluss absolvierte sie die Kunstakademie von Shanghai, im Fach klassische chinesische Malerei. Seit Ende der 90er Jahre lebt sie in Deutschland, wo sie in 2003 ihr Studium Textil- und Modedesign an der Kunsthochschule Kassel mit Diplom abschloss.

Über das erste Buch in deutscher Sprache ist Wang Lan sehr glücklich.

Das ferne Ufer. Gedichte und Bilder.

Einführung von Prof. Dr. Klaas Ruitenbeek, Geleitwort von Sabine Puchstein. Geest-Verlag 2023, ISBN 978-3-86685-947-0, 135 S., 24 Farbseiten, 15 Euro.

Nachfolgend das Titelgedicht:

彼岸

戳破天宫水自奔，
汩汩一股沁世间。
遥望彼岸寒秋深,
残雨萧萧日暮烟。

我欲乘舟上孤岛，
悠悠一人舞翩跹。
怯懦光阴朱颜衰，
残年凄凄独自潸。

晓梦乘风逆水上，
幽幽宫闕心慕添。
把酒吴刚齐弄弦，
持镜喜颜竟如仙。

Das ferne Ufer

Himmelsbruch, Wasser stürzt,
Sprudelguss schwemmt die Welt.
Am fernen Ufer kühler Herbst,
Leiser Regen weicht Abenddunst.

Steig ins Boot zur kleinen Insel,
Verliere mich in Taumeltanz.
Löscht Zeit mir meiner Wange Rot?
O Sorge! Nur Tränen bleiben mir.

In Morgentraum reite ich den Wind,
Sehn mich nach fernem Himmelspalast.
Heb Wein, zupf mit Wu Gang die Saiten,
Schau in den Spiegel: eine Unsterbliche!

Westend und verbrannte Erde **– Was der Krieg mit Kunst zu tun hat**
Anneliese Konrat-Stalschus zum 97. Geburtstag
geboren am 15. April 1926 im ostpreußischen Goldap

Eigentlich passt das Thema Krieg so gar nicht in die ästhetischen und akkuraten Textilarbeiten der Künstlerin, die bis in ihr hohes Alter gearbeitet hat. Jetzt wird es weniger, aber *Ich hab noch viel vor …* sagt Anneliese Konrat-Stalschus mit ihrem typischen, leicht spitzbübischen Lächeln.
Am Ende des Zweiten Weltkriegs war sie eine junge Frau, geboren in Ostpreußen, erlitt mit ihrer Familie alle

Qualen, die die Siegermacht Sowjetunion der Zivilbevölkerung angetan hat, Vertreibung, Verschleppung, Vergewaltigung. Als dann 1989 der US-Präsident Bush den militärischen Kahlschlag im Irak machte und die Bilder von brennenden Städten über die Bildschirme flimmerten, waren die Bilder ihrer Vergangenheit im brennenden und zerstörten Europa und Deutschland sofort wieder lebendig. Sie setzte sie künstlerisch um.
Sie schrieb mir dazu:
Du wolltest gern einen Artikel über mich schreiben ... wie ich auf den Gedanken kam, mit angebrannten Stoffen (Nessel) zu arbeiten. Daher schreibe ich über das Jahr 1989. Es war weltweit ein unruhiges Jahr und für mich persönlich auch.
Im Sommer gab es die Unruhen in China – und die Regierung veranstaltete ein großes Gemetzel auf dem Platz des himmlischen Friedens. Das erschütterte uns alle. Mein Lebensgefährte Konrad Voß, mit dem ich 9 Jahre lang in Mellingen bei Osnabrück zusammenlebte, lag im Sterben. Er starb, als die große Ausstellung im Germanischen Nationalmuseum in Nürnberg stattfinden sollte ...
Dann begann der schreckliche Krieg im Irak. Im Fernsehen wurden die brennenden Oelfelder im Süden des Landes gezeigt und die Menschen mit ihren brennenden Kleidern rannten um ihr Leben. Das hat mich furchtbar aufgeregt.
Und dann kamen die Unruhen in Ostdeutschland dazu, die glücklicherweise unblutig zur Wiedervereinigung Deutschlands führten.
Diese Ereignisse haben mich furchtbar erschüttert und ich musste mich durch Arbeit erleichtern, wie ich es so

oft im Leben getan habe. Da ich die Brenntechnik schon einmal ausprobiert hatte (Nesselhöhle in Osnabrück), griff ich wieder zu dieser Technik.
Ich kaufte wieder einen Ballen Nessel, nähte etwa 40 einfache Hemden und brannte sie an. Das war die Arbeit eines ganzen Sommers.
1991 sollte die Ausstellung der deutschen Gruppe Textilkunst in Bayreuth stattfinden. Im alten Schloß erhielt ich einen ganzen Raum für mich allein. Ich verhängte das Fenster und auch die Wände mit schwarzer Folie. Davor im Kreis hängte ich die Hemden – spärliche Beleuchtung.
Soweit die Schilderung von Anneliese Konrat-Stalschus. Die Menschen waren zutiefst erschüttert. Diese Installation, die sie „We shall overcome" nannte, machte ihren Weg bis nach Amerika ins John-F. Kennedy-Center.
Die letzte große Ausstellung von Anneliese Konrat-Stalschus war im Winter 2020 bis zum 5.4. 2021 im Ostpreußischen Landesmuseum mit Deutschbaltischer Abteilung in Lüneburg zu sehen. Die Sonderausstellung war coronabedingt zunächst nur virtuell zu sehen und zeigte etwa 40 Werke der modernen Textilkünstlerin. Dieses Museum wird auch einen großen Teil des Nachlasses der Künstlerin erhalten.[70] Aus diesem Nachlass ist 2023 eine Ausstellung für ihre Geburtsstadt Goldap/heute Polen entstanden.[71]
In der Gedok-Galerie in der Suarezstraße 57 in Charlottenburg sind hin und wieder zu entsprechenden Themen Werke von ihr zu sehen, dort war auch eine große Ausstellung zu ihrem 90. Geburtstag. Für November 2023 ist erneut eine Ausstellung geplant.

Aber sonst ist es still geworden in dem Atelier in der Sensburger Allee, in der sich auch das Georg-Kolbe-Museum befindet. Dass ihr Erbe in Lüneburg gut aufgehoben ist, tröstet sie.

Schon in der Schulzeit begeisterten sie Kunst und Kunstgeschichte, sie wäre auch Kostüm- und Bühnenbildnerin geworden. Der Krieg hat die Menschen woanders hingetrieben. Mit 19 Jahren kam sie allein in Berlin an. Der Vater und die Schwester waren nach Russland verschleppt, die Mutter ermordet.

In Berlin wurde sie Lehrerin, die wurden gebraucht, die Männer waren im Krieg oder in Gefangenschaft und nach dem Krieg durften Nazilehrer nicht mehr arbeiten.

Nach 30-jähriger Tätigkeit als Lehrerin und ihrem Studium der Bildwirkerei an der Berliner Hochschule der Künste war sie ab 1979 freischaffende Textilkünstlerin.

Seit meiner Kindheit arbeite ich gern mit Textilien, erzählt sie. *Die unterschiedlichen Materialien und Farben regten stets meine Phantasie an. Auch als Lehrerin benutzte ich gern Textilien im Kunstunterricht. Mein Wunsch, mich als Textilgestalterin selbständig zu machen, ging erst verhältnismäßig spät in Erfüllung. Ich arbeitete in der Gobelintechnik und experimentierte mit freien Techniken. Immer wieder reizen mich andere Materialien. Meine künstlerischen Ideen beziehe ich hauptsächlich aus der Natur.*

In ihrem textilen Werk, aber auch auf den Papierarbeiten finden sich immer wieder Baumstämme, besonders von Birken, wahrscheinlich aus ihrer Kindheit in Ostpreußen in Erinnerung, Blattwerk, filigranes Geäst, sie geht sparsam mit Farben um. Auch von ihrer Brandtech-

nik geht eine starke Ästhetik aus, es sind die feinen Linien, die verbrannten Linien, die ins Verderben führen, nicht die lauten Striche. Einer der Besucher ihrer Ausstellung „We shall overcome“ kniete vor ihr nieder: *Ich danke Ihnen für das Werk.*
Um diese großartige Künstlerin, die seit Kriegsende in Berlin gewirkt, zu sehen, muss man nach Lüneburg fahren.

Auch in Berlin gab es Seide
Vom Werderschen Markt, zum Hausvogteiplatz, zum Spittelmarkt

Ich erwähnte an anderer Stelle, dass in dieser von Kriegen und politischen Systemen gebeutelten Stadt unter dem Pflaster noch ein Großteil der Stadtgeschichte verborgen liegt.
In Friedrichswerder, als ich dort zu recherchieren begann, war kaum noch was vorhanden. Die Bauakademie wurde von der DDR abgerissen, das neue Außenamt wurde gebaut mit den Teilen der ehemaligen Reichsbank der Nazizeit, eine große Grünanlage umgeben von Pappeln, am nördlichen Ende die Friedrichswerderische Kirche im Stil der norddeutschen Backsteingotik, ein Unikat von Friedrich Schinkel, die als Museum für die Berliner Bildhauerschule benutzt wurde (ich behandle sie an anderer Stelle), und am südlichen Ende der Spittelmarkt. Der Werdersche Markt zwischen Friedrichswerderscher Kirche und Reichsbankgebäude war ein heute nicht mehr erkennbarer historischer Stadtplatz, entstanden

aus dem Vorwerk der Kurfürstin Katharina (die ich am Kurfürstendamm erwähnt habe), der im 16. Jahrhundert das Gelände gehörte. In kurfürstlichem Besitz befanden sich auch das Gießhaus (Straße Hinter dem Gießhaus) an der Nordspitze des zum Teil entwässerten Geländes sowie ein Holz- und ein Baumgarten im Süden. Aus dem Vorwerk ging zu Beginn des 17. Jahrhunderts der kurfürstliche Jägerhof (Jäger-Ecke Oberwallstraße) hervor, nach dem die Jägerstraße benannt ist.

Nie hätte man vermutet, dass hier ein ganzer Stadtteil verschwunden ist, und die Grünanlage früher städtisch umbaut gewesen und hier das erste Kaufhaus gestanden haben soll, 1837, das Kaufhaus Gerson. Bisher musste man Stoff kaufen, einen Schneider beauftragen, Anproben organisieren, Kleidung zu erwerben war lange Zeit äußerst problematisch und teuer noch dazu. Gerson erfand die Stangenware. Schon 1836 hatte er ein Ladenlokal eröffnet, das „weiße Stickerei, Blonden, Tüll, Kanten, Gardinenstoff und weiße Waaren“ offerierte. Das Geschäft befand sich in der Königlichen Bauakademie, die seinerzeit nicht nur Lehr- und Verwaltungsgebäude war, sondern im Erdgeschoss auch zwölf Läden mit hochwertigen Angeboten beherbergte.

Bei der Teilwiederbebauung dieser Grünanlage ist man 2004 auf die verrückte Idee gekommen, 47 kleinstädtische sogenannte Townhouses mit Vorgärtchen zu bauen, die natürlich sofort verkauft waren.

Der anliegende Hausvogteiplatz ist Teil der ehemaligen Bastion III, der Spittelmarkt der Bastion IV. Der Stadtteil Friedrichswerder lag innerhalb der Befestigungsanlagen, die Anfang des 18. Jh. geschleift wurden. Die Hausvogtei,

die Friedrich II. hier erbauen ließ, war ein Untersuchungsgefängnis des Hofgerichts, das bis Mitte des 19. Jh. existierte. Hier entstand der Spruch: *Wer die Wahrheit weiß und saget sie frei, der kommt in Berlin in die Hausvogtei.*
Mitte des 19. Jh. bekam der Platz eine Brunnenanlage. Die neue, die jetzt existiert, wurde eingeweiht von einer weltberühmten Wassernixe, bekannt aus dem Film „La dolce vita", Anita Ekberg. Auch hier warf sie Münzen in den Brunnen.
Aber auch die Brüder David und Valentin Manheimer begannen 1837 in der Jerusalemer Straße 17 ein textilverarbeitendes Unternehmen. Möglich wurde diese Firmengründung durch die Lockerung der Gewerbeordnung, die Juden, denen bis dato nur der ambulante Handel mit alten Kleidern und Kurzwaren erlaubt war, die Gelegenheit bot, neue Kleidung anzufertigen.
1860 hatten sich um den Hausvogteiplatz bereits 20 Konfektionsfirmen angesiedelt, als Berlin elf Jahre später Reichshauptstadt wurde, waren es doppelt so viele, spätestens zur Jahrhundertwende lebte das ganze Viertel von der Textilbranche. In jenen Jahren etablierte sich auch die Berliner Durchreise, die älteste Modemesse der Welt. Zweimal im Jahr erschienen die wichtigsten Reiseeinkäufer aus Europa und Übersee, um die neuesten Trends der Berliner Modewelt zu begutachten und zum Exportschlager zu machen.
Ich denke mal, die Sensation, dass die Gebr. Manheimer in der nahen Jerusalemer Straße und Hermann Gerson 1848/49 in einem prächtigen Gebäude am Werderschen Markt 5 ein Konfektionshaus gegründet haben, in dem –

und das war die zweite Sensation – man Stangenware bekam und nicht mehr die hauseigene Schneiderin bemühen musste, ist der Grund, dass in der Folge hier die weltberühmte Berliner Konfektion Fuß fasste und sich entwickelte, viele Juden darunter, denen 1933 jäh das Ende bereitet wurde. Die Berliner Konfektion war nach der Elektroindustrie die zweitgrößte Branche des produzierenden Gewerbes.
Noch in den Fünfzigerjahren, nun kriegsbedingt in Westberlin, ist hier das Gros der westdeutschen Kleidung hergestellt worden. Ich hab Anfang der Sechzigerjahre noch am Kudamm die letzten Blüten der Berliner Durchreise erlebt.[72]

Auch der Spittelmarkt ist heute überhaupt nicht mehr historisch fassbar. Die Gertraudenbrücke ist in der Nähe und der Name Spittel rührt vom Spital her, das hier mal im Mittelalter am Gertraudentor stand, in dem die Wanderer und Siechen behandelt wurden, weil es hier vor den Toren der Stadt war. Die Name Gertraude ist häufig bei diesen Spitälern zu finden und ist germanischen Ursprungs. Ger bedeutet Spieß, Wurfspieß, die Wehrhafte. In der christlichen Ikonografie ist sie im 7. Jh. als Äbtissin eine Heilige von Nivelles, sie gab Reisenden zu essen und versorgte ihre Wunden.
An der Brücke wurde 1895 von Rudolf Siemering eine Bronzefigur der Heiligen Gertraud geschaffen. Gegen Ende des Zweiten Weltkriegs ließ man die Bronzeskulptur abbauen, weil sie zu Kriegsgerät umgeschmolzen werden sollte. Der Bronzegießer Hans Füssel (1897-1989) versteckte die Figur jedoch und konnte sie so vor

der Vernichtung bewahren. 1954 kam die „Brückenheilige“ auf ihren Platz zurück.
Der Spruch bei der Bronze-Figur der Heiligen Gertraude heißt:
Hei, wie das Naß / Durch die Kehle rinnt
Und der Bursche mit eins / Wieder Mut gewinnt
Nun dankt er laut / Dir, heilige Gertraud.
Ratten und Mäusgezücht / Machst du zunicht,
Aber den Armen im Land / Reichst du die Hand.
Gertraude/Gertrud wird aber oft auch mit einer Spindel dargestellt – Symbol für den Lebensfaden und mythisches Erbe der germanischen Nornen, der griechischen Moiren oder der römischen Parzen – allesamt Schicksalsgöttinnen, die den Lebensfaden der Menschen spinnen, ihn abmessen und am Ende abschneiden. Der Faden am Spinnrocken wird dabei von den Mäusen abgebissen, was sie als Herrin des Todes klassifiziert in der Tradition der alten Göttinnen Freya, Perchta oder Holla und ähnlich der ägyptischen Isis.
Der Name Perchta, in den Alpenländern heute noch in den Raunächten um den Jahreswechsel verehrt, kommt auch vor in dem Namen (Knecht) Ruprecht. Und Holla ist die Frau Holle, eine große Göttin eher in den nordischen Ländern.
Die Schicksalsweberin mit der Spindel, das passt sehr gut zu dem Konfektionsviertel, das hier einmal war.

Diese Erklärung klingt wie von heute:

Erklärung von 1926 für die Erhaltung des Alten Berlin

Es gilt heute als eine selbstverständliche Forderung, dass in alten Städten nicht nur einzelne architektonisch bedeutsame Bauten, sondern ganze Straßen- und Platzbilder von charakteristischer Eigenart erhalten werden müssen. Denn sie bilden zusammen eine städtebauliche Einheit, deren Wert durch die Erinnerung an die Geschichte und eine blühende Kultur der Vergangenheit noch erhöht wird.

Mit der Beziehung zum Boden, aus dem das Stadtbild herausgewachsen ist, ist ihm vollends ein so besonderes persönliches Gepräge aufgedrückt, dass jedes in seiner Art ein Originalwerk künstlerischen Schaffens darstellt, nicht anders als ein Werk der bildenden Kunst, das aus der Hand eines berühmten Meisters hervorging. Die vorhandenen **Altstädte sind vernachlässigt** worden, und es konnte geschehen, dass man alte Teile beseitigte, ohne an die hierdurch bewirkte Vernichtung von Kulturwerten zu denken, **deren Erhaltung für die bewusste Weiterentwicklung eines Gemeinwesens unentbehrlich** ist. Viele Großstädte, welche die ... Bedeutung ihrer Altstadt für das Gegenwartsleben frühzeitig erkannten, haben es verstanden, die Stadterweiterung so zu führen, dass die alten Teile nicht angetastet wurden. ...

Wenn Berlin dem konservatorischen Gedanken bisher wenig Beachtung geschenkt hat, so ist das eine **Unterlassung**, die nicht genug bedauert werden kann. ... Noch in letzter Zeit sind hier Fehler gemacht worden, die bei gutem Willen hätten vermieden werden können, die aber das Ansehen der Stadt als eines ersten Kulturzentrums weit über die Grenzen Deutschlands herabgesetzt haben. **Die neuesten Durchbruchprojekte ... lassen befürchten, dass auch die wenigen Reste der einst so schönen und reichen Altstadt, die sich bisher noch erhalten konnte, nunmehr endgültig verschwinden sollen.**

Es haben sich daher Vertreter der führenden Kreise aus der Wirtschaft, Industrie, Technik, Wissenschaft und Kunst, nicht zuletzt aber die heutigen Repräsentanten der Familien, von denen die hohe Kultur Berlins früher getragen wurde, zusammengefunden, um in letzter Stunde ihre Stimme gegen die weitere Vernichtung der Altstadt zu erheben. Sie wenden sich an das öffentliche Gewissen in der Überzeugung, dass die lebende Generation nicht ohne weiteres das Recht hat, die Kulturgüter, die sie von ihren Vorfahren übernommen hat, zu zerstören, besonders, wenn nicht gleichzeitig dafür gesorgt wird, dass etwas ebenbürtiges Neues an ihre Stelle tritt. Dabei wäre es falsch, hier romantische Gedankengänge unterstellen zu wollen. Es darf allein das hohe Pflichtgefühl den späteren Generationen gegenüber maßgebend sein, das Erhaltung des Alten, zugleich aber eine Gestaltung des Neuen in organischer Eingliederung erstrebt. ...

Unterzeichner:

Ernst von Borsig – Max Cassirer – Hermann Dernburg – Alfred Döblin – Arnold Knoblauch – Georg Kolbe – Käthe Kollwitz – Theodor Lewald – Max Liebermann – Werner March – Franz von Mendelssohn – Charlotte Mühsam-Werther – Max Reinhardt – C. F. von Siemens – Ellen von Siemens-Helmholtz – Theodor Wiegand – Ulrich von Wilamowitz-Moellendorff u. v. a. m.

Unter den Linden und dieser Blick

Anna Dorothea Therbusch zum 300. Geburtstag

**23. Juli 1721 in Berlin, †9. November 1782 Berlin*

Ihr Selbstportrait mit Monokel, und das bei einer Frau im 18. Jh., ist bemerkenswert.
Nicht unbedingt ein Freund der Rokokozeit, nur notgedrungen wegen der Seide, die während dieser Epoche ihre Hochzeit in Europa hatte, bin ich ihrem Blick in einem Kunstbuch begegnet. Sie trägt ein violettes Seidenkleid mit weißem Überwurf.
Das Bild mit diesem Blick, ein Selbstbildnis von 1782, zeigt die sechzigjährige Malerin wie eine Gelehrte am offenen Fenster sitzend, den Blick von der Lektüre erhoben und zum Betrachter gewandt, vor ihrem rechten Auge ein dunkel umrandetes Einglas. Das Bild hängt in der Gemäldegalerie Berlin, wo 2021 zu ihrem 300. Geburtstag eine Ausstellung zu sehen war, wegen Corona aber leider nicht unbeschwert besucht werden konnte.

Der Vater Georg Lisiewski, ein Hofmaler am Hof des preußischen Königs Friedrich Wilhelm I., des Soldatenkönigs, bildete seine beiden Töchter und seinen Sohn in Porträtmalerei aus. 1742 heiratete Anna Dorothea Lisiewski den Berliner Gastwirt und Hotelier der „Weißen Taube“ aus der Heiliggeiststraße, Ernst Friedrich Therbusch, sie hatten vier Kinder.
Wie bei allen Künstlerinnen leidet die Kunst während der Jahre, in der die Kinder großgezogen werden müssen. Aber sie ist nicht vergessen. 1761 beruft sie Herzog Carl Eugen von Württemberg nach Stuttgart. Dort malt

sie innerhalb kürzester Zeit 18 Supraporten für die Spiegelgalerie des Neuen Schlosses. Sie wird 1762 Ehrenmitglied der *Académie des Arts*. Im selben Jahr fällt ihr vorgenanntes Werk einem Schlossbrand zum Opfer. Kurfürst Karl Theodor von der Pfalz ernennt Therbusch 1764 zur Hofmalerin in Mannheim. 1765 geht sie nach Paris. Der Aufklärer Denis Diderot erwähnt sie.
1767 wird sie als eine der wenigen Frauen überhaupt in die wichtigste europäische Kunstakademie der Zeit, die Pariser Académie royale de peinture et de sculpture, aufgenommen. Als einzige Frau stellt sie ihre Gemälde im Pariser Salon von 1767 aus. Ihre Karriere ist unglaublich.
1768 wird sie mit ihrem Porträt des Landschaftsmalers Jakob Philipp Hackert als erste Frau in die Akademie der bildenden Künste Wien aufgenommen. Mich erstaunt auch immer wieder, wie flexibel und reisefreudig die Leute um diese Zeit der Postkutschen waren. Sie war auch noch in Brüssel, Den Haag und Amsterdam, wo sie jeweils ihre künstlerische Bildung vervollständigte, bevor sie 1769 wieder in Berlin eintrifft.
Hier zeigt sich, dass sie durch das Studium von Rubens ihre Maltechnik verfeinert hat, indem sie, um ein natürliches Inkarnat zu erzielen, zahlreiche dünne Lasuren aufträgt.
Nach dem Tod ihres Mannes unterhält sie seit 1773 mit ihrem Bruder Christoph Lisiewski (1725–1794) ein gemeinsames Atelier Unter den Linden.
Sie liefert dem Hof Friedrichs II. einige Historienbilder mythologischen Inhalts für Schloss Sanssouci und porträtiert 1775 den 63-jährigen König.

Auch das fast eine unglaubliche Geschichte, denn Friedrich war dafür bekannt, dass er Frauen nicht sonderlich achtete.

Auch die Zarin Katharina II. von Russland beauftragt sie, die gesamte preußische Königsfamilie in lebensgroßen Ganzkörperporträts zu malen (heute in der Eremitage Sankt Petersburg).

Als Therbusch 1782 stirbt, hinterlässt sie 200 Gemälde. Sie ist auf dem Dorotheenstädtischen Friedhof begraben. Aber das hat wiederum eine eigene Geschichte.

Dorotheenstadt, zwischen Spree im Norden, Unter den Linden bis zur Behrenstraße gelegen, gegründet vor 1700, eine Stadterweiterung westlich vor den Festungsanlagen, die allmählich geschleift werden, benannt nach der 2. Frau des Großen Kurfürsten, wurde im 18. Jh. das intellektuelle Viertel. Hier war die Akademie der Künste, es wurde im Prinz-Heinrich-Palais 1809 die Friedrich-Wilhelm-Universität (heute: Humboldt-Universität) gegründet u. v. m. Der einzige Platz war der Platz mit der Dorotheenstädtischen Kirche, auch Neustädtische Kirche genannt, heute heißt der Platz Neustädtischer Kirchplatz, man sieht ihm seine Geschichte nicht mehr an, denn hier stand die erste barocke Kirche der Dorotheen- oder Neustadt von 1678 bis 1861, dann entstand ein Neubau, der im 2. Weltkrieg zerstört und 1968 gesprengt wurde.

In der ersten Kirche bzw. auf dem Friedhof wurde Therbusch beerdigt. Ihr Epitaph wurde nach der Neuerrichtung im 19. Jh. auf den Dorotheenstädtischen Friedhof in die Chausseestraße verbracht.

Jetzt ist der Neustädtische Kirchplatz ein normaler städtischer Platz in unmittelbarer Nähe des Boulevard Unter den Linden, kein Mensch würde auf die Idee kommen, dass unter dem Rasen vielleicht noch Gebeine des ehemaligen Friedhofs liegen. Einige hat man noch retten können, als der Platz um 2000 umgestaltet wurde. Ob die von Anna Dorothea Therbusch darunter sind, konnte ich nicht ergründen, gerettet jedenfalls ist ihr Epitaph. In der Humboldt-Universität war – ich hatte es um 2000 besucht – das sogenannte „Menzel-Dach", wo man sich in etwa vorstellen konnte, wie Therbusch vielleicht in ihrem Atelier Unter den Linden gearbeitet hat.

Im „Menzel-Dach" wurden Techniken künstlerischen Gestaltens und historische druckgraphische Verfahren vermittelt. Dabei geht es um den Nachvollzug der komplexen Denk- und Arbeitsschritte eines kreativen Prozesses, ebenso aber um das Verständnis verschiedener Techniken des Gestaltens – darunter insbesondere des Zeichnens – als Techniken der strukturierten Aneignung und der Wissensgenerierung sowie, nicht zuletzt, um die Ausbildung der Urteilsfähigkeit in Bezug auf historische Produktions- und Reproduktionsverfahren, so das Institut für Kunst- und Bildgeschichte – HU Berlin.

Der letzte Eintrag auf der Webseite ist von 2017, wo man sich in der Langen Nacht der Wissenschaften (auch eine tolle Einrichtung) unter dem Titel DRUCKEN IST EIN ABENTEUER wohl an HAP Grieshaber orientiert hat.

Heinrich von Kleist und die Mauerstraße

Friedrichstadt, wie der Stadtteil um den Gendarmenmarkt heißt, war ein Neubaubezirk des 18. Jahrhunderts, unter dem Soldatenkönig vor allem für Handwerker, aber auch Glaubensflüchtlinge aus Frankreich, die Hugenotten, angelegt. Sie bekamen den Französischen Dom.
Einige Straßen weiter kamen Glaubensflüchtlinge aus Böhmen an, sie bekamen die Bethlehemskirche, die aber im Zuge des Mauerbaus der DDR abgerissen wurde.
Hier war auch eine historische Stadtmauer, deshalb heute noch der Name Mauerstraße, die aber nichts mit der DDR-Mauer zu tun hat.
In der Mauerstraße Nr. 53 ist eine Gedenktafel angebracht, dass von 1809 bis zum Ende seines Lebens, also 21. November 1811, hier der Dichter Heinrich von Kleist lebte.
Er hatte also drei Jahre Zeit, die Salons um den Gendarmenmarkt zu besuchen.
Rahel Lewin hatte als junges Mädchen einen Salon im Elternhaus in der Jägerstraße gegründet. Als Unverheiratete zog sie in eine eigene Wohnung, was ungewöhnlich war, in die Charlottenstraße Nr. 32. Auch in der Berliner Behrenstraße Nr. 48 wohnte sie ab 1810 zunächst allein; später zogen ihre Brüder Moritz und Ludwig bei ihr ein.
Das war also die Zeit, wo Kleist bei ihr verkehrte. Erst 1814 heiratet sie den 14 Jahre jüngeren Diplomaten Karl August Varnhagen von Ense.
Eine weitere bekannte Salonniere der Zeit war Henriette Herz, die im Alter von zwölf Jahren mit dem 17 Jahre älteren Arzt Marcus Herz verlobt und zwei Jahre später

verheiratet wurde. Unfassbar, dass sie dennoch ihre literarischen Interessen pflegen und einen Salon gründen konnte. Ihr Mann, Marcus Herz, stand voll hinter der Aufklärung und hatte sich seinem Lehrer Kant verschrieben, er hielt in Henriettes Haus Vorlesungen über dessen Philosophie und führte Gesprächskreise zu wissenschaftlichen und philosophischen Themen. Ihr Salon bestand von 1780–1803, für Kleist wahrscheinlich zu früh, denn er war ja bis 1809 immer unterwegs.
Fakt ist aber, dass fast jeder jeden kannte und man sich besuchte oder traf, zufällig, gezielt, eine illustre Gesellschaft, immer wieder von dem Aufkreuzen und den Kämpfen Napoleons unterbrochen. Auch die Reisefreudigkeit der damaligen Zeit, wo noch keine Eisenbahn erfunden war und man einzig auf die Pferde angewiesen war, überrascht.
Jedenfalls in diesem Umfeld lernte Kleist Henriette Vogel kennen, die wie alle diese Frauen der Salons gebildet war. Sie wurde seine Schicksalsfrau.
Eine Eintragung in das Taufbuch der französisch-reformierten Gemeinde Berlin-Friedrichstadt (Französischer Dom) vom 16. November 1810 belegt, dass Heinrich von Kleist und Henriette Vogel Taufpaten von Isidora Marie Cäcilie Kunigunde Müller, der am 27. Oktober geborenen Tochter von Adam und Sophie Müller, waren. Beide waren bei der Taufe des Kindes anwesend. Kleist hat dieser kleinen Cäcilie seine Erzählung „Die heilige Cäcilie oder die Gewalt der Musik" gewidmet. Sie wurde zuerst in den Berliner Abendblättern vom 15. bis 17. November 1810 veröffentlicht, und zwar mit der Widmung „Zum

Taufangebinde für Cäcilie M.". Übrigens war auch Achim von Arnim Taufpate der kleinen Cäcilie.

Der Hackesche Markt und die Karschin

Der Hackesche Markt hat ein ganz anderes Flair als der Gendarmenmarkt, damals wie heute. Hier war ursprünglich Sumpfland. Erst mit dem Abriss der Festungsanlagen ließ der Berliner Stadtkommandant Graf Hans Christoph Friedrich von Hacke um 1750 den Platz im Auftrag von Friedrich II. anlegen und bebauen.
Im Umfeld ist noch echte mittelalterliche Geschichte von Berlin, z. B. das Heiliggeist-Spital in der Spandauer Straße. Es war eines von drei Hospitälern in der mittelalterlichen Doppelstadt Berlin-Kölln im Heilig-Geist-Viertel. Es befand sich in der Nähe des heute nicht mehr existierenden Spandauer Tores und diente der Alten- und Krankenpflege.
Es existiert davon noch die mittelalterliche Kapelle, um circa 1300. Mittelalterliche Wandmalereien wurden freigelegt. Bei jüngeren Ausgrabungen fand man einen Friedhof in ihrer Nähe.
Es wurden 131 Gräber mit 320 Skelettindividuen aller Altersstufen – von Neugeborenen bis zu Greisen – in Leichentüchern oder Särgen von der ersten Hälfte des 14. bis zur zweiten Hälfte des 16. Jahrhunderts datiert.
Als Sensation darf die Aufdeckung von sieben Massengräbern gelten – ein achtes wurde 2000 bei Bauarbeiten unter dem Kellerboden der auf dem Gottesacker errichteten Hochschule entdeckt – mit bis zu über einem hal-

ben Hundert Individuen im hinteren Teil des Friedhofs. Diese im Gegensatz zu den Hospitaliten als Fremdbelegung des Friedhofs in Notzeiten zu wertenden Massengräber gehören in die Zeit der mittelalterlichen Pestepidemien.[73]
Es bestätigt sich wieder mal die Aussage eines befreundeten Stadthistorikers „unterm Straßenpflaster ist noch alles vorhanden".
Zur Zeit der Karschin war aber der Hackesche Markt durch die Trockenlegung des Festungsgrabens Neuland, er ist heute einer der beliebtesten Plätze zum Ausgehen und Speisen.

Eine Frau mit eigenem Kopf

Der Karschin zum 300. Geburtstag

**1. Dezember 1722 in Hammer, in der Nähe von Schwiebus, †12. Oktober 1791 in Berlin*

Auch wenn Anna Louisa Karsch geborene Dürbach nur kurz in Charlottenburg gewohnt hat, hat ihre wichtigste Reise am 11. August 1763 doch mit unserem Südwesten zu tun, denn sie musste mit der Kutsche auf der schlecht bestellten Chaussee, auf der immer wieder Kutschen verunglückten (erst der Nachfolger Friedrich Wilhelm II. ließ die Chaussee zu einer gut passierbaren Steinbahn ausbauen) nach Potsdam, Friedrich II. hatte sie eingeladen.
Sie war pünktlich nachmittags um 5 Uhr zu einer Audienz vor Ort.[74] Sie trug ihm nicht nur Gedichte vor, sie hatte keine Hemmung, ihm ihre persönliche Notlage zu

schildern. Sie bat um ein eigenes Haus, da sie in Berlin bedrängt wohnte; was er auch zusagte, aber nicht einhielt. Sie jedoch wäre nicht die Karschin, mit -in bezeichnete man damals Frauen, würde sie seine kleineren Überweisungen, die statt des Hauses eintrafen, nicht mit Spottgedichten an ihn wieder zurückschicken.
Zwei Taler gibt kein großer König,
Ein solch Geschenk vergrößert nicht mein Glück.
Nein, es erniedrigt mich ein wenig,
Drum geb ich es zurück.

Dieses Spiel wiederholte sich alle paar Jahre.[75]

Wer war die Karschin, die sich so was erlaubte?
Sie kommt am 25. Januar 1761 mit ihrer zehnjährigen Tochter in Berlin an und wohnt die erste Zeit im Haus des Grafen Gustav Adolph von Gotter (1692-1762), wo auch Baron *von* Kottwitz logiert. Dieser ist ein früher Förderer, sie dichtet:
Der mich aus unanständigen Geschäften,
Aus einem pöbelhaften Leben ohne Ruh,
Herausgerissen mit aus Menschenfreundes Kräften
Mein treuer Kottwitz! Der bist du.[76]*)*
Der Karschin ging ein Ruf von Berühmtheit wegen ihrer Dichtkunst voraus. Ihr Ruf war der einer Berufsdichterin, der ersten überhaupt, die gegen Honorar auf ein paar Stichworte hin zu verschiedenen, auch alltäglichen Anlässen, Hochzeiten, Trauer etc. perfekte Gedichte schrieb oder rezitierte. Sie hat mit dem Dichten ihre Familie ernährt, auch das ist ungewöhnlich für die Zeit.

Sie wuchs im Kreis Lebus jenseits der Oder auf, musste ihrer Mutter, die nach dem frühen Tod des Vaters bald schon wieder heiratete, als Kindermädchen für die Stiefgeschwister und als Kuhmagd dienen. Aber ein Onkel brachte ihr Lesen und Schreiben und ein wenig Latein bei. Welch ein Erbe, das sie zu nutzen weiß in diesem Elend, denn auch sie wird verheiratet und hat aus dieser Ehe Kinder. Interessant ist, dass der Mann sich scheiden lässt, es ist die erste Ehescheidung, 1745, überhaupt, der Mann kriegt die Kinder, sie die Schande.
Mit dem zweiten Ehemann, einem Säufer, zieht sie nach Glogau, wo es ihr sehr schlecht geht, weil nur durch ihre Dichtung die Familie überleben kann. *Ich ergriff jede Gelegenheit, Verse zu machen.*
Mittlerweile war in ganz Schlesien ihr Ruf verbreitet, eine talentierte Poetin zu sein, sie bekam eine Vielzahl von Aufträgen, nicht nur zu familiären Anlässen zu dichten, sondern auch Loblieder, z. B. zu Friedrich II., zu verfassen ...
Die nach dem Ausbruch des Siebenjährigen Krieges (3. Schlesischer Krieg) von ihr gedichteten Lobeshymnen auf Friedrich II. und Preußen fanden auf Flugschriften im ganzen Land Verbreitung und machten sie so auch in Berlin bekannt.
Als sie hier ankam, hatte sie bereits ein kampferprobtes Leben hinter sich, aber auch Freunde gefunden, die ihr den Einstieg in die aufklärerische Berliner Geisteswelt ermöglichten. Selbst Goethe interessierte sich für sie. Er mahnte sie mehrmals, ihm was zu schicken. *Schicken Sie mir doch auch manchmal was aus dem Stegreife, mir ist alles lieb und wert, was treu und stark aus dem Herzen*

kommt ... (August 1775).[77] Und tatsächlich, am 27. Mai 1778 schreiben sowohl die *Karschin* selbst als auch ihre Tochter Caroline an Gleim, dass Goethe sie in Berlin besucht habe.

Der Dichter Wilhelm Ludwig Gleim (*2. April 1719 in Ermsleben, †18. Februar 1803 in Halberstadt) war der wesentliche Freund und Unterstützer, der ihr in Berlin und Halberstadt zur Seite stand. Mit dem Dichter Karl Wilhelm Ramler schaffen sie eine Subskription von über 400 Interessenten, was die Karschin in ganz Deutschland bekannt macht. Von den 1764 erschienenen „Auserlesenen Gedichten" hat sie einen Reingewinn von 2.000 Talern, die sie anlegt, die aber trotzdem nicht ausreichen für den Lebensunterhalt als alleinerziehende Mutter, also macht sie weiter Gelegenheitsdichtung.

Bereits 1761 hatte Johann Wilhelm Ludwig Gleim sie zur deutschen Sappho erklärt und ihre feierliche Dichterkrönung in Halberstadt vorbereitet; ab 1785 las er dann selbst Gedichte von ihr in der Literarischen Gesellschaft Halberstadt.

Die Karschin lernte auch Friedrichs Gattin, Königin Elisabeth Christine von Braunschweig-Bevern, kennen, die in Niederschönhausen auf dem Barnim, weit weg von den Tücken des Hofes in Berlin, ihre Sommer verbrachte, wo auch Amalie von Preußen, die jüngste Schwester von Friedrich II., verkehrte. Die Karschin wusste mit ihren Gedichten die Damen zu erheitern. Zwischenzeitlich war der Königinnenhof vor den Truppen nach Magdeburg geflohen. Mit Amalie dichtete sie Kantaten, die die Prinzessin vertonte. Eine dieser Kantaten avancierte zur Ge-

burtstagskantate für Friedrich II. und wurde am 24. Januar 1762 im Dom zu Magdeburg feierlich aufgeführt.
Aber auch die Alltäglichkeiten, die sie in Berlin auf ihren Spaziergängen beobachtet, schreibt sie in ihren Gedichten nieder, soziale Probleme. Und auch die Feuersbrunst vom 26. August 1787 in Neu-Ruppin lässt sie nicht unerwähnt. Mehr noch, mit der Veröffentlichung von Gedichten trägt sie zur Unterstützung armer Familien bei, woran noch hundert Jahre später in der *„Illustrirten Berliner Wochenschrift Der Bär"* erinnert wird[78], die auch immer wieder an die Karschin erinnert.
Das versprochene Haus ließ Friedrich II. nie bauen, erst sein Nachfolger Friedrich Wilhelm II. hatte ihr eins am Hackeschen Markt zur Verfügung gestellt. Es soll sich um das hübsche, historisch renovierte Haus an der Neuen Promenade mit der Hausnummer 5 in der Nähe des Hackeschen Marktes handeln.[79]
Anna Louisa Karsch stirbt am 12. Oktober 1791. Ihre letzte Ruhe findet sie auf dem Friedhof der Sophienkirche in Berlin-Mitte.
Kennst Du Wanderer sie nicht, so gehe und lerne sie kennen. Diese Worte auf einer schlichten Begräbnistafel erinnern heute noch an die Dichterin und bezeugen, wie Recht Heinrich Heine hatte, wenn er dichtete: *Unter jedem Grabstein liegt eine Weltgeschichte.* Heinrich Heine hat der Karschin in seinem *Deutschland. Ein Wintermärchen* ein Denkmal gesetzt. Aus dem Gespräch mit Kaiser Barbarossa:
Er frug nach Moses Mendelssohn,
Nach der Karschin, mit Interesse
Frug er nach der Gräfin Dubarry,

Des fünfzehnten Ludwigs *Mätresse.*
„Oh Kaiser", rief ich, „wie bist du zurück!
Der Moses ist längst gestorben,
Nebst seiner Rebekka, *auch* Abraham,
Der Sohn, ist gestorben, verdorben.
[...]
Die alte Karschin ist gleichfalls tot,
Auch die Tochter ist tot, die Klenke;
Helmine Chézy, *die Enkelin,*
Ist noch am Leben, ich denke.[80]

Auch Heinrich Heine hatte Geburtstag, er wurde im Jahr 2022 am 13. Dezember 225 Jahre alt, damit ist er 75 Jahre jünger als die Karschin, welche Welten dazwischen!

Anna Louisa Karschs *Tochter* Karoline Louise von Klenke wurde ebenfalls Dichterin und die Enkelin, Helmina von Chézy, machte Karriere als Journalistin, Librettistin und Dichterin. Dieser Fundus an Frauenpower müsste heute eigentlich sehr gefragt sein, die Karschin z. B. auf einem Poetry Slam Festival zu ihrem 300. Geburtstag.

Immerhin wurde am 15. Januar 2001 der erst 1978 in die Burgstraße einbezogene Straßenabschnitt in Anna-Louisa-Karsch-Straße umbenannt.

Die Marienkirche und *der Totentanz*

Neben dem Heiliggeist-Viertel hatte das mittelalterliche Berlin drei weitere Viertel, das Nikolaiviertel mit der Nikolaikirche. Dieses Viertel hat die DDR teilweise zur 750-Jahrfeier wieder aufgebaut.

Der heilige Nikolaus von Myra ist der Schutzpatron der Seefahrer und Händler. Berlin, gegründet 1244, und Cölln, gegründet 1237, sie schließen sich 1307 zu einer Union zusammen und werden 1360 Mitglieder der Hanse. Um 1400 hat die Doppelstadt circa 8.000 Einwohner. 1415 wird aufgrund der Berufung durch König Sigismund der Hohenzoller Friedrich I. zum Kurfürsten und Markgrafen von Brandenburg, dessen Geschlecht nun 500 Jahre herrschen wird. 1432 schließen sich beide Städte nun endgültig zu einer Stadtgemeinschaft zusammen, die 1442 von dem Sohn, Friedrich II., aufgelöst wird, es kommt zu Unruhen, unter „Berliner Unwille" in die Geschichte eingegangen, sie wehren sich auch gegen den Bau einer Residenz, dem sogenannten späteren „Stadtschloß", dessen Baugrube sie unter Wasser setzen. Daraufhin verliert Cölln-Berlin seine Stadtrechte und wird im Jahre 1518 gezwungen, aus der Hanse auszutreten. Leider hatte es keine Unterstützung der Hanse bekommen.
Das Klosterviertel, noch heute steht die Ruine des Grauen Klosters, eines ehemaligen Franziskanerklosters, mit der barocken Parochialkirche, die wieder aufgebaut, und einem Friedhof. Dieses Viertel war sehr kriegszerstört und hat heute noch nicht ganz zu sich gefunden.
Das bedeutendste der vier Viertel, auch noch nicht wieder ganz aufgebaut, ist das Marienviertel mit der namengebenden mittelalterlichen Marienkirche. Die DDR hat die Bedeutung dieses Stadtteils unterstrichen, indem sie neben die Marienkirche 1969 den Fernsehturm setzte.

1292 wurde die Kirche erstmals urkundlich als Pfarrkirche erwähnt. Die Grundmauern sind wie bei fast allen Kirchen der Gegend aus Feldsteinen, über denen eine Hallenkirche aus roten Ziegeln im Stil der norddeutschen Backsteingotik errichtet wurde. Eines der bedeutendsten erhaltenen mittelalterlichen Kunstwerke Berlins stellt das Totentanzfresko in der Turmhalle der Kirche dar, das mittlerweile durch eine Glaswand geschützt ist. Der Totentanz wurde wahrscheinlich in der Reformationszeit, wie viele Malereien in den Kirchen, mit Kalk übertüncht und erst im Jahr 1861 durch den Hofbaurat Friedrich August Stüler wiederentdeckt.
Das 22,6 Meter lange und zwei Meter hohe Wandbild zeigt einen Reigen aus geistlichen und weltlichen Ständevertretern, die sich in einem Schreittanz mit jeweils einer Todesgestalt befinden. Die Darstellung geht auf Vorlagen aus dem vorher entstandenen Totentanz in Lübeck zurück, dieser wurde 1942 im Krieg völlig zerstört. Im 15. Jh., im Pestjahrhundert, wurde auch in anderen Kirchen dieses kunsthistorisch bedeutende Motiv angebracht, wie z. B. auch in St. Annen in Dahlem, wo noch rudimentäre Reste vorhanden sind.

Der Totentanz

Keiner ist so perfekt wie Meister Tod, keiner so gerecht wie er. Er übersieht niemanden.
Dieses Faszinosum hatte die Künstler des späten Mittelalters und der Frühen Neuzeit, als die Pest wütete, zu großartigen Meisterwerken in Bild und Sprache animiert.

Eigentlich war es konfliktreich, dem Tod das Recht seiner Macht anzuerkennen, denn Gott ist ja der Allmächtige, der alles entscheidet, aber warum lässt Gott das zu, dass auch die Unschuldigen, die Kinder, sterben müssen? Diese Idee der Theodizee führt schon in die Gedankenwelt der Aufklärung, nämlich überhaupt zu zweifeln.
Aber noch sind wir in der Welt des Mittelalters und die Bilder, die wir sehen, bieten uns die damalige Stände-Hierarchie an:
Die oberste Etage: der Tod und der Papst, Kaiser, Kaiserin, König
die nächste Etage: Kardinal, Bischof, Edelmann, Graf, Ritter, Abt, Chorherr
die bürgerliche Etage: Arzt, Jurist, Gerichtsvollzieher, Schultheiss, Krämer
einfache Menschen: Jüngling, Jungfrau, Krüppel, Wucherer, Bauer, Einsiedler, Narr, Blinder, Koch, Maler, Jude, Heide, Heidin, Dummkopf, schließlich das Kind in der Wiege

Die meisten frühen Künstler hatten nur zwei Frauen, die Kaiserin und die Jungfrau, in ihren Reigen aufgenommen.
Während im Totentanz der Tod als Gerechter dargestellt und damit den Herrschenden eins ausgewischt wird, weil es auch sie ohne Ansehen der Person erwischt, hadert im ersten deutschsprachigen Prosastück *Der Ackermann von Böhmen*, circa 1400, in Saaz von Johannes von Tepl geschrieben, mit dem Tod. Was ihm einfalle, ihm seine junge Frau zu nehmen, schimpft er. Erstmals in der mittelalterlichen Literatur lehnt sich ein

Mensch hier gegen den Tod auf und kritisiert damit auch Gottes Allmacht, der sich die Menschen bislang unterwarfen.
Auch wir haben eine dreijährige einschneidende „Epoche mit diesem ungerechten Tod“ mit dem Namen Corona hinter uns, der aber ebenso wie der Pest-Tod zeigte, es erwischt den armen Mann und die arme Frau doch eher als die medizinisch gut versorgten Reichen in ihren Villenvierteln mit gesunden Wohnungen. Aber kaum Corona abgemildert, tobt der Tod schon wieder in anderer Gestalt erneut über Europa, er zeigt seine hässlichste, weil die unnötigste aller Fratzen, die des Krieges. Ich machte dieses Gedicht zum einjährigen Jahrestag dieses Krieges:

Der Totentanz

Der Tod
Umsonst ist alles Klagen;
Ihr müsst den Tanz
nach meiner Pfeife wagen.

Kommt, Papst,
du alter Vater,
Kreuch in diesen Sarg hinein.

Der Papst
Hilft denn kein geweih‘tes Nass
und kein geweih‘tes Licht?

Der Tod
Hinein ihr Großen dieser Welt.
Auf, großer Kaiser. Und wisse,
daß ich dir den letzten Tanz bestellt.

Der Kaiser
Wohlan! so muss ich mit der
dürren Hand des Totenreiches Abschied nehmen.
Mir fehlen Worte.

Der Tod
Du bist das einz'ge Weib
In meinem Tanze.
Spart euch die Tränen, Kaiserin.

Die Kaiserin
So naht die Stund,
Die mir beschieden.
Gatte, stets war ich Euch treu.

Der Tod
Auch dir, selbstgerechter Kardinal,
Das Ende rufet
zur ungezählten Zeit.

Der Kardinal
Rom schenkte mir den Hut mit Entzücken.
Jetzt muss ich mich zur Erde bücken.

Der Tod an den König

Um die Hierarchie zu wahren,
Jetzt bist du erst dran, verzagter König.
Und dann der Bischof,
Der glaubte, unsterblich zu sein.
Und auch der Herzog,
Rein in den Zug der langen Nacht.
Den Abt, den dicken,
Haut‘s gleich um

Während der Ritter stolz
Sperenzchen macht
Mit seinem Schwert.
Komm er mir nicht zu nahe.
Ich hab die Pest
An meinen Gliedern
Und manchmal auch Corona.
Das macht dem Bürgermeister
Schwer zu schaffen
Für seine nächste Wahl.
Doch der Urnengang führt ihn
Ins längst erkämpfte Grab.
Und auch der Arzt
Ist nicht gefeit
Mit seinen klugen Sprüchen.
Gefolgt vom Kaufmann
Mit seiner List.
Schlussendlich
Lock ich auch den Bauern
Von seinem Felde
Gefolgt von einer

Jungfrauen Schar,
Die ihm Margeriten streuen.

Auch ihnen sei
Ein Grab beschert.
Beim Kinde allerdings,
Da tat's mir leide.
Es möge auferstehen
Am Jüngsten Tag.

Die Scheusale allerdings,
Denen selbst ich zu schade bin,
Die lad ich nicht zu meinem Tanz.
Die brennen ewig
In dem Feuerschlund
Und mit ihnen,
Putin, der Höllenhund.

Auf dem Kienberg wohnt der Kuckuck ...
Der Chinesische und der Japanische Garten in Marzahn

Da ich einen chinesischen Freund hatte, der der Übersetzer des Filmemachers Manfred Durniok auf seinen Reisen nach China war, konnte ich in den Chinesischen Garten in Marzahn, als er noch im Entstehen war.
Durniok, ein überzeugter Berliner, hatte im Rahmen der Städtepartnerschaft Berlin-Peking den chinesischen Garten erhandelt. Er sollte zunächst in den Tiergarten, aber nach der Wende ergab sich die Möglichkeit, das Gelände um den Kienberg in Marzahn, wo schon seit DDR-Zeiten die Anlage einer Gartenschau existierte, mitzunutzen.
Die Chinesen waren bei der Namensgebung des Gartens sehr pfiffig. Auf den ersten Blick scheint der Name unverfänglich, *Garten des wiedergewonnenen Mondes* 得月园, aber hier wird eindeutig auf die wiedergewonnene Einheit von Berlin angespielt, die die Chinesen selbst ja noch nicht erreicht haben, was meist als Nebensatz erwähnt wird. Der Name ist also ein Lob für die deutsche friedliche Wiedervereinigung.
Ich saß auf den Steinen und beobachtete die chinesischen Blaumänner, wie sie den Teich aushoben. Einige saßen am Rand und rauchten. Als ich 1972 nach China eingeladen worden war, Mao lebte noch und wir hatten keine diplomatischen Beziehungen, also wussten wir kaum voneinander, saßen sie auch so am Gelben Fluss, damals nannte der Westen sie abwertend blaue Ameisen. Das würde sich heute keiner mehr trauen bei der wirtschaftlichen Supermacht, die China seither geworden ist.

Ich machte mir Gedanken über die Philosophie des Gartens und kam zu dem Ergebnis, dass die Gartenelemente, weibliche und männliche, so aufgeteilt waren, dass sich das Zeichen für Yin und Yang ergab, betrachtete man die Anlage als Ganzes. Yin immer zuerst, das wird selbst von Chinesen falsch gemacht, also der schwarze weibliche Yin-Bogen steht vor dem weißen Yang, das Weibliche immer vor dem Männlichen, und in jedem ist ein Teil des anderen erhalten. Das ist chinesische Harmonielehre. Dass das noch ein Rest ehemals matriarchaler chinesischer Strukturen ist, haben die Chinesen in den Jahrtausenden der Existenz dieser Philosophie vergessen, und schreiben es daher selbst oft falsch.
Verschiedene Pflanzen haben weibliche Assoziationen, zum Beispiel die Trauerweide, dieser elegante Baum, der bei uns keinen schönen Namen hat, aber im Chinesischen an die fließenden Seidenärmel der Tänzerinnen erinnert, oder ein männliches Element, der Bambus. Vom Mann verlangt man, sei geschmeidig und unbeugsam wie Bambus.
Bei meinen Führungen haben wir meistens hinterher im chinesischen Teehaus einer Teezeremonie beigewohnt.
Der japanische Garten, der später entstand, hat andere Strukturen. Er berücksichtigt, dass Japan eine Insel ist. Auch ist er kein Flaniergarten für Gelehrte wie der chinesische, sondern ein kontemplativer, eher für Meditierende gedacht.

Auf dem Kienberg wohnt der Kuckuck ..., sagte die Mutter zu ihrem Kind beim Spaziergang im Erholungspark Marzahn.

Wir alle hatten ihn gehört, der Wald auf dem Berg war von seinem „Kuckuck, Kuckuck“ erfüllt.
Eigentlich wollte ich dem Meister der japanischen Gartenkunst, Herrn Professor Shunmyo Masuno, lauschen, der zur Einweihung des Japanischen Gartens angereist war. Er hatte mit einem Rechen die Kieselsteinfläche in exakte Wellenlinien geharkt. Es sei das Meer, das Japan umspült. Wer meditiert, braucht nicht die Wirklichkeit, wer meditiert, hat die Schöpfung in sich, auch das Meer, erklärte ein Mitarbeiter auf Deutsch.
Doch das Kind macht immer noch den Kuckuck nach. Es war bei einem anderen, seinem eigenen Schöpfungsakt.
Da ich etwas abseits vom Teehäuschen des Japanischen Gartens stand, fragte es mich: Wer wohnt da?
Mir fiel nichts anderes ein als zu antworten: Herr Zen aus Japan.
Hat Herr Zen auch Kuchen, wenn wir ihn besuchen kommen?, fragte das Kind weiter.
Nein, antwortete ich, Herr Zen hat Stille, damit wir das Meer und den Ruf des Kuckucks hören können.
Und auf dem Kienberg rief der Kuckuck ...
Das Kind ging weiter. Mutti, weißt du, wie Stille schmeckt?

Niederes Schönhusen und die Königin

Pankow, im Norden von Berlin, besteht aus mehreren Ortschaften. Einmal Pankow selbst, eine Sommerfrische auf dem Barnim mit dem interessanten Kavalierhaus. Es wurde um 1770 errichtet. Es diente nach 1775 als Wohnhaus der Geheimen Stiftungsrätin Caroline von

Labes (1730-1810). Diese wiederum ist eine interessante Frau. Sie wird als Caroline Marie Elisabeth Daum am 27. Juli 1730 geboren. Ihr Vater war Geschäftsmann in Berlin, der vom Soldatenkönig begünstigt wurde.

Dreiundzwanzigjährig heiratete sie den kränkelnden Michael Gabriel Fredersdorf. Dieser war 22 Jahre älter als sie und galt als engster Vertrauter und (wahrscheinlich) zeitweiliger Geliebter des preußischen Königs Friedrich II. Von Fredersdorf erbte sie das Gut Zernikow im Norden von Berlin. Hier steht noch aus dieser Zeit eine prächtige Allee aus Maulbeerbäumen, wo jedes Jahr ein Maulbeerfest gefeiert wird. Hierhin hatte ich vor vielen Jahren eine geschlossene Gruppe geführt.

In zweiter Ehe heiratete Caroline Hans von Labes, sie bekam zwei Kinder, sie ließ sich scheiden. Und zog die beiden Söhne ihrer verstorbenen Tochter, die einen von Arnim geheiratet hatte, auf: Einer davon war Achim von Arnim. Er wuchs in Zernikow und in Pankow in dem Kavaliershaus auf.

Im 19. Jh. kaufte das Haus der Schokoladier Hildebrandt, weshalb das Haus auch Hildebrandtsche Villa genannt wird.

Pankow liegt rechts der Panke, die in Bernau entspringt, links davon liegt Niederschönhausen mit dem Barockschloss der Königin Elisabeth Christine, Gattin von Friedrich II., es ist ihr Sommerschloss, Friedrich hatte sein Sommerschloss in Potsdam. Diese räumliche Ferne der Ehegatten sagt alles.

Die Gärtnerin – eine königliche Vertriebene

Begegnet bin ich ihr bei den Rosenstöcken. Schon von Weitem leuchtet ihr roter Sonnenhut mit der breiten Krempe und den bunten, lustig flatternden Bändern. Auch ihr resedenfarbiges Kleid mit der zauberhaften Rosenborte ist mir von ihrem Selbstbildnis bekannt, das sie in Rheinsberg in den wenigen glücklichen Jahren mit ihm malte. Sie ist dicker geworden und dennoch passt ihr das Kleid noch. Oder liebt sie es so sehr, dass sie sich immer wieder das gleiche machen lässt?

Trotz der langen Abwesenheit im Siebenjährigen Krieg ist es ihm auch aufgefallen: Madame sind korpulenter geworden. Das sind seine Komplimente.

Einen schönen guten Tag, Majestät, ruf ich ihr strahlend entgegen. Sie wendet sich mir zu. Ihr Gesicht ist frisch und ungeschminkt und leicht schwitzend glänzt ihre Stirn. Sie hat ein liebes Gesicht.

Wie hatte er nur recht, als er ihr aus dem ersten Schlesischen Krieg schrieb: *Madame, man muss sie lieben, wenn man sie kennt; und die Güte ihres Herzens verdient, daß man Sie schätzt.*

Das war 1742. Auch er hatte noch eine Erinnerung an die schönen Tage in Rheinsberg in seinem Herzen. Der Krieg, den er sogleich nach seiner Thronbesteigung gegen die Kaiserin Maria Theresia angezettelt hatte, war für ihn erfolgreich. Große Teile Schlesiens sind ihm zugefallen.

Bis zum Ende der drei Schlesischen Kriege 1763 hatten die Gatten sich über Jahre nicht gesehn. Elisabeth Christine hatte gehofft, daß es danach besser um sie beide bestellt sein würde. Doch sie klagt: Warum ist es nötig,

daß alles verändert ist und daß ich die frühere Gnade verloren habe?
Friedrich geht auf ihr stilles Leiden, von dem er über die Hofschranzen hört, nicht ein. Er lebt in einer anderen Welt in seinem „Ohne Sorge", fernab in Potsdam.
Elisabeth wird in diesem November 53 Jahre alt, wir schreiben das Jahr 1768.

Friedrich wird in Sanssouci bleiben, wie er es zu ihrem Fünfzigsten auch nicht übers Herz brachte, mit seiner Gattin zu feiern, während die übrige Familie mit großem Prunk das Fest begangen hatte.
An ihren Sommerfesten nimmt er ebenfalls nicht teil. Was hat sie ihm auch zu bieten.
Sie hatte zwar nach den russischen Angriffen im Herbst 1760, vor denen sie sich in Magdeburg schützte, ihr Schloß Schönhausen wieder herrichten, sogar verschönern und modernisieren lassen, auch der Garten hatte eine Umgestaltung in ihrem Sinne erfahren, doch an sein Sanssouci kam das alles – in seinen Augen – nicht heran, davon mochten ihn die wenigen Besuche bei ihr überzeugen.
Der Sommer ist schön, dieses Jahr, rufe ich ihr zu. Sie wendet sich und streckt mir die Hand entgegen.
Chronistin, notieren Sie, erwidert sie, dieser Sommer war, was meine Rosen betrifft, ein wunderschöner Sommer.
Da wußte ich, auch dieses Jahr hat er sie nicht besucht.
Und welche Leute dort drüben pflanzen die Bäume? frage ich.

Das sind meine Böhmen, achtundvierzig an der Zahl. Sie sind aus Glaubensgründen vertrieben worden. Stellen Sie sich das mal vor, nur weil sie mit Rom gebrochen haben. Ich lasse ihnen Häuschen in der Schönholzer Heide herrichten, nicht weit von dieser Plantage, da können sie mir helfen. Sie sind sehr begabte Leute. Nur die Verständigung ist ganz schwierig, ich benötige immer den Dolmetscher. Doch meine Böhmen sind äußerst willig und freundlich und singen den ganzen Tag bei der Arbeit ihre fremd klingenden Lieder.
Ich werde sie zu dem Sommerfest mit meinen Bauern spielen lassen.
Eine wunderbare Idee, Majestät. Sie wissen ja, die Böhmen sind mit der Geige auf die Welt gekommen.
Woher wissen Sie denn das, Chronistin?
Ich bin in ihrem Land geboren, doch wegen der Kriege, die Ihr Gatte angezettelt hatte, vertrieben worden und nunmehr lebe ich, wie Sie wissen, in Ihrem Königreich und schreibe alles über Sie auf für die Nachwelt.
Von mir gibt es nichts zu berichten, sie lächelt melancholisch. Ich bin ein Mädchen vom Lande, aus Braunschweig-Bevern, aber das wissen Sie als Chronistin alles schon.
Sie waren glücklich in Ihrer Familie?
Und ob! sie strahlt. Mein Vater, meine Mutter, meine Brüder, meine Schwestern, wir waren ein Herz und eine Seele und es gab nicht so einen Zank, doch das schreiben Sie bitte nicht, wie bei denen in Berlin. Obwohl ich mit meinem Schwiegervater sehr gut auskam und keineswegs die Meinung meines Gatten teile, daß sein Vater, der Soldatenkönig, ein Scheusal war.

Tja, da stehen Sie wirklich alleine da mit Ihrer Meinung. Liegt es daran, daß er Ihren Gatten veranlaßte, Schönhausen für Sie zu kaufen?
Mein Schönhausen! Sie seufzt. Wenn ich mein Schloß und meine Bauern, und jetzt die Böhmen, nicht hätte, ich hätte Grund, unglücklich zu sein, denn diese Menschen geben mir alles.
Sie wendet sich ihren Rosen zu.
Ich habe eine neue Sorte aus der Schweiz erhalten, die duftet besonders. Mögen Sie mal Ihr gütiges Näslein neigen?
Ich weiß, erwidere ich, daß ich eine schlesische Kartoffelnase habe, wie die Leute zu dicken Nasen sagen, seitdem Friedrich Kartoffeln anbauen läßt.
Elisabeth Christine lacht, sie ist bei ihren Leuten auch als humorige Person bekannt.
Oh, wie wunderbar, rufe ich begeistert. Das ist wirklich ein paradiesischer Duft. Ich gratuliere.
Sie hakt sich bei mir unter. Chronistin, haben Sie heute schon gegessen?
Nein, antworte ich.
Dann möchte ich Sie einladen, meine Böhmen machen von den ersten Pflaumen Knödel, was immer das ist. Haben Sie Lust zu bleiben?
Ich bleibe und genieße den schönen Spätsommertag bei ihr im Niederen Schönhusen.
Wir essen in der Nähe des Hofgärtnerhauses, wo unter einer Linde ein Tisch aufgestellt ist. Die Hofmeisterin hat bereits alles angeordnet. Bei dieserart Picknick wird auf die Etikette verzichtet. Elisabeth Christine hatte sich bei

den Hofgärtnern frisch gemacht und die Schürze abgenommen, die sie bei der Gartenarbeit trug.

Auch die Böhmen, die bei den Bäumen waren, gesellen sich zu uns.

Dobrý den, grüße ich sie. Und ob sie sich schon eingewöhnt haben, frage ich weiter.

Ach, Sie sprechen die Sprache der Leute, jubiliert die Königin. Ich werde Sie als Dolmetscherin einstellen. Oder besser noch, Sie bringen es mir bei.

Ach, Majestät, seufze ich, ich war Kind, als ich die Gegend verlassen habe, im Huckepack auf dem Rücken meiner Mutter bin ich hier angekommen. Ich kann nur ein paar Brocken.

Dann bringen Sie mir wenigstens diese Brocken bei.

Dobry den, heißt „guten Tag“.

Dobry den, üben wir gemeinsam und wir ziehen das „R“, dass uns die Kartoffelsuppe, die es zuvor gibt, aus den Mundwinkeln spritzt. Elisabeth sieht aus wie ein junges Mädchen mit ihrem Grübchen, wenn sie so herzlich lacht. Doch dann kommen die Falten wieder in ihre Mundwinkel, sie sagt: Ihre Majestät lieben nach wie vor meinen Geschmack nicht. Er hat den armen Gellert in Leipzig heruntergeputzt. Er liebt die deutsche Dichtung nicht. Ich habe Christian Fürchtegott Gellerts „Geistliche Lieder“ und auch die „Moralischen Vorlesungen“ ins Französische übersetzt. Wollen Sie sie lesen?

Oh, ich bin total ungebildet und des Französischen nicht mächtig. Die Pflaumenknödel schmecken wie die von meiner leider viel zu früh verstorbenen Großmutter, sage ich, um von dem heiklen Thema abzulenken.

Gott hab sie selig, fügt Elisabeth hinzu. Und die ganze Runde stopft sich die dicken Kuller mit den Pflaumen darin in den Mund, und die zerlassene Butter spritzt.
Einige Jahre später besuche ich die böhmischen Familien im Tuchmacherweg in der Schönholzer Heide. Die Maulbeerbaumplantage der Königin Elisabeth ist von blühenden Obstbäumen eingefasst, die geometrischen Rabatte werden von duftenden Rosenstöcken umsäumt. Die Pläne der Königin sind von den einfühlsamen Böhmen verwirklicht, aus der Schönholzer Heide ist ein blühender Paradiesgarten geworden.
In ihren Wohnstuben haspeln sie Seide, die die Seidenraupen sommers in den windgeschützten Dachstuben gesponnen haben. Sie sind sehr empfindliche Würmer. Aus den ehemaligen Raschmachern böhmischer Herkunft sind preußische Seidenweber geworden.
Elisabeth lässt die böhmischen und ihre Bauernkinder in die Schule gehen. Bald schon sprechen sie alle eine Sprache. Nur auf dem Erntedankfest ertönen zu der böhmischen Geige die fremd klingenden Lieder und Elisabeth summt mit.
Gegen Ende ihres Lebens hat sie in die Schönholzer Heide noch ein Schloß bauen lassen. Von diesem Schloß Schönholz ist nur ein Gebäudeteil geblieben, den seit hundert Jahren der Schönholzer Schützenverein nutzt. In die Schönholzer Heide fuhr Bolle jüngst zu Pfingsten. Die Ausflugslokale sind im Zweiten Weltkrieg und während des Mauerbaus geschleift worden. Heute ist die Gegend eine Parkanlage und ein Ehrenmal für die Sowjetischen Gefallenen des Zweiten Weltkrieges verdeckt den märkischen Sand. Vielleicht hätte Elisabeth hier gebetet.

Auch als Königin war sie fleißig. Obwohl ihre Gegenwart von Friedrich unerwünscht war, legte er Wert auf ihre Institution als Königin. Staatsgäste mussten ihr in Niederschönhausen Ehrerbietung erweisen. Während des letzten Schlesischen Krieges, dem Siebenjährigen, hatte sie mit ihrem Hofstaat tagein, tagaus Charpie gezupft, um Verbandsmaterial für die Verwundeten herzustellen. Neben diesen Arbeiten hatte sie musiziert und gemalt und sich der Dichtung und Philosophie gewidmet. Wenngleich Friedrich einen anderen Geschmack hatte, erlaubte er dem Hofdrucker Decker ab 1776, ihre ins Französische übertragenen Werke zu veröffentlichen. Neben Gellert sind es vor allem religiöse Werke. Johann Joachim Spalding, Propst an der Nikolaikirche in Berlin, wirkte für die religiöse Aufklärung mit seinen Schriften „Von der Bestimmung des Menschen" und anderen. Elisabeth war eine Anhängerin dieser religiösen Aufklärung, mit der nach dem Tod von Friedrich durch das Wöllnerische Religionsedikt von 1788 zunächst mal Schluß war.

Trotzdem hat Elisabeth bis zu ihrem Tod Spalding weiter ins Französische übersetzt.

Sie ist die einzige Schriftstellerin auf dem Thron der Preußen. Vierzehn Bücher hat sie veröffentlicht, zwölf Übersetzungen ins Französische und zwei eigene Moralschriften.

Sanssouci hat sie nur heimlich, während Friedrich auf seinen Kriegszügen war, besichtigt. Von seinem lebensbedrohlichen Zustand erfährt sie erst einen Tag vor seinem Tod. Am 17. August 1786 stirbt der König. Die Gatten, die 1783 ihre Goldene Hochzeit mit einem wortlosen Diner à deux, wie spätere Spötter schreiben werden, verbracht haben, haben sich seitdem nur noch einige wenige Male gesehn.

Jetzt wird die Königinwitwe der Mittelpunkt der Familie. Sie empfängt die Familie des neuen Königs, Friedrich Wilhelm II., und seine Mätressen, mit denen er sich bei ihr trifft. Die spätere Königin Luise besucht sie gleich nach ihrer Heirat mit Friedrich Wilhelm III.

Als Witwe lässt sich Elisabeth von Anton Graff porträtieren. Das Gemälde zeigt eine alte gütige Frau in schwarzer Witwentracht. Die Insignien ihrer Würde sind die kleinen weißen Hermeline, die sich als Stola um sie legen. Mit einem Brief übersendet sie das Gemälde Friedrich Willhelm II.

Im Laufe der Jahre ist Elisabeths Schrift kräftig und selbstbewusst geworden im Gegensatz zu ihrem Gatten, der kleinlettrig und zittrig schrieb.

Als Chronistin habe ich Briefe von beiden in der Hand gehabt. Es ist ein erhebendes Gefühl, Buchstaben um Buchstaben eigenhändig von großen Personen der Geschichte gebildet zu sehn. Mal verschwimmt die Tinte, mal ist ein kleiner Fleck zwischen die Buchstaben geraten. Jede Ungenauigkeit offenbart sich dem fremden Betrachter. Wie magst du Schreibende dich gefühlt haben. Über die Worte hinaus gibt deine Handschrift dich mir preis.

Elisabeth schreibt an den Neffen und König:

(Das Porträt) *hat kein anderes Verdienst, als eine gute alte Muhme zu vergegenwärtigen, welche Ihnen von Herz und Seele anhängt und welche hegt und immer hegen wird für Sie, mein Neffe, die zärtliche Freundschaft einer Mutter, die ich Sie immer geliebt habe, wie einen Sohn, und mit diesen Gesinnungen werde ich leben und sterben ...*

Elisabeth Christine von Preußen hatte keine eigenen Kinder. Friedrich der Große, ihr Gatte, soll sich am Hofe August des Starken eine Lustseuche geholt haben, die ihn unfruchtbar gemacht hatte. In einer durch und durch erotisierten Zeit kamen für Elisabeth Christine aus moralischen Gründen keine Kavaliere in Frage. Sie hatte Friedrich wirklich geliebt und nach seinem Tod ihre Liebe ganz zu Gott gewandt.

An ihrem Sterbebett konnte sie ihren Gefährtinnen noch den Trost hinterlassen: Ich habe lange genug gelebt, denn nun kann ich mir selbst und Andern durch ein längeres Leben wenig mehr nutzen. Jenseits wird mir wohler seyn.

Morgens um acht am dreizehnten Januar 1797 legte sie ein letztes Mal die Hände ihrer Dienerin in die ihrigen. So entschlummerte sie. Die Bevölkerung ihres Dorfes dichtet ihr eine Hymne:

„Wir singen kein gelehrtes Lied" beginnen sie ihren 17-strophigen Gesang, „und danken auf gebeugtem Knie der großen Königin!"

Elisabeth Christine wollte eine stille Beerdigung, nachdem sie acht Tage lang gemäß ihrem letzten Wunsche im Einsetzsarg in ihrem Schlafzimmer gestanden hatte. In einem Eichensarg liegt sie im Berliner Dom. Sie ist dem Gruftenführer keine Abbildung wert. Unter ferner liefen wird sie als Nr. 54 erwähnt. Das 19. Jahrhundert hat ein anderes Frauenbild geprägt, da passt besser Königin Luise mit ihrer Kinderschar und dem häuslichen Glück hinein.

Der Name Elisabeth Christines findet sich noch einmal in einer Streitschrift von 1839, die Friedrich unterstellt, er habe sich von ihr scheiden lassen wollen, um ihre Schwester Amalie von Braunschweig zu heiraten.

Je mehr Friedrich Fridericus Rex, der Große, wird, desto weniger benötigt er eine Ehefrau. Bis zum Ende des 20. Jahrhunderts verschwindet Elisabeth Christine aus den Annalen. Das Königreich Preußen ist ebenfalls verschwunden ...

Zum Glück gibt es auch heute noch Chronistinnen ...[81]

Berlin-Buch und der Verein „Steine ohne Grenzen"
***Für die Freiheit der Menschen* – zum 80. Todestag von Otto Freundlich** – Maler, Bildhauer, kunsttheoretischer Essayist
**10. Juli 1878 in Stolp, Pommern, †vermutlich am 9./10. März 1943 im KZ Lublin-Majdanek oder Sobibor*

Otto Freundlich gilt als einer der ersten Vertreter der abstrakten Kunst.

In der Zeit vor dem 1. Weltkrieg war in Berlin ein lebhaftes innovatives Kunstmilieu entstanden. Otto Freundlich wohnte ab 1903 in Berlin.

Ab 1907 nahm er in Berlin Malunterricht bei Louis Corinth, der mit vielen anderen Künstlern der Moderne wie Ernst Barlach, Käthe Kollwitz Mitglied der Berliner Sezession war, die ihre Ausstellungsräume am Kurfürsten-

damm 208 (Gedenktafel beim Kurfürstendamm-Theater) hatte.
Die Berliner Sezession, die 1898 gegründet worden war, war aber nicht die erste, die „Münchner Secession“ von 1892 und die „Wiener Secession“ von 1897 waren ihr vorausgegangen, sie repräsentierten die verschiedenen Kunstrichtungen: Symbolismus, Jugendstil und Impressionismus – die drei Sezessionen waren verbunden mit den drei prominenten Namen Gustav Klimt (Wien), Franz von Stuck (München) und Max Liebermann (Berlin).
14 Frauen waren bei der Berliner Sezession, darunter Dora Hitz, Käthe Kollwitz, Sabine Lepsius u. v. a.
Die Alte Nationalgalerie zeigt unter dem Titel „Secessionen – Klimt, Stuck, Liebermann“ – vom 23.06.2023 bis 22.10.2023 eine große Ausstellung mit den entsprechenden Werken.

Otto Freundlich hatte bei Arthur Lewin-Funke Bildhauerei studiert.
Er lernte den Schriftsteller Herwarth Walden und dessen Ehefrau, die Schriftstellerin Else Lasker-Schüler, kennen. Walden betrieb die Sturm-Galerie, die von 1913 bis 1928 in der Potsdamer Straße 134 a war und 1928/29 am Kurfürstendamm 173. Er war Verleger der expressionistischen Kunstzeitschrift „Der Sturm“, die u. a. konkurrierende Kunstverbindungen wie die Novembergruppe, die Dresdner Sezession, die Gruppe Das Junge Rheinland, als Vertreter des rheinischen Expressionismus, präsentierte. Diese Künstler und Künstlerinnen gehörten ganz unterschiedlichen Weltanschauungen an. Im Rheinland zum Beispiel Otto Dix (1891-1969), Max Ernst (1891-1976),

Otto Pankok (1893-1966), aber auch Arno Breker (1900-1991), der sich später von Hitler anwerben ließ.

Otto Freundlich geht 1908 nach Paris und hat ein Atelier auf dem Pariser Montmartre im legendären Künstlerhaus Bateau-Lavoir direkt neben dem Atelier von Pablo Picasso (1881-1973), zu dem sich eine lebenslange Freundschaft entwickelt. Hier kommt er wieder mit anderen Kunststilen und -theorien in Kontakt wie zum Beispiel mit denen von Georges Braques (1882-1963), Juan Gris (1887-1927), André Derain (1880-1954) und Guillaume Apollinaire (1880-1918).

Bei den großen Ausstellungen wie der Berliner Sezession 1909 und 1910, der Sonderbund-Ausstellung 1912 in Köln, war er beteiligt. Im Jahr 1911 waren seine ersten abstrakten Kompositionen entstanden. 1913 war er bei der Ausstellung Erster Deutscher Herbstsalon in Berlin vertreten.

Im Frühjahr 1914 bezog er ein Atelier im Nordturm der Kathedrale von Chartres, wo er die mittelalterliche Glasmalerei studierte.

Wegen des Ersten Weltkriegs kehrte Freundlich nach Deutschland zurück und wurde Sanitätssoldat bei den Köln-Deutzer Kürassieren. 1916/17 schloss er sich der Antikriegs-Bewegung an.

Wegen Schwerhörigkeit wurde er aus dem Kriegsdienst entlassen. Nach der Revolution 1918 arbeitete Freundlich im Berliner Arbeitsrat für Kunst, die ein Zusammenschluss von Architekten, Malern, Bildhauern und Kunstschriftstellern war, der sich 1918 in Berlin gründete und bis 1921 bestand, der die aktuellen Entwicklungen und

Tendenzen in der Architektur und Kunst einer breiten Bevölkerung nahebringen wollte. Die Gruppe arbeitete eng mit der Novembergruppe, deren Mitgründer Freundlich war, und dem Deutschen Werkbund zusammen.
1919 hatte Freundlich mit Max Ernst u. a. die erste Kölner Dada-Ausstellung organisiert.
Ab 1924 lebte er wieder in Paris. Auch während dieser Zeit war er an internationalen Ausstellungen beteiligt.
Ab 1930 war die deutsche Künstlerin Jeanne (Hannah) Kosnick-Kloss seine Lebensgefährtin. Mit ihr wurde er Mitglied der *Association des Ecrivains et Artistes Revoloutionnaires*, betrieb mit ihr eine kleine Kunstschule („Le Mur") und arbeitete mit ihr auch an gemeinsamen Werken. 1931 trat Freundlich in die neu gegründete Künstlerorganisation *Abstraction-Création* ein. In dieser Zeit entwickelte er auch seine tektonisch aufgebaute Farbfeldmalerei, die später auch von Ives Klein (1928-1962) und vor allem von den amerikanischen Künstlern Robert Rauschenberg (1925-2008), Mark Rothko (1903-1970) u. a. aufgegriffen wird.
In der Zeit des Nationalsozialismus wurden seine Werke als entartete Kunst diffamiert und teilweise vernichtet.
Nach Beginn des 2. Weltkriegs wurde Otto Freundlich, obwohl ihm als Jude Verfolgung drohte, als Deutscher in Frankreich interniert. Sowohl seine Versuche zur Einbürgerung als auch in die USA auszuwandern schlugen fehl.
Am 23. Februar 1943 wird er verhaftet. Nach einem Zwischenaufenthalt im Lager Gurs und im Sammellager Drancy bei Paris wird er in einem Transport von rund 1.000 Juden nach Polen deportiert. Otto Freundlich ist

vermutlich auf dem Weg dorthin oder im Vernichtungslager Sobibor, wo der Zug am 10. März ankam, ermordet worden. Ein genaueres Todesdatum ist nicht nachweisbar.

Otto Freundlich ist einer der Wegbereiter der modernen abstrakten Kunst.

Im Jüdischen Museum in Berlin hängt das Gemälde *Komposition*, Tempera auf Karton, von 1938.

Im Jahr 2010 wurden bei einer archäologischen Grabung im Vorfeld von U-Bahn-Arbeiten vor dem Roten Rathaus sechzehn Skulpturen gefunden, die zwischen 1918 und dem Beginn der 1930er-Jahre geschaffen wurden und in die bedeutendsten deutschen Kunstsammlungen gelangt waren. Ihr heutiger Zustand ist in unterschiedlicher Intensität von den Schäden geprägt, die beim Brand nach der Bombardierung 1944 entstanden. Sie wurden 2012 im Neuen Museum ausgestellt, darunter waren auch Arbeiten von Otto Freundlich.

In Köln, Museum Ludwig, und Basel, Kunstmuseum, waren 2017 große Ausstellungen seiner Werke unter dem Titel *Kosmischer Kommunismus.*

Otto Freundlich war Autor kunsttheoretisch-philosophischer Schriften, er verfocht die Idee, dass Kunst eine universelle Sprache ist.

Das jüdische Museum in Berlin schreibt zu dem Gemälde *Komposition,* dass für Otto Freundlich die Kunst eng mit der Utopie einer neuen Gesellschaft verflochten war. Sie zitieren seinen Satz:

Ich kämpfe für die Befreiung der Menschen und Dinge von den Gewohnheiten des Besitzes und gegen alles sie Begrenzende, was ihrer wahren Natur nicht entspricht.

Auch der Kunstverein „Steine ohne Grenzen e. V“ in Berlin erinnert an Otto Freundlich. In seinem Geburtsort Stolp/Slupsk/Polen gibt es einen Otto-Freundlich-Park, in dem die beiden Künstler des Vereins Silvia Fohrer und Rudolf Kaltenbach 2018 eine Steinskulptur *Kosmos und Welt* zur Erinnerung an den 140. Geburtstag von Otto Freundlich aufgestellt haben. Auch in Berlin-Buch, wo die beiden Künstler ihr Atelier haben, hat der Verein ein Denkmal für Otto Freundlich und seine Lebensgefährtin Jeanne Kosnick-Kloss installiert, bestehend aus Eichenstämmen und Sandstein. Der Verein hat von 2001 bis 2020 an der europäischen Skulpturenstraße des Friedens Symposien veranstaltet. Die Künstler schaffen vor Ort, wo an den Skulpturen gearbeitet wird. Es entstanden besondere Orte der Kreativität, Vielfalt und Lebendigkeit, ein Miteinander der Kulturen, ganz im Sinne von Otto Freundlich.
Bei meinen Spaziergängen in Dahlem führe ich auch zu dem ehemaligen Staatsatelier des Bildhauers Arno Breker im Käuzchensteig, in dem heute das Kunsthaus Dahlem seinen Sitz hat. Der aus mehreren Atelierräumen bestehende Bau wurde 1939 bis 1942 nach Entwürfen des Architekten Hans Freese, Professor an der Technischen Hochschule Dresden, errichtet.
Während bereits im November 1941, noch vor der offiziellen Fertigstellung des Ateliergebäudes im Februar 1942, Breker hier im Mittelsaal erste Gäste empfing, musste Otto Freundlich, der Jude und ehemalige Kollege aus der Künstlergruppe *Das junge Rheinland,* im besetzten Frankreich um sein Leben bangen. Und mehr noch: Als Profiteur der Besatzung eröffnete Breker am 15. Mai

1942 seine Ausstellung im Musée de l'Orangerie in Paris im Beisein von NS-Größen und französischen Intellektuellen. Unter den Exponaten überwogen Großplastiken, die im Auftrag des nationalsozialistischen Regimes entstanden waren.
Trotz allem – langfristig hat die Kunst und Philosophie von Otto Freundlich gesiegt, sie lebt überall in Europa, auf der Welt.

… scolpito nel marmo – in Marmor gemeißelt
Scultrice Sonja Köditz *(circa 1940-2020)*

Sonja Köditz und ich haben Rudolf Kaltenbach und Silvia Fohrer vom Verein Steine ohne Grenzen auf dem Kulturforum in Berlin kennengelernt, wo die Gruppe eine Skulpturenausstellung im öffentlichen Raum hatte, die leider durch die Baumaßnahmen für das neue Museum entfernt wurde.
Bei diesem Verein hat dann auch meine Bildhauerfreundin Sonja Köditz mitgemacht, über die ich wenige Daten habe. Sie wohnte in der Schlangenbader Straße in der futuristischen Autobahnüberbauung der Siebziger-/Achtzigerjahre in meiner Nähe, wir trafen uns manchmal, um Ausstellungen zu besuchen, wir waren gemeinsam in Buch.
Sie wohnte im 6. Stock mit Blick nach Osten, hatte eine große Terrasse, darauf saßen wir am 12.9.2001 noch voller Sorge, was da in den USA passiert sei und welche Konsequenzen das haben werde, als über uns im Tiefflug die Maschinen flogen, die in Tempelhof landen wollten

oder von dort gestartet sind. Das war apokalyptisch. In der Luftbrücke 1948 ist im nahe gelegenen Friedenau eine Maschine abgestürzt. Wir waren sehr von der Einflugschneise zum Flughafen Tempelhof tangiert und waren froh, dass er geschlossen wurde. Seitdem ist der Dreck auf den Fensterscheiben geringer geworden und wir müssen auch nicht mehr das Telefongespräch unterbrechen, wie das noch Max Frisch aus den Siebzigern beschreibt, der in der Sarrazinstraße gewohnt hat nahe dem Friedrich-Wilhelm-Platz am Ende der Wiesbadener Straße, an der Sonja und ich wohnen.

Sonja kam aus Baden-Baden, sie sprach nicht gerne über ihr Alter, wird aber um 1940 geboren sein, sie lebte bis in die 90er-Jahre in München, als sie mit ihrem Mann beschloss, in das prosperierende Berlin zu ziehen. Aber Berlin ist doch schwieriger, zumindest anders als München. Ich hatte nicht den Eindruck, dass sie hier angekommen ist. Sie war wie früher viel in Carrara, wo sie mit Marmor arbeitete, in dem nahe gelegenen Pietrasanta hatte sie ein Haus. Als ihr Mann starb, waren diese Bezüge weg. Sonja starb 2020, ihre Familie hatte verfügt, sie nicht in Berlin zu bestatten, obwohl ihr Mann hier begraben liegt.

Seit Jahren hatte sie versucht, ihre Bildwerke zu veräußern, besonders die schweren Stein-Arbeiten sind schwer veräußerbar. So ist leider nicht nachvollziehbar, wo ihr Nachlass untergekommen ist. Einige Werke werden im Internet angeboten.

Dort ist auch vermerkt, dass sie von 1972-74 ein Studium der Malerei in München, später auch bei Professor Eduardo Paolozzi in München absolvierte und von

1979-82 ein Studium der Bildhauerei bei Prof. Oreste Dequel in Salzburg/Österreich. Sie ist auch bei der Ausstellung KUNSTSALON 1959 – 2021 Freie Münchner und Deutsche Künstlerschaft e. V. (FMDK) München vermerkt.
Sonja war eine sehr gute Bildhauerin mit den Materialien Sandstein, aber mit Marmor arbeitete sie am liebsten, ihr Thema war „Einschnitte". Eine Weile hatte sie eine Arbeitsstätte in der Bildhauerwerkstatt in der Osloer Straße, ehemals Osram, aber zunehmend machte ihre Gesundheit nicht mehr die Belastung durch Staub und Lärm mit, zumal sie einen Hörsturz hatte. Dort hatte ich ihr manchmal bei der staubigen Arbeit zugeschaut.
In den letzten Jahren malte und zeichnete sie viel, ihre Gemälde hingen im Flur der Etage in der Schlangenbader Straße, in der sie wohnte.
Sie machte auch u. a. diese beiden Illustrationen zu meiner Kriminalgroteke „Mao-zei – Eine haarige Pekingoper".[82]

Den Roman „Eine andere Katze", 2005, von Sigrun Casper, hat Sonja Köditz auch illustriert. Ich besitze einen kleinen Marmorengel von ihr. Möge er uns behüten.

Die noch erhaltene Skulptur „Mann im Stein", 2003, von Sonja Köditz steht am Gorinseeweg zwischen Buch und Gorinsee in den Hobrechtsfelder Rieselfeldern. Die Skulptur ist Teil der Skulpturenlinie „Steine ohne Grenzen". Die Skulpturenlinie ist Teil des Projekts „Europäische Straße des Friedens" von Paris nach Moskau in Be-

zug zur Idee der „Straße der Skulpturen Paris-Moskau" des Bildhauers Otto Freundlich.
Auch bei der Präsentation von 111 Werken in der Stiftung Starke Gemeinnützige Kunststiftung im Löwenpalais in Berlin-Grunewald im Januar 2014 war Sonja Köditz vertreten. In der GALERIE DER KÜNSTLER 1977 — 2014 des Berufsverbandes Bildender Künstler München und Oberbayern e. V. ist Sonja Köditz auch genannt.
In der Galerie Futura, die bis 2011 in der Wiesbadener Straße in Friedenau ihre Ausstellungsräume besaß, hatte Sonja Köditz auch immer wieder ausgestellt. Leider ist auch diese kulturelle Einrichtung alpha nova – galerie futura, speziell für Künstlerinnen, aus unserem Umfeld verschwunden.

3. Teil
Der Kreis schließt sich – wieder im Südwesten angekommen

Nicht mehr ganz so geheimes Kleinod – *Entdeckung im giftgrünen Bikini 1963*

Dies ist kein herkömmlicher Spaziergang, sondern ein Schwimmgang (man sagt ja auch Tauchgang), Flossen wären von Vorteil für den 3 km langen Weg (kann man ja gar nicht sagen), weil man schwimmen soll bzw. ich geschwommen bin und wieder zurück.
Ich muss ausholen.
Ich war gleich nach dem Mauerbau 1961 als Jugendliche, die bereits ausgelernt hatte, nach Westberlin angeworben worden zu arbeiten, weil über Nacht durch den Mauerbau Zehntausende Arbeitskräfte aus dem Osten der Stadt von ihren westlichen Arbeitsplätzen abgeschnitten waren.
Für ein Jahr hatte ich mich verpflichtet, aber zunächst keine so guten Stellen bekommen, wie ich sie in Köln aufgegeben hatte. Es war mir klar, dass ich nach einem Jahr wieder zurückgehen würde, mein Chef von der Bücherstube am Dom wollte mich auch wieder einstellen. Ich konnte Buchführung und verstand was von Büchern, ich war neunzehn Jahre alt und aufbaufähig, besonders wenn ich das Abitur haben würde.

In Köln hatte ich bereits die Bewerbungsunterlagen zusammengetragen für eine Aufnahmeprüfung auf das Abendgymnasium.
Nun wohnte ich in Wilmersdorf um die Ecke vom Fennsee und entdeckte dort das Peter-A.-Silbermann-Abend-Gymnasium, bewarb mich, und bestand.
Das hieß ab Herbst 1962 fünf Tage in der Woche und acht Stunden am Tag Buchführung im Büro und abends fünf Mal die Woche von 18-22 Uhr die Schulbank drücken. Das war hart.
1963 bekam ich endlich eine günstigere Stelle, ich konnte halbtags arbeiten und hatte ein Gehalt, mit dem ich auskommen konnte, ich hatte also nachmittags frei, das war ein ganz neues Leben. Neben Vorlesungen an der Freien Universität in Dahlem lernte ich Berlin kennen von seiner schönen Seite, von seiner Freizeitseite, konnte, wie bei den Studenten üblich, wochentags am Strand liegen, ein Buch lesen, und nicht nur am überfüllten Wochenende. Ich pendelte zwischen dem Strandbad Halensee und der Badewiese am Wannsee, wohin ich 1962 bereits abends mit meinen Kolleg/innen aus dem Büro schwimmen fuhr, es war nackt angesagt, man hatte also keine nassen Klamotten nachts mit dem Bus nach Hause zu transportieren. Erlaubt war das nicht.
Der Wannsee war günstig zu erreichen, statt der DDR-S-Bahn fuhr ein Ersatzbus für die Strecke, der A 4, über die Avus nach Wannsee. Man sollte ja die S-Bahn, die der DDR gehörte, nicht benutzen, man sollte nicht den Stacheldraht bezahlen, lautete die Devise. Das ist heute alles fast vergessen.

Ich muss ganz gut ausgesehen haben im giftgrünen Bikini (leider kein Foto), von dem heute noch Altbekannte von mir schwärmen (von dem Bikini?), ich hatte lange rote Haare und war ein Hingucker. Das erhöhte das Selbstwertgefühl, denn ich war ja noch keine Studentin, nur Abendschülerin der 10. Klasse, also noch nicht mal Mittlere Reife.
In Wannsee schwammen wir weit raus, über die Fahrlinien der Berufsverkehrsschiffe hinaus, drüben lachte ein fremder Ort, den ich noch nicht kannte. Eines Tages schwamm ich weiter, ein Mitschüler folgte mir. Wir erreichten erschöpft das sehr von Schlingpflanzen verwachsene Ufer.
Wo sind wir denn?, fragte ich den Mitschüler, der ein Berliner war. Neukladow.
Noch nie gehört. Und was ist das für ein verwunschenes Schlösschen dort?
Och, irgendwas von der Arbeiterwohlfahrt, Ferien- oder Freizeithaus.
Da ich in der Nähe eines Rokokoschlosses, Weltkulturerbestätte Augustusburg Brühl/Rheinland, aufgewachsen bin und Schlösser liebte, rief ich, oh, wie schön!
Die Arbeiterwohlfahrt hatte also ein kleines Schlösschen, wobei viel Verwunschenes verlassen und ungenutzt schien, aber das war ich ja mittlerweile von Berlin gewöhnt. Wir saßen auf dem Mäuerchen, ließen unsere Beine baumeln, der Mitschüler wollte mich küssen. Ich sprang schnell ins Wasser und kraulte zurück. Unsere Klamotten lagen noch auf unserer Decke, als wir zurückkamen, aber die umliegenden Leute hatten sich schon

Sorgen gemacht und überlegten, ob sie die Polizei rufen sollten, wir waren ja gut zwei Stunden weg.
Danach nie wieder dorthin ... bis eines Tages auf meinen Wanderungen mit Elisabeth, die sehr gern in dem Nachbardorf Gatow in den Rieselfeldern spazieren ging, wir dann am Wasser entlang Richtung Südwesten weitergegangen sind, bis wir vor einem verwunschenen Haus standen.
Die Aussicht über die Havel in Richtung Wannsee war grandios, in der Ferne ahnte man das Strandbad, da hinten irgendwo muss mein Heinrich (Kleist) sein, an ihn denke ich oft, wenn ich am Wannsee bin, die Pfaueninsel mit ihren kreischenden Kormoranen, die Naturschutzinsel Imchen, auch hier die Kormorane. Der Name Imchen ist von Imme, wovon auch Imker abstammt.
Mittlerweile war mein Auge berlin- und historiengeübt, das ist was Besonderes, sagte ich. Irgendwie, Elisabeth, war ich schon mal hier, aber das muss in einem ganz frühen anderen Leben gewesen sein.
Ich begann zu recherchieren.

Ich komme dabei wieder mal auf Bismarck, nicht mein Liebling, aber ein tüchtiger Mann. Seine Mutter muss auch tüchtig gewesen sein.
Der Vater der Mutter Luise Wilhelmine Mencken, Wilhelmine genannt, geboren am 24. Februar 1789 in Schönhausen/Elbe (ich war dort in der Kirche, die noch steht), war ein Liberaler, wenn er auch in Diensten von Friedrich II. stand. Ihm gefielen die Ideen der Französischen Revolution. Er war zudem ein Organisationstalent und als Staatsdiener in den Provinzen Nordostpreußen und

Südpreußen tätig. Nach seinem Tod 1801 kümmerte sich der Königshof um Wilhelmine, sie hatte eine gute Bildung genossen. 1806 heiratet sie, siebzehnjährig, den preußischen Landjunker Karl Wilhelm Ferdinand von Bismarck (1771-1845), der einem alten Adelsgeschlecht entstammte. Sie brachte in den folgenden Jahren sechs Kinder zur Welt, von denen jedoch nur drei ein höheres Lebensalter erreichten. Otto, 1815 geboren, war der jüngere Sohn.

Wilhelmine gefiel das Landleben gar nicht, aber der Sohn Otto lebte gerne auf dem Land, er fügte sich in das Diktat der Mutter, in Berlin die Plamannsche Lehranstalt zu besuchen, während der Vater ihr wohl kaum in Erziehungsfragen hineinredete. Sie bestimmte auch, dass Otto 1832 sein Studium auf der Universität von Göttingen absolvierte, wo er Unterricht in Rechts- und Staatswissenschaften erhielt. Um seiner Familie Ehre zu machen, wünschte sich seine Mutter den erfolgreichen Abschluss des Studiums. Damals betrachtete er die Beamtenlaufbahn noch als negativ für ein selbstbestimmtes Wirken. Trotzdem wechselte er 1833 an die junge Friedrich-Wilhelm-Universität in Berlin. 1835 machte er dort das juristische Staatsexamen.

Sein Verhältnis zur Mutter gilt als problematisch. Trotzdem verdankt er schließlich ihrem Ehrgeiz, dass er das geworden ist, wodurch er unsterblich wurde: Eisener Kanzler und Gründer des Deutschen Reichs.

Als sie am 1. Januar 1839 in Berlin starb, war das noch nicht abzusehen. Sie ist in Schönhausen/Elbe in der Dorfkirche bestattet.

Kommen wir nach Neukladow zurück. In der Giebelfront des interessanten Hauses unter der Adresse Neukladower Allee 9-12 ist eingelassen die mittlerweile vergoldete Gedenktafel:

IN DIESEM HAVSE WOHNTE
WILHELMINE LVISE MENCKEN
DIE MVTTER BISMARCKS
IN DEN JAHREN I800-I806

Der Vater, Kabinettsrat Anastasius Ludwig Mencken, erhielt das Gelände 1799 und ließ hier 1800 von David Gilly, Lehrer von Schinkel, das Gutshaus errichten. Gilly hat auch das Gutshaus in Steglitz gebaut.
Wilhelmine lebte hier bis 1806, bevor sie heiratete.
In dieser Zeit hätte sie als gesellige Nachbarn nur Luise und Friedrich Wilhelm III. in dem Schloss auf der Pfaueninsel gehabt, alles andere war noch nicht gebaut oder zu weit weg. Das Haus heißt Villa Luise, soll aber nicht nach der Königin, sondern nach dem 2. Namen von Wilhelmine benannt sein.
Zwischen ihrem Weggang und dem nächsten geschichtsträchtigen Ereignis in dieser Villa Luise vergehen fast hundert Jahre.
Da bei mir oftmals alles mit allem zusammenhängt, muss ich wieder ausholen.
An der Wannseebrücke baut der Bankier Conrad ab 1870 die Villenkolonie Alsen, die moderne Welt dringt in die Gegend, in der sich 1811 Heinrich von Kleist, nachdem er eine Nacht mit Henriette Vogel in dem Gasthaus Stimmings Krug genächtigt, auf dem Hügel beim Stolper Loch

(Kleiner Wannsee) erschossen hat. Conrad kauft das Gelände des Krugs und baut sich dort eine Villa. Seine anderen Geschäftsfreunde vom Potsdamer Platz und anderswo schließen sich peu à peu an und bauen ebenfalls Villen und die Bankiersbahn („Wahnsinnsbahn auf Conrädern“, vom Volk so genannt), damals noch mit Dampf betrieben, die spätere S 1, um schneller zwischen Arbeitsplatz im sich verdichtenden Berlin und der Landhaus-Villa in der frischen Luft hin- und herzupendeln. Auch die christliche Seefahrt gewinnt an Boden, das heißt, auch die Bürgerlichen geben sich dem Wassersport hin und fahren Bötchen, wie wir im Rheinland sagen.
Zu den Investoren, die auch ein Grundstück kaufen und eine Villa bauen, gehört der Bauunternehmer Robert Guthmann, der in Rüdersdorf eine Zementfabrik besitzt, in den Gründerjahren Berlins eine Goldgrube.
Er ließ für seine tuberkulosekranke Frau Marie die Villa am Sandwerder 5 bauen, Architekten waren für den ersten Bauabschnitt (1884-1885) höchstwahrscheinlich Joseph Kayser und Karl von Groszheim. Später wurde die Villa noch erweitert.
Marie Guthmann beschäftigte sich mit dem Schmücken der Villa, insbesondere der Seeveranda (ein toller Blick mit Sonnenuntergang). Sie war begabt und zeichnete florale Arabesken, die ihre Künstlerinnenfreundin Marie Luise Schlieder in Wandfliesen umsetzte, die noch heute in der Veranda und im Eingangsfoyer zu sehen sind.
In der Villa verkehrte das Großbürgertum der Zeit: die Oppenheims und andere Bankiers, Industrielle und Künstler. Als 1898 die Villenkolonien Alsen und Wannsee

mit Stolpe zu einer Landgemeinde zusammengeschlossen wurden, ließ sich Robert Guthmann zum Gemeindevorsteher wählen.
Wie bereits an anderer Stelle erwähnt, wohnte in den Zwanzigerjahren in dieser Villa Carl Zuckmayer, er schrieb hier seinen „Fröhlichen Weinberg", das Erfolgsstück an den Berliner Bühnen der späten Zwanzigerjahre.
Viele Jahrzehnte später zog 1963 Professor Dr. Walter Höllerer mit seinem Literarischen Colloquium hier ein, das heute noch dort von seinem Sohn Florian betrieben wird.
Guthmann, einmal am Wannsee niedergelassen, liebte die Gegend so sehr, dass er 1887 die Villa Luise in Neukladow übernahm. Eigentlich wollte er das Gut parzellieren, wie das andernorts auch üblich war. Aber Neukladow war zum Glück anders als Wannsee nicht an Berlin angeschlossen. Es blieb eine versteckte, nur in Insiderkreisen bekannte Idylle.
1909 vermachte Robert Guthmann das Gut seinem Sohn, Dr. Johannes Guthmann (1876-1956), der Kunsthistoriker war. Dieser ließ die Villa bis 1912 durch den Architekten Paul Schultze-Naumburg umbauen. Schultze-Naumburg gehört zu den Architekten des Heimatstils und baute von 1913-1917 Cecilienhof, also im Anschluss an Neukladow. Den Heimatstil erwähne ich auch bei meiner Führung in Nikolassee, da sind mehrere Gebäude von ihm bzw. Erich Blunck, ebenfalls Architekt des Heimatstils.
Johannes Guthmann lässt einen Musenhof entstehen in der beeindruckenden Parklandschaft. Es verkehrten die Künstler der Zeit hier.

Gerhart Hauptmann war gern gesehener Gast und Max Slevogt malte Bilder für den Gartenpavillon. Acht Tierskulpturen von August Gaul schmückten die nicht mehr vorhandene Pergola. Auch Max Liebermann (1847-1935), der seit 1910 in der Nähe vom Flensburger Löwen ein Sommerhaus besaß, verkehrte sowohl bei dem alten Guthmann als auch hier, auf seinen Bildern sind oft Segelboote auf dem Wannsee zu sehen, auch mit der Perspektive von Neukladow aus.
Unter anderem gehörte auch die Schauspielerin Tilla Durieux (1880-1971) zu den Gästen in Neukladow. Ich hab sie als alte Schauspielerin in „Langusten“ gesehen, einfach grandios. Sie hat eine Gedenktafel in der Bleibtreustraße 15, in dem gleichen Haus, wo auch der Kunsthändler Alfred Flechtheim (1878-1937) gewohnt und eine Gedenktafel hat.
1914 bricht der Erste Weltkrieg aus, die Welt wird eine andere, Musenhöfe werden Lazarette.

1919 ließ Guthmann von August Gaul einen Gedenkstein für seine 1910 gestorbene Schwester Else schaffen. Dieser am Weg oberhalb des Elsengrunds stehende Sandsteinblock trägt folgende Inschrift:
Else / Meiner lieben Schwester / zum Gedächtnis.
Bleibe mir, du vielgeliebtes / Bild, / vollkommen, ewig jung und / ewig gleich! / Lass deiner klaren Augen / reines Licht / mich immerfort umglänzen! / Schwebe vor, / wohin ich wandle. Zeige mir / den Weg / durch dieser Erde Dornen-/labyrinth! Du bist kein Traumbild, wie ich / dich erblicke. / Du warst, du bist. Die Gottheit / hatte dich / vollendet einst gedacht und / dargestellt. / So bist

du teilhaft des / Unendlichen, / des Ewigen und bist auf / ewig mein.

Die Zwanziger haben andere Prioritäten, Mary Guthmann, eine weitere Schwester von Johannes Guthmann, übernahm 1921 das Gut und verkaufte es 1928 an die Stadt Berlin, die es in ihre Stadtgüter eingliederte.

Das Gutshaus wurde nach dem Zweiten Weltkrieg von der Arbeiterwohlfahrt als Freizeitheim genutzt und stand dann viele Jahre leer wie viele Villen in Berlin und Umgebung, die jüdischen Besitzer waren umgebracht oder vertrieben worden, viele der übrigen Besitzer gingen nach Westdeutschland, weil sie in Westberlin keine Perspektive sahen.

Mittlerweile gäbe es wieder reiche Interessenten, aber der Bezirk Spandau entschloss sich, die Anlage zu behalten und in eine Bürgerstiftung umzuwandeln.

Heute befindet sich in dem Gutshaus ein Restaurant und Café. Obwohl es noch immer abgelegen ist, ist es mittlerweile kein Geheimtipp mehr. Es finden auch Vorträge und andere Veranstaltungen statt.

Der Blick nach Schwanenwerder und weiter Richtung Wannsee ist nach wie vor atemberaubend, besonders wenn von Westen her die Abendsonne die blaue Havel in ein warmes Rot verzaubert und den Betrachter mit.

Wer hätte gedacht, dass mein harmloses Schwimmen von 1963 drei Kilometer hin und drei Kilometer zurück so viel Berliner Geschichte zutage fördert.

... die Havel und die Glienicker Brücke

Als ich 1961, vor zweiundsechzig Jahren, nach Westberlin geworben wurde, es war die Mauer gebaut worden und es fehlte an Arbeitskräften in der Stadt, kam ich nicht als unbedarftes Landei nach Berlin, was hier so gern von oben herab gesagt wird über die, die angeblich aus der Provinz kommen.

Ich bin nahe dem Rokokoschloss Augustusburg in Brühl großgeworden, das mein Vater als Schieferdachdecker nach dem Krieg wieder mithalf aufzubauen, ich brachte ihm den Henkelmann mit warmem Essen hoch in den Dachstuhl des Schlosses. Das Schloss hat vor Charlottenburg, schon 1984, den UNESCO-Welterbetitel erlangt. Ich habe in einem Park gespielt, den als ersten Lenné in einen Landschaftsgarten umwandelte, hier machte er seine Lehre, bevor er nach Preußen zu Friedrich Wilhelm III. ging.

Ich bin in einer zweitausendjährigen Stadt, Köln, in die Schule gegangen und habe dort in der Buchhandlung am Dom, der 1996 den UNESCO-Welterbetitel bekam, gearbeitet. Ich habe am größten Strom Deutschlands und einem der größten in Europa, dem Rhein, die Beine baumeln lassen in der Mittagspause und mit den hübschen Kölner Jungs geflirtet, ich erinnere mich, auch mit dem hübschen Italiener, einem unserer Praktikanten aus Milano. Ich war schon ausgelernt, ich sollte ihm die hiesige Buchhandelskalkulation beibringen, ich konnte gut rechnen.

Dann ließ ich mich achtzehnjährig nach Westberlin anwerben. Ich war zunächst enttäuscht, nicht nur wie ka-

putt Berlin noch war, sondern auch im Verhältnis zu Köln wie kleinstädtisch. Es blieb nur der Kudamm mit ein paar Seitenstraßen, mehr zum Promenieren gab es nicht, keine Rheinpromenaden, keine von einem Ringsystem umrundete Innenstadt, wo alles fußläufig zu erreichen war.
Dass mir die Spree als Fluss angetragen wurde, die eher der Erft (mein Heimatort Brühl liegt im Rhein-Erft-Kreis) ähnelt, einem Nebenflüsschen des Rheins, aus der Eifel kommend, war schon eine Zumutung.
Aber es stellte sich schnell heraus, der Osten der Stadt, durch eine Mauer abgetrennt, zur DDR gehörend, liegt an der Spree, im Westen zeigt sie sich nur in Charlottenburg und Spandau, wo sie in die Havel mündet. Große Schiffe aus aller Welt waren hier nicht zu beobachten, eine Promenade fehlte. Ich war enttäuscht.
Aber ich entdeckte dank Heinrich von Kleist bald schon den Wannsee und befand, Berlin, mein Westberlin, liegt an der Havel. Denn der Besuch zu Kleist hatte oberste Priorität, ich hatte seinen Kohlhaas schon als Jugendliche gelesen und war wie er in Widerstand erfahren. Zum Beispiel, dass ich gegen den Willen meines Vaters nach Berlin aufgebrochen bin (da kannste ja gleich nach Sibirien gehen) und auch gegen den Willen meines Chefs, der sagte, es gibt so viele junge Leute, warum müssen ausgerechnet Sie gehen. Bleiben Sie, ich erhöhe Ihr Gehalt. Ich ging.

Und dann lag sie da, träge fließend, in Blaugrüntöne gebettet, ausgefranst in Buchten, sommers den Wasserratten viel Platz bietend, ausufernd in Seen, meine neue große Liebe, die Havel, die nur 150 km nördlich von Ber-

lin entspringt und ein Nebenfluss der Elbe ist, die wiederum meiner Geburtsheimat, dem böhmischen Riesengebirge, ihr Dasein verdankt.
Zehn Jahre lebte ich draußen in Wannsee. An der Glienicker Brücke waren meine Spaziergänge zu Ende, mitten auf der Brücke war die Grenze, jenseits lag diese Fremdheit DDR, die – trotz Besuchen im Ostteil der Stadt und gelegentlichen Fahrten in die Märkische Schweiz – nie verloren ging.
Die Glienicker Brücke verband West-Berlin, Ortsteil Wannsee, Amerikanischer Sektor, mit der DDR, der damaligen Bezirkshauptstadt Potsdam – und daselbst mit der Berliner Vorstadt und in Sichtweite mit dem Ortsteil Klein-Glienicke.
Die Glienicker Brücke ist mein Symbol für Freiheit, sie wird immer in meinem Herzen einen Platz haben. Ich habe lange Jahre in Wannsee gewohnt, Kleist zuliebe, der dort begraben ist, und habe rüber in die zugemauerte DDR geblickt, wer mag da drüben wohnen ...?
Vom Böttcherberg aus konnte man die Wohnhäuser in Klein-Glienicke sehen, in den Gärtchen flatterte Wäsche an der Leine, und trotzdem war man unüberwindbar getrennt, in diese grenznahen Orte durften nur Hundertfünfzigprozentige, hieß es.
Die Glienicker Brücke war der erste Grenzübergang, den ich benutzte nach dem 9. November 1989. Deshalb diese Collage mit dem Untertitel „Barfuß in die Freiheit".

Barfuß in die Freiheit
Fotomontage Jenny Schon

Und hier werden meine Spaziergänge einmal enden ...

C 30 oder Einmal ein Stückchen Heimat haben ...

Corona machte es möglich. Diese Stille auf den Straßen, kein Auto, kein Bus, meine Schritte hallen auf dem Asphalt, Jogger, in das Smartphone keuchend, sind die einzigen Geräusche, selbst die Vögel scheinen zu schweigen. Alles wird gut, hängt hinter dem Fenster eines Hauses in Grunewald. Ansonsten gehe ich einsame Wege.

Und in diesem Frühjahr ist mir das Rotkehlchen begegnet, es war mein Rotkehlchen-Frühjahr, für andere war es das Corona-Frühjahr. Meine Stimme klingt belegt, weil ich tagelang mit niemandem gesprochen habe, als ich bei Hahn am Rüdesheimer Platz anrufe. Ich möchte einen Termin zwecks Besprechung eines Grabes.
Mit Maske betrete ich den Laden, eine Plastiktrennwand schützt uns, die Mitarbeiterin und mich.
Vorher hatte ich erfahren, dass die Bildhauerin Sonja Köditz verstorben ist, ob an Corona weiß ich nicht. In der Schlange[83] war noch ihr Name auf der Klingel, da blieb er auch ein halbes Jahr oder länger. Wahrscheinlich gab es Erbschwierigkeiten, ich wusste keinen Namen ihrer Angehörigen. Es erschien nirgends eine Anzeige. Im Fernsehen waren die Leichenwagen in Bergamo unterwegs.
Nein, in Dahlem ist nichts frei. Auf Sankt Annen wär ich schon gerne wegen des Namens, denn Annaselbdritt ist eine meiner Lieblingsfiguren in der christlichen Ikonografie. Die Oma Anna, die Mutter Maria und das Jesuskind analog der griechischen Mythologie Hekate, Demeter und Persephone, ich war in Eleusis, wo die Mythenspiele der Persephone stattfanden, und die Stadt jetzt als Elefsina Kulturhauptstadt Europas und von einem hässlichen Betonwerk gezeichnet ist, schon damals, 1964, und jetzt 2023.
Nach Dahlem hätt' ich natürlich auch wegen Rudi Dutschke gern hingewollt, aber auch und besonders wegen der Nähe zu der Freien Universität, meiner Alma Mata. Immerhin bin ich die Einzige in der Familie, die eine Universität absolviert hat. Erst jetzt, drei Generationen später, scheint es in der ferneren Verwandtschaft

auch Studierte zu geben. Ich habe 25 Jahre dort studiert und gearbeitet. Oft sitze ich in den Studentencafés in Dahlem Dorf, lausche den Studierenden mit ihren heutigen Problemen, bevor ich zu meiner Ärztin in die Praxis nebenan zur Akupunktur hineingehe, aber wann wieder ...? Zu Corona ist alles abgesagt.
Ich bin aber auch gerne am Rüdesheimer Platz, ein Abendspaziergang im Sommer, wenn der Weinbrunnen da ist, ich trinke dann Saft, der ist mindestens so lecker wie der Wein, den die Winzer aus dem Rheingau anbieten, die jedes Jahr kommen schon seit Westberliner Zeiten und den Rüdesheimer Platz südländlich machen. Die Gegend um die Rüdesheimer Straße zählt für die New York Times zu den zwölf schönsten Europas.[84]
Und dann noch in Richtung Westen zum Roseneck, da ist das Wiener Café mit der Schickeria, so richtig noch Westberlin mit den Gernegroß' vom Kudamm, wie ich es damals kannte.
Und ab September 2021 der Platzhirsch, der Kunstkiosk am Roseneck/Betty Hirsch-Platz, den Beate eröffnet, mit der ich mich befreunde. Wieder ein ganz anderes Berlin, alternativ und ökologisch. Der Cappuccino schmeckt ausgezeichnet, den sie brüht.
Das ist der Radius meiner letzten Jahre, wenn ich nicht mit zu Führenden unterwegs bin, die aber nicht geführt werden dürfen in den Coronajahren, obwohl ich an der frischen Luft bin. In Corona-Zeiten muss ich es abpassen, wann was geöffnet ist und wann nicht. Das heißt, es gibt viel Zeit zum Nachdenken.
Mittenmang in meinem engeren Wirkungsradius die Dorfkirche von Schmargendorf mit ihren Feldsteinen aus

dem Mittelalter und der zum Teltower Hochplateau ansteigende Hügel dahinter mit dem Friedhof, evangelisch bestattet in Kirchennähe, bezirklich die anschließende Bestattungsstätte bis zur Warnemünder Straße.
Ja, okay, sage ich zu der Mitarbeiterin des Bestattungsunternehmens Hahn am Rüdesheimer Platz, dann in Schmargendorf.
Haben Sie eine Konfession?
Ja, lutherisch, sage ich. Aber nicht hier, in Böhmen, denke ich, ich bin ja dort getauft worden vor ein paar Jahren, weil man meine Taufurkunde im Archiv nicht gefunden hatte, weil die Tschechen 1945 die meisten Unterlagen der Deutschen, die sie vertrieben, vernichtet haben.
Ja, ja, sage ich. Ich habe eine Taufurkunde, sage nicht, dass ich damals aus der hiesigen Kirche ausgetreten bin, als ich herausfand, dass die Evangelischen hier mit den Nazis kooperierten und die Bekennende Kirche zum Teil hingerichtet wurde. Das war auch ein Grund für Dahlem, denn dort war die Bekennende Kirche am stärksten.
Unser Brühler Pfarrer, der meinen Vater und seine Schwester konfirmiert hatte, war auch in der Bekennenden Kirche des Rheinlands. Ich habe das Neue Testament, das er meinem Vater mit Unterschrift, Pfarrer Grosser, 1934, dediziert hatte, geerbt und verwahre es wie ein Heiligtum, es ist das Einzige, was mir mein Vater vererbt hat. Nein, er hat es nicht seinem gewünschten Sohn vererbt, sondern seiner nicht gewünschten Tochter. Nein, in einer preußischen Nazikirche wollte ich nicht sein, die mit ihren Deutschchristen den Nazi-Hohenzollern suggeriert hat, von Gottesgnaden zu sein. Ich trat 1965 aus!

Aber in einer protestantischen, nicht hussitischen Kirche in Trautenau ließ ich mich taufen, von einem tschechischen Pfarrer, der in Heidelberg Theologie studiert hat, ich wollte ursprünglich auch in Heidelberg Theologie studieren, damals, ganz damals. Hussiten kann ich nicht leiden wegen ihrem Bildersturm, das ist aber die Hauptrichtung in Tschechien, wenn sie überhaupt religiös sind, denn sie gelten als das laizistischste Volk Europas. Trennung von Staat und Kirche ist ja eigentlich was Gutes seit der Französischen Revolution, ist aber selbst in Frankreich nicht wirklich konsequent durchgehalten. Schleier, Kippa etc. sind strikt in staatlichen Schulen verboten, anders als bei uns, aber der Staatssender überträgt Gottesdienste, zum Beispiel. Bei uns ist es rückläufig, das Berliner Neutralitätsgesetz steht auf der Kippe.

Ja, ich möchte lutherisch beerdigt werden, ich habe auch einen Freund, der Pfarrer und Dichter ist, der mich beerdigen wird, lebt er länger als ich. Luther ist mir wichtig, ist mir Identität, war ich doch auf der Martin-Luther-Schule in Brühl, die hat mich gebildet, geprägt und auch zum Widerstand erzogen.

In Tschechien hat der tschechische Pfarrer mir Heimat anbieten wollen, wieder ein Stückchen meiner Geburtsheimat nahe sein. Aber das ist nicht reparabel, seit ich mit meiner Mutter 1945 aus dem Land meiner böhmischen Vorfahren gejagt wurde.

Das erzähle ich der Frau nicht, habe ich aber im Kopf bei den Fragen, die sie mir stellt und die ich auf einmal, so plötzlich aus einem ganz anderen Leben gerissen, beantworten soll.

Nein, noch bin ich nicht aus dem Leben gerissen, aber bei Corona kann das jeden Tag passieren, also schnell unterschreiben, mich bei der evangelischen Kirche melden und ein Grab aussuchen, ich gehe mit dem Gärtner über das Areal.
Alle zu eng, die Plätze, dann endlich ein kleiner Platz für ein Erdgrab mit Blick auf die wunderschöne mittelalterliche Kirche, in Richtung Osten, zur Auferstehung, eigentlich bin ich ja ein Abendmensch, aber im christlichen Sinne liege ich richtig.
Ich maile Rudolf Kaltenbach, dem Bildhauer in Buch, ich brauche einen Stein für mein Grab, sicher ist sicher, ich möchte das alles selbst bestimmen. Es gibt eh keine Erben. Das Ersparte ist sowieso weg, ein Tausender ist noch übrig, hast du was?
Komm vorbei.
Das, was ich hier gerafft erzähle, zieht sich über mehr als ein Jahr, eigentlich über zwei Jahre von Frühjahr 2020 bis Frühjahr 2022, noch immer ist Corona, wird aber schon viel lockerer gehandhabt, wir sind überwiegend mehrmals geimpft und immun gestärkt durch Ansteckung.
Ich fahre nach Buch zu Rudolf Kaltenbach und Silvia Fohrer, ein Journalist von der Morgenpost ist auch dabei, den ich über Annette Ahme vom Verein Historische Mitte hab kennengelernt, der berichtet regelmäßig über Grabgeschichten. Er beobachtet und fotografiert mich, wie ich Stein für Stein betrachte, viele schon von vornherein ausschließe, weitergehe, über die Hitze stöhne, es ist Ende Mai, Rudolf erzählt Geschichten über seine Steine. Ich horche auf. Potsdamer Platz Findling ... das ist

ja meine Berliner Stadtgeschichte, Findling vom Mauerstreifen.
Das passt, sage ich, was stellt es dar?
„Lichtblick."
Ja, okay, nehme ich.

Der Ort ist registriert als C 30. Der Name ***Jenny Schon Poetin*** wird nach meinem Ableben eingraviert.
Ich hab zu tun, Wildkraut jäten, Efeu pflanzen, den vorhandenen gelben Rosenstock gießen, vielleicht dediziert mir ja mal jemand eine blaue Blume, mehr nicht. Das Rotkehlchen singt jetzt schon im dritten Frühjahr. Ich hab Heimat, zwei Quadrat Meter Erde, die meine sind, die ich für 20 Jahre gepachtet habe, endlich Heimat.

Jenny Schon
Magistra Artium

Individuelle Stadt- und Park-Spaziergänge
Ars et Litterae

Individuelle Stadtspaziergänge
Jenny Schon - Magistra Artium -

Führungen 1. Halbjahr 2024
Die Führungen dauern ca. 2 Stunden und kosten 15 EUR
Nur mit Anmeldung und Bestätigung bis spätestens zwei Stunden
vor der Führung! Telefon 030/892 13 38

Vom Bahnhof Grunewald zum Hagenplatz
Gleis 17, Romy Schneider, Max Reinhardt, Villa und Garten Harteneck, A. Kerr, u. a., 7.1., 12.5. 24, 14 Uhr
Treff: S-Bahnhof-Grunewald, Vor dem Bahnhofsgebäude

Vom Hagenplatz zur Villa Mendelssohn (Michaelsheim), Grunewaldkirche, Harald Juhnke, Ingeborg Bachmann, Vicky Baum;
14.1., 20.5. 24, 14 Uhr;
Treff: Hagenplatz, Endhalte M 19 (Wiener Cafe)

Literatur und Kunst in Schmargendorf – Die starken Frauen - Lou Andreas Salomé und Rilke, Melli Beese und die Flugkunst,
1.1., 17.2., 1.4., 11.5., 15.6. 24, 14 Uhr;
Treff: Schmargendorf, Alte Dorfkirche, Kirchstraße/Breite Str.

Literatur, Kunst, Architektur und starke Frauen zwischen Roseneck und Pücklerstraße: Zarah Leander, Leni Riefenstahl, Mary Wigmann u.a., 16.3., 14.4. 24, 14 Uhr;
Treff: Schmargendorf, Betty-Hirsch-Platz, Rheinbaben-

allee, Busendhaltestelle vom M 29, Ende: Bushalte Meselpark/Clayallee

Literatur, Film und Kunst und starke Frauen in Dahlem: Anny Ondra, Henny Porten, Hildegard Knef u.a.
28.1., 31.3., 21.4., 26.5., 23.6. 24, 14 Uhr;
Treff: Dahlem U-Bahnhof Podbielskyallee, Ende: Brücke Museum.

Literatur und Kunst - Rund um den Prager Platz, Güntzel-Kiez: James Simon, George Grosz, Marcel Reich-Ranicki, Anna Seghers, Rainer Maria Rilke, Erich Kästner, Lotte Laserstein u.a.,
3.2., 2.3., 27.4., 25.5. 29.6. 24, 14 Uhr;
Treff: U-Bhf. Güntzelstr., Ausgang Trautenaustr., vor der Litfasssäule.

Friedenau - ein kunstsinniger Ort: Wo Nobelpreisträger und Expressionisten lebten. Friedhof Stubenrauchstraße; Günter Grass, Oskar Pastior, Marlene Dietrich, Helmut Newton u.a.
20.1., 12.2., 6.4., 4.5., 1.6., 22.6. 24, 14 Uhr
Treff: Friedenau, vor den Rathaus, Breslauer Platz/Lauterstr.

Literatur und Kunst zwischen Breitenbachplatz und Rüdesheimer Platz, Künstlerkolonie (E. Bloch, E. Busch, P. Huchel)
21.1., 4.2., 10.3., 7.4., 5.5., 9.6. 24, 14 Uhr:
Treff: Wilmersdorf, U-Bahn Breitenbach-platz/Südwestkorso

Steglitz - Zum Kafka-Jahr: Der Fichtenberg und Kafkas letzte Liebe.
Mit einer kleinen Lesung aus Kafkas Werk an der Bäkequelle.
11.2., 23.3., 20.4., 9.5., 2.6. 24, 14 Uhr:
Treff: Vor dem Cafe Aux Delices Normands, Lepsius/Grunewaldstraße

Architektur und Villen um den Waldsee. Haus am Waldsee, Muthesius u.a, 18.2., 17.3., 1.5., 30.6. 24, 14 Uhr;
Treff: Zehlendorf, Vor dem U-Bahnhof Krumme Lanke

Zehlendorf – ein altes Dorf im Grünen neu entdeckt
Spaziergang um den Dorfanger bis zur Dorfkirche
27.1., 30.3., 13.4., 18.5., 8.6.24, 14 Uhr;
Treff: S-Bahnhof Zehlendorf, Ausgang Hampsteadstraße

Kleist und Fontane am Wannsee – Literarisches Colloquium, Villen, Kleistgedenkstätte
25.2., 29.3., 19.5., 16.6. 24, 14 Uhr;
Treff: S-Bahnhof Wannsee, Bahnhofsvorhalle

Nikolassee – Kunst und Literatur an der Rehwiese. Hermann Muthesius, Jochen Klepper, Friedhof und Kirche.
3.3., 28.4. 24, 14 Uhr
Treff: S-Bahnhof Nikolassee, Ausgang Hohenzollernplatz

Alle Führungen sind auch zu anderen Terminen möglich. Ich stelle auch Führungen nach Ihren Wünschen zusammen, z. B. für Betriebs- und Familienfeiern.

Die etwas andere Geschenk-Idee: Ein Stadtspaziergang nach Ihren Wünschen.
Ausführliche Mitschriften sind nur mit Genehmigung möglich.
Für Schäden wird keine Haftung übernommen.

Individuelle Stadt- und Park-Spaziergänge
jenna.schon@web.de
www.jennyschon.de

Fußnoten und Anmerkungen

[1] Bezieht sich auf die Studenten-Bewegung der 1968er, die extrem links war und vieles Bürgerliche verachtet hatte.

[2] In der Ahornalle 26 in Berlin-Friedrichshagen/Spree, wo Bobrowski seit seiner Entlassung aus der sowjetischen Kriegsgefangenschaft 1949 zur Miete lebte, hatte seine Familie auch nach seinem Tod 1965 sein Arbeitszimmer im Originalzustand erhalten, es war mit Anmeldung zu besichtigen. 2008 übernahm die Landesbibliothek Berlin die rund 2.200 Bücher des Dichters. 2011 musste dann alles aufgelöst werden. Das Haus wurde verkauft.
Bobrowskis literarischer Nachlass befindet sich im Deutschen Literaturarchiv Marbach, originale Gegenstände aus Bobrowskis Berliner Arbeitszimmer (die Liege, der Schreibtisch, die Schreibmaschine etc.) sind in der Bobrowski-Dauerausstellung im Evangelischen Gemeindehaus in Willkischken (Litauen) zu sehen.

[3] Zum 190. Todestag von Eleonore Prochaska, 2003 hatte ich in der Stadtbibliothek Potsdam einen Vortrag gehalten, der in meinem Buch „Böhmen nicht am Meer“, 2016, unter dem Titel „Die preußische Jeanne d'Arc ist eine böhmische“, abgedruckt ist. Darin sind sehr interessante Aspekte der Musik und Theaterstücke um Elenore Prochaska enthalten.

[4] J. W. von Goethe, Dichtung und Wahrheit, Hamburger Ausgabe, 1. Teil, 4. Buch, S. 120 f.

[5] Ufa (Universum-Film AG) hieß die Filmgesellschaft ab 1917, ab 1992 kommt sie zu Bertelsmann und wird UFA.

[6] Sozialistischer Deutscher Studentenbund, löste sich 1969 auf. Dort traf ich auch Rudi Dutschke und die anderen Autoritäten der Studentenbewegung, obwohl man ja antiautoritär war, aber das waren oftmals nur Begriffe.

[7] *Deutsche Kunst und Dekoration.* Band XIV, 1904, S. 443.

[8] 1701 krönte sich der Kurfürst Friedrich III. in Königsberg zum König Friedrich I. in Preußen und seine Gattin Sophie-Charlotte zur Königin. Das ist die Entstehungsgeschichte des Königreichs Preußen, vorher war es nur ein Kurfürstentum.

[9] Zur Seidenproduktion unter Friedrich II, siehe auch: https://perspectivia.net/servlets/MCRFileNodeServlet/ploneimport_derivate_00000076/evers_seidengewebe.doc.pdf

[10] Otto Riedrich, Der Bildhauer Franz Metzner, Verlag Ed. Stache, Warnsdorf, Wien, 1925, S. 22 f.

[11] Blankenburg, Gudrun, Friedenau – Künstlerort und Wohnidyll, Frieling Verlag, Berlin, S. 46

[12] Friedenauer Lokalanzeiger 13. Dezember 1911, zit. n. Friedenau erzählt, Dokumentation von Hermann Ebling, edition Friedenauer Brücke, S. 307

[13] Pötzl-Malikova, Maria, Franz Metzner, Leben und Werk, in: Franz Metzner, Ein Bildhauer der Jahrhundertwende, München, Museum Villa Stuck, 1977 u. a., S. 17

[14] Zit n. Hutter, Peter, „Die feinste Barbarei" – das Völkerschlachtdenkmal bei Leipzig, Mainz 1990, S. 80

[15] Zit. n. Hutter, ebd., S. 75

[16] Hutter, ebd., S. 109

[17] Hutter, ebd., S. 123

[18] Gerhard Kurt Müller, 1926 Leipzig, in einem unveröffentlichten Essay Februar 2008. Müller gehört mit seinen Gemälden und Skulpturen zu den Schlüsselfiguren der „Leipziger Schule".

[19] Gustav Klimt und die Kunstschau 1908, Prestel Verlag, München, 2008, S. 104

[20] Zit. n. Pötzl-Malikova, Maria, Franz Metzner, Leben und Werk, in: Franz Metzner, Ein Bildhauer der Jahrhundertwende, München, Museum Villa Stuck, 1977 u. a., S. 12 ff.

[21] Uhlandstraße 144. Damals gehörte allerdings die Uhlandstraße zu Charlottenburg-Wilmersdorf, die noch nicht nach Berlin eingemeindet waren.

[22] Pötzl-Malikova, ebd., S. 13 f.

[23] Pötzl-Malikova, ebd., S. 14

[24] Erschienen in: Jahrbuch Archiv Leipzig, 2014

[25] Büsching, Berlin, Potsdam 1775, Berlin Story Verlag, 2006. S. 83 f.

[26] Ruth Andreas-Friedrich, Der Schattenmann, Suhrkamp, 2016, S. 9

[27] S. a. Andreas Grothusen, Wilhelmine, Anthea Verlag, 2015

[28] S. Hanns Zischler, Kafka geht ins Kino, Kiepenheuer & Witsch

[29] Für dieses Gedicht erhielt ich 2015 den 2. Lyrikpreis der Künstlergilde Esslingen e. V.

[30] Dem Essay liegt das Buch zugrunde: Regina Dieterle, Die Tochter, Das Leben der Martha Fontane, Hanser Verlag, 2006

[31] Im Juni 2020 wurde das Denkmal beschädigt.
Der Polizeipräsident in Berlin
Pressestelle
Polizeimeldung Tel.: (030) 4664-904090
Fax: (030) 4664-83904199
Steglitz-Zehlendorf
Nr. 1515 Denkmal beschädigt
Gestern Abend wurde eine Sachbeschädigung in Dahlem angezeigt. Nach einem Hinweis über die Internetwache fuhr eine Funkwagenbesatzung gegen 20.45 Uhr zur Clayallee Ecke Königin-Luise-Straße und stellte rosafarbene Lackfarbe an dem dort stehenden Gedenkstein für die Gefallenen des Garde-Schützen-Bataillon fest. Der Polizeiliche Staatsschutz beim Landeskriminalamt Berlin führt die weiteren Ermittlungen.
E-Mail: pressestelle@polizei.berlin.de
Internet: www.polizei.berlin.de

[32] Ich habe Bing nach dem Geschlecht gefragt und er antwortete: „Das hängt davon ab, wie der Chatbot sich selbst identifiziert. Wenn der Chatbot einen Namen oder eine Stimme hat, die eindeutig männlich oder weiblich ist, können Sie das entsprechende Pronomen verwenden. Wenn der Chatbot keinen Namen oder eine Stimme hat oder wenn Sie sich nicht sicher sind, können Sie das neutrale Pronomen „es" verwenden. In meinem Fall können Sie einfach „Bing" sagen.

[33] Im September 1955 reiste Adenauer mit einer großen Delegation nach Moskau und erreichte die Freilassung der letzten 9.626 deutschen Kriegsgefangenen aus dem Zweiten Weltkrieg, welche sich noch – als „Kriegsverbrecher" verurteilt – in sowjetischer Gefangenschaft befanden.

[34] Der Spiegel, Helene Heise, Lehrerinnen um 1900. Nervöse Vorkämpferinnen.
[35] Ludwig Meidner: *Anleitung zum Malen von Großstadtbildern.* In: *Kunst und Künstler,* XII. Jg., H. 6, Berlin 1914, S. 312-314
[36] Thomas Grochowiak: *Ludwig Meidner.* Bongers, Recklinghausen 1966
[37] Valeria Geritzen, im ostwestfälischen Warburg geboren, Vater Joachim Geritzen, Künstler. Sie studierte Politik, Wirtschaft, Gesellschaft und Medienwissenschaft in Bochum. Nach Stationen in Düsseldorf und New York betreibt sie in Berlin ein Konzeptbüro für Kunst, Kultur und Markenkommunikation sowie Transformationsmanagement mit einem Faible für den kulturell-ökologischen Austausch. In ihrer Geburtsstadt Warburg ist Geritzen Initiatorin des Earth-Charta-Ideastudio (Erd-Charta-Ideenwerkstatt). Sie ist Lyrikerin und Autorin, hat diverse Veröffentlichungen und initiiert regelmäßig Lyrik-Veranstaltungen im öffentlichen Raum.
Geritzen hat ein Zertifikat für Leadership, Sustainability and Ethics von Earth Charter International, Unesco Chair on Education gefördert und ist Transformationsmanagerin Nachhaltige Kultur (ANKM).
[38] Erschien als Nachruf in der Zeitschrift der Künstlergilde Esslingen e. V. 2023.
[39] Der Spiegel, 13.1.2016.
[40] Der Spiegel, Nr. 37, 6.9.1961, S. 20.
[41] 1940 Schönefeld/Luckenwalde – 1979 Aarhus/Dänemark, Dr. phil. an der Freien Universität, Soziologe, Studentenführer Westberlin.
[42] Spiess, 1997, S. 10
[43] Breitling, Gisela, Der verborgene Eros, Fischer Verlag 1990, S. 27.
[44] https://www.emma.de/artikel/einfach-das-geschlecht-wechseln-337373
https://www.emma.de/artikel/brief-meine-schwestern-264963
[45] s.a. Der Freitag, Kultur, S. 21, 22.9.2022
[46] Frankfurter Allgemeine, 19.8.2022, Thomas Thiel Feminismus und Transgender: Die Musealisierung der Frau.
[47] Tagesspiegel 4.3.2023, Anna Pannen, Wunschgeschlecht – Alle wollen nur noch Mädchen.

[48] Gisela Breitling, Die Spuren des Schiffs in den Wellen, Fischer Verlag, 1986, S. 55.
von Schuurmann war eine deutsch-niederländische Universalgelehrte, sie gilt als erste europäische Studentin.
49 *Im Namen des Herrn.*
Auch schreibende Männer haben sich stets gerne hinter einem nom de plume verborgen, die Angelegenheit hat ihre spielerische Seite. Für Frauen aber waren im 17., 18. bis weit ins 19. Jahrhundert hinein der Deckname, wenn nicht gar die Anonymität ernste Pflicht. Madame de La Fayette verschwieg ihre Autorschaft der Prinzessin von Cleve ganz und gar. Jane Austen zeichnete bescheiden mit "by a lady", während Aurore Dupin alias George Sand und George Eliot alias Marian Evans es vorzogen, dass ihr Publikum einen Mann am Werk wähnte. Man glaube indessen nicht, dass Pseudonyme nur ersonnen wurden, um etwa einem Roman durch den Anschein männlicher Urheberschaft besseren Absatz zu sichern. Der Hauptgrund für die vielen verschleierten Frauen, die seit Beginn der Moderne durch die Gärten der Literatur geistern, war – die Moral! Es schickte sich einfach nicht für eine Frau, als Schriftstellerin in der Öffentlichkeit zu erscheinen. Was heute jedem Menschen, egal ob Mann oder Frau, zur Ehre gereicht: ein Buch geschrieben zu haben, das war seinerzeit für Frauen fast so etwas wie eine Schande. Barbara Sichtermann, *Emma* 1.Mai 2009.
https://www.emma.de/artikel/dichterinnen-im-namen-des-herrn-264002
[50] Norgard Kohlhagen, *Sie schreiben wie ein Mann*, Madame, Fischer Tb 1983.
[51] https://artvise.me/11-bedeutende-kuenstlerinnen-von-der-renaissance-bis-in-die-gegenwart/
[52] Von der Webseite der Staatlichen Museen Berlin. Siehe auch Artikel im Tagesspiegel vom 21.3.2023, S. B21.
[53] Nackte Frauen, so weit das Auge reicht, Focus über die Degas-Ausstellung in Paris, Musée d'Orsay, Freitag, 07.03.2014
[54] Gisela Breitling, *Der verborgene Eros. Weiblichkeit und Männlichkeit im Zerrspiegel der Künste*, Fischer Verlag, 1990.
[55] ebd. S. 158 f.

[56] 16. Oktober 2013, Der Standard.
https://www.derstandard.at/story/1381368845110/frauenhaende-auf-der-hoehlenwand
https://www.wissenschaft.de/geschichte-archaeologie/hoehlenmalerei-mit-weiblichem-touch/
https://www.emma.de/artikel/steinzeit-ich-mann-du-frau-334823

[57] Weibliche Unsichtbarkeit - Wie alles begann – Frau in der Frühgeschichte. Übersetzung:Singh, Stephanie. Gebunden, Hanser (2021)

[58] Breitling, Eros, S. 220 f.

[59] https://www.josiajourdan.ch/wordpress/darf-ich-als-mann-frauenromane-lesen-sonntagsgedanken-48/
https://raidrush.net/threads/lesen-frauen-buecher-von-frauen-und-maenner-von-maennern.720447/

[60] S. 18

[61] Sandra Kegel (Hg.), Prosaische Passionen. Die weibliche Moderne in 101 Short Storys. Manesse Verlag, 2022.

[62] Wikipedia: Japanische Literatur.

[63] Arno Widmann, Frankfurter Rundschau, 8.4. 2020.

[64] Das verborgene Museum, Edition Hentrich Berlin, NGBK 1987, Berlin.

[65] George Albin „Überwältigend“: Warum kosten Männerbilder zehnmal mehr als Frauenbilder?
https://gettotext.com/deutsch/uberwaltigend-warum-kosten-mannerbilder-zehnmal-mehr-als-frauenbilder-kunst/

[66] ebd.

[67] ebd.

[68] Die meisten Daten aus: Deutsches Tanzarchiv Köln, s. a. Irmgard Friedrich: *Zwischen Ziegenstall und Ku'damm. Das Leben der Diseuse Ada Hecht.* Rohnstock Biographien, Berlin 2006.

[69] Der 1960 festgesetzte Bebauungsplan IX – 26 sah im Bereich der Lietzenburger- und der Fasanenstraße verkehrstechnische Maßnahmen vor, die die Verbreiterung der Straßenverkehrsfläche durch Zurücknahme der Straßen- und Baufluchtlinie f. f. vom 25.11.1895 zum Ziel hatten.

Er steht damit im Zusammenhang mit weiteren Bebauungsplänen im Bereich der Lietzenburger Straße, die alle Straßenplanungen zur Umfahrung der City im Bereich Bundesallee/Meierottostraße/Fasanenstraße/Müller-Breslau-Straße/Bachstraße planungsrechtlich vorbereiten sollten. Durch die geplante ehemalige Südtangente (Lietzenburger Straße mit dem Durchbruch zur Urania) sollte der Verkehr in der Innenstadt kanalisiert werden. Diese Planungen hatten vor Inkrafttreten des Flächennutzungsplanes von 1984 keinen Bestand mehr; stattdessen sollte der Rückbau von Straßen bzw. die Rücknahme von festgesetzten Straßenverkehrsflächen das seit Mitte der 80er-Jahre verfolgte städtebauliche Ziel einer Stadtreparatur durch Blockrandschließung ermöglichen. Hierzu ist es notwendig, die derzeitig durch den Bebauungsplan IX – 26 festgesetzten Straßenverkehrsflächen in der Fasanenstraße und an der Ecke zur Lietzenburger Straße durch das Bebauungsplanverfahren wieder als Bauland festzusetzen.

[70] Auf dem YouTube-Film ist ein guter Überblick über ihr Werk zu sehen:
https://www.youtube.com/watch?v=11R7M9hg4P4

[71] Ich habe nur einen Eintrag in facebook entdeckt.

[72] zur Berliner Mode siehe auch:
https://meinviertel.berlin/mode/kurze-geschichte-der-berliner-modebranche/

[73] Siehe auch:
https://www.diegeschichteberlins.de/geschichteberlins/berlin-abc/stichworteot/624-stadtarchaeologie.html

[74] Karschin, Reclam, S. 196.

[75] Ebd. S. 196.

[76] Anna Louisa Karsch: Auserlesene Gedichte, herausgegeben von Johann Wilhelm Ludwig Gleim, George Ludewig Winter, Berlin, 1764, Seite III.

[77] Karschin, Reclam, S. 200.

[78] *Illustrirte Berliner Wochenschrift Der Bär – Eine Chronik für's Haus*, Jahrgang 13, Ausgabe 50 vom 10. September 1887, Seite 616.

[79] *Naumann-Beyer, Anna Louise Karsch in Berlin*, 2019, Seite 426.

[80] *Heinrich Heine: Deutschland. Ein Wintermärchen*, In: *Heinrich Heine: Werke und Briefe*, Band 1, Aufbau-Verlag, Berlin und Weimar, 1972, Seite 474.

[81] Dem Einwand, man dürfe den König oder die Königin nicht mit Monsieur oder Madame anreden, begegne ich mit der Zeitmaschine, in der wir uns seit 1789 befinden, denn seither sind wir Citoyen gemäß Rosseau: „Le citoyen est un être éminemment politique (la cité) qui exprime non pas son intérêt individuel mais l'intérêt général. Cet intérêt général ne se résume pas à la somme des volontés particulières mais la dépasse." (Der Citoyen ist ein höchst politisches Wesen, das nicht sein individuelles Interesse, sondern das gemeinsame Interesse ausdrückt. Dieses gemeinsame Interesse beschränkt sich nicht auf die Summe der einzelnen Willensäußerungen, sondern geht über sie hinaus.) JEAN-JACQUES ROUSSEAU: Le contrat social.

Auf dem Gelände des heutigen Doms am Lustgarten stand eine Backsteinkirche, die baufällig geworden war, Friedrich II. ließ zwischen 1747 und 1750 einen barocken Neubau errichten und nach der Überführung der kurfürstlichen Särge in den Neubau den alten Dom abreißen. Architekten dieses am 6. September 1750 geweihten Neubaus waren der aus den Niederlanden stammende Johann Boumann d. Ä., der eine nüchterne Konzeption des Barocks hatte, sowie Georg Wenzeslaus von Knobelsdorff.

[82] Jenny Schon, Hier stehe ich – ich kann nicht anders. Geschichten zu Widerstand, Geest Verlag, 2021.

[83] Abkürzung für Schlangenbader Straße in Wilmersdorf; eine berühmte Autobahnüberbauung, hat Denkmalschutz und dort wohnen circa 3.000 Menschen, teilweise in interessanten Wohnungen, Sonja hatte eine große Terrasse, wo sie arbeiten konnte, andere Penthouse-Wohnungen.

[84] Tagesspiegel Berlin 22.04.2015.